Wissenschaftliche Untersuchungen
zum Neuen Testament

Herausgeber / Editor
Jörg Frey

Mitherausgeber / Associate Editors
Friedrich Avemarie · Judith Gundry-Volf
Martin Hengel · Otfried Hofius · Hans-Josef Klauck

157

Imre Peres

Griechische Grabinschriften und neutestamentliche Eschatologie

Mohr Siebeck

IMRE PERES, geboren 1953; Studium der Theologie in Prag und Debrecen; seit 1979 Pfarrer; 1996 Promotion (Dr. Theol.); 2000 Promotion (Dr. Phil.); 2002 Habilitation; seit 2002 Dozent für Neues Testament, Theologisches Institut J. Calvin, Komarno, Slowakei.

ISBN 3-16-148072-4
ISSN 0512-1604 (Wissenschaftliche Untersuchungen zum Neuen Testament)

Die Deutsche Bibliothek verzeichnet diese Publikation in der Deutschen Nationalbibliographie; detaillierte bibliographische Daten sind im Internet über *http://dnb.ddb.de* abrufbar.

Das Buch wurde von Gulde Druck in Tübingen auf alterungsbeständiges Werkdruckpapier gedruckt und von der Großbuchbinderei Spinner in Ottersweier gebunden.

Meinem Lehrer und Freund

Ulrich Luz

Vorwort

Die vorliegende Studie enthält die Ergebnisse meiner Beobachtungen, die ich in den Jahren 1998-2002 während verschiedener Aufenthalte als Gastforscher an der Theologischen Fakultät der Universtität Bern gemacht habe und die ich nunmehr als Habilitationsschrift der Reformierten Károli Gáspár Universität in Budapest einreiche. Den Text des Manuskripts habe ich im März 2002 abgeschlossen.

Ein Theologe, der sich mit Epigraphik beschäftigt, bewegt sich in fremden Welten. Ich war natürlich auf Hilfe von Fachleuten angewiesen. Zu danken habe ich vor allem Prof. Dr. Heinz-Günther Nesselrath (klassische Philologie, Bern-Göttingen) und Frau Prof. Dr. Regula Frei-Stolba (Epigraphik, Bern-Lausanne), die mich mit ihren Ratschlägen und ihrer Kritik unterstützten. Dazu kam die Schwierigkeit, dass meine Muttersprache Ungarisch ist. Prof. Nesselrath hat mir bei den Manuskriptkorrekturen geholfen, vor allem aber bei der Übersetzung derjenigen griechischen Inschriften, die bisher noch nicht übersetzt worden sind, Prof. Luz hat manche der bereits gedruckten Übersetzungen überprüft. Ihnen allen sei herzlich gedankt! Für wertvolle sachliche Anmerkungen bin ich auch Prof. Dr. Jörg Frey aus München dankbar, sowie Herrn Dr. Ziebritzki aus Tübingen, der meine Habilitationsschrift zur Veröffentlichung zu bringen half.

Daneben möchte ich an dieser Stelle sehr herzlich meinem Lehrer und fachlichen Betreuer Herrn Prof. Dr. Ulrich Luz danken, der mir das Studium und die Forschung in Bern ermöglichte und sie väterlich und freundlich unterstützte. Ich danke ihm für die vielen fruchtbaren Gespräche und die kritischen Fragen, die mich immer wieder inspirierten und meine Forschungen zu einem guten Ergebnis kommen liessen. Ebenso dankbar bin ich seiner Frau Salome für ihre herzliche Fürsorge und die Ruhe in der Wohnung.

Mein Dank gehört auch Prof. Dr. Petr Pokorný, der mich schon während meines Studiums in Prag zur Forschung der Eschatologie und Apokalyptik ermutigte und der der Erste war, mit dem ich erste Ergebnisse meiner Beobachtungen an den griechischen Grabinschriften schon im Jahre 1975 besprach.

Ich danke herzlich auch meinen Beratern in Budapest, die mich in meiner Forschung mit ihren Bemerkungen stärkten: Prof. Dr. Pál Herczeg,

Prof. Dr. Zsigmond Ritoók und mein Kollege am neutestamentlichen Lehrstuhl unseres Theologischen Instituts J. Calvin in Komárno, Herrn Dr. Zoltan Takács.

Zu danken habe ich ausserdem den Herren Professoren Dr. Ulrich Luz, Dr. János Bolyki und Dr. István Borzsák, die meine Habilitation begutachteten. Die Herren Prof. Bolyki und Dr. Takács haben mich während meines Forschungsaufenthaltes in Bern an unserem Institut vertreten, wofür ich ihnen sehr dankbar bin. Und mein Dank gilt auch unserer Reformierten Kirche in der Slowakei und unseren Studenten am Theologischen Institut, die mit meiner Abwesenheit Geduld hatten und die mit Liebe auf mich warteten.

Danken möchte ich schliesslich auch den Hilfsassistenten Stefan Bösiger, Ulrich Dällenbach und Roman-David Häfliger für die grosse Hilfe bei der sprachlichen Korrektur meiner Studie, und ebenso Gyöngyvér Tuba für die Hilfe bei der Zusammenstellung des Registers. Ulrich Dällenbach hat zudem bei den Vorbereitungen für die Drucklegung geholfen, wofür ich ihm speziell dankbar bin.

Und mein grosser Dank gilt ganz besonders meiner Frau Susana und meinen vier Kindern, die meine Forschung in Bern mit Ruhe und geistlicher Unterstützung trugen.

Bern, 1. März 2003   Imre Peres

Inhaltsverzeichnis

Abkürzungen*

* Handelt es sich bei der Abkürzung um eine Quelle von Inschriften, so findet sich in Klammer mit Pfeil der Hinweis auf den Herausgeber der Inschriften. Damit wird auf Abschnitt II.1.a des Literaturverzeichnisses verwiesen.

AAA	Αρχαιολογικά ανάλεκτα ἐξ Αθηνών
AAWG	Abhandlungen der Akademie der Wissenschaften in Göttingen
AAWL	Abhandlungen der Akademie der Wissenschaften und der Literatur
AB	Assyriologische Bibliothek
AC	L'Antiquité classique
ACS	American Classical Studies
AEM	Anuario de studios medievales
AF	Archäologische Forschungen
AG	Annales de géographie
AGr	Anthologia Graeca (→ BECKBY, H.)
AGAJU	Arbeiten zur Geschichte des antiken Judentums und des Urchristentums
AJA	American Journal of Archeology
ALLB	Annales littéraires de l'Université de Besançon
AM	Mitteilungen des Deutschen Archäologischen Instituts, Athenische Abteilungen
ANRW	Aufstieg und Niedergang der römischen Welt
AO	Der Alte Orient
AP	Anthologia Palatina (→ COUGNY, E.)
APAW	Abhandlungen der (K.) Preussischen Akademie der Wissenschaften
APF	Archiv für Papyrusforschung und verwandte Gebiete
AR	Arbeitsmaterialien zur Religionsgeschichte
ARW	Archiv für Religionswissenschaft
AS	Anatolian Studies
ASAW	Abhandlungen der Sächsischen Akademie der Wissenschaften
AT	Altes Testament
AthA	The Athenian Agora
AUC	Acta Universitatis Carolinae
AV	Albae Vigiliae
Aw	Altertumswissenschaften
AW	Die Altertumswissenschaft

BA	Beiträge zur Archäologie
BAB	Bibliotheca Antiqua et Biblica
BAC	Bochumer Altertumswissenschaftliches Colloquium
BAAH	Bibliotheke tes en Athenais Archaiologikes Hetaireias
BAK	Beiträge zur Altertumskunde
BAO	Beihefte zum Alten Orient
BAW	Die Bibliothek der Alten Welt
BC	Biblischer Commentar über das Alte Testament
BCH	Bulletin de correspondance hellénique
BEb	Beck'sche Elementarbücher
Berytus	Berytus. Archeological Studies
BET	Beiträge zur biblischen Exegese und Theologie
BevTh	Beiträge zur evangelischen Theologie
BFCTh	Beiträge zur Förderung christlicher Theologie
BHR	Bibliotheca Helvetica Romana
BiKi	Bibel und Kirche
BKP	Beiträge zur klassischen Philologie
BKPh	Beiträge zur klassischen Philologie
BL	Bibel-Lexikon
BMB	Bulletin du Musée de Beyrouth
BS	Beck'sche Sonderausgaben
BThAT	Biblische Theologie des Alten Testaments
BullCom	Bulletino della Commissione Archeologica Comunale di Roma
Bull. ép.	Bulletin épigraphique (auch in: REG 1938ff.)
Bull. d. Inst.	Bulletino dell'Instituto di corrispondenza archeologica
BWANT	Beiträge zur Wissenschaft vom Alten und Neuen Testament
BZ	Biblische Zeitschrift
BZAW	Beiheft zur Zeitschrift für die Alttestamentliche Wissenschaft
BZNW	Beiheft zur Zeitschrift für die neutestamentliche Wissenschaft und die Kunde der älteren Kirche
CA	Commentationes Aenipontanae
CCWJCW	Cambridge Commentaries on Writings of the Jewish and Christian World
CE	Catholic Encyclopaedia
CEG	Carmina epigraphica graeca (→ HANSEN, P.A.)
CEFR	Collection de l'Ecole Française de Rome, Rom 8, 1972ff.
CIG	Corpus Inscriptionum Graecarum (→ CURTIUS, E. – KIRCHHOFF, A.)
CIGP	Corpus Inscriptionum Graecarum Pannonicarum (→ KOVÁCS, P.)
CIJ	The Classical Journal (→ FREY, J.-B.)
CIL	Corpus Inscriptionum Latinarum III. (→ MOMMSEN, Th.)

CIRB	Corpus Inscriptionum Regni Bosporani (→ STRUVE, V. V.)
CIS	Cypriot inscribed stones (→ NICOLAOU, I.)
CL	Collection Latomus
CM	Classica Monacensia
Co	Collectanea
Cos	The Inscriptions of Cos (→ PATON, W. R. – HICKS, E. L.)
CQ	The Classical Quarterly
CV	Communio Viatorum
DAI	Jahrbuch des Deutschen Archäologischen Instituts
DAWB	Deutsche Akademie der Wissenschaften zu Berlin
DDD	Dictionary of Deities and Demons in the Bible
DGN	Die Gute Nachricht (Bibelübersetzung)
DKP	Der Kleine Pauly. Lexikon der Antike
DNP	Der Neue Pauly. Enzyklopädie der Antike
DR	Deutsche Revue über das gesamte nationale Leben der Gegenwart
EA	Epigraphica Anatolica. Zeitschrift für Epigraphik und historische Geographie Anatoliens
EAA	Enciclopedia dell'Arte antica classica e orientale
ECLS	Early Christian Literature Series
EF	Erlanger Forschungen
EHS	Europäische Hochschulschriften
EHS.T	Europäische Hochschulschriften – Reihe 23, Theologie
EnA	Encyklopedie Antiky (= Enzyklopädie der Antike)
EP	Études préliminaires
EPRO	Études préliminaires aux religions orientales dans l'empire Romain
ER	The Encyclopedia of Religion
ERE	Encyclopaedia of Religion and Ethics
ES NF	Edition Suhrkamp – Neue Folge
EWNT	Exegetisches Wörterbuch zum Neues Testament
FB	Fischer Bücherei
FG	Festgabe
FKDG	Forschungen zur Kirchen- und Dogmengeschichte
FRIEDLÄNDER	(→ Friedländer, P.)
FRLANT	Forschungen zur Religion und Literatur des Alten und Neuen Testaments
FS	Festschrift
FzB	Forschung zur Bibel
GA	Gesammelte Aufsätze

GEFFCKEN	(→ GEFFCKEN, J.)
GFWJ	Gesellschaft zur Förderung der Wissenschaft des Judentums
GGPh	Grundriss der Geschichte der Philosophie
GHG (ZKS)	Griechische Humanistische Gesellschaft (Zentrum für klassische Studien)
G&R	Greece & Rome (New Surveys in the Classics)
GThW	Grundriss der theologischen Wissenschaft
HA	Handbuch der Archäologie
HDG	Handbuch der Dogmengeschichte
HÉMGR	Hautes Études du Monde Gréco-Romain
HNT	Handbuch zum Neuen Testament
HO	Handbuch der Orientalistik
HP	Hellenische Poleis I-IV
HPS	Hungarian Polis Studies
HSDS	Historisches Seminar der Deutschen Sporthochschule Köln
HThG	Handbuch Theologischer Grundbegriffe
HZ	Historische Zeitschrift
IAK	ИАК = Известія Имп. Археологической Коммиссіи (Acta consilii Imperialis archaeologici)
IAM	Recueil des Inscriptions Grecques-chrétiennes d'Asie Mineure (→ GRÉGOIRE, H.)
IB	Illini Books
IBM	The Collection of the Ancient Greek Inscriptions of the British Museum I-IV, (→ HIRSCHER, G. – MARSHALL, F. H.)
ICI	Inscriptiones Christianae Italiae
ICr	Inscriptiones Creticae I-IV (→ GUARDUCCI, M.)
ICUR	Inscriptiones Christianae urbis Romae
IF	İstanbuler Forschungen
IG	Inscriptiones Graece (→KIRCHNER, J.)
IGA	Inscriptiones Graecae antiquissimae praeter Atticas in Attica repertas (→ Hrsg. von ROEHL, H.)
IGB	Inschriften griechischer Bildhauer (→ LOEWY, E. M)
IGL	Inscriptions Grecques et Latines recueillies en Asie Mineure (LE BAS, P. – WADDINGTON, W. H.)
IGLS	Inscriptions Grecques et Latines de la Syrie (→ WADDINGTON, W. H.)
IGR	Inscriptiones Graecae ad res Romanes pertinentes (→ CAGNAT, R.)
IK	Die Inschriften griechischer Städte aus Kleinasien (→ MERKELBACH, R.)
IME	Inscriptions métriques de l'Égypte gréco-romaine
IPE	Inscriptiones Antiquae Orae Septentrionalis Ponti Euxini

JAC	Jahrbuch für Antike und Christentum
Jahrb.	Jahrbuch
JdI	Jahrbuch des (K.) Deutschen Archäologischen Institutes
JEA	The Journal of Egyptian Archäology
JECS	Journal of Early Christian Studies
JHS	The Journal of Hellenic Studies
JJBGW	Johann Jakob Bachofens Gesammelte Werke
JSHRZ	Jüdische Schriften aus hellenistisch-römischer Zeit
KA	Klassiker des Altertums
KAIBEL	Epigrammata Graeca (→ KAIBEL, G.)
KAV	Kommentar zu den Apostolischen Vätern
KAW	Kulturgeschichte der Antiken Welt
KEKNT	Kritisch-exegetischer Kommentar über das Neue Testament
KH	Kalvínske Hlasy (Kalvinistische Stimme)
KPS	Klassisch-Philologische Studien
KSz	Kálvinista Szemle (Kalvinistische Blätter)
KSZ	Kommentár a Szentíráshoz (= Kommentar zur Heiligen Schrift)
L	Reihe „Libelli"
LOEB	The Loeb Classical Library
LS	Liturgiegeschichtliche Studien
LThK	Lexikon für Theologie und Kirche
MAAG	Münchener Arbeiten zur Alten Geschichte
MAAR	Memoirs of the American Academy in Rome
MAMA	Monumenta Asiae Minoris Antiqua III-VIII (→ CALDER, W. M., u.a.)
MBPAR	Münchner Beiträge zur Papyrusforschung und antiken Rechtsgeschichte
MH	Museum Helveticum
MP	Myth and Poetics
NA NF	Neutestamentliche Abhandlungen – Neue Folge
NBL	Neues Bibel-Lexikon
NEB	Neue Echter Bibel
NG	Aus Natur und Geisteswelt
NJKA	Neue Jahrbücher für das klassische Altertum
NS	Neue Serie
NSc	Notizie degli scavi di antichità
NT	Neues Testament
NThG	Neue Theologische Grundrisse
NTOA	Novum testamentum et orbis antiquus
NTS	New Testament Studies

ÖJh	Jahreshefte des Österreichischen Archäologischen Institutes in Wien
OBO	Orbis biblicus et orientalis
OCM	Oxford Classical Monographs
OGI	Orientis Graeci Inscriptiones Selectae, 2 Bde. (→ DITTENBERGER, G.)
OGG	Oldenbourg Grundriss der Geschichte
PEEK GG	Griechische Grabgedichte (→ PEEK, W.)
PEEK GV	Griechische Vers-Inschriften (→ PEEK, W.)
PhA	Die Philosophie der Antike
PhE	Philologie und Epigraphik
PHI	The Packard Humanities Institute
PIOL	Publications de l'Institut Orientaliste de Louvain
QD	Quaestiones Disputatae
QFAW	Quellen und Forschungen zur Antiken Welt
RA	Revue archéologique
RAC	Das Reallexikon für Antike und Christentum
RB	Revue Biblique
RCA	Reallexikon des classischen Althertums für Gymnasien
RdM	Religionen der Menschheit
RE	Real-Encyclopädie der classischen Altertumswissenschaft (Pauly-Wissowa)
REA	Revue des études anciennes
RefE	Református Egyház (Reformierte Kirche)
REChA	Real-Encyklopädie der christlichen Alterthümer I-III
REG	Revue des études grecques
REJ	Revue des études juives
Rendiconti	Rendiconti. Atti della Pontificia accademia romana di archeologia
RevPhil	Revue de Philologie, de Littérature et d'Histoire Anciennes
RGG	Religion in Geschichte und Gegenwart
RGVV	Religionsgeschichtliche Versuche und Vorarbeiten
RH	Roman History
RhM	Rheinisches Museum für Philologie
RLA	Reclams Lexikon der Antike (→ HOWATSON, M. C.)
RM	Mitteilungen des Deutschen Archäologischen Instituts, Römische Abteilung
RNT	Regensburger Neues Testament
ROBERT	Hellenica (→ ROBERT, L.)
RP	Religious perspectives
RS	Reise und Studium
RWS	Religionsgeschichtliche Studien

SAEIAPP	Studia Amstelodamensia ad Epigraphicam, Ius Antiquum et Papyrologicam Pertinentia
SBM	Stuttgarter biblische Monographien
SBS	Stuttgarter Bibel-Studien
SC	Sources chrétiennes
SCBO	Scriptorum Classicorum Bibliotheca Oxoniensis
SChD	Studien über christliche Denkmäler
SCL	Sather Classical Lectures
SČSAV	Studie Československé Akademie Věd
SEG	Supplementum epigraphicum Graecum (→HONDIUS, J. J. E.)
SHAW	Sitzungsberichte der Heidelberger Akademie der Wissenschaften
SHR	Studies in the History of Religions
SIG	Sylloge Inscriptionum Graecarum (→ DITTENBERGER, G.)
SKGG	Schriften der Königsberger Gelehrten Gesellschaft
SNC	Studia Neotestamentica Comaromiensia
SNT	Schriften des Neuen Testaments
SP	Studia Pontica
SQAW	Schriften und Quellen der Alten Welt
ST	Sammlung Tusculum
SThL	Sammlung Theologischer Lehrbücher
SThU	Schweizerische Theologische Umschau
SU	Schriften des Urchristentums
SUNT	Studien zur Umwelt des Neuen Testaments
SUSIA	Skrifter Utgivna av Svenska Institutet i Athen
SV	Sammlung Vandenhoeck
SVG	Sammlung Völkerglaube
TAM	Tituli Asiae Minoris (→ KALINKA, E.)
TANZ	Texte und Arbeiten zum neutestamentlichen Zeitalter
TB	Tusculum-Bücherei
TBAW	Tübinger Beiträge zur Altertumswissenschaft
ThB	Theologische Bücherei
ThBL	Theologisch-Biblisches Lexikon
ThF	Theologische Forschung
ThHNT	Theologischer Handkommentar zum Neuen Testament
ThLZ	Theologische Literaturzeitung
ThSK	Theologische Studien und Kritiken
ThTh	Themen der Theologie
ThVB	E. Käsemann, Theologische Versuche und Besinnungen, Bd. I-II
ThViat	Theologia Viatorum
ThWNT	Theologisches Wörterbuch zum Neuen Testament
ThZ	Theologische Zeitschrift

TK	Texte und Kommentare
TKThG	Texte zur Kirchen- und Theologiegeschichte
Tm	Textus Minores
TRE	Theologische Realenzyklopädie
TS	Theological Studies
TSz	Teológiai Szemle (= Theologische Blätter)
TT	Texts and Translations
TThZ	Trierer Theologische Zeitschrift
TVG	Die Theologische Verlagsgemeinschaft
TZ	Teologický zborník (= Theologische Festschrift)

UALG	Untersuchungen zur antiken Literatur und Geschichte
UNT	Untersuchungen zum Neuen Testament
USR	Union Seminary Review

VBW	Vorträge der Bibliothek Warburg
VCS	Supplements to Vigiliae Christianae
VD	Verbum Domini
VT	Vetus Testamentum

WA	Wörterbuch der Antike (→ LAMER, H.)
WB	Wissenschaft und Bildung
WBC	World Biblical Commentary
WdF	Wege der Forschung
WG	Wissenschaft und Gegenwart
WMANT	Wissenschaftliche Monographien zum Alten und Neuen Testament
WMHF	Würzburger medizinhistorische Forschungen
WS	Wiener Studien (Bh = Beiheft)
WUNT	Wissenschaftliche Untersuchungen zum Neuen Testament
WzB	Wörterbuch zur Bibel

ZAW	Zeitschrift für die alttestamentliche Wissenschaft
ZÄS	Zeitschrift für ägyptische Sprache
ZBK NT	Zürcher Bibelkommentar (Neues Testament)
ZKG	Zeitschrift für Kirchengeschichte
ZNW	Zeitschrift für die neutestamentliche Wissenschaft (und die Kunde des Urchristentums / der älteren Kirche)
ZPE	Zeitschrift für Papyrologie und Epigraphik
ZWTh	Zeitschrift für wissenschaftliche Theologie
ZzKg	Zugänge zur Kirchengeschichte

I. Einleitung

1. Thema und seine Problemstellung

1.1 Zum Problem der hellenistischen Eschatologie

Die Grundfrage dieser Studie ist die nach dem Hintergrund der sogenannten *hellenistischen Eschatologie*, die auf das Neue Testament mit verschiedenen eschatologischen Bildern und Gedanken einwirkt. Im Neuen Testament kann man verschiedene Formen oder Spuren von Eschatologien antreffen, und die hellenistische Eschatologie ist eine davon. Die Bezeichnung „hellenistische Eschatologie" wird heute von neutestamentlichen Forschern „als Gegenbegriff zur ‚apokalyptischen Eschatologie'" benutzt[1]. Sie wurzelt in der Theologie der hellenistischen Gemeinden schon in der frühesten Zeit der urchristlichen Mission und ist insofern älter als die neutestamentlichen Schriften selbst[2]. Die neutestamentlichen Autoren sind demnach dafür verantwortlich, dass diese bereits hellenistisch gefärbte Eschatologie ihre Gestalt fand; sie selbst hatten schon eine hellenistische Ausbildung[3] oder standen sonst mit der hellenistischen Kultur und den Kreisen, in denen sie wirkte, in Berührung. So haben sie das Evangelium und seine Eschatologie auch für spätere Leser verstehbar gemacht und diesen eine *interpretatio Hellenistica* ermöglicht. Das gilt nicht nur für die rein griechischen Städte und ihre christlichen Gemeinden, sondern auch für die Judenchristen, weil es in der apostolischen Zeit kaum rein jüdische Gebiete gab, die nicht in irgendeiner Weise hellenisiert waren[4].

Die Erforschung der griechischen Grabinschriften als Hintergrund zum Verständnis der Entstehung oder Entwicklung der neutestamentlichen hellenistischen Eschatologie ist besonders interessant. Sie sind eine unmittelbare Spiegelung der hellenistischen Umwelt des Neuen Testaments, ihrer Religiosität und Kultur. Sie zeigen menschliche Schicksale und menschli-

---

[1] N. WALTER, „*Hellenistische Eschatologie" im Neuen Testament*, S. 252.

[2] G. STRECKER, *Theologie des Neuen Testaments*, S. 69ff.

[3] So Lukas. Vgl. dazu z.B. Eckhard PLÜMACHER, *Lukas als hellenistischer Schriftsteller*, SUNT 9, Göttingen 1972, besonders S. 137-139.

[4] Nikolaus WALTER, „*Hellenistische Eschatologie" im Frühjudentum – ein Beitrag zur „Biblischen Theologie?"*, in: ders., *Praeparatio Evangelica*, WUNT 98, Tübingen 1997, S. 241ff.; vgl. auch Martin HENGEL, *Judentum und Hellenismus*, WUNT 10, Tübingen (^{2}1973) ^{3}1988.

che Jenseitsvorstellungen in direkter und origineller Weise. Und sie spiegeln direkt oder indirekt die Hoffnungen des Volkes, da sie öffentlich und bekannt waren; kein christlicher Missionar konnte in eine Stadt gelangen, ohne eine Nekropole zu durchwandern.

Die hellenistischen Elemente kommen in der neutestamentlichen Eschatologie in mehreren Formen vor: Es gibt konkrete Bilder oder Bild-Analogien, die gewiss aus griechischem Material entstanden sind. Es finden sich Zitate älterer Traditionen, die ursprünglich in anderen hellenistischen Bereichen benutzt wurden. Viele Worte und Wendungen wurden aus dem hellenistischen Sprachgebrauch übernommen. Daneben gibt es viele motivische Ähnlichkeiten, die die neutestamentlichen Autoren aus ihrem hellenistischen Umfeld benutzten. Durch die neutestamentlichen Verfasser benutzte hellenistische Topoi werden dabei nicht nur im positiven Sinne aufgenommen, sondern auch negativ, als Warnung.

Im Neuen Testament zeigt sich hellenistische Eschatologie besonders deutlich bei Lukas[5], aber auch bei Johannes[6] und bei Paulus[7] einschliesslich seiner Schule. Auch der Hebräerbrief oder die Johannesapokalypse, die Pastoralbriefe, der 1. und 2. Petrusbrief, sind von hellenistischer Eschatologie mitbeeinflusst. Dabei sind die neutestamentlichen Autoren mit zwei Grundtendenzen der griechischen Jenseitsvorstellungen konfrontiert: Die eine nennen wir *negative* oder *nach unten orientierte Eschatologie*, weil das menschliche Leben mit seiner dunklen Hoffnungslosigkeit im unterirdischen Hades oder im Nichts endet. Die andere nennen wir *positive* oder *nach oben orientierte Eschatologie*, weil die Seelen nach oben ins Elysium oder zu den Inseln der Seligen gehen werden, oder nach oben in den Äther, zu den Sternen, in den Himmel oder zum Olymp. Diese Unterscheidung wird in unserer Untersuchung konsequent durchgehalten.

Eine komplizierte Frage ist die nach dem Terminus „Eschatologie". Für die griechischen Hoffnungen nach dem Tode wäre die Bezeichnung „Jenseitshoffnungen" oder „Jenseitsvorstellungen" passender, die ich im allgemeinen benutze. Doch in der Forschung wird auch bisweilen der Ausdruck „Eschatologie" benutzt[8]. Gelegentlich verwenden auch wir für die griechischen Jenseitshoffnungen den Ausdruck „Eschatologie", obwohl die griechischen Jenseitsvorstellungen keine universalgeschichtliche Zeitkomponente kennen, sondern primär räumlich und individuell denken. Aber

---

[5] Vgl. z.B. *Lk* 16,19-31; 22,30; 23,43 usw.

[6] Vgl. *Joh* 5,25ff.; 14,2 usw.

[7] Vgl. *1Thess* 4,13-18; *1Kor* 15; *2Kor* 5,1-10; *Phil* 1,23; 3,20-21 usw.

[8] Vgl. z.B. R. Foss, *Griechische Jenseitsvorstellungen*, S. 35ff.; U. v. Wilamowitz-Moellendorff, *Der Glaube der Hellenen* II, S. 490; Chr. Sourvinou-Inwood, *,Reading' Greek Death*, S. 173; F. Graf, *Eleusis und die orphische Dichtung*, S. 79ff.; R. Garland, *The Greek Way of Death*, 66; Lars Albinus, *The House of Hades. Studies in Ancient Greek Eschatology*, Aarhus 2000 usw.

Texte wie z.B. das Gleichnis vom Reichen und von Lazarus (*Lk* 16,19-31) oder das Versprechen Jesu über das baldige Hineinkommen des guten Schächers in das Paradies (*Lk* 23,43) zeigen[9], wie schwer eine konsequente Unterscheidung durchzuhalten ist, weil eine „systematische Reflexion" der Eschatologie kaum vorliegt[10]. In diesem Sinne ist „griechische Eschatologie" im Bereich der Grabinschriften auch eine Wortvariante für „griechische Jenseitsvorstellung" oder „griechischen Jenseitsglauben".

1.2 Grundfragen der Forschung

Die Erforschung der hellenistischen Eschatologie des Neuen Testaments auf dem Hintergrund der griechischen Grabtexte stellt die heutigen Forscher vor zahlreiche Fragen:

1. Von den *Grabinschriften* interessiert uns vor allem ihre Vorstellungswelt. Dabei stehen Inschriften, welche in den Bereich der sogenannten „positiven Eschatologie" fallen, naturgemäss im Zentrum des Interesses. Wir fragen: Welche Hoffnungen kennen die Griechen für das postmortale Leben? Mit welchen Bildern, mit welchen irdischen Analogien drücken sie sie aus? Was das Neue Testament angeht und die nachneutestamentliche frühchristliche Eschatologie, stehen insbesondere Hoffnungen, welche christlichen Hoffnungen verwandt zu sein scheinen, im Vordergrund des Interesses. Dazu gehört die Hoffnung auf Erhöhung, auf Vergöttlichung und auf Gemeinschaft mit den Göttern. Zugleich aber haben wir den Horizont weiter zu fassen und in die positiven Hoffnungsbilder der Grabinschriften hineinzustellen, in die ganze Spannweite vom tiefsten Grad des Pessimismus und der negativen Aussagen bis zur Spitze der positiven Jenseiterwartungen, die sich in den Inschriften finden. Nicht unwichtig sind mir diachrone Fragestellungen: Dazu gehört einerseits die Frage nach dem Ursprung bzw. dem frühesten schriftlichen Kristallisationspunkt griechischer Jenseitshoffnungen. Immer wieder werde ich dabei auf die klassischen Dichter, vor allem Homer und Hesiod, stossen, deren Texte zu allen Zeiten wirksam waren. Noch wichtiger ist aber die Frage nach einer möglichen Entwicklung der Jenseitshoffnungen in der späteren, der hellenistischen und der römischen Zeit. Ist eine Verstärkung und Intensivierung der sogenannten positiven Eschatologie in dieser Zeit festzustellen? Obwohl die uns erhaltenen Inschriften natürlich immer zufällig sind und nicht mehr als ganz allgemeine Vermutungen erlauben, werden wir

---

[9] J. ERNST, *Herr der Geschichte*, S. 85-87; J. DUPONT, *Die individuelle Eschatologie im Lukasevangelium und in der Apostelgeschichte*, in: *Orientierung an Jesus*, FS J. Schmidt, Freiburg/Basel/Wien 1973, S. 42ff.

[10] Das Beispiel, das z.B. J. ERNST (*Herr der Geschichte*, S. 87) vorführt, ist hauptsächlich gültig für Lukas, aber für Paulus und andere neutestamentliche Autoren ist es noch charakteristischer.

diese Frage vorsichtig bejahen. Neben den Fragen nach den Vorstellungen
und den Hoffnungsbildern der Grabinschriften müssen andere Fragen eher
zurücktreten: Dazu gehören insbesondere soziologische und wissenssoziologische Fragen, nach der Lebenssituation und der sozialen Situation
der hinter den Inschriften stehenden Familien. Sie eingehender zu behandeln hätte es nötig gemacht, auf einzelne Inschriften im Detail einzugehen,
was angesichts der ungeheuren Fülle des Inschriftenmaterials kaum möglich war. Bewusst ausgeklammert haben wir auch epigraphische Fragen im
engeren Sinne, etwa nach Textgestalt und Textergänzungen, Datierungen
etc. Auch auf eine eingehendere Erörterung von Begräbnisformen, Kultriten für die Toten usw. musste verzichtet werden. Das Hauptinteresse dieser
Arbeit ist die Erhellung der eschatologischen Vorstellungen.

2. Für die Erforschung der *neutestamentlichen Texte* und ihrer Eschatologie stellen sich Fragen auf der Ebene der Textwelt, der Lebenswelt, der
Autor-Leser-Kommunikation und der späteren Rezeption. Welchen Beitrag
liefern die hellenistischen Grabinschriften für das Verständnis der Zu-
kunftsvorstellungen, der Hoffnungsbilder, der sprachlichen Ausdruckswei-
sen von ausgewählten neutestamentlich-eschatologischen Texten (= „religionsgeschichtlicher Vergleich")? Welche Übereinstimmungen, Berührungen, aber auch Unterschiede gibt es zwischen den griechischen Grabinschriften und den verwandten neutestamentlichen Texten hinsichtlich der
Lebenssituation der hinter den Texten stehenden einfachen Menschen (=
wissenssoziologische Frage)? Wie können Texte von den ersten Hörern
bzw. Lesern trotz des unterschiedlichen Glaubenshorizontes von Autor und
Rezipienten verstanden werden? Wie ist das (vom Autor intendierte) Ziel
und wie ist das Ergebnis der Kommunikation zu bestimmen (= kommuni-
kationstheoretische Frage)? Lassen sich irgendwelche Vermutungen darüber anstellen, wie die untersuchten Texte von späteren Lesern mit hellenistischem Hintergrund in ihrer *interpretatio Graeca* gelesen, verstanden
oder missverstanden wurden (= rezeptionstheoretische Frage)? Dazu gehören auch weitere generelle Fragen, die die Vorausetzung einer möglichen
interkulturellen Eschatologie[11] und damit auch die Rezeptionsmöglichkeit
der neutestamentlichen Eschatologie berühren.

Auf diese Fragen suchen wir in unserer Studie Antworten. Das Schwer-
gewicht wird dabei auf dem religionsgeschichtlichen Vergleich liegen, der
die Basis für alle anderen Überlegungen bietet.

---

[11] Vgl. das Kapitel „Erfahrungen multikulturellen Zusammenlebens im Neuen Testament" in: Christoph BURCHARD, *Studien zur Theologie, Sprache und Umwelt des Neu-
en Testaments*, WUNT 107, Tübingen 1998, S. 293-311.

2. Die Quellentexte

2.1 Die Grabinschriften

Die Zahl der antiken Grabinschriften ist immens und kann überhaupt nur grob geschätzt werden. Wahrscheinlich gibt es etwa 50'000 nichtchristliche griechische Grabinschriften und etwa ebenso viele christliche. Jüdische Grabinschriften gibt es mehr als 2'000. Die Zahl der christlichen lateinischen Inschriften beträgt etwa 400'000[12]. Publiziert sind sie in vielen, teils auch entlegenen Publikationen. Ein Theologe, der kein klassischer Philologe und sowieso kein Epigraphiker ist, betritt hier ein völlig fremdes Land, ja einen völlig fremden Kontinent, vielleicht auch ein Minenfeld.

Eine Grundmaterialquelle von Basistexten für diese Studie bilden ca. 1'000 Grabinschriften. Diese wählte ich aus meiner Privatsammlung von etwa 26'000 griechischen Grabinschriften aus, die ich an der Theologischen Fakultät der Universität Bern im Laufe der Zeit gesammelt habe. Ich stellte sie so zusammen, dass darin etwa 400 Inschriften, welche über die „positiven Seligkeitsorte", also die Inseln der Seligen, das Elysium, den Äther, den Olymp und den Himmel sprechen, vorkommen. Weitere ca. 300 Inschriften handeln allgemein von Hoffnungen auf ein postmortales Leben und damit korrespondierenden mythologischen Gestalten; etwa 200 behandeln speziellere Nebenthemen, wie z.B. himmlische Götterpaläste, göttliche Mahlzeit auf dem Olymp, Gemeinschaft der Verstorbenen mit den Göttern, den Musen oder den Heroen. Dazu kommen etwa 100 altchristliche Inschriften, die parallel zu den hellenistischen Inschriften christliche Jenseitshoffnungen präsentieren.

Neben den besonders wichtigen inhaltlichen Kriterien für die Auswahl der Texte spielten weitere Kriterien eine wichtige Rolle:
Für den *zeitlichen Rahmen* beschränkte ich mich auf Inschriften aus der Zeit von etwa 300 v. bis 200 n. Chr.: Es geht um Inschriften aus der Zeit des Hellenismus und des früheren Kaisertums, der wichtigsten Periode für die zwischentestamentarische Zeit und die Zeit der Entstehung des Christentums. Nur in besonderen Fällen, wenn der breitere Hintergrund und die Analyse der Wurzeln einer Vorstellung oder ihre Nachwirkung erörtert werden musste, bin ich von diesem Zeitrahmen abgewichen. Frühbyzantinische Inschriften habe ich nicht mehr berücksichtigt.

---

[12] Vgl. dazu z.B. U. E. EISEN, *Amtsträgerinnen im frühen Christentum*, S. 41; W. WISCHMEYER, *Griechische und lateinische Inschriften zur Sozialgeschichte der Alten Kirche*, S. 21; P. W. v. d. HORST, *Das Neue Testament und die jüdischen Grabinschriften aus hellenistisch-römischer Zeit*, S. 161.

In Bezug auf *die Sprache* habe ich mich auf griechische Inschriften be-
schränkt. Lateinische Inschriften habe ich abgesehen von Ausnahmefällen
nicht berücksichtigen können[13].

Geographisch habe ich mich auf Gebiete begrenzt, in denen die Griechen und die griechische Kultur mit ihrer mythologischen oder kultischen
Religiosität zu Hause war, d.h. auf Griechenland, Kleinasien, Syrien,
Ägypten, Italien, aber auch auf die Städte am Bosporus; dazu Ungarn und
Libyen, wo sich die griechischen Kolonien und Städte mit ihren Nekropo-
len und epitaphischen Gedenkstätten finden. Das bedeutet natürlich, dass
die Inschriften nicht mehr rein „griechisch" sind, sondern auch einen ge-
wissen Synkretismus widerspiegeln. Das ist nötig und richtig, denn der
Synkretismus ist gerade ein Wesensmoment der hellenistischen Kultur und
Religiosität.

Diese Grabinschriften sind teils wörtlich in ihrem breiteren Kontext zitiert, teils auszugsweise, mit nur einer einzigen Zeile oder wenigen Worten, die für ihre Gedankenwelt oder ihre Motive konstitutiv sind. Ganz bewusst habe ich in dieser Arbeit relativ viele Inschrifttexte angeführt, da die
Theologen, für die diese Arbeit hauptsächlich gedacht ist, zur Schwe-
sternwissenschaft Epigraphik oft kaum einen Zugang haben[14]. Zitiert ist
meist das, was für die Eschatologie oder den Jenseitsglauben relevant ist:
Die Inschriften enthalten oft lange biographische Angaben oder Todesfall-
Berichte, die hier ausgeklammert worden sind.

Über die Grundtexte hinaus, die direkt behandelt wurden, habe ich etwa
3000 weitere parallele Inschrifttexte herangezogen.

Den Theologen sind diese Texte – abgesehen von ein paar Ausnahmen[15]
– ziemlich unbekannt oder unerreichbar. Viele Grabinschriften sind ohne
Übersetzungen[16], obwohl die neuesten Forscher auch ihre Übersetzung[17]
beifügen. Meist sind die Inschriften verstreut in Inschriftensammlungen,
Zeitschriften oder Jahrbüchern publiziert[18].

---

[13] Lateinische Inschriften wurden nur für die Illustration eines wichtigen Themas
oder zur Entdeckung des Nachlebens eines Motivs zitiert. Ich verweise dafür auf
Richmond LATTIMORE (*Themes in Greek and Latin Epitaphs*), der griechische und auch
die lateinischen Inschriften berücksichtigt.

[14] Vgl. Martin HENGEL, *Aufgaben der neutestamentlichen Wissenschaft*, in: NTS 40
(1994), S. 339ff.

[15] Vgl. z.B. Paul HOFFMANN, der in seinem Buch *Die Toten in Christus* (NA NF 2,
Münster 1966, ³1978) zur Forschung der hellenistischen Eschatologie auf dem Grund der
original griechischen Grabinschriften hauptsächlich von KAIBEL EG und PEEK GV ausgeht.

[16] Vgl. z.B. CIG, IG, MAMA, SEG, KAIBEL EG, AP, PEEK GV, MORETTI (I-III.),
CD-ROM # 7 usw.

[17] Eine deutsche Übersetzung enthalten u.a. PEEK GG, H. BECKBY, *Anthologia Graeca* VII, IK, R. MERKELBACH – J. STAUBER, *Steinepigramme* (I-VI) usw.

[18] Vgl. Literaturverzeichnis (I.1 und III.2) sowie z.B. ÖJh, AM, EA, RhM, ZPE usw.

2.2 Weitere Quellen

Zur Vertiefung des Zeugnisses der Grabinschriften und der Beschreibung ihrer Hauptthemen müssen auch Texte zu Wort kommen, welche für die Griechen religiöse Grundtexte waren und gleichsam Quellen, aus denen die Inschriftendichter schöpften. Solche „Quellen" sind vor allem die *Ilias* und die *Odyssee*, die homerischen Hymnen und Hesiods *Theogonie* und *Werke und Tage*. In zweiter Linie und für besondere Sachverhalte, wie Seelenvorstellung, Entrückung und Himmelfahrt und die Jenseitsseligkeit ist Pindars Zweite Olympische Ode wichtig und von Platon hauptsächlich Phaidros, Phaidon und das Symposion.

Weitere antike Texte wurden herangezogen, weil sie Parallelen zu den in den Inschriften behandelten Vorstellungen enthalten. Eine ganz besondere Gruppe von Texten, die insbesondere die Wirkung der Mysterien auf die Glaubenswelt der Grabinschriften und den Volkskult erläutern können und deshalb wichtig waren, sind die *orphischen Goldblättchen*.

3. Aufbau der Arbeit

3.1 Hauptthemen

Nach einem knappen Hinweis auf die Forschungsgeschichte (Kap. II) folgt eine allgemeine Beschreibung der griechischen Jenseitsvorstellungen (Kap. III). Sie beginnt mit den pessimistischen Aussagen, wo die Hoffnungslosigkeit und der Gedanke an den Hades dominieren und schreitet voran zu Texten, die von einem besseren Schicksal in der Jenseitswelt handeln. Hier sind nur griechische Grabinschriften mit kurzen Erläuterungen aus der griechischen Mythologie, Philosophie und Literatur berücksichtigt. Dann folgt die ausführlichere Analyse der griechischen Grabinschriften, die der „positiven Eschatologie" zuzurechnen sind. Hier werden aus neutestamentlicher Sicht wichtige Einzelthemen behandelt und den „verwandten" neutestamentlichen Texten gegenübergestellt (Kap. IV). Die Konfrontation des Ergebnisses der Grabinschriften mit den Texten und Zeugnissen der neutestamentlichen Eschatologie ist natürlich der wichtigste und zugleich schwierigste Punkt der ganzen Arbeit. Eine Schlussbilanz beschliesst die Untersuchung (Kap. V).

3.2 Zur Zitation der Inschriftentexte

- Auf einen *textkritischen Apparat* wurde grundsätzlich verzichtet, weil das für das Ziel der Arbeit nicht nötig ist. Verwiesen sei hierfür auf die jeweils neueste Edition der Inschrift.

- Wenn es möglich war, wurde jeweils auch die *Entstehungszeit* der Inschrift angegeben, welche die Editoren mit mehr oder weniger grosser Sicherheit empfehlen.
- Ebenfalls ist der *Fundort* der Grabinschriften angegeben, was eine Übersicht über die geographische Streuung der Jenseitsvorstellungen ermöglicht. Angegeben ist jeweils auch die Gestalt des Inschriftträgers (z.B. Stele, Grabaltar, Sarkophag, Platte usw.). Auf die weitere Beschreibung des Grabes wurde aber meist verzichtet.
- Zu jeder Grabinschrift werden die entsprechenden Editionen angegeben, sowie ggf. andere bibliographische Angaben. Der zitierte Text entspricht immer derjenigen *Edition*, die als erste in den Fussnoten steht. Danach – mit der Bezeichnung „=" – folgen weitere Editionen, die die Inschrift oder wichtige Teile enthalten.
- Jede Grabinschrift ist mit der Bezeichnung „n°" versehen, die sie in genannter Edition hat. Enthält die Edition nur Seitenangaben, steht die Inschrift unter ihrer Seitennummer.
- Die metrischen Grabinschriften sind nur soweit metrisch übersetzt, als sie dies in der aufgenommenen Orginalübersetzung sind. Die übrigen deutschen Übersetzungen übernehmen, auch wenn sie in Prosa gehalten sind, die Zeilenanordnung des griechischen Textes, soweit dies möglich war. Diese Anordnung hat nur das Ziel, den Text übersichtlicher zu machen.
- Weil die Grabinschriften in verschiedenen Formen vorkommen, die eventuell auch innerhalb einer Inschrift wechseln, definiere ich nicht ihre Metrik oder literarische Form. So variieren Bezeichnungen wie Grabinschrift, Grabgedicht, Grabtext, Grabepigramm, Grabverse, Grabzeugnis ohne besonderen technischen Sinn. Nur dort, wo die Grabinschrift gewiss von einem Dichter stammt und eine bestimmte literarische Form enthält, spreche ich von einem *literarischen Epigramm* und gebe den Namen des Autors an.

3.3 An den Leser

Schliesslich möchte ich noch vier Anmerkungen machen
- Mit der Bezeichung „Leser", „Hörer" und „Christen" sind jeweils beide Geschlechter gemeint.
- Einige Quellentexte kommen zweimal vor. Im dritten Kapitel ist dabei nur eine kleinere Einführung zu den allgemeinen Jenseitsvorstellungen bei den Griechen beabsichtigt, während im vierten Kapitel die Texte, die von der positiven Eschatologie handeln, ausführlicher untersucht werden. Dabei war es naheliegend, einige der zur Illustration besonders gut geeigneten Texte wiederzubenützen.

- Die Hinweise auf die judaistischen Quellen orientieren sich an der bekannten Sammlung von Hermann L. STRACK und Paul BILLERBECK.[19] Über Quellen und die weitere Literatur zur Eschatologie und Apokalyptik des Judentum und frühen Christentum findet sich ein guter Überblick bei Gerbern S. OEGEMA.[20]

- Der Leser, der des klassischen Griechisch kundig ist, wird bei den Quellentexten bisweilen auf ungewöhnliche Formulierungen stossen. Es handelt sich dabei jedoch nicht um Schreibfehler, sondern um Stileigentümlichkeiten der lokalen Dialekte. Diese wurden hier unverändert übernommen.

---

[19] STRACK, Hermann L. – BILLERBECK, Paul, *Kommentar zum Neuen Testament aus Talmud und Midrasch* I-VI, München [5]1969.

[20] OEGEMA, Gerbern S., *Zwischen Hoffnung und Gericht.* Untersuchungen zur Rezeption der Apokalyptik im frühen Christentum und Judentum, WMANT 82, Neukirchen 1999.

II. Stand der Forschung

Die *neutestamentliche Wissenschaft* hatte sich im Bereich der Eschatologie des Neuen Testaments fast ausschliesslich der Analyse der grossen biblischen Texte (*1Kor* 15; *2Kor* 5; *1Thess* 4; *Phil* 3 und anderer grundlegender paulinischer Texte, sodann *Lk* 16; *Joh* 14; *2Pt* 1; *1Joh* 3; *Offb* 22 etc.) gewidmet und dafür die biblischen, die jüdisch-apokalyptischen und rabbinischen Texte, in geringerem Masse auch hellenistische Texte als Hintergrund herangezogen. Im Vordergrund des Interesses standen die für die Dogmatik wichtigen theologischen Zusammenhänge. Die neutestamentliche Wissenschaft hat sich kaum mit den Vorstellungen über das Leben nach dem Tod der „kleinen Leute" in der damaligen, weithin hellenisierten Welt, beschäftigt. Entsprechend stand auch die Frage, wie die biblische Eschatologie in einer hellenisierten Gesellschaft rezipiert wurde, nicht im Brennpunkt ihres Interesses.

Die Grabinschriften sind eine der allerwichtigsten, wenn nicht die wichtigste Quelle, die eben solche Vorstellungen dokumentieren. Es ist erstaunlich, dass sich die Theologie bisher kaum damit beschäftigt hat. Nur ganz wenige neutestamentliche Forscher sind im 20. Jahrhundert überhaupt auf sie aufmerksam geworden.

Die Epigraphik beschäftigt sich primär mit der Sicherung, Edition und Klassifikation der griechischen Grabinschriften.[1]

Der hier vorliegende Stand der Forschung konzentriert sich nur auf die wichtigsten und theologisch interessanten Werke.

1. Klassische Philologie und Religionsgeschichte

Auf Seiten der *klassischen Philologie* und der *Religionsgeschichte* der Antike haben die griechischen Grabinschriften aus verschiedenen Gründen einige Aufmerksamkeit erregt, auch wenn sie nie im Zentrum des Interesses standen und selbständige Darstellungen ihrer Glaubenswelt ausblieben. Für die Glaubenswelt der griechischen Grabinschriften sind vor allem ergiebig:

---

[1] Vgl. Literaturverzeichnis (I.1).

- Erwin ROHDE und sein schon fast legendäres Buch „Psyche"[2];
- Martin M. NILSSONs klassische Geschichte der griechischen Religion[3];
- Friedrich PFISTERs interessantes Buch über den Heroen- und Reliquienkult[4];
- am Rande Ulrich VON WILAMOWITZ-MOELLENDORFFs Studie über Glaube und Mythologie der Griechen[5].
- Wichtig ist die Publikation des amerikanischen Philologen Richmond LATTIMORE, der im Jahre 1942 etwa 700 griechische Grabinschriften systematisch analysierte[6]. Im letzten Kapitel seines Buches[7] hat R. LATTIMORE die christlichen Grabinschriften erforscht und in ihnen nach heidnischen mythologischen Elementen gesucht. Dieser Teil seiner Untersuchung ist sehr interessant, schade nur, dass einige Ausführungen sehr einseitig und stark mythologisch sind und ausser den Verweisen auf das klassische *Handbuch der altchristlichen Epigraphik*[8] von C. M. KAUFMANN fast keine Kenntnis einfachster theologischer Hintergrundliteratur aufweisen.
- Franz CUMONTs in demselben Jahr publizierte Studie[9] ist objektiver und tiefer gehend als LATTIMORE und benutzt als Material reiche Originalquellen aus Grabinschriften, die Literatur der antiken Autoren und der Mythologie, der Religionsgeschichte und der Theologie. Im Prinzip gilt dasselbe auch für seine weiteren Studien[10].
- Walter BURKERT hat besonders in seinem Buch über die Religion der Griechen[11] und über altgriechische Opferriten und Mythen[12] Grabinschriften benutzt.

---

[2] Erwin ROHDE, *Psyche. Seelencult und Unsterblichkeitsglaube der Griechen*, Bd. I-II, ([1]1894, [3]1903ff.) Tübingen [5-6]1910.

[3] Martin P. NILSSON, *Geschichte der griechischen Religion*, Bd. I-II, München 1940-50.

[4] Friedrich PFISTER, *Der Reliquienkult im Altertum*, Giessen 1909-1912.

[5] Ulrich von WILAMOWITZ-MOELLENDORFF, *Der Glaube der Hellenen*, Bd. I-II, 1931, [2]1955, [3]1959.

[6] Richmond LATTIMORE, *Themes in Greek and Latin Epitaphs*, IB 5, Urbana 1942, [2]1962.

[7] Der Titel des Kapitels ist „Pagan Elements in Christian Epitaphs".

[8] Carl Maria KAUFMANN, *Handbuch der altchristlichen Epigraphik*, Freiburg i. B. 1917.

[9] Franz CUMONT, *Recherches sur le symbolisme funéraire des Romains*, Paris 1942, [2]1965.

[10] Franz CUMONT, *Lux Perpetua*, Paris 1949; ders., *Die orientalischen Religionen im römischen Heidentum*, (Bearb. von August BURCKHARDT-BRANDENBERG) Stuttgart [7]1975 ([3]1931).

[11] Walter BURKERT, *Griechische Religion der archaischen und klassischen Epoche*, RM 15, Stuttgart/Berlin/Köln/Mainz 1977.

[12] Walter BURKERT, *Homo Necans. Interpretationen altgriechischer Opferriten und Mythen*, RgVV 32, Berlin/New York 1972.

- Dasselbe gilt für Fritz GRAF in seinem Buch über orphisch-eleusinische Mysterien und Jenseitsdichtung[13].

Zu dieser Kategorie gehören noch verschiedene Gesamtwerke und Lexika, die Grundinformationen über die Welt der Antike enthalten und vorwiegend an christlicher Theologie und christlichem Leben orientiert sind. Zu nennen sind z.b. Werke wie RE[14], ROSCHER-Lexikon[15], RChA[16] oder RAC[17], die die Zeugnisse der antiken Originalmaterialien (wie z.b. die Grabinschriften) tiefgründig und fachspezifisch bearbeiten. Das gilt auch für den DKP[18] und den DNP[19]. Speziell aber die ältere RChA ist an Grabinschrifttexten und archäologischen Ausgrabungen orientiert. Es ist also selbstverständlich, dass die Erklärungen darin Motive der Eschatologie und der Bestattungssitten berühren.

2. Theologie

Auf der Seite der *Theologie* erlebte die Erforschung der griechischen Grabinschriften um die letzte Jahrhundertwende eine gewisse Blüte, als mehrere Theologen und Nicht-Theologen (zum Teil für Theologen) über die Inschriften geschrieben haben[20]. Seither ist sehr wenig geschehen. Zu nennen sind nur folgende:

---

[13] Fritz GRAF, *Eleusis und die orphische Dichtung Athens in vorhellenistischer Zeit*, RgVV 33, Berlin/New York 1974.

[14] *Realencyklopädie der classischen Altertumswissenschaft*. Neue Bearbeitung 1894ff.

[15] W. H. ROSCHER (Hrsg.), *Ausführliches Lexikon der griechischen und römischen Mythologie*, Bd. I-VI, [3]1884-1937, Ndr. 1992f.; 4 Suppl.-Bde. 1893-1921.

[16] F. X. KRAUS (Hrsg.), *Real-Encyklopädie der christlichen Alterthümer*, Bde. I-III, Freiburg i. B. 1886.

[17] *Reallexikon für Antike und Christentum*. Sachwörterbuch zur Auseinandersetzung des Christentums mit der antiken Welt (Hrsg. Theodor KLAUSER u.a.), Stuttgart 1950ff., bisher sind die Bände 1-18 veröffentlicht. Darin findet sich auch ein wertvoller Artikel von Gerhard PFOHL über die Grabinschriften (*Grabinschrift* I., 12 [1983], Sp. 467-514).

[18] *Der Kleine Pauly*. Lexikon der Antike (Hrsg. v. Konrat ZIEGLER und Walther SONTHEIMER) Bde. I-V, München/Stuttgart 1979.

[19] *Der Neue Pauly*. Enzyklopädie der Antike (Hrsg. v. Hubert CANCIK und Helmuth SCHNEIDER), Stuttgart/Weimar 1996ff.

[20] Z.B. É. MICHON, *Records de bassins chrétiens ornés de reliefs*, in: RB 1915/3-4, S. 489-540; É. MICHON, *Inscription grecque de l'île de Rouad en l'honneur de Julius Quadratus*, in: RB 1917/1-2, S. 208-217; M. MICHELIER, *Inscriptions grecques de l'île de Castellorizo, Ancienne Mégisté*, in: RB 1917/1-2, S. 287-297; É. MICHON, *Sarcophage antique de l'île de Castellorizo, représentant Artémis et Endymion*, in: RB 1917/3-4, S. 537-560; H. LIETZMANN, *Jüdisch-griechische Inschriften aus Tell el Yehudieh*, in: ZNW 1923, S. 280-286 usw.

Theodor ZAHN hat in seiner in der dritten Auflage 1906/1907 neupublizierten Einleitung zum Neuen Testament[21] für die neutestamentliche Theologie und Literatur etwa 40 griechische Grabinschriften verwendet, die er unter anderem zur Erforschung und Analyse der biblischen Lokalgeschichte und des urchristlichen Namenvorkommens, für die Identifikation des Grabes Petri und Pauli und für die Hintergrundkenntnisse der urchristlichen Gemeindeentstehung benutzt hat. Nach Theodor Zahn hat mit grossem Elan Adolf DEISSMANN etwa 300 verschiedene Inschriften, darunter ungefähr 40 Grabinschriften, für die Interpretation des Neuen Testaments zugänglich gemacht[22]. Ihre Arbeit hat kaum Fortsetzungen gefunden. Nur in der ungarischen theologischen Literatur hat Adolf DEISSMANN einen Nachfolger gefunden: Zsigmund VARGA schrieb seine Dissertation[23] im Gebiet des Neuen Testaments im Sinne seines Vorbildes A. DEISSMANN und stellte die griechischen Inschriften mit zahlreichen Anmerkungen sehr gut theologisch dar.

Erst in den sechziger Jahren ging die Arbeit in bescheidenem Umfang weiter. 1966 publizierte Paul HOFFMANN in einer Studie über die Eschatologie des NT einen knappen Exkurs über die Himmelsvorstellung der Griechen nach den griechischen Grabepigrammen[24]. Die Benutzung der Grabinschriften blieb dabei sehr oberflächlich. HOFFMANN zitierte aus KAIBEL[25], PEEK[26], FESTUGIÈRE[27] usw. etwa 70 Grabepigramme, von denen er ein oder mehrere Grundworte, manchmal eine Phrase, verwertete. Nur zwölfmal zitierte er längere Sätze oder ganze Verse bzw. Grabinschriften. Für die benutzten Materialien suchte er danach Parallelen aus Religionsgeschichte und Philosophie. Wichtige Epigrammsammlungen wie die *Anthologia*

---

[21] Theodor ZAHN, *Einleitung in das Neue Testament*, Bd. I-II, Leipzig ³1906/1907. Nachdruck (mit einer Einführung von R. Riesner) Wuppertal/Zürich 1994.

[22] Adolf DEISSMANN, *Licht von Osten. Das Neue Testament und die neuentdeckten Texte der hellenistisch-römischen Welt*, Tübingen ⁴1923.

[23] Zsigmond VARGA, *A hellenistikus papyrusok, feliratok, ostrakák világa és az Újtestamentum* (= die Welt der hellenistischen Papyri, Inschriften, Ostraka und das Neue Testament), Debrecen 1942. Zsigmond VARGA wurde in vielem von Professor Ede MÉSZÁROS beeinflusst, der speziell mit den lateinischen Grabinschriften arbeitete und darüber in Ungarisch auch eine gute Studie, *„Vergilius és az őskeresztyén sírfeliratok"* (= Vergil und die urchristlichen Grabinschriften, Budapest 1941) geschrieben hat. Vgl. zu seinem Buch den Index von Gerhard PFOHL (*Bibliographie der griechischen Vers-Inschriften*, Hildesheim 1964).

[24] Paul HOFFMANN, *Die Toten in Christus. Eine religionsgeschichtliche und exegetische Untersuchung zur paulinischen Eschatologie*, NA NF 2, Münster (¹1966) ³1978.

[25] Georg KAIBEL, *Epigrammata graeca ex lapidibus conlecta*, Berlin 1878 (Nachdruck 1965).

[26] Werner PEEK, *Griechische Vers-Inschriften*, Bd. I (= *Grab-Epigramme*), Berlin 1955.

[27] André Jean FESTUGIÈRE, *L'idéal religieux des Grecs et l'Evangile*, Paris 1932.

Graeca[28], über die der Epigraphiker Johannes GEFFCKEN sagte[29], dass sie ein „goldenes Buch" sei, wurden nicht berücksichtigt[30]. Es ging HOFFMANN auch nicht darum, die Vorstellungen der Grabinschriften über das Jenseits zusammenhängend darzustellen; sie waren für ihn nur eine Illustration der Jenseitsvorstellungen der Griechen.

Seine Exkurs-Studie aber kann der neutestamentlichen Theologie neu signalisieren, dass es an der Zeit ist, neue Wege zur Erforschung des griechischen Hintergrundes von Theologie, Glaube und Mission in der Welt des Neuen Testaments zu suchen.

Auch in der neuesten theologischen Literatur nutzen nur wenige Neutestamentler die Zeugnisse der griechischen Grabinschriften für ihre Forschung. Petr POKORNÝ zieht für sein Buch über den zeit- und religionsgeschichtlichen Hintergrund der Welt des Hellenismus und Urchristentums ausser den Papyrusinschriften auch etliche Grabinschriften aus der Sammlung AP/AGr, CIL, IG und OGI heran[31]. Hans-Josef KLAUCK zitiert in seiner Zeitgeschichte[32] einige Grabinschriften und Ehreninschriften, unter Benutzung der Sammlungen IG, IGUR, IK, OGIS, PEEK GV+GG, SEG, SIG und der Studien von G. PFOHL, R. LATTIMORE und anderen. 1991 hat Barry BLACKBURN eine Arbeit über θεῖος ἀνήρ und Wundergeschichten veröffentlicht. Als Quelle für seine Forschung benutzte er auch etliche Grabinschriften[33]. Als wichtiger theologischer Beitrag kann der Artikel von Peter LAMPE[34] gelten, der die ephesischen Inschriften – darin auch ein paar Grabinschriften – für das Verständnis des Hintergrundes von *Apg* 19 erforscht. Vormals in Australien, jetzt in den USA, erscheint eine von G. H. R. HORSLEY herausgegebene Reihe von neuen Dokumenten zum Urchristentum[35], die auch etwa 100 Grabinschriften publiziert, die mehr oder weniger frühchristlich sind oder in einem frühchristlich-theologischen Kontext stehen. Sie sind jedoch noch kaum ausgewertet.

---

[28] *Anthologia Graeca,* Buch I-XVI (ed. Hermann BECKBY), München [1]1957-1958. Speziell das 7. Buch enthält Grabepigramme.

[29] Johannes GEFFCKEN, *Griechische Epigramme,* Heidelberg 1916, S. V.

[30] Er sagt: „Die literarischen Zeugnisse des 7. Buches der Anthologia Graeca sind nicht berücksichtigt" (S. 44, Anm. 107).

[31] Petr POKORNÝ, *Řecké dědictví v Orientu* (Das griechische Erbe im Orient), Prag 1993.

[32] Hans-Josef KLAUCK, *Die religiöse Umwelt des Urchristentums,* Bd. I-II, Stuttgart/Berlin/Köln 1995-1996.

[33] Barry BLACKBURN, *Theios Aner and the Markan Miracle Traditions,* WUNT II/40, Tübingen 1991.

[34] Peter LAMPE, *Acta 19 im Spiegel der ephesischen Inschriften,* in: BZ 35 (1992), S. 59-76.

[35] G. H. R. HORSLEY, *New Documents Illustrating Early Christianity,* Bd. I-VIIIf., Sydney (1981-1998f.).

Wahrscheinlich zählen zu den bisher neusten Werken der griechischen Inschriftenforschung zwei Bücher von Peter PILHOFER, der einen Katalog[36] der Inschriften von Philippi gesammelt[37] und auf dieser Grundlage auch eine präzise lokalgeschichtliche Studie[38] geschrieben hat. Zu dieser Kategorie gehört auch das Forschungsbuch über Thessaloniki von Christoph von BROCKE[39]. Schade nur, dass der Autor, der in der Tat viele Inschriften berücksichtigt (hauptsächlich aus CIJ und IG), diese nicht noch etwas gründlicher auf die eschatologischen Probleme der Gemeinde des Paulus bezieht.

Zum Schluss des Forschungsstandes der theologischen Inschriften darf ich auch auf meine eigenen Forschungsergebnisse hinweisen. In meiner ersten Studie[40] im Jahre 1976 habe ich genau diese Problematik behandelt und in einem Vergleich die griechischen und die paulinischen Parallelen geprüft. In der theologischen Dissertation[41] in Budapest habe ich die religionsgeschichtliche Problematik des Titusbriefes und der kretischen Religiosität auch auf dem Hintergrund der griechisch-kretischen Grabinschriften berührt. Die Motive der homerischen Mythologie und der Grabinschriften in der Apokalypse des Johannes habe ich als Ergebnis eines eigenen Forschungsprogramms innerhalb des ungarischen Collegium Doctorum im Jahr 1999 publiziert[42]. In der philosophischen Doktorarbeit in Bratislava[43] habe ich teilweise die eschatologischen Vorstellungen innerhalb der antiken Erziehung erforscht und mit verwandten neutestamentlichen Motiven verglichen. Über die Möglichkeiten, auch im Neuen Testament die hellenistischen Grabvorstellungen und die Grabinschriften

---

[36] Peter PILHOFER, *Philippi*, II. Band: *Katalog der Inschriften von Philippi*, WUNT 119, Tübingen 2000.

[37] P. PILHOFER stützt seine Forschung auch auf seine (Privat)Sammlung von Inschriften und ihre photographische Dokumentation: *Philippi* II, S. VIII.

[38] Peter PILHOFER, *Philippi*, Bd. I: *Die erste christliche Gemeinde Europas*, WUNT 87, Tübingen 1995.

[39] Christoph von BROCKE, *Thessaloniki – Stadt des Kassander und Gemeinde des Paulus*, WUNT II/125, 2001.

[40] *Řecké náhrobní nápisy a eschatologie apoštola Pavla* (tschechisch: *Die griechischen Grabinschriften und die paulinische Eschatologie*), Praha 1975, 98 Seiten (für die Comenius Theol. Fakultät, unveröffentlicht).

[41] *A Titushoz írt levél teológiai sajátosságai. Vallástörténeti kommentár* (ungarisch: *Die Besonderheiten des Titusbriefes. Religionsgeschichtlicher Kommentar*), Studia Neotestamentica Comaromiensia 3, Komárno 2001.

[42] *Apocalypsis Homeri* (ungarisch), in: *Vallástörténeti Tanulmányok* 1 (Religionsgeschichtliche Studien) Budapest 1999, S. 63-149.

[43] *Aspekty výchovy a vzdelávania v antike a v spisoch Nového zákona* (slowakisch: *Die Aspekte der Erziehung und Ausbildung in der Antike und im Schrifttum des Neuen Testaments*), Bibliotheca Antiqua et Biblica 1, Bratislava 2001.

zu erforschen, habe ich 1998 einen kürzeren Artikel geschrieben[44]. Über die eschatologischen Motive der Apokryphen (der Petrusapokalypse, der Paulusapokalypse und der Jesaja-Himmelfahrt) in der Beziehung zur griechischen Eschatologie der Grabinschriften[45] habe ich anlässlich der wissenschaftlichen Zusammenarbeit der Universitäten in Budapest und Groningen Vorträge gehalten usw.

3. Die Erforschung jüdischer Grabinschriften

Die *jüdischen Grabinschriften* (auch diejenigen in griechischer Sprache) sind nicht direkt Thema dieses Projekts. Hier ist verhältnismässig viel geschrieben worden. Ich erwähne zusätzlich zu den wichtigen Editionen von Nikolaus MÜLLER[46] und J.-B. FREY[47] vor allem die Arbeiten des Holländers Pieter W. van der HORST, der eine theologische Studie[48] veröffentlichte, in der er etwa 390 jüdische Grabinschriften verwendete und auf Bestattungssitten, Jenseitsglaubensvorstellungen, anthropologische Aspekte und Beziehungen zu den biblischen Texten hin auswertete. Dass das Buch ohne grösseres Echo blieb, ist für die derzeitige Situation der Theologie vermutlich typisch. Ein anderer Sammelband[49] ist das Ergebnis der Zusammenarbeit der holländischen Theologen innerhalb der Theologischen Fakultät der Universität Utrecht im Bereich der biblischen und ausserkanonischen jüdischen Epigraphik, das die hauptsächlich griechisch geschriebenen jüdischen Epitaphinschriften auch im Sinne der Eschatologie erforscht. Eine neue Sammlung über die jüdischen Inschriften in West-Europa (Bd. I.) und in Rom (Bd. II.) hat David NOY zusammengestellt[50], über die jüdischen Inschriften in Egypten zusammen mit William HORBURY.[51] Eine ganz neue

---

[44] *A görög sírfeliratok kutatása* (ungarisch: *Die Erforschung der griechischen Grabinschriften*), in: RefE 1998/3, S. 36ff.

[45] Der Artikel *Die griechischen Sepulkralmotive in der Petrusapokalypse* ist in Groningen/Leiden im Druck (Hrsg. Jan BREMMER).

[46] Nikolaus MÜLLER, *Die Inschriften der jüdischen Katakombe am Monteverde zu Rom*, Leipzig 1919.

[47] Jean-Baptiste FREY, *Corpus Inscriptionum Judaicarum*, Bd. I-II, Rome 1936-1952.

[48] Pieter W. van der HORST, *Ancient Jewish Epitaphs. An Introductory Survey of a Millennium of Jewish Funerary Epigraphy (300 BCE - 700 CE)*, Kampen 1991; ders., *Das Neue Testament und die jüdischen Grabinschriften aus hellenistisch-römischer Zeit*, in: BZ 35 (1992), S.161-178.

[49] *Studies in Early Jewish Epigraphy*, (ed. Jan W. v. HENTEN und Pieter W. v. d. HORST), AGAJU 21, Leiden/New York/Köln 1994.

[50] David NOY, *Jewish Inscriptions of Western Europe*, Bd. I-II., Cambridge 1993.

[51] William HORBURY – David NOY, *Jewish Inscriptions of Graeco-Roman Egypt With an Index of the Jewish Inscriptions of Egypt and Cyrenaica*, Cambridge 1992.

Beobachtung mit jüdischen Grabinschriften und ihrer Eschatologie machte Joseph S. PARK in seiner Dissertation[52], indem er mit wenigen Inschriften, aber mit gründlichen Ausführungen und Vergleichen die hellenistisch-jüdischen eschatologischen Vorstellungen erhellte.

4. Frühes Christentum[53]

Besser erschlossen und den Theologen eher bekannt sind die *altchristlichen Inschriften*. Ich verweise als erstes auf das heute schon klassische Buch über die altchristliche Epigraphik[54] von Carl Maria KAUFMANN, in dem viele lateinische und griechische Grabinschriften gesammelt sind. Eine spezielle Sammlung der griechischen und lateinischen Inschriften gibt Carl Maria KAUFMANN auch in seinem weiteren Buch über Jenseitsdenkmäler des Urchristentums[55]. Daneben sind noch die grossen Sammlungen der altchristlichen griechischen Grabinschriften von Carolus WESSEL[56] zu nennen. Als wichtiges Buch auf diesem Gebiet gilt die zweibändige Studie von Ludwig von SYBEL[57], die anhand vieler architektonischer Materialien und Grabinschriften beschreibt, welche Hoffnungen die altchristlichen Menschen der Katakomben hatten. Vergleichbare altchristliche und religionsgeschichtliche Motive, speziell auf dem Hintergrund der Entdeckung der altchristlichen ICHTHYS-Vorstellung, beschreibt Franz Joseph DÖLGER[58] in seiner fünfbändigen Studie. Mit wenigen direkten Zitataten, aber sehr gründlicher Auswertung einiger griechischer und sehr vieler lateinischer Grabinschriften aus der Zeit des Altchristentums hat Anton STUIBER

---

[52] Joseph S. PARK, *Conceptions of Afterlife in Jewish Inscriptions:* With Special Reference to Pauline Literature, WUNT II/121, Tübingen 2000.

[53] Zum terminologischen Problem von „Frühchristentum" vgl z.B. die Empfehlung von Stefan ALKIER, *Urchristentum.* Zur Geschichte und Theologie einer exegetischen Disziplin, BHTh 83, Tübingen 1993, S. 261-266, von der ich aber absehe. Ältere Autoren benützen in der Regel die Bezeichnung „Altchristentum" (= postapostolische Ära).

[54] Carl Maria KAUFMANN, *Handbuch der altchristlichen Epigraphik*, Freiburg i.B. 1917.

[55] *Die Sepulcralen Jenseitsdenkmäler der Antike und des Urchristentums.* Beiträge zur Vita-Beata-Vorstellung der römischen Kaiserzeit mit besonderer Berücksichtigung der christlichen Jenseitshoffnungen, Mainz 1900.

[56] Carolus WESSEL, *Inscriptiones Graecae Christianae Veteres Occidentis*, Halle 1936; *ders.,* (Ed. + Hrsg. von A. FERRUA – C. CARLETTI), *Inscriptiones Graecae Christianae Veteres Occidentis*, ICI 1, Bari 1989.

[57] Ludwig von SYBEL, *Christliche Antike. Einführung in die altchristliche Kunst*, Band I-II, Marburg 1909.

[58] Franz-Joseph DÖLGER, *Das Fisch-Symbol in frühchristlicher Zeit*, Band I-V, Münster 1928ff. Vgl. auch seine Reihe: *Antike und Christentum* I-VI, Münster ²1974-76 (¹1929-1950).

frühchristliche Riten, Grabesarchitektur und Jenseitsvorstellungen beschrieben.[59] Mit den christlichen Inschriften beschäftigt sich auch Gary J. JOHNSON in seinem Editionsbuch[60], das etwa 80 Grabinschriften aus Anatolien beschreibt. Yiannis E. MEIMARIS hat etwa 1300 christliche Inschriften aus Palästina, darunter auch Grabinschriften, gesammelt[61], die er jedoch nur fragmentarisch in Eigennamen, Hoheitstiteln etc. gruppierte. Grösstenteils christliche Grabinschriften aus Tyros, mit reichen epigrammatischen Anmerkungen versehen, veröffentlichte Jean-Paul REY-COQUAIS[62]. Aus der für unsere Forschung wichtigsten Zeit (bis 200) gibt es ziemlich wenige (ca. 30-40) christliche griechische Grabinschriften. Sie müssen im vorliegenden Projekt natürlich mitberücksichtigt werden.

Zu den neusten Werken in diesem Bereich sind noch zwei Bücher zu nennen: die Studie von Ute E. EISEN[63] über die Amtsträgerinnen im frühen Christentum, angereichert mit altchristlichen epigraphischen Belegen, und das Buch von Ulrich VOLP, der auch auf der Grundlage der griechischen und hauptsächlich lateinischen Inschriften die Todesvorstellungen und Bestattungsrituale der altchristlichen Gemeinden erforscht hat.[64]

5. Heutige Ausblicke

Als *Schlussbilanz* ist festzuhalten, dass bisher die griechischen paganen Grabinschriften – es gibt mehrere zehntausend von ihnen – für die Erforschung der frühchristlichen Eschatologie kaum zugänglich gemacht worden sind. Im Gegenteil: *Hier besteht ein ausgesprochenes Forschungsdesiderat*, das von Gottfried NEBE schon im Jahre 1983 betont wurde[65]. Martin HENGEL hat diese Situation noch besser umrissen und drängt zur Wende[66]. Es ist erstaunlich, dass die Theologie auf den grossen Fundus von Materialien, kaum aufmerksam geworden ist. *Eine neue und zwischen Theolo-*

---

[59] Anton STUIBER, *Refrigerium interim*. Die Vorstellungen vom Zwischenzustand und die frühchristliche Grabeskunst, Bonn 1957.

[60] Gary J. JOHNSON, *Early-Christian Epitaphs from Anatolia*, TT 35 - ECLS 8, Atlanta 1995.

[61] Yiannis E. MEIMARIS, *Sacred Names, Saints, Martyrs and Church Officials in the Greek Inscriptions and Papyri Pertaining to the Christian Church of Palestine*, Athens 1986.

[62] Jean-Paul REY-COQUAIS, *Inscriptions de la Nécropole* (Tyr), BMB 29, Bd. I, Paris 1977.

[63] Ute E. EISEN, *Amtsträgerinnen im frühen Christentum. Epigraphische und literarische Studien*, FKDG 61, Göttingen 1996.

[64] *Tod und Ritual in den christlichen Gemeinden der Antike*, VCS 65, Leiden 2002.

[65] Gottfried NEBE, ,Hoffnung' bei Paulus, Göttingen 1983, S. 163.

[66] Martin HENGEL, *Aufgaben der neutestamentlichen Wissenschaft*, in: NTS 40 (1994), S. 339ff.

gen, Epigraphikern und Altphilologen interdisziplinäre Beschäftigung mit den griechischen Grabinschriften ist dringend nötig.

Was sind die *Gründe* dieses eigentlich erstaunlichen Forschungsdefizits? Wir können hier nur Vermutungen aussprechen:

a) Der Hauptgrund liegt sicher in der Theologie selbst, der es primär um die Interpretation theologischer Texte und um ihre Nutzung für theologische Theorien ging. Eine Beschäftigung mit Inschriften bedeutete für viele Theologen einen Abstieg in „Niederungen", die für sie offensichtlich schlicht nicht in Frage kamen.

b) Erschwerend wirkt sich die Forschungssituation im Bereich der griechischen Epigraphik aus. Sie ist für Aussenstehende unübersichtlich. Viele Inschriften sind in verschiedenen Sammlungen oder verstreut in Zeitschriften, viel Material ist überhaupt noch nicht publiziert. Die veröffentlichten Sammlungen griechischer Grabinschriften der neutestamentlichen Zeit sind durch Register und Indices sehr unterschiedlich, z.T. sehr schlecht erschlossen[67]. Die Rekonstruktions- und Textprobleme der Inschriften sind gross; es gibt natürlich keinen „textus receptus" der griechischen Grabinschriften! Besondere Schwierigkeiten bietet für Theologen die Interpretation der zu den Inschriften gehörenden Reliefs und Symbole, die auch besonders lückenhaft veröffentlicht sind.

c) Dazu kommen sprachliche Schwierigkeiten und mangelnde Sachkenntnis der Theologen im Bereich der Epigraphik: Die Welt der Inschriften zeigt sich den Theologen als äusserst unübersichtlich; Theologen mit wenigstens rudimentären Kenntnissen in der Epigraphik gibt es kaum. Die wichtigsten Handbücher und Bibliographien zur Epigraphik, z.B. von Günther KLAFFENBACH[68] oder Gerhard PFOHL[69] sind den Theologen in der Regel unbekannt. Auch die Erfahrung mit altgriechischen Texten, deren Sprache von den üblichen Mustern der Koine abweicht, ist bei Theologen im Allgemeinen gering. Ähnliches gilt in geringerem Masse für die homerische Sprache, die die griechischen Grabinschriften stark bestimmt.

---

[67] Ein Wort- und Sachregister fehlt in der besten bisherigen Grabinschriftensammlung von Werner PEEK, *Griechische Vers-Inschriften* I (Berlin 1955), die 2095 Grabinschriften enthält. Ein Arbeitsteam hat mit der Bearbeitung des Generalindexes angefangen und nach 40 Jahren den 1. Band des *„Index to the Griechische Vers-Inschriften"* (Amsterdam 1995, 151 Seiten: α-ἕως) publiziert; kurz darauf den 2. Band (Amsterdam 1999, S. 153-289: ζ-ὀψιγόνος). Die comparatio numerorum (PEEK > IG > SEG > BECKBY AGr > IK und das Verhältnis zu anderen Editionen) habe ich für meine Forschung gemacht. Sie ist abgeschlossen und bereit für eine eventuelle Veröffentlichung.

[68] Günther KLAFFENBACH, *Griechische Epigraphik*, Göttingen 1957.

[69] Gerhard PFOHL, *Elemente der griechischen Epigraphik*, Darmstadt 1968; ders. (Hrsg.), *Das Studium der griechischen Epigraphik*, Darmstadt 1977; ders., *Bibliographie der griechischen Vers-Inschriften*, Hildesheim 1964.

III. Jenseitsvorstellungen in den Grabinschriften
– eine Übersicht

In diesem Kapitel soll es darum gehen, den Jenseitsglauben der antiken Grabinschriften im Überblick zu betrachten. Dabei wird deutlich werden, dass die griechischen Grabinschriften und der in ihnen ausgedrückte Jenseitsglaube durch die homerischen eschatologischen Motive[70] tief geprägt sind.

Weiter wird festzustellen sein, dass das Kerygma der homerischen Verse und ihre mythische Vorstellungswelt für die Trauernden späterer Zeiten oft keinen ausreichenden Trost bedeuten konnte. Der Tod war und blieb für die antiken Griechen eine unendlich traurige und schmerzliche Realität.

1. Rückkehr zum Ursprung des Lebens

Bei den antiken Griechen war die Vorstellung weit verbreitet, dass der Urquell des menschlichen Wesens in einem ursprünglichen Wesen liegt und sich das Leben, von diesem Ursprung ausgehend, wieder darauf zubewegt, um am Ende in ihm aufzugehen.

Eine Inschrift an einem Grabpfeiler aus Tomis (Thrakien, 2.-3. Jh. n. Chr.) betont die Rückkehr der einzelnen Elemente des Menschen zu ihrem Ursprung, in dem sie einst waren. Es sind die Elemente des Menschen, Wasser, Erde, Luft und üblicherweise auch Feuer, die seit dem 5. Jh. v. Chr.[71] immer öfter in der griechischen Philosophie[72] und Literatur[73] erscheinen:

---

[70] R. LATTIMORE, *Themes in Greek and Latin Epitaphs*, S. 264; W. PEEK, *Griechische Grabgedichte*, S. 11.

[71] Die Vorstellung von der Rückkehr alter Lebenselemente zu ihrem Ursprung kann als „Dualismus" bezeichnet werden; vgl. W. PEEK, *Griechische Grabgedichte*, S. 295, Anm. 12.

[72] Vgl. z.B. Empedokles, 31 A 85, der vom Tod als Aufteilung der Elemente und der Rückkehr zum Ursprung spricht. Vgl. I. G. KALOGERAKOS, *Seele und Unsterblichkeit*, S. 100ff.; Empedokles, *Frg.* 146-147.

[73] Vgl. Epicharm, *Frg.* 245 oder Euripides, *Hiketiden* 531ff. Vgl. auch W. PEEK, *Griechische Grabgedichte*, S. 299f., Anm. 100 und S. 295, Anm. 12.

ἐξ ὕδατος καὶ γῆς καὶ πνεύματος ἦα πάροιθεν,
ἀλλὰ θανὼν κεῖμαι πᾶσι τὰ πάντ' ἀποδούς.
⁹ πᾶσιν τοῦτο μένει· τί δὲ τὸ πλέον; ὁππόθεν ἦλθεν,
εἰς τοῦτ' αὖτ' ἐλύθη σῶμα μαραινόμενον.[74]

Aus Wasser und Erde und Luft bestand ich einst.
Aber jetzt, wo ich tot daliege, gab ich ein jedes einem jeden zurück.
Allen steht dies bevor. Was soll ich mehr noch sagen: woher er kam,
darein löste sich der Leib wieder auf, wie er dahinschwand.
(Übersetzung nach W. PEEK)

Auch die antiken Griechen haben durch die Berührung mit dem Tod erkannt, dass sie über ihr Leben nicht wie über ein Vermögen verfügen können, sondern es nur auf Zeit erhalten haben, um es nach Ablauf der Lebenszeit zurückzugeben. So konnte die Vorstellung von der Rückkehr zum Ursprung entstehen, wie sie auf einem Kalksteinquader aus Philadelphia (Lydien, 2. Jh. n. Chr.) beschrieben ist:

οὐκ ἔσχον τὸ ζῆν ἴδιον, ξένε· χρησάμενος δέ
τῷ χρήσαντι χρόνῳ ἀνταπέδωκα πάλιν.[75]

Ich erhielt das Leben nicht zum Eigentum, Fremdling.
Von der Zeit hatte ich es geliehen und gab es ihr als meinem
Gläubiger nun wieder zurück.
(Übersetzung: W. PEEK)

Den Weg zurück zum Ursprung konnte die Seele nach dem Tod auf unterschiedliche Weise gehen, je nachdem, was für eine Jenseitsvorstellung der Mensch hatte. Glaubte er z.B. an den Äther, so war dieser für ihn Ursprung und Ziel seiner Seele; für einen anderen war es die Erde. Diese Vorstellungen werden wir in Kapitel III.2.4.2 und III.2.4.4 analysieren, wo vom Äther und der Erde die Rede sein wird.

Die Wurzeln der griechischen „Eschatologie" liegen in den vorgriechischen Religionen, welche die griechische Mythologie über mehrere Kanäle[76] beeinflussten. Von einer eigenständigen griechischen „Eschatologie"

---

[74] PEEK GG n° 452[7-10] = GV n° 1942.
[75] PEEK GG n° 260 = GV n° 1132; J. KEIL – A. v. PREMERSTEIN, *Bericht über eine Reise in Lydien*, S. 43, n° 90.
[76] Die Kanäle, durch welche die griechische Mythologie gespeist wurde, sind Kultriten, religiöse Gewohnheiten, Volkssprüche, aber auch mythologische Geschichten der Ägypter, Hethiter, Babylonier usw. Vgl. z.B. T. S. SCHEER, *Griechische Vorväter*, S. 21.

kann man, wie auch bei anderen mythologischen Vorstellungen, erst seit der Zeit Homers reden. Dabei werden die Mythen und Jenseitsvorstellungen immer weiter ausgebaut und kühner formuliert, und gleichzeitig immer mehr in die ätherisch-himmlisch-olympische Welt der Götter verlegt. Davon wird in dieser Untersuchung noch zu reden sein. Hier genügt die Feststellung, dass die griechische „Eschatologie" im Allgemeinen und die „positive Eschatologie" im Speziellen von Homer und Hesiod ausgehen[77].

Bei der Bestimmung der homerischen „Eschatologie" können wir feststellen, dass die Apokalyptik oder die apokalyptische Erfahrung sich an einer transzendenten Realität ausrichtet, die über der Natur und dem täglichen Leben steht und dennoch das tägliche Leben beeinflusst. Diese transzendentale Realität ist die die irdischen Grenzen und Möglichkeiten der Menschen überschreitende Welt – eine jenseitige *gegenwarts-* oder *zukunftsbezogene* Realität. Mit ihr kann der Mensch Verbindung halten.

Die homerische „Eschatologie" ist sehr vielfältig, obwohl das homerische Werk nur vereinzelt klar fassbare Jenseitsmotive enthält. Dies erschwert eine genauere und systematische Bestimmung der Werke Homers im Hinblick auf ihre „Eschatologie".

In dieser Untersuchung sollen jene konkreten eschatologischen Bilder und Zeugnisse im Vordergrund stehen, die ausgehend von Homer und Hesiod über weitere Entwicklungsstufen des griechischen Jenseitsglaubens eine mögliche „Brücke" zur Eschatologie des Neuen Testaments bilden und somit eventuell für die Erhellung des Hintergrundes der „griechischen" neutestamentlichen Eschatologie und Apokalyptik fruchtbar gemacht werden können.

2. Hauptlinien der griechischen Jenseitsvorstellungen

2.1 Die Realität des Todes

Bei den antiken Griechen gehörte der Tod als Realität zum irdischen Leben und musste akzeptiert werden. Ob er schmerzte oder nicht und wie tief er das Leben der Menschen berührte, war eine persönliche Sache. Obwohl er das Leben überschattete, gab es keine Möglichkeit, sich vor ihm zu retten: ὃ τοῦτο φυγεῖν οὔποτε τις δύναται[78].

Nicht unbekannt war die Vorstellung, dass die Sterbenden im Tod das τέλος erreichen. Diese Vorstellung findet sich in den Grabinschriften in

---

[77] Siehe insbesondere Kapitel III.3 über die Entwicklung des olympisch-eschatologischen Motivs zur Hoffnung der Vergöttlichung.
[78] SEG 25, n° 1117.

zwei Varianten: Einerseits bedeutet τέλος einfach das Ende des menschlichen Lebens. Das heisst, dass das Leben mit dem Tod endet und damit alles, was das Leben für den Menschen in diesem irdischen „Aion" war, es sei Glück, Freude, Genuss oder auch Schmerz, Enttäuschung, Klage. Hier wurde das griechische τέλος als eine Form der glücklichen Vollendung verstanden, bzw. als ruhiges Lebensende, in welchem das Leid und die Qualen des im irdischen Körper lebenden Menschen aufhören würden. Davon spricht auch eine Grabinschrift auf einer profilierten Kalksteinsäule aus Bithynien (1.-2. Jh. n. Chr.), wo τέλος καμάτου als poetischer Ausdruck[79] wahrscheinlich einfach den Tod[80] meint[81].

γνήσιον ἐν σοφίῃ βίοτον τελέσασα ἅμα Παύλῳ
ἡ Λυκάρις ἔθανεν τέλος καμάτοιο λιποῦσα...
[10] Παῦλος του Παύλου γνοὺς τὸ τέλος καμάτου.[82]

Nach einem ehelichen Leben in Weisheit zusammen mit Paulus starb Lykaris und liess endlich die Mühsal zurück ...
Paulus, der Sohn des Paulus, der das Ende der Mühsal gesehen hat.
(Übersetzung: T. CORSTEN)

In diese Kategorie gehören auch die Inschriften, welche davon sprechen, dass der Mensch am Ende seines Lebens den Tod schauen wird, so z.B. die Inschrift eines Grabaltars aus Kos (2.-3. Jh. n. Chr.): βλέπεις τὸ τέλος[83].

Auf der anderen Seite wird in Grabinschriften τέλος häufig auch mit einer Ergänzung benutzt, z.B. βιότου τέλος, das Lebensende[84]. Eine Inschrift aus Laodikeia (Phrygien, 2.-3. Jh. n. Chr.) formuliert: τὸν καλὸν ἐνθάδε κοῦρον ἔχει τέλος und will damit wahrscheinlich ausdrücken, dass der gute Jüngling im Tod endlich ein ruhiges Schicksal bekommt[85].

---

[79] Th. CORSTEN, *Die Inschriften von Kios*, IK 29, S. 38.
[80] Diese Meinung vertritt auch F. K. DÖRNER, *Bericht über die Reise in Bithynien*, S. 44: κάματος = θάνατος.
[81] Das bestätigt auch das Zeugnis von Th. CORSTEN, *Die Inschriften von Kios* (= IK 29, n° 15), S. 38: „Es muss gemeint sein, dass Lykaris ans Ende ihrer Mühen gekommen ist und die Erde mit all ihren Mühen verlassen hat."
[82] Th. CORSTEN, IK 29, n° 15 = F. K. DÖRNER, *Bericht über die Reise in Bithynien*, S. 43-44, n° 91; vgl. G. KLAFFENBACH, *Dörner: Reise in Bithynien*, in: Gnomon 26 (1954), S. 101; L. ROBERT, *Épitaphes à Bithynion*, in: AC 37 (1968), S. 421-423, n° 1.
[83] PEEK GV n° 378 = GG n° 248; R. HERZOG, *Koische Forschungen und Funde*, S. 103, n° 163.
[84] SEG 25, n° 1117. Vgl. PEEK GV n° 1733: ἐνθάδ' ἐπὶ τρισσοῖσι πανείκελος ἡρώεσσιν ψυχὴν καὶ βιότοιο τέλος Μουσώνιος ἥρως; ebenso PEEK GV n° 1859 = LE BAS – WADDINGTON n° 115; W. PEEK, *Griechische Epigramme* III, in: AM 66 (1941), S. 63ff., n° 11.
[85] PEEK GV n° 1900 = MAMA I, S. 49, n° 88.

Welche beiden Arten von τέλος gemeint sind, ist indes in den Grabinschriften nicht immer deutlich zu unterscheiden, auch wenn eine religiöse
oder philosophische Komponente in den Begriff einfliesst, die verspricht,
dass die Verstorbenen, die im Tod das τέλος erreichen, damit auch alles
zurück erhalten, was das τέλος ihnen nimmt. Damit wird die Hoffnung auf
ein Leben nach dem Tod durch ein „positives" Schicksal im Jenseits genährt[86]. Als Belege dafür können Texte zitiert werden, die auf philosophischen Überzeugungen oder auf in Mysterienkulten basierenden Vorstellungen aufbauen und zeigen, dass die Eingeweihten durch ihre geheimen
Riten das τέλος schon im Leben zu erreichen trachteten[87]. Als Beispiel sei
eine Grabinschrift für Paris[88] aus Rom (2. Jh. n. Chr.) angeführt. Seiner
Gesinnung, die er im Leben gehabt hat, soll er auch im Tod nachfolgen.

τόνδε τοι, ὦ Πάρι, τύμβον ἐποιήσαντο προμοίρως
    εἰς θανάτοιο τέλος, δύσμορ', ἀπερχομένῳ
ἥλικες· ἀλλὰ σὺ τοῖον ἔχοις νόον, ὅνπερ ἔχεσκες,
    μείλιχον ἐν ζωῇ, μείλιχον ἐν θανάτῳ.[89]

Paris, der du vor der Zeit eingegangen bist, Unglücklicher,
                                zu des Todes Vollendung,
    dies Grab haben dir deine Kameraden erbaut.
Doch du, behalte du die Gesinnung, die du vordem hegtest:
Freundlich sei uns im Tode, wie du uns freundlich im Leben gewesen bist.
(Übersetzung: W. PEEK)

Aussagen allgemeiner Art über die Standhaftigkeit im Leben und im Tod
sind in den Grabinschriften häufig. Ein Blick auf die Realität des Lebens
sollte den Griechen existentielle Ausgeglichenheit bieten.

2.1.1 Die irdische Realität des Todes

Der Tod ist etwas, das uns immer verfolgt und uns einmal einholen wird.
Dann wird er all unsere Hoffnungen in der Erde verbergen. So wird dies

---

[86] So z.B. bei den Orphikern: Vgl. R. MERKELBACH, *Die goldenen Totenpässe*, in:
ZPE 128 (1999), S. 11f.; F. GRAF, *Eleusis und die orphische Dichtung*, S. 114f.; Vgl.
auch Kap. III.2.2.3.3: „Lethe-Vergessen".
[87] K. KERÉNYI, *Halhatatlanság és Apollón-vallás*, S. 458. Vgl. auch J. WIESNER,
Grab und Jenseits, S. 219.
[88] Es ist möglich, dass Paris ein Anhänger der stoischen Philosophie war, wozu
wahrscheinlich auch seine „Kameraden" (ἥλικες), die ihm nach seinem Tod das Grab erbauten, gehören.
[89] PEEK GG n° 337 = GV n° 1429; IG XIV n° 1932; G. KAIBEL, *Supplementum Epigrammatum Graecorum ex lapidibus conlectorum*, in: RhM 34 (1879), S. 189, n° 569a;
L. MORETTI, *Inscriptiones Graecae Urbis Romae* III, n° 1302.

auch auf einer Stele des zu jung verstorbenen Noetos aus Kios (3.-2. Jh. v. Chr.?) ausgedrückt, welche die schmerzliche Trauer seiner Eltern beschreibt:

τὴν πᾶσαν εἰς γῆν ἐλπίδων κρύψας χαράν·
μήτηρ δὲ ἐν οἴκοις, ἁ τάλαινα, ὀδύρεται
⁸ νικῶσα θρήνοις πενθίμην ἀηδόνα.⁹⁰

Denn alle Freude und Hoffnung hatte er in der Erde geborgen;
zu Haus aber jammert die Mutter, die elende,
und bringt mit ihren Klageliedern selbst die trauernde Nachtigall zum Schwei-
gen.

(Übersetzung nach W. PEEK)

Ähnliche Motive stammen aus Gedichten, wie sie Homer (z.B. *Od.* 19,512-524), Kallimachos (z.B. *Hymnus* 5,94) oder auch Catull (z.B. *Carmen* 65,13f.) geschrieben haben[91]:

Qui nunc it per iter tenebricosum
Illuc, unde negant redire quemquam.[92]

Und nun wandelt er auf der finstern Strasse
Hin, von wo, wie man sagt, niemand zurückkehrt.

(Übersetzung: R. HELM)

2.1.2 Sehnsucht nach Unsterblichkeit

Die Realität des Todes wurde später nicht mehr überall in ihrer ursprünglichen Unveränderbarkeit gesehen. Die alten Griechen suchten aus dem Tod auszubrechen, nicht nur wegen dessen allumfassender Realität, sondern auch weil er jeden Menschen ganz schmerzlich berührte. Treffend formuliert das der Mythosforscher Bronislaw MALINOWSKI: „Der Tod ist, leider, nicht vage oder abstrakt oder schwer zu begreifen für irgendein menschliches Wesen. Er ist eine nur zu reale Heimsuchung, zu konkret, zu leicht zu

---

[90] Th. CORSTEN, IK 29, n° 79 = PEEK GG n° 231; GV n° 661; LE BAS – WADDINGTON n° 1145; KAIBEL n° 246. Ähnliches kann man auch in anderen Inschriften lesen, wie z.B. σοι γὰρ ἐς "Αδαν | ἦλθον ὁμοῦ ζωᾶς ἐλπίδες ἁμετέρας = *denn mit dir sind auch meines Lebens Hoffnungen alle zum Hades gegangen* (Übersetzung nach W. PEEK): W. BLÜMEL, IK 41, n° 303, Z. 9-10 = KAIBEL n° 204; G. HIRSCHFELD, IBM IV.1 (1893), S. 31-32, n° 829b; GEFFCKEN, n° 208; PEEK GG n° 438; GV n° 1874.
[91] Vgl. Th. CORSTEN, IK 29, S. 140 und W. PEEK, *Griechische Grabgedichte*, S. 308, Anm. 231.
[92] Catull, *Carmen* 3,11f. Vgl. auch J. LEIPOLDT – W. GRUNDMANN, *Umwelt des Urchristentums* II, S. 66-67, n° 83.

verstehen für jemanden, der ihn an seinem nahen Verwandten erfuhr oder als persönliche Vorahnung. Wenn er vage oder unwirklich wäre, hätte der Mensch keinen Wunsch, ihn zu erwähnen; aber der Gedanke an den Tod ist mit Schrecken beladen, mit dem Wunsch, seine Drohung abzuwenden, mit der undeutlichen Hoffnung, ihn nicht erklären, sondern vielmehr weg-erklären zu können, ihn unwirklich zu machen und regelrecht zu leug-nen"[93].

Trotz der nicht zu umgehenden Realität des Todes suchten die Griechen nach möglichen Auswegen aus dem *fatum mortuum*. Eine Möglichkeit, aus der Vergänglichkeit „auszubrechen" und Lebenskontinuität zu sichern, war, Unsterblichkeit durch die Familie zu erreichen[94].

2.2 Pessimismus

Charakteristisch für einen bedeutenden Teil der griechischen Grabin-schriften ist ihr Pessimismus. Dieser zeigt sich einerseits in der Negation einer materialistischen Jenseitshoffnung und will nichts von einem Wei-terleben nach dem Tod wissen. Ohne Glaube an die Weiterexistenz jenseits des Grabes ist es auch schwierig, die Vorstellung einer Totenwelt zu ak-zeptieren. Auf der anderen Seite findet sich ein „schwächerer" Pessimis-mus, skeptisch gegenüber dem absoluten Nihil des Todes, aber ebenso misstrauisch gegenüber einem Leben nach dem Tod. Schlimmer als diese Ungewissheit ist der Gedanke, dass der Tod von den Unterweltgöttern – möglicherweise den Schicksalsgottheiten (Moira, Tyche, Nemesis usw.) – gewirkt und ins Leben gebracht wird. Gegen sie ist der Mensch machtlos, wenn sie ihm begegnen. In manchen Kreisen der antiken griechischen Ge-sellschaft bestimmte der Pessimismus alle Vorstellungen vom Jenseits: „*Niemand ist unsterblich*", heisst es auf vielen Inschriften[95]. Eine Variante lautet οὐδεὶς ἐ<πὶ> γῆς ἀθάνατος[96]; sie hebt die Realität des Todes im Leben (ἐπὶ γῆς) noch stärker hervor.

2.2.1 „Materialistische" Negation der Jenseitshoffnungen

Bei der Analyse der griechischen Jenseitshoffnung können wir sehen, dass in den Grabinschriften zwei Typen einer Negation vorkommen: Einerseits die persönliche Negation *jeglicher menschlichen Nachexistenz* nach dem Tod, anderseits die totale Negation *der Unterwelt* und eine zynische Ein-stellung gegenüber den Hadesmythen, die für diese ideologischen „Mate-

---

[93] B. MALINOWSKI, *Die Rolle des Mythos im Leben*, S. 192.

[94] W. K. LACEY, *Die Familie im antiken Griechenland*, S. 175.

[95] Vgl. auch andere Beispiele, besonders über οὐδεὶς ἀθάνατος: CIG n° 6364; 6404; 6438; 6447; 6488; 6501; 6523b usw.

[96] SEG 7, n° 1165.

rialisten" nur Hadesmärchen waren. Für beide Typen gibt es genügend Belege aus verschiedenen Zeiten und Orten. Ob diese materialistische Negation der Jenseitshoffnung die Besonderheit einer Epoche oder eines Kreises war –z.b. gewisser Philosophen des 5. Jh. v. Chr.[97] – ist schwer zu sagen. Jedenfalls waren solche Menschen keine überzeugten Anhänger des olympischen Glaubens und lagen mit dem Kult und dem olympischen Glauben eventuell sogar im Streit.

2.2.1.1 Negation eines Lebens nach dem Tode

Dass es nach dem Tod noch ein weiteres Leben gibt, wird in manchen Inschriften ausdrücklich negiert. Den Anhängern dieser Überzeugung war die Vorstellung angenehmer, dass mit dem Tod alles definitiv zu einem Ende kommt. Typisch ist eine Inschrift auf einer Herme aus Rom (2.-3. Jh. n. Chr.):

οὐκ ἤμην, γενόμην· ἤμην, οὐκ εἰμί· τοσαῦτα·
εἰ δὲ τις ἄλλο ἐρέει, ψεύσεται· οὐκ ἔσομαι.[98]

Ich war nicht da, und wurde dann; ich war da, und bin nun nicht
(mehr) da. Soviel.
So einer anderes behauptet, wird er lügen: ich werde nicht wieder dasein.
(Übersetzung nach W. Peek)

Davon, dass das irdische Leben nur das Erleb- und Fassbare sei, zeugen zahlreiche andere Inschriften, die zur Verdeutlichung ihrer Überzeugung auch passende Zitate aus Komödie oder Tragödie benutzen[99]. Diesen ähnlich ist auch eine römische Inschrift:

οὐκ ἤμην, γενόμην· ἤμην, οὐκ ἔσομ᾿·
οὐ μέλει μοι· βίος ταῦτα.[100]

---

[97] H. Diels, *Vorsokratiker* 21 B 11; E. Boer, *Sternglaube*, in: DKP 5, Sp. 366.
[98] Peek GG n° 453 = GV n° 1959; Kaibel n° 1117; IG XIV n° 1201; L. Moretti, *Inscriptiones Graecae Urbis Romae* III, n° 1398; P. Ducati, *Sculptures du Musée civique de Bologne*, in: RA 4/18 (1911/II.), S. 130ff., n° 2; H. Beckby, *Anthologia Graeca* X, S. 824, Anm. 31. Vgl. auch etwas ähnliches bei Nonnos, *Dionys.* 13,255.
[99] W. Peek, *Griechische Grabgedichte*, S. 323, Anm. 453.
[100] IG XIV, n° 2190; P. Hoffmann, *Die Toten in Christus*, S. 45. Vgl. A.-J. Festugière, *L' idéal*, S. 158, Anm. 2. Ähnliche Inschriften: L. Moretti, *Inscriptiones Graecae Urbis Romae* III, n° 1397 = IG XIV n° 2190; A. Dain, *Inscriptions grecques du Louvre*, S. 89, n° 91; L. Robert, *Inscriptions grecques inédites au Musée du Louvre*, in: RA 6/II, (1933), S. 137, n° 81. L. Moretti, *Inscriptiones Graecae Urbis Romae* III, n° 1283 = IG XIV n° 1879; CIG n° 6265; Kaibel n° 595; IGR I n° 313; Peek GV n° 244; W. M. Ramsay, *Les trois villes Phrygiennes*, in: BCH 6 (1882), S. 516, n° 2. Vgl. E. Rohde, *Psyche* II, S. 395, Anm. 2.

Ich war nicht, ich wurde. Ich war, ich werde nicht sein.
Es kümmert mich nicht: das ist das Leben.

(Übersetzung: I. PERES)

Wahrscheinlich waren diese oder ähnliche Lebensvorstellungen vor allem
für höhere Schichten und in grösseren Städten[101] typisch, inspiriert durch
das kulturelle Leben im Theater und die Möglichkeiten zu Lebensgenuss.
Anhand einer Inschrift aus Tomis (Thrakien, 2.-3. Jh. n. Chr.) lässt sich
auf eine unbekannte Existenzform der Seele nach dem Tode schliessen.
Der Sinn des Lebens liegt jedoch im irdischen Sein und besteht darin, alles
Gute dieser Welt voll zu geniessen. Der Tote, der aus dem Grab spricht,
möchte den Wanderer, der für kurze Zeit davor verweilt, ermuntern, seinem Rat zu folgen und sein Leben voll auszukosten, solange er noch die
Liebe und das Verlangen in sich verspürt:

ἕστηκεν μὲν Ἔρως εὕδων ὕπνον, ἐν φθιμένοις δέ
οὐ πόθος, οὐ φιλότης ἐστι κατοιχομένοις·
ἀλλ’ ὁ θανὼν κεῖται πεδίῳ λίθος οἷα πεπηγώς,
ἰχώρων ἀπαλῶν σάρκας ἀποσκεδάσας.
τοὔνεκα τοῖσι μένων βιότου κλέος ἐσθλὸν ἔλ’ αὐτός,
χρῶ τὸν ἔρωτα φέρων πᾶσι χρόνων ἀγαθοῖς.[102]

Einen festen Schlaf schläft Eros; im Totenreich gibt es
kein Sehnen mehr und keine Liebe bei den Abgeschiedenen,
sondern der Tote liegt da wie ein Stein, der fest in der Erde steht,
wenn sein Blut und sein zarter Leib sich aufgelöst haben.
Deswegen, solange du dies beides noch besitzt,
                              greife nach des Lebens edlem Ruhm,
geniesse alle Güter dieser Zeit, solange du noch Liebe in dir verspürst.
(Übersetzung nach W. PEEK)

Noch materialistischer über das Leben und seinen Sinn nach dem Tod tönt
eine ähnliche Grabinschrift auf einer gerahmten Platte aus Rom (2.-3. Jh.
n. Chr.):

φρόντιζ’, ἕως ζῆς, πῶς καλῶς ταφήσεαι,
καὶ ζῆσον, ὡς ζήσοις· κάτω γὰρ οὐκ ἔχεις
οὐ πῦρ ἀνάψαι, οὐδὲ δειπνῆσαι καλῶς.
ἐγὼ λέγω σοι ταῦτα πάντα πειράσας·
ἐντεῦθεν οὐθεὶς ἀποθανὼν ἐγείρεται.[103]

---

[101] W. PEEK, *Griechische Grabgedichte*, S. 323, Anm. 453.
[102] PEEK GG n° 452 = GV n° 1942.

Sorg, solange du lebst, dafür, dass man dich schön begrabe.
Und lebe so, wie du leben möchtest. Denn hier unten
kannst du kein Feuer anzünden und keine schöne Mahlzeit halten.
Ich sage dir das, der ich das alles an mir erfahren habe:
kein Toter wird von hier zu neuem Leben aufgeweckt.
(Übersetzung: W. PEEK)

Man kann in dieser Inschrift eine vage Andeutung für ein Leben nach dem Tod finden. Allerdings denkt der Autor dabei nicht an eine Auferstehung. Es ist wahrscheinlich, dass ab der Mitte des 2. Jh. n. Chr. die christlich-jüdische Verkündigung von der Auferstehung auch in paganen Kreisen von Rom und Umgebung bekannt geworden ist und dass deshalb der Autor so negativ formuliert: *„Kein Toter wird von hier zu neuem Leben aufgeweckt"*[104].

In demselben Sinn liest sich die nachfolgende Inschrift, die einen starken Pessimismus ausdrückt: Nach dem Tode wird der Mensch wieder ein „Nichts" sein:

Τοῦτ' ἔσομαι γὰρ ἐγώ· σὺ δὲ τούτοις γῆν ἐπιχώσας
εἶφ'· „"Ο τι οὐκ ὢν ἦν, τοῦτο πάλιν γέγονα."

Denn so werde ich sein. Du häuf mir hier Erde und sage
dann noch: „Was ich schon war, wurde ich wieder: ein Nichts."[105]
(Übersetzung: H. BECKBY)

Pessimistisch und materialistisch formuliert auch eine Grabinschrift, in welcher der Dichter meint, dass alles, was nach dem Tode von ihm, seiner Ehre und seinem Vermögen bleibe, nur das Grab sei, das er noch zu Lebzeiten gefertigt hatte:

"Αλφιος "Ολυμπις ζῶν ἑαυτῷ ἐποίησα,
ἐκ τ(ῶ)ν ἐμῶν τοῦτό μοι μόνον.[106]

Alphios Olympis hat zu seinen Lebzeiten das für sich gemacht.
Aus meinem Vermögen ist mir nur dieses (Grab) geblieben.
(Übersetzung: I. PERES)

---

[103] PEEK GG n° 480 = GV n° 1367; IG XIV n° 2130; G. KAIBEL, *Epigrammata Graeca*, S. XV, n° 646a; E. COUGNY, *Anthologia Palatina* III, 2, n° 424; L. MORETTI, *Inscriptiones Graecae Urbis Romae* III, n° 1406.
[104] Darüber siehe mehr Kap. IV.3.1: Das griechische Auferstehungsproblem.
[105] H. BECKBY, *Anthologia Graeca* XI, n° 8 und S. 830, Anm. 8; vgl auch Theognis 1191 und PEEK GV n° 1363.
[106] IG XIV, n° 1373 = I. PERES, *Apocalypsis Homeri*, S. 88.

Die Aussage „*aus meinem Vermögen ist mir nur dieses (Grab) geblieben*" zeigt eine zutiefst pessimistische „eschatologische" Einstellung, obwohl das Epigramm angeblich christlich sein soll. Gewiss kann man ihm keine christliche Demut oder freudige eschatologische Erwartung der Auferstehung entnehmen. Der Schlussspruch der Inschrift könnte ein Gedichtfragment oder eine pessimistische volkstümliche Spruchweisheit sein, denn Varianten davon gibt es auch in anderen Grabinschriften[107]. Sie könnte auch ein Zeugnis dafür sein, dass die pagane Umwelt die Christen deprimierte, etwa indem sie in der Frage des Weiterlebens nach dem Tod beeinflusste.

Der Pessimismus der Grabinschriften zeigt also die realistische menschliche Seite des antiken griechischen Lebens.

2.2.1.2 Negation der Unterwelt

Neben der Negation eines Lebens jenseits des Grabes war es in römischen Kreisen wahrscheinlich auch beliebt, zu bekennen, dass nicht nur die persönliche eschatologische Dimension, sondern der ganze Unterweltglaube keinen Sinn mache. Manche Grabinschriften, widerspiegeln solch pessimistischen Glauben und belächeln die Unterweltkonstruktionen als Märchen: es gibt keine Hoffnung. Als Beispiel für diese Verneinung der Unterwelt diene eine Grabinschrift auf einer Marmorplatte aus Rom (wohl 3.-4. Jh. n. Chr.):

> Μή μου παρέλθῃς τοὐπίγραμμ᾽, ὁδοιπόρε,
> ἀλλὰ σταθεὶς ἄκουε καὶ μαθὼν ἄπει.
> οὐκ ἔστ᾽ ἐν ῞Αιδου πλοῖον, οὐ πορθμεὺς Χάρων,
> 4 οὐκ Αἰακός κλειδοῦχος, οὐχὶ Κέρβερος κύων.
> ἡμεῖς δὲ πάντες οἱ κάτω τεθνηκότες
> ὀστέα τέφρα γεγόναμεν, ἄλλο δ᾽ οὐδὲ ἕν.
> εἴρηκά σοι ὀρθῶς· ὕπαγε, ὁδοιπόρε,
> 8 μὴ καὶ τεθνακὼς ἀδόλεσχός σοι φανῶ.[108]

Geh, Wandrer, nicht an meiner Grabschrift hier vorbei;
steh still und lies, und hast du das getan, dann geh.
Im Hades ist kein Fährmann Charon und kein Kahn,
kein Schlüsselträger Aiakos, kein Kerberos.

---

[107] IG XIV n° 1395 = CIL VI, n° 11695: ἐκ τῶν ἐμῶν πάντων τοῦτο ἐμόν.
[108] H. BECKBY, *Anthologia Graeca* VII, S. 598, Anm. 524 = PEEK GV n° 1906; GG n° 454; IG XIV n° 1746; CIL VI, n° 14672; KAIBEL n° 646; CIG n° 6298; E. COUGNY, *Anthologia Palatina* III, 2, n° 453; L. MORETTI, *Inscriptiones Graecae Urbis Romae* III, n° 1244.

Wir alle, die wir tot im Grabe drunten sind,
nur Asche sind wir und Gebein und weiter nichts.
Ich sag's dir gradheraus. Nun, Wandrer, ziehe fort,
sonst glaubst du gar, ich sei ein Schwätzer noch im Tod.
(Übersetzung: H. BECKBY)

Eine andere, von Kallimachos geschriebene Grabinschrift, spricht noch deutlicher davon, dass der Hades nur ein Märchen – für Kinder – sei:

ἦ ῥ᾽ ὑπὸ σοὶ Χαρίδας ἀναπαύεται; - „Εἰ τὸν ᾽Αρίμμα
τοῦ Κυρηναίου παῖδα λέγεις, ὑπ᾽ ἐμοί." -
᾽Ω Χαρίδα, τί τὰ νέρθε; - „Πολὺς σκότος." - Αἱ δ᾽ ἄνοδοι τί; -
„Ψεῦδος." - ῾Ο δὲ Πλούτων; - „Μῦθος." - ᾽Απωλόμεθα. -
„Οὗτος ἐμὸς λόγος ὕμμιν ἀληθινός· εἰ δὲ τὸν ἡδὺν
βούλει, Πελλαίου βοῦς μέγας εἰν ᾽Αίδη".[109]

Sag', ruht Charidas hier in dem Grab? – ,Sofern an Arimmas'
Sohn aus Kyrene du denkst, sicher, der ruht unter mir. –
Toter, wie ist es da unten? – „Sehr dunkel!" – Wie steht's mit der Rückkehr? –
„Lüge!" – Und Pluton? Sag an! – „Fabel!" – Dann ist's mit uns aus. –
„Das ist die schmucklose Wahrheit; doch willst du sie mundgerecht haben:
Hier wird mächtiger Ochs einen Pellaier[110] taxiert. "
(Übersetzung nach H. BECKBY)

Etwas ähnliches meint auch Ovid, wenn er Pythagoras sagen lässt, dass „Styx", „Dunkel" und andere Namen nur Dichtergebilde und Schreckens-vorstellungen erlogener Welten seien und man davor keine Furcht haben müsse[111].

Die Negation der Unterwelt bei den antiken Griechen konnte einen pes-simistischen Gegensatz zur religiösen Jenseitsvorstellung ausdrücken, oder aber eine tiefe Enttäuschung über den prächtigen, jedoch leeren Kult. Als ironischer Pessimismus diente er auch als Freipass für die Rechtfertigung eines ausschweifenden Lebens, wie es z.B. in Rom verbreitet war.

---

[109] H. BECKBY, *Anthologia Graeca* VII, n° 524 = A. OEHLER, *Der Kranz des Me-leagros*, n° 204. Vgl. auch PEEK GV n° 1906 = GG n° 454; IG XIV n° 1746; KAIBEL n° 646. Ovid, *Metam.* 15,153.
[110] Pellaier ist eine kleine Münze der makedonischen Stadt Pella: vgl. H. BECKBY, *Anthologia Graeca* VII, S. 508, Anm. 524.
[111] Ovid, *Metam.* 15,153. Vgl. H. BECKBY, *Anthologia Graeca* VII, S. 598, Anm. 524.

2.2.2 Unsicherheit und Zweifel

Eine Gruppe unter den griechischen Grabinschriften trägt unverkennbar pessimistische Züge, obwohl diese Inschriften nicht davon sprechen, dass die persönliche Hoffnung auf ein Leben nach dem Tod keinen Sinn ergebe. Unsicherheit und Zweifel dieser Inschriften resultieren wohl aus der Übertragung negativer Lebenserfahrungen und folglich pessimistischer Lebensperspektiven ins Jenseits. Von ihnen äussert sich nur eine sehr kleine Zahl keck über den Tod, mit Gedanken aus der Philosophie oder der auch in der Spätantike noch populären Negation aus einer materialistischen Grundhaltung heraus. Als Beispiel sei hier ein Epigramm angeführt, das Konsul Julianos von Ägypten für den Philosophen Pyrrhon, den Begründer des Skeptizismus, geschrieben hat:

Κάτθανες, ὦ Πύρρων; – „Ἐπέχω.“ – Πυμάτην μετὰ μοῖραν
φὴς ἐπέχειν; – „Ἐπέχω· σκέψιν ἔπαυσε τάφος“.[112]

Starbst du denn, Pyrrhon? – „Ich weiss nicht.“ – Du weisst es nicht
jetzt nach dem letzten
Stündlein? – „Ich weiss nicht. Das Grab brachte mein Zweifeln zur Ruh.“
(Übersetzung: H. BECKBY)

Von dieser sehr schmerzlichen Erfahrung der Vergänglichkeit erzählt auch ein literarisches Epigramm von Palladas[113], der eine ältere, aus der griechischen Tradition bekannte Vorstellung übernahm und folgendermassen umschrieb:

Δακρυχέων γενόμην καὶ δακρύσας ἀποθνήσκω·
δάκρυσι δ᾽ ἐν πολλοῖς τὸν βίον εὖρον ὅλον.
ὦ γένος ἀνθρώπων πολυδάκρυτον, ἀσθενές, οἰκτρόν,
συρόμενον κατὰ γῆς καὶ διαλυόμενον.[114]

Weinend ward ich geboren, und wenn ich geweint hab, dann sterb ich,
und nur Weinen und Leid fand ich im Leben ringsum.
Menschenkinder, ihr vielbeweinten, ihr schwachen, jammervollen,
die man zur Grube schleppt, wo ihr zerfallt und vergeht!
(Übersetzung: H. BECKBY)

---

[112] H. BECKBY, *Anthologia Graeca* VII, n° 576.
[113] Palladas lebte in Alexandria in 4. Jh. n. Chr. In seinen literarischen Werken hat er viele Motive aus der früheren griechischen Tradition übergenommen und poetisch übergearbeitet.
[114] H. BECKBY, *Anthologia Graeca* X, n° 84.

Das Zitat umschreibt eindringlich, wie vergänglich die ganze Menschheit ist. Weinen und Klage folgen uns bis ans Lebensende, das Vernichtung bedeutet. Das griechische Wort διαλυόμενον lässt an zwei Dinge denken: An das Scheiden und an den Zerfall (Vernichtung). Das eine ist eine seelische/geistige, das andere eine körperliche Realität. Dieses Zitat belegt, dass die antiken Menschen um die Vergänglichkeit wissen, ohne zu wissen, wohin die Reise des Menschen nach dem Tod geht[115].

Die griechischen Grabinschriften bezeugen also eine starke Unsicherheit, die zum offenen Zweifel werden konnte, der mindestens auf zwei wichtige Fragen eine beruhigende Antwort suchte: 1. Gibt es „etwas" jenseits des Grabes, gibt es eine bevölkerte Unterwelt? 2. Was ist der Sinn des Lebens – ist es der Tod, oder ist der Sinn des Todes das Leben? Daraus ergibt sich die Frage, wie man angesichts dieser Ungewissheit ruhig und glücklich leben kann. In diesem Zusammenhang meditiert auch ein orphisch klingendes Tragödienfragment des Euripides über die Philosophie des Lebens und des Todes:

Τίς δ' οἶδεν εἰ τὸ ζῆν μέν ἐστι κατθανεῖν,
τὸ κατθανεῖν δὲ ζῆν κάτω νομίζεται;[116]

Wer weiss, ob nicht das Leben nur ein Sterben ist,
und, was wir Sterben nennen, drunten Leben heisst.[117]
(Übersetzung: E. TIÈCHE)

Dieses Dilemma blieb für viele Griechen offen.

2.2.3 Formen des Pessimismus

Zahlreiche antike griechische Grabinschriften enthalten nur ziemlich vage Vorstellungen von der individuellen Existenz nach dem Tode und von der Realität einer Unterwelt. Zu dieser Kategorie können wir auch Grabinschriften zählen, die pessimistisch auf das Leben und den Tod blicken und keine Hoffnung auf ein glückseliges Leben nach dem Tode zulassen, wie z.B. die nachfolgende, nicht datierbare aus Thessaloniki:

---

[115] Vgl. H. BECKBY, *Anthologia Graeca* X, S. 828, Anm. 82.2. Daneben auch H. BECKBY, *Anthologia Graeca* X, S. 829, Anm. 118 und S. 830, Anm. 8.

[116] Euripides, *Frg.* 638; vgl. F. JOVAN – H. VAN LOOY, *Euripide – Fragments*, CUF Bd. VIII/2, Paris 2000, S. 564.

[117] Vgl. E. TIÈCHE, *Die Griechen*, S. 145.

Τίπτε μάτην γοόωντες ἐμῷ παραμίμνετε τύμβῳ·
οὐδὲν ἔχω θρήνων ἄξιον ἐν φθιμένοις.
λῆγε γόων καὶ παῦε, πόσις, καί, παῖδες ἐμεῖο,
χαίρετε καὶ μνήμην σώζετ' 'Αμαζονίης.[118]

Warum klagt ihr vergebens und weilt mir so lange am Grabe?
Etwas, was Tränen verdient, drückt auch im Tode mich nicht.
Lass von den Klagen drum ab, sei stille, mein Gatte! Lebt wohl nun,
ihr meine Kinder, und wahrt treu Amazonias Bild.
(Übersetzung: H. BECKBY)

Die Tote, die hier zu ihrer Familie spricht, sieht, dass unter den Toten (ἐν φθιμένοις) nichts ist, was Tränen verdienen würde. So bleibt nur die Klage der Familie über das unbekannte Schicksal im Hades – eine traurige Wirklichkeit. Die Erinnerung der Familie kann aber den persönlichen Pessimismus nicht aufheben, der für die Tote charakteristisch ist – und er bleibt wahrscheinlich auch für ihre Familie bestehen.

In den folgenden Unterkapiteln werden wir die wichtigsten Elemente des griechischen eschatologischen Pessimismus analysieren. Wir gehen dabei auf die Schicksalsgottheiten, den Hades und Lethe – Vergessen – ein.

2.2.3.1 Die Schicksalsgottheiten

Für den griechischen Pessimismus spielen die Schicksalsgottheiten eine wichtige Rolle. Sie halten das menschliche Schicksal in der Hand und können es beeinflussen, bringen den Menschen aber vor allem den Tod. Die wichtigsten Schicksalsgottheiten sind die *Moiren*.

Die Vorstellung von den Moiren hatte bei den antiken Griechen mehrere Wurzeln und durchlief verschiedene Entwicklungsstufen. In mykenischem Griechisch bedeutete μοῖρα „Teil", „Anteil" und „Portion". Dazu kam die Vorstellung, dass das „Los" der Menschen eine Partizipation am Leben, Lebensglück und Tod bedeutete, d.h., das menschliche Schicksal enthielt[119]. In der homerischen Zeit war es manchmal mit dem Willen des Zeus identisch oder von ihm abhängig[120]. Diese alte Vorstellung kommt auch in den zahlreichen Grabinschriften zum Ausdruck, wo μοῖρα nur diesen menschlichen „Anteil" am Leben (μοῖρα βιότοιο)[121] oder am Tod

---

[118] H. BECKBY, *Anthologia Graeca* VII, n° 667 = F. DÜBNER, *Anthologia Palatina* I, n° 667.

[119] W. PÖTSCHER, *Moira*, in: DKP 3, Sp. 1391f. M. P. NILSSON, *Geschichte der griechischen Religion* I, S. 362.

[120] H. LLOYD-JONES, *The Justice of Zeus*, S. 5; E. SIMON, *Die Götter der Griechen*, S. 25.

[121] Vgl. auch Homer, *Il.* 4,170.

(μοῖρα θανάτοιο)[122] bedeutet: „Der Tod ist das letzte und endgültige Menschenlos"[123]. Manche Grabinschriften verbinden auch beide Vorstellungen: μοῖρα βίου καὶ θανάτου[124].

In diesem Zusammenhang sind auch Grabtexte bekannt, die besagen, dass der Tote ἐνθάδε μοῖραν ἔχων[125]. Damit ist gemeint, dass ein Mensch sich an dieser Stelle, d.h. beim Grab mit Moira getroffen hat, was für ihn den Tod bedeutete – wohl eine Metapher[126] für Sterben und Tod. So muss man auch eine Steleninschrift aus Zypern[127] verstehen:

> Ἐνθάδε μοῖραν ἔχων ᾽Αλικαρνησσεὺς ᾽Ιδάγυγος
> κεῖται ᾽Αριστοκλέος παῖς, ῎Αρεος θεράπων.[128]

Hier hat Idagygos aus Halikarnassos,
der Sohn des Aristokles, der Diener des Ares, die Moira erreicht und
ruht (hier).

(Übersetzung: I. PERES)

Als Teil des Lebens und als Schicksalsmacht wurde die Moira – in diesem Stadium der Jenseitsvorstellung – oft „abstrakt" oder unpersönlich verstanden, auch wenn die Begegnung mit ihr für den Sterbenden und den Trauernden sehr schmerzlich war[129]. Manchmal dachte man, dass dieser bittere Teil des Schicksals von den Göttern abhing, von Hades, von Persephone oder von anderen[130].

---

[122] Homer, *Il.* 13,602; *Od.* 2,100. Bei Homer kommen sie auch als Synonyme μοῖρα καὶ θάνατος vor (z.B. *Il.* 3,101).
[123] M. P. NILSSON, *Geschichte der griechischen Religion* I, S. 362.
[124] P. KOVÁCS, CIGP, n° 51. Vgl. R. LATTIMORE, *Themes in Greek and Latin Epitaphs*, S. 150, § 33, Anm. 67.
[125] PEEK GV n° 324 = IBM 4, n° 971; I. NICOLAOU, *Cypriot inscribed stones* VI, S. 13; SEG 38, n° 754; L. DUBOIS, *Inscriptions grecques dialectales*, S. 91, n° 46.
[126] Vgl. z.B. PEEK GV n° 414 = L. ROBERT, *Les gladiateurs dans l'Orient grec*, S. 164f., n° 146; J. KEIL – A. v. PREMERSTEIN, *Berichte über eine dritte Reise in Lydien*, S. 54, n° 60, Abb. 26.
[127] Nach W. PEEK (GV n° 324) könnte die Entstehungszeit der Inschrift das 5. Jh. sein, aber die frazeologische Metapher entspricht dem Sprachgebrauch früherer Zeit.
[128] PEEK GV n° 324 = IBM 4, n° 971; I. NICOLAOU, *Cypriot inscribed stones* VI, S. 13.
[129] Genauso abstrakt wurde im allgemeinen auch die αἶσα als weiteres Synonym für die Moira verstanden: vgl. F. LÜBKER, RCA, S. 636, oder Homer, *Il.* 20,127 und *Od.* 7,197.
[130] Vgl. W. C. GREENE, *Moira*, S. 6ff.

Daneben aber hat sich die Moiravorstellung weiter entwickelt[131], und schon in der Zeit Homers wurde sie teilweise anthropomorphisiert und divinisiert. Bei Hesiod[132] bekam sie dann konkrete Form, Zahl und Gestalt: Die Μοῖραι sind Töchter des Zeus und der Themis und heissen Lachesis (für die Vergangenheit), Klotho (für die Gegenwart) und Atropos (für die Zukunft)[133]. Sie erscheinen als Spinnerinnen[134] des Lebens, die das Schicksal der Menschen von Geburt[135] an determinieren, indem sie den Lebensfaden spinnen und am Ende durchschneiden. So sind sie Homer[136], Hesiod[137], Platon[138] und anderen antiken Autoren bekannt, und genauso auch den Grabinschriften[139].

Über die Spindel der Moiren spricht eine Reliefinschrift aus Samos (Ende 2. Jh. v. Chr.):

^{9} ἡ δὲ βίου στρέπτειρα λίνου κλωστῆρι βιαίῳ
   Μοῖρα Φίλωνι βίου πικρὸν ἔθηκε τέλος.[140]

Doch die, welche den Lebensfaden ablaufen lässt an gewaltsamer Spindel,
   Moira, hatte Philon ein bitteres Ende gesetzt.

(Übersetzung nach W. PEEK)

Die Grabinschriften erzählen oft davon, dass die Moiren das Recht und die Kraft haben, die Menschen vom Moment ihrer Geburt an durch das Leben[141], besonders aber in den Tod zu führen[142]. Niemand kann sich vor ihrer Schlinge retten[143], denn wenn die Zeit gekommen ist, müssen die Men-

---

[131] Über die Vorstellung von den Moiren und das Problem des Verhältnisses der Moiren mit den anderen Göttern und Gottheiten vgl. W. C. GREENE, *Moira*, S. 13ff.

[132] Hesiod, *Theog.* 904ff.

[133] W. KRAUSE, *Die Griechen*, S. 207. Vgl. auch C. v. ORELLI, *Allgemeine Religionsgeschichte* II, S. 244, besonders Anm. 1.

[134] Vgl. L. PRELLER, *Griechische Mythologie* I, S. 332; vgl. auch Catull, *Carmen* 64,305ff.

[135] Homer, *Il.* 20,126f.; *Od.* 7,196f.

[136] Homer, *Od.* 7,196f.

[137] Hesiod, *Theog.* 217.905.

[138] Vgl. z.B. Platon, *Resp.* 10,617 C.

[139] Vgl. z.B. PEEK, GG n° 211 = GV n° 1584. PEEK, GG n° 319 = GV n° 1237.

[140] PEEK, GG n° 166 = GV n° 1154; GEFFCKEN n° 214.

[141] R. LATTIMORE, *Themes in Greek and Latin Epitaphs*, S. 150-151.

[142] Hesiod (*Theog.* 220ff.) betont, dass die Tätigkeit der Moiren als Strafe wegen der Sünde der Menschen und Götter so bitter und grausam ist.

[143] Vgl. z.B.: οὐδεὶς γὰρ δύναται Μοιρ<ῶ>ν μί|τον ἐξαναλῦσαι: L. MORETTI, *Inscriptiones Graecae Urbis Romae*, n° 1169 = KAIBEL n° 588; IG XIV n° 1449; CIG n° 6206; H. W. PLEKET, *Epigraphica* II, n° 57; M. J. VERMASEREN, *Corpus cultus Cybelae Attidisque* III, n° 271.

schen ἀέλπτως ὑπὸ νήμασι Μοιρῶν[144] sterben, da die Moiren für ihre „Todeskandidaten", die ihnen hilflos zum Opfer fallen, ein unabwendbares Ende vorsehen. Das gilt auch für die folgende Grabtafelinschrift aus Ostia (1.-2. Jh. n. Chr.):

πᾶσι νόμος τὸ θανεῖν· Μοιρῶν ἄτρεπτος ἀνάγκη
τικτομένοις, ὅτε νῆσαν ἐπὶ κλωστῆρσιν ἀτράκτων.[145]

Für alle gilt das Gesetz: Sterben. Der Moiren Zwang ist unabwendbar
für jeden, der geboren wird, wenn sie erst einmal ihre Spindeln
in Gang gesetzt haben.
(Übersetzung: W. PEEK)

Die schmerzlichsten Aktionen der Moiren mochten den Griechen despotisch und allmächtig[146] erscheinen, sie die Moiren deswegen als „gottlose" Gestalten[147] hassen[148], bisweilen verklagen[149] lassen. Die Moiren indes führten ihre „Tätigkeit" nicht willkürlich aus: Einerseits hatten sie von Natur aus die ewige Rolle der unumkehrbaren Schicksalsstreiberinnen bekommen, um damit der ewigen Lebensbewegung und Zeus[150] zu dienen. Andererseits arbeiteten sie mit Hades und dessen Frau Persephone zusammen[151]. Gemeinsam mit ihnen haben sie nach einigen Texten die „armen"

---

[144] Z. TAŞLIKLIOGLU, *Trakya' da Epigrafya Arastirmalari* II, Istanbul 1971, S. 135; R. MERKELBACH, *Epigramm aus Perinthos*, in: ZPE 17 (1975), S. 212.

[145] PEEK GG n° 369 = GV n° 1656.

[146] Ein Beleg dafür ist z.B. ὅτι τῶν πάντων Μοῖρα κρατεῖ γε μόνη - *dass über alles Moira allein die Gewalt hat* (PEEK, GG n° 328 = GV n° 1366; IG II/III² n° 11267).

[147] Vgl. z.B. PEEK GG n° 460 = GV n° 1989: οὐχ ὁσίη Μοῖρα (Grabinschrift aus Pantikapaion, 2.-1. Jhr. v. Chr.).

[148] Vgl. z.B. das Grabgedicht aus dem 1. Jh. n. Chr. in SEG 8, n° 378: ἀφήρπασέν με Μοῖρα πολεμία.

[149] Z.B. auf einem Relief aus Smyrna (PEEK GG n° 435 = GV n° 1884), wo die Eltern über den Tod ihres kleinen Kindes klagen: φεῦ Μοίρης εἰκαῖα κριτήρια = *ach, willkürlich sind die Entscheidungen der Moira*.

[150] E. SIMON, *Die Götter der Griechen*, S. 25; C. v. ORELLI, *Allgemeine Religionsgeschichte* II, S. 244. Hier möchte ich nicht auf das Problem der Über- oder Untermacht der Moiren eingehen, noch ob sie wirklich stärker als die Götter sind, wie das z.B. eine Inschrift aus Hermupolis betont (PEEK GG n° 326 = GV n° 1308): *Nicht alles vermögen die Himmlischen: auch Kinder der Seligen bezwang die verderbliche Moira.* Das hängt mit unserer Untersuchung nicht direkt zusammen. Vgl. M. P. NILSSON, *Geschichte der griechischen Religion* I, S. 365; K. PRÜMM, *Religionsgeschichtliches Handbuch*, S. 27.

[151] Vgl. z.B. SEG 8, n° 378 oder IG XII₉ n° 293: νῦν δὲ ἀπὸ μαστοῦ μητρὸς ἀφείλετο Μοῖρα σὺν ῞Αιδηι; R. LATTIMORE, *Themes in Greek and Latin Epitaphs*, S. 150. Nach einer anderen Metapher, wohl von Homer (vgl. *Il.* 5,83), die auf einer Grabinschrift aus Kanatha (2. Jh. n. Chr.) erhalten ist, arbeitet Moira mit dem Tod zusammen: θάνατος (καὶ) μοῖρα κραταιή (KAIBEL n° 714; vgl. auch S. XVI, n° 714, Z. 7).

Seelen der Todeskandidaten geraubt[152], um sie in den Hades zu führen[153]. So erklärt das eine Inschrift auf einer Grabbasis in Eretria aus vorhellenistischer Zeit:

Λύσανδρον προγόνοισι τεκμαίρομαι· εἰ μέτρον ἥβης
ἵκετο, τῶν ἀγαθῶν ἂν φίλος ἦν ἀρεταῖς.
νῦν δὲ ἀπὸ μαστοῦ μητρὸς ἀφείλετο Μοῖρα σὺν "Αιδῃ
καὶ παιδὸς μονόπαιδ᾽ Εὔβιον ἐστέρισεν.[154]

Das Urteil über Lysander nehme ich von seinen Vorfahren ab:
Wäre er zur Reife der Jugend
gelangt, so wäre er ein Freund aller wackeren Männer geworden
kraft seiner tüchtigen Taten.
Doch nun nahm ihn noch von der Mutterbrust hinweg die Moira mit Hades
und beraubte Eubios seines einzigen Kindes.

(Übersetzung nach W. PEEK)

Die Moiren kamen überraschend, raubten die Seelen und führten sie nach unten, d.h. in die Erde oder geradewegs in das Reich des Hades. Glücklich war der, dessen Seele nach dem Raub doch noch auf die Insel der Seligen, nach oben in den Äther, oder sogar auf den Olymp[155] fliehen konnte, wie z.B. Philetiane, die nach dem Raub durch die Moira zum Olymp entrückt worden ist. Eine Grabinschrift aus Ostia (2. Jh. n. Chr.) berichtet:

5 [οὐδέ μιν εἰν ᾽Αίδῃ στυγναὶ] Μοῖραι κατέχουσιν
εὐκέλαδ[ο]ν κιθάρης γῆρυν ἀμειψαμένην,
[ἀλλὰ θανοῦσ᾽ ἀπέβη μακάρ]ων ἕδος ἢ πρὸς ᾽Όλυμπον
8 ἢ με Φιλητ[αίη]ν θρέψατο μουσοπόλον.[156]

---

[152] Bei diesem „Raubdienst" oder „Transport der Toten" konnten den Moiren (vgl. Hesiod, *Theog.* 211.217) oder dem Hades die Dämonen oder Keren (Κῆρες), die Boten des Todes, helfen. Vgl. U. v. WILAMOWITZ-MOELENDORFF, *Glaube der Hellenen*, I, S. 27f. und 264ff.; F. LÜBKER, RCA, S. 636. Andere konnten als Schicksal des Todes vorkommen; vgl. R. GARLAND, *The Greek Way of Death*, S. 97. Sowieso kommen die Moiren auch als Todesgöttinnen in Verbindung mit den unterirdischen Gottheiten (θεοὶ καταχθόνιοι) vor.

[153] R. LATTIMORE, *Themes in Greek and Latin Epitaphs*, S. 151.

[154] PEEK GG n° 85 = GV n° 1186; IG XII₉ n° 293.

[155] In diesem positiven Sinne kann man erkennen, dass die Moiren nicht nur für das bittere Schicksal, wie es bisher beschrieben wurde, verantwortlich waren, sondern auch bei der Vergöttlichung der Menschen zu den oberen Sphären hin behilflich waren, wie das die zitierte Grabinschrift und weitere aus Smyrna bestätigen: PEEK GG n° 391 = GV n° 1765; CIG n° 3398; KAIBEL n° 312.

[156] PEEK GV n° 909. Fundort: Ostia; 2. Jh. n. Chr.

Nicht halten sie im Hades die hassenswerten Moiren fest,
die den wohltönenden Klang der Kithara erwiderte;
sondern nach ihrem Tod ging sie zum Wohnsitz der Glückseligen
                                                    oder zum Olymp,
sie, die mich, Philetaie, als Musendienerin aufzog.
                            (Übersetzung: H.-G. NESSELRATH – I. PERES)

Die Sterbenden und ebenso die Trauernden hatten Respekt vor den Moiren, den sie ihnen erzwungenermassen, meist in Verbindung mit Angst und Hass zollten, ohne Liebe und freudige Frömmigkeit. Deshalb führte der griechische Glaube an die Moiren zum Fatalismus[157]. Die Gladiatoren appellierten als einzige Menschen an die Moiren; ihre Grabinschriften zeugen davon, dass diese starken und standhaften Menschen ausschliesslich vor dem Willen der Moiren auf die Knie fielen[158], wie verschiede Beispiele aus mehreren Jahrhunderten zeigen.

Das Schicksal des Menschen, d.h. sein Leben und Tod, Glück und Unglück hing auch von der Göttin *Tyche* ab, die als Göttin der Flüchtigkeit und Vergänglichkeit des Glücks in den griechischen Mythen[159] und auch schon in den ältesten Grabinschriften[160] in Erscheinung tritt. Der Kult der Tyche, der „Göttin des blinden Zufalls", war im Bereich des griechischen Schicksalsglaubens in der Zeit des Hellenismus noch stärker verbreitet[161]. Ihre Kraft und Wirkung bekam sie, weil die antiken Griechen viele Ereignisse des Schicksals und der Weltordnung nicht erklären konnten, da sie ihre menschlichen Möglichkeiten überstiegen. So personifizierten sie ihre Vorstellungen vom grimmigen und unberechenbaren Zufall in der Gestalt der Tyche[162]. Auf den Grabinschriften, wo sie dem Menschen unter dem Druck des Todes allgemein als negative und schmerzliche Macht begegnet, tritt sie in der Rolle der Erbarmungslosen auf, die niemanden begünstigt und – ähnlich wie Hades – im überraschendsten Moment kommt, um die Geliebten aus ihrem Familienkreis herauszugreifen. Dies ist auch in einer Grabquaderinschrift aus Theben (4. Jh. v. Chr.) zu lesen:

---

[157] M. P. NILSSON, *Geschichte der griechischen Religion* I, S. 363ff.
[158] Vgl. dazu die zahlreichen Belege z.B. in L. ROBERT, *Les gladiateurs dans l'Orient grec*, Amsterdam 1971.
[159] H. STROHM, *Tyche*, S. 15ff.
[160] Vgl. z.B. G. HERZOG-HAUSER, *Tyche*, in RE II/14 (1948), Sp. 1676f.; L. RUHL, *Tyche*, in: W. H. ROSCHER, *Lexikon*, 5 (²1977), Sp. 1309-1357.
[161] H. BENGTSON, *Griechische Geschichte*, S. 444f.; M. P. NILSSON, *Geschichte der griechischen Religion* II, S. 207.
[162] P. POKORNÝ, *Řecké dědictví v Orientu*, S. 40.

οὐκ ἔστ' οὐδὲν τέρμα βίου θνητῶν ἐπινοίαις,
ἀλλὰ Τύχη κρείσσων ἐλπίδος ἐξεφάνη·
ἢ καὶ Τιμοκλέην 'Ασωπίχου ἠφάνισ' υἱόν,
πρόσθε πρὶν ἐνδείξασθ' ἔργα πρέποντα φύσει.[163]

Keine Grenze des Lebens kennen die Gedanken der Sterblichen,
   aber Tyche erwies sich stärker als alle Hoffnung.
Sie hat jetzt auch Timokles, des Asopichos Sohn,
                        unsern Blicken entrückt,
ehe er Taten zeigen konnte, die seiner Anlage gemäss waren.
                        (Übersetzung nach W. PEEK)

Aus dieser Perspektive berühren sich die Funktion der Tyche und der Moira[164]. Teilweise hat auch Tyche ihre „Moira"[165], oder gehen Tyche und Moira stufenweise ineinander über[166].

Zur Kategorie der Schicksalsgottheiten kann auch die Göttin *Nemesis* gerechnet werden, die ebenfalls in Grabinschriften vorkommt. Sie erscheint hier meistens als göttliche Gestalt, von der man sich eine unparteiische Justiz, Rechtspflege und Gerechtigkeit erhoffte. Meistens waren es die Soldaten und Gladiatoren, die auf sie hofften und von ihr im Kampf Hilfe und Sieg erwarteten. Deshalb verehrten die Gladiatoren und die Soldaten neben Moira auch Nemesis[167]. Sie handelt gemäss einer piräischen Reliefinschrift aus dem 2.-3. Jh. n. Chr. schnell, und kennt kein Hin und Her:

   ³ ἦν παρίοις εὔφημος ἀεί, ξένε, μήδ' ἐπὶ λύμῃ
   χεῖρα βάλοις· φθιμένων ὠκυτάτη Νέμεσις.[168]

---

[163] PEEK GG n° 95 = GV n° 1639; IG VII n° 2532; KAIBEL n° 402 und S. XVI; GEFF-CKEN n° 153.

[164] Vgl. G. KAIBEL, *Supplementum Epigrammatum Graecorum ex lapidibus conlectorum,* in: RhM 34 (1879), S. 186, n° 313a; R. LATTIMORE, *Themes in Greek and Latin Epitaphs,* S. 150. Vgl. auch Euripid, *Iph. Aul.* 1137.

[165] Wahrscheinlich bedeutet μοῖρα hier eher „Wille", „Entscheidung" oder „Tat" der Tyche, also ein allgemeines Geschehen, und nicht eine Person; vgl. dazu z.B. PEEK GV n° 1921 = IG II/III² n° 7198.

[166] A. DIETERICH, *Nekyia,* S. 88, Anm. 4.

[167] Teilweise wird Nemesis zusammen mit Ares verehrt (vgl. L. ROBERT, *Les gladiateurs dans l'Orient grec,* S. 42ff.), dem Gott des Kampfes, Krieges und Sieges. In diesem Sinne wurde er auch in den Grabinschriften definiert.

[168] PEEK GG n° 291 = GV n° 480; KAIBEL n° 119; IG II/III² n° 10385.

In andächtigem Schweigen geh stets an mir vorüber, Fremdling,
*   und halte die Hand*
fern von Frevel: gar schnell ist die Rache(göttin) der Toten.
*   (Übersetzung: W. PEEK)*

Nemesis handelt genauso überraschend wie Moira. Die ohnehin unbere-
chenbare menschliche Hoffnung zerbricht sie in einem Augenblick. In den
Grabinschriften ist Nemesis meistens auf den Hades bezogen, wie eine
Steleninschrift aus Gaza (Ende 3. Jh. v. Chr.) erzählt:

ἐξ εὐδαιμοσύνης πῦρ ἄγριον ἤλυθεν ὑμέων,
Χαρμάδα, ἔσφηλεν δ' ἐλπίδα τις Νέμεσις ...

[13] μέμψασθαι δὲ θεοῖς ἀρκεῖ μόνον ἄνδρα γε θνητόν·
ὦ παῖ Τασκομένους, γήραος ὡς χαλεποῦ
ἤντησας, ψυχῇ δὲ τὰ μύρια πάντα ποιήσας
ἵκεο τὴν κοινὴν ἀτραπὸν εἰς 'Αίδεω.[169]

Aus eurem Glück, Charmadas, ist ein wildes Feuer aufgeschossen
und eine Nemesis hat euere Hoffnung zu Fall gebracht. -
Allein, den Göttern Vorwürfe zu machen, damit muss man sich
*   als sterblicher Mensch zufrieden geben.*
Sohn des Taskomenes, welch schlimmes Alter ist dir zuteilgeworden;
doch nun bist du, nachdem du alles erdenkliche Leid in deiner Seele
*   durchgemacht hast,*
den allen gemeinsamen Weg zum Hades gegangen.
*   (Übersetzung nach W. PEEK)*

Natürlich kommen in den Grabinschriften noch anderen Motive und göttliche Gestalten vor, die in diesem Kapitel, das als allgemeiner Überblick
über die griechischen Jenseitsvorstellungen dient, nicht analysiert werden
können. Wir werden sie aber in anderem Kontext hie und da berühren.

2.2.3.2 Die Welt des Hades

Die Grabinschriften bestätigen die allgemeinen Vorstellungen über die
Unterwelt. Sie variieren von Beispiel zu Beispiel und behandeln die Themen und Jenseitsmotive anhand damals aktueller Fälle. Dabei reflektieren
sie viele Jenseitsdetails, einschliesslich der Hadestopographie und der Existenz der menschlichen Seelen in der Unterwelt[170].

---

[169] PEEK GG n° 162 = GV n° 1508; W. PEEK, *Griechische Epigramme* II, in: AM 57
(1932), S. 62ff., n° 12; F. V. MENXEL, Ἐλπίς, S. 155.
[170] I. PERES, *Apocalypsis Homeri*, S. 89-94.

Die Unterwelt, oder eben der Hades[171], in den die Schatten der Verstorbenen gelangen, ist ein Ort, der sich im verborgensten Winkel der Erde befindet – so stellten es sich die Griechen nach dem Zeugnis der Hymnen Homers[172] jedenfalls vor. Daneben gibt es auch die Vorstellung, dass sich der Hades auf Kreta befindet, weil Rhadamanthys, einer der drei Richter des Hades, der sicher einen vorgriechischen Namen trägt, „im südlichen Zentralkreta zu Hause" ist[173].

Der Herr der Hadeswelt ist der gleichnamige „Hades", der unzählige Namen hat[174]. Nach der Sage bekam er dieses Reich, als die drei göttlichen Brüder (Zeus, Hades und Poseidon) die Weltherrschaft unter sich aufteilten und ihm dabei die Unterwelt zufiel. Homer[175] beschreibt dies mit den Worten des Poseidon folgendermassen:

Dreifach geteilt war alles, und jeder gewann seine Herrschaft:
Ich erlangte, für immer das schäumende Meer zu bewohnen,
Da wir losten, und Hades die düstere Schattenbehausung,
Zeus erhielt den geräumigen Himmel in Äther und Wolken.
Aber die Erde ist allen gemein und der hohe Olympos.
Nimmer werd ich darum dem Zeus mich fügen; in Ruhe
Bleib' er, wie stark er auch ist, in seinem bescheidenen Drittel.

(Übersetzung: H. RUPÉ)

Auch die Grabinschriften sprechen dieses Reich Hades zu; hier befinden sich sein königlicher Palast und seine „Residenz" (βασίλειον 'Αΐδαο)[176]. Gemeinsam mit seiner Frau Persephone übt er die Herrschaft aus. Es gibt jedoch Gräber, deren Inschriften die Hoffnung formulieren, dass die in ihnen Begrabenen nach dem Tod mit Hades auch an den Versammlungen der Herrschenden teilnehmen dürfen[177]. Als Beispiel sei eine Basisinschrift aus Knossos (2. Jh. v. Chr.) angeführt:

---

[171] Der Hades und seine unterirdische Welt ist in der Grabinschriftliteratur auch unter anderen Namen bekannt geworden, wie z.B. Aidos, Haides, Domos, Lethe, Acheron, Hades- oder Persephone-Kammern, oder Hades-Stadt. Die Grabinschriften variieren diese Namen häufig.

[172] *An Demeter* 340.

[173] M. P. NILSSON, *Die Griechen*, S. 314.

[174] Z.B. 'Αΐδης, 'Αΐδης, "Αιδης, 'Αΐδωνεύς, Πλούτων, Ζεὺς καταχθόνιος (unterirdischer Zeus) usw. (vgl. Homer, *Il.* 15,188).

[175] Homer, *Il.* 15,187-193.

[176] CEG II, n° 597 = SEG 30, n° 218; PEEK GV n° 1251; W. PEEK, *Attische Epigramme*, in: Mnemosyne III, 4 (1936-37), S. 6-8, n° 4; IG II/III² n° 859 und n° 13102a; E. HOFFMANN, *Sylloge epigrammatum Graecorum*, n° 154.

[177] Üblich war dies wahrscheinlich bei Verstorbenen, die zu Lebzeiten selbst Könige, Herrscher oder führende Leute gewesen waren, bzw. bei solchen, die ein tadelloses Leben geführt hatten.

τοὔνεκά σε φθιμένων καθ' ὁμήγοριν ὁ κλυτὸς "Αιδης
εἷσε πολισσούχῳ σύνθρονον 'Ιδομενεῖ.[178]

Deswegen hat dich unter der Toten Versammlung der rühmliche Hades
dem Stadtschützer Idomeneus zur Seite gesetzt.[179]
(Übersetzung: W. Peek)

Deshalb bezeichnen einige Grabinschriften die Unterwelt auch als Reich der Persephone, bzw. als ihr Haus, ihr „Zuhause" oder „Heim" – was einmal Gebiet, einmal Haus im wirklichen Sinn, Palast oder „Kammer" meint[180].

Nach der Sage wurde Persephone Hades' Gattin, nachdem er sie geraubt hatte[181], während sie auf einer Wiese mit ihren Freundinnen Blumen pflückte. Sie selbst erzählt dies ihrer Mutter Demeter folgendermassen[182]:

Alle spielten wir da und pflückten liebliche Blumen,
Wahllos mit unseren Händen: milden Krokos und Iris,
Lilien, Hyazinthen, Rosenknospen – ein Wunder
War es zu schauen. Narzissen sprossten wie Krokos in Fülle
Weithin über das Land. Voll Jubels pflückte ich – plötzlich
Klaffte die Erde vor mir, hoch stürmte der mächtige Herrscher.
Unter die Erde zog mich der Wirt der Vielen auf seinem
Goldenen Wagen, trotz meines Sträubens und schrillen Gekreisches.
(Übersetzung: A. Weiher)

Da Hades sogar seine Frau durch zu sich geholt hatte, setzte sich in der Mythologie wie in der Theologie der Grabinschriften die Vorstellung durch, dass der Tod nicht anders eintrifft,. als dass Hades die Menschen von den Lebenden (vom Leben) hinwegraubt; die häufigste Bezeichnung seiner „Arbeit" ist das Verb ἁρπάζω (stehlen, rauben, fortreissen, wegnehmen). Der Ort, an den Hades die Seelen der Gestorbenen bringt, wird oft als Haus, Kammer oder Palast bezeichnet; er wurde insbesondere in der vorchristlichen Zeit irgendwo am Acheron-See vermutet (Λάθας δῶμ' 'Αχερουσιάδος)[183]. Bisweilen bezeugen die Grabinschriften auch die Vor-

---

[178] Peek GG n° 199 = GV n° 1513; ICr I, S. 76f., n° 33.
[179] „Idomeneus, der Enkel des mythischen Königs Minos, wurde in Knossos als Heros und Stadtschützer verehrt": W. Peek, *Griechische Grabgedichte*, S. 306, Anm. 199.
[180] Homer z.B. nennt die Kammern des Hades und der Persephone feuchte, fürchterliche Räume: *Il.* 20,64-65.
[181] Vgl. z.B. Kerényi, *Görög mitológia* (Griechische Mythologie), S. 152ff.
[182] Die Hymnen des Homer, *An Demeter* 425-433.
[183] Peek GG n° 206 = IGB 344.

stellung, dass sich der unterirdische Hades urbanisiert – daher auch „grosse Stadt" (᾽Αίδαο πόλις) genannt wird[184].

Hades wird immer mit unangenehmen Charakterzügen versehen. Er ist düster, schweigsam, neidisch; kein Gebet, kein Opfer und keine Bitte vermag ihn auszusöhnen. Auch die untenstehende Grabsteininschrift, ein Epigramm des Dichters Meleagros von Gadara (130-60 v. Chr.), enthält eine bittere Anklage:

Δάκρυά σοι καὶ νέρθε διὰ χθονός, Ἡλιοδώρα,
    δωροῦμαι, στοργᾶς λείψανον, εἰς ᾽Αίδαν,
δάκρυα δυσδάκρυτα· πολυκλαύτῳ δ᾽ ἐπὶ τύμβῳ
    σπένδω μνᾶμα πόθων, μνᾶμα φιλοφροσύνας.
οἰκτρὰ γάρ, οἰκτρὰ φίλαν σε καὶ ἐν φθιμένοις Μελέαγρος
    αἰάζω, κενεὰν εἰς ᾽Αχέροντα χάριν.
αἰαῖ, ποῦ τὸ ποθεινὸν ἐμοὶ θάλος; ἄρπασεν ῞Αιδας,
    ἄρπασεν· ἀκμαῖον δ᾽ ἄνθος ἔφυρε κόνις.
ἀλλά σε γουνοῦμαι, Γᾶ παντρόφε, τὰν πανόδυρτον
    ἠρέμα σοῖς κόλποις, μᾶτερ, ἐναγκάλισαι.[185]

Tränen, die Reste der Liebe, dir schenke ich, Heliodora,
    Unter der Erde sie noch tief in den Hades hinein,
Tränen, bitter vergossen; am feuchten Hügel verström ich
    Sie meiner Sehnsucht als Mal, Mal meines innigen Glücks.
Klagend, klagend um dich, du Teure, stöhnt Meleagros
    Dir bei den Schatten am Styx noch seinen nichtigen Dank.
Ach, das Reis meiner Liebe, wo ist es? Ein Raub für den Hades,
    Raub ist es worden, und Staub trübt nun der Blume den Reiz.
Dich aber bitte ich, Erde, o schliess die von allen Beklagte,
    Allesernährende du, sanft an dein mütterlich Herz.

(Übersetzung: H. BECKBY)

Hades ist unerbittlich (βάσκανος)[186] und unbesiegbar (δυσνίκατος).[187] Nach Homer ist er „den Sterblichen auch der verhassteste unter den Göt-

---

[184] L. MORETTI, *Inscriptiones Graecae Urbis Romae* III, n° 1318 = PEEK GV n° 1021; GG n° 303; KAIBEL n° 565; E. C. COUGNY, *Anthologia Palatina* III, 2, n° 690; CIG n° 6278. Wahrscheinlich gehörte dieses Bild zu den Jenseitsvorstellungen der Bewohner von Grossstädten (wie z.B. Rom). Die Belege dafür stammen hauptsächlich aus Ägypten, wo Schilderungen einer Unterwelt mit massiven Mauern und Toren in den Pyramidentexten (vgl. z.B. *Amduat* II, 33) vorkommen: vgl. E. HERMSEN, a.a.O. (*Die zwei Wege des Jenseits*), S. 123-124.

[185] H. BECKBY, *Anthologia Graeca* VII, n° 476.

[186] R. LATTIMORE, *Themes in Greek and Latin Epitaphs*, S. 147ff.

tern"[188]. Ebenso ist auch Persephone – streng und erbarmungslos (ἄνοικτος). Einige Inschriften bezeichnen sie als neidisch; sie raube die Toten aus diesem Grund: εὐθανάτως δέ στείχω ζηλωτὴ Φερσεφόνης θάλαμον[189]. Ein Grabepigramm des Dichters Bianor von Bithynien (um 20 n. Chr.) beschreibt den unsagbaren Schmerz des Abschiedes:

> Θειονόης ἔκλαιον ἐμῆς μόρον, ἀλλ᾽ ἐπὶ παιδὸς
> ἐλπίσι κουφοτέρας ἔστενον εἰς ὀδύνας.
> νῦν δέ με καὶ παιδὸς φθονερὴ κατενόσφισε Μοῖρα·
> φεῦ, βρέφος, ἐψεύσθην καὶ σὲ τὸ λειπόμενον.
> Περσεφόνη, τόδε πατρὸς ἐπὶ θρήνοισιν ἄκουσον·
> θὲς βρέφος ἐς κόλπους μητρὸς ἀποιχομένης.[190]

Als mir Theionoë starb, da weint ich als Gatte; doch blieb mir
Tröstend mein Sohn noch, und dies dämpfte mir Klage und Schmerz.
Nun aber raubte mir auch das neidische Schicksal mein Söhnlein.
Ach, ich werde mit dir, Kind, um das Letzte gebracht...
Höre, Persephone, denn die Bitte des trauernden Vaters:
Lege das Kindlein im Tod gütig der Mutter ans Herz!
(Übersetzung: H. BECKBY)

Bei Persephone gibt es keine Gnade: Wer in ihre Kammer hinabsteigt, darf nicht auf Erbarmen hoffen (ᾤχου ἀνοικτίστως Φερσεφόνης θαλάμους)[191].

Nach der mythologischen Vorstellung befindet sich das Haus des Götterpaares Hades und Persephone in der Unterwelt, und auch Triton wohnt in seinem goldenen Palast in der Tiefe des Meeres[192]. In den Materialien der Grabinschriften taucht oft als ziemlich stereotypes Bild auf, dass Hades seine Opfer, meist junge Mädchen und Frauen, raubt und in sein Haus in der Unterwelt (δόμος) mitnimmt; ähnlich raubt Persephone junge männliche Gestalten aus dem Leben und führt sie in ihre Kammern (θάλαμος) im Hades, um mit ihnen in der Brautkammer der Tyche (ὁ Τύχης θάλαμος), wie eine ihrer Kammern ab und zu bezeichnet ist[193], etwas zu geniessen.

---

[187] PEEK GG n° 206.
[188] Homer, *Il.* 9,159.
[189] P. A. PANTOS, *ΕΠΙΤΥΜΒΙΟΝ ΕΠΙΓΡΑΜΜΑ ΕΞ ΑΘΗΝΩΝ*, in: AAA 7 (1974), S. 406-416; W. PEEK, *ΗΔΥΤΙΟΝ ΣΩΣΙΚΡΑΤΟΥ ΜΑΡΑΘΩΝΙΟΥ*, in: ZPE 18 (1975), S. 292.
[190] H. BECKBY, *Anthologia Graeca* VII, n° 387.
[191] PEEK GG n° 99 = GV n° 1697; IG II/III² n° 11594.
[192] Hesiod, *Theog.* 931-933.
[193] Vgl. I. PERES, *Apocalypsis Homeri*, S. 111-112; PEEK GG n° 344 = CIG n° 5172; KAIBEL n° 418; PEEK GV n° 1522 (Kyrene, 2. Jh. n. Chr.). Auch im kultischen Sinn über

Diese unterirdischen Wohnungen werden von den Schreibern der Grabinschriften und den Trauernden mit verschiedenen Attributen charakterisiert;
die negativen Bilder berichten, dass das Haus des Hades dunkel, unheimlich, voller Wehmut, abscheulich, grauenhaft usw. ist[194]. Ähnliche Bezeichnungen gibt es auch für die Kammern der Persephone: sie sind genauso dunkel, furchterregend, verabscheuungswürdig, feucht. Teilweise ist mit
„Kammer der Persephone" und „Haus des Hades" dasselbe gemeint; wenn
für die beiden unterirdischen göttlichen Gestalten zwei verschiedene Orte
und Wohnungsvorstellungen stehen, variieren auch die Bilder der Grabinschriften.

In der Unterwelt sind die Seelen *nackt* (γυμνός), d.h., sie erscheinen
ohne Körper[195], aber mit weltlichen Charakterzügen: man kann sie erkennen und identifizieren.

Im Hades sind auch jene zu erkennen, die früher verletzt worden oder mit
Wunden ins Totenreich eingetreten sind, denn Wunden bleiben auch im
Hades bestehen[196]. Die nackten Seelen gelangen vor die Richter, die sie so,
unverhüllt, betrachten[197], um zu entscheiden, ob sie an den guten Ort gehören oder für den Tartaros bestimmt sind.

Tief unter dem Hades erstreckt sich das „Reich" des *Tartaros*, auch der Ort
der Sühne für die „verdammten" Seelen[198], ähnlich wie die biblische
„Hölle": dorthin gelangen die Bösen und die, die gegen die Götter aufrüh-
rerisch waren[199]:

„Ferne, wo tief sich öffnet der Abgrund unter der Erde,
Wo die Pforten von Eisen erglänzen, vom Erze die Schwelle,
So weit unter dem Hades, wie über der Erde der Himmel".[200]

---

ihr Heiligtum: A. Hug, *Thalamos*, in: RE II/9 (1934), Sp. 1196; Plutarch, *Quaest. Rom.*
10.
  [194] Vgl. die Bezeichnungen weiter oben in diesem Kapitel.
  [195] H. Beckby, *Anthologia Graeca* VII, n° 689. Dies korrespondiert mit der von
Paulus bekämpften Auffassung, dass die Toten in einen Zustand der Nacktheit fallen
(*2Kor* 5,3).
  [196] Vgl. F. J. Dölger, *Die Wunde im Hades*, in: *Antike und Christentum* II, S. 28-31;
vgl. auch Homer, *Od.* 11,40f.
  [197] Vgl. Platon, *Gorg.* 523 E-524 A.
  [198] H. J. Rose, *Griechische Mythologie*, S. 75-77.
  [199] Manchmal hat der Tartaros in den Grabinschriften auch einen milderen Sinn.
  [200] Homer, *Il.* 8,14-16. Übersetzung von H. Rupé. Vgl. Hesiod, *Theog.* 720-745.807-
819 usw.

Hesiod erzählt, der Tartaros werde von einem Erzgehege umgeben und sei durch eherne Tore geschützt, mit einem Eingang aus Marmor, so dass niemand entfliehen kann – gleichzeitig ist es aber unmöglich, jemals an das Ende des Tartaros zu gelangen, selbst wenn jemand ein ganzes Jahr lang ginge[201]. Der Tartaros ist ein Modergemach, ein widriger Schlund, unheimlich und schrecklich. Er befindet sich so tief unter der Erde, wie der Himmel über der Erde: Nach Hesiod fällt ein Amboss neun Tage, bevor er am zehnten den düsteren Tartaros erreicht[202].

Die Verstorbenen in der Unterwelt bzw. ihre Seelen oder Schatten benennen die Alten Griechen mit verschiedenen Ausdrücken. Bekannt sind etwa Bezeichnungen für die Verstorbenen wie δαίμονες, εἴδωλα καμόντων („Phantome ermatteter Menschen"), θυμός („Geist"), φρένες („Seele, Geist"), Schattenbild usw. Der häufigste Ausdruck ist ψυχή[203]. Diese steigt meist hinab in den Hades, um dort ihre Existenz unterirdisch weiterzuführen.[204] „Die echte griechische Vorstellung vom Jenseits war der dumpfe, modrige Hades, wo die Seelen kraft- und bewusstlos umherschwirren"[205].

Die Frage, über wieviel „irdische Identität" und über was für ein (Selbst)bewusstsein die Seelen im Hades verfügen, wird in den Grabinschriften nicht einheitlich beantwortet. Eine Grabinschrift aus Komana Cappadociae[206] nimmt an[207]:

5 ὥστ' εἴ τις φθιμένοισι πέλ(ε)ι νόος ε[ἴ]ν 'Αΐδος γε,
τέρπεο παῖσι φίλοις προτιδέγμενος ἡμέας αἰέν.[208]

Also, wenn es bei den Toten auch im Hades Bewusstsein gibt,

erfreue dich an deinen Kindern und erwarte uns immer.

(Übersetzung: R. MERKELBACH – J. STEINER)

---

[201] Hesiod, *Theog.* 726-742.

[202] Vgl. Hesiod, *Theog.* 720-725.

[203] Homer, *Il.* 23,103-104. Vgl. H. J. ROSE, *Griechische Mythologie*, S. 73.

[204] Ebenso bekannt aus den Grabinschriften ist κέαρ (Herz), πνοή (Hauch, Atem), πνεῦμα (Geist), die aber meistens hinaufsteigen, also zum Äther, ins Paradies oder zu anderen positiv gewerteten eschatologischen Orten.

[205] M. P. NILSSON, *Geschichte der griechischen Religion* I, S. 673.

[206] Nach der Schrift wohl 4. Jh. n. Chr. (nach R. MERKELBACH und J. STAUBER).

[207] In ähnlicher Bedingungsform sagt dies auch Hypereides aus Athen (*Epitaphios* 6,43): εἰ δ' ἔστιν αἴσθησις ἐν "Αιδου. Vgl. R. MERKELBACH – J. STAUBER, *Steinepigramme* III, S. 37.

[208] R. MERKELBACH – J. STAUBER, *Steinepigramme* III, n° 13/05/04 = R. P. HARPER, in: AS 18 (1968), S. 124, n° 5,47; R. MERKELBACH, *ΑΠΑΛΙΝΤΡΟΠΟΣ, ΑΔΙΑΥΛΟΣ, ΑΠΑΛΙΝΦΡΟΣΥΝΗ*, in: EA 30 (1999), S. 111f.

Die Unterwelt wird von Flüssen umgeben. In der Regel sprechen die Griechen von vieren; wir kennen aber fünf unterirdische Flüsse. Jeder hat einen bedeutungsvollen Namen: *Styx* ist der sumpfige Fluss des Entsetzens[209], *Acheron* ist der Fluss der Luft, der den Fluss der Seufzer versinnbildlicht. Im allgemeinen jedoch kann diese Bezeichnung auch den ganzen Hades oder das ganze Reich der Unterwelt meinen[210]. Sie steht mit dem Grab in einer dualistischen Verbindung, weil das Grab den Leib aufnimmt und der Acheron die Seele, wie dies auch eine Steleninschrift aus Pantikapaion (um 300 v. Chr.) beschreibt: [ψ]υχήν [᾽Αχ]έρων ὑπεδέξατο, σῶμα δὲ τύμβο[ς] (*Die Seele nahm der Acheron auf, den Leib das Grab*)[211].

In den Acheron gelangen gemäss den Griechen neben den Menschen auch die Tiere, vor allem die Lieblingstiere der Verstorbenen, besonders Pferde und Hunde[212]. So belegt dies ein literarisches Grabepigramm des Simias, das einen treuen Jagdhund auch in den Acheron gehen sieht: ᾤχεο γὰρ πυμάταν εἰς ᾽Αχέροντος ὁδόν = *du gingest nun deinen letzten Weg, der in den Acheron führt*[213].
Kokytos ist der Klagefluss, *Pyriphlegethon* der Fluss des Feuers, der den Tartaros umfliesst, und *Lethe* der Fluss des Vergessens[214].

---

[209] Homer, *Il.* 2,755. 8,369.

[210] B. LORENZ, *Thessalische Grabgedichte*, S. 90.93.

[211] PEEK GV n° 529 = W. CRÖNERT, in: Wochenschrift für klassische Philologie 23 (1906), S. 1163; Gangolf von KIESERITZKI – Carl WATZINGER, *Griechische Grabreliefs aus Südrussland*, Berlin 1909, S. 18, n° 131; V. V. STRUVE, CIRB n° 117; CEG II, n° 736.

[212] Vgl. dazu G. HERRLINGER, *Totenklage um Tiere in der antiken Dichtung* mit einem Anhang byzantinischer, mittellateinischer und neuhochdeutscher Tierepikedien, TBAW 7, Stuttgart 1930; Hans-Christian SCHNEIDER, *Tiere, Tod und Jenseitsvorstellungen am Beispiel des Culex der Appendix Vergiliana*, in: Laverna 5 (1994), S. 134-147. Hauptsächlich die Grabepigramme, die z.B. bei H. BECKBY (*Anthologia Graeca*, in Bd. VII. und teilweise in Bd. IX) gesammelt sind, berichten über den Tod, das Begräbnis und bisweilen auch vom Jenseitsschicksal vieler verschiedener Tiere, wie z.B. von Ameisen, Bienen, Delphinen, Drosseln, Eichelhähern/Elstern, Hähnen, Hasen, Heuschrecken (bzw. Singzikaden oder Grillen), Hunden, Mücken, Pferden, Rehen, Schlangen, Schwalben, usw.

[213] Übersetzung H. BECKBY.

[214] Die Lethe als Fluss der Unterwelt vermittelte den alten Griechen das mehr und mehr allgemeingültige Bild, dass der Tod die *alles vergessen lassende Wirklichkeit* ist. Diese Vorstellung hat eigentlich mit dem *Lethe-Mythos* zu tun; aber schon die zeitgenössischen Griechen brauchten dieses mythologische Bild, das sie aber entmythologisierten – und so blieb vom ehemaligen Mythos nur die bittere Erkenntnis übrig, dass der sterbende Mensch alles hierlässt und im Tod alles vergisst (vgl. Homer, *Il.* 22,389). Diese Auffassung enthält einen äusserst bitteren Lebensrealismus, bzw. trostlosen Pessimismus.

Ἡ πού σε χθονίας, ᾽Αρετημιάς, ἐξ ἀκάτοιο
Κωκυτοῦ θεμέναν ἴχνος ἐπ᾽ ἀιόνι,
οἰχόμενον βρέφος ἄρτι νέῳ φορέουσαν ἀγοστῷ
ὤκτειραν θαλεραὶ Δωρίδες εἰν ᾽Αίδᾳ
πευθόμεναι τέο κῆρα· σὺ δὲ ξαίνουσα παρειὰς
δάκρυσιν ἄγγειλας κεῖν᾽ ἀνιαρὸν ἔπος·
"Διπλόον ὠδίνασα, φίλαι, τέκος ἄλλο μὲν ἀνδρὶ
Εὔφρονι καλλιπόμαν, ἄλλο δ᾽ ἄγω φθιμένοις."[215]

Als, Aretemias, du aus dem Kahne im Lande der Schatten
An des Kokytos Gestad eben die Füsse gesetzt
Und du im jungen Arm das gestorbene Kindlein noch hieltest,
Klagten im Totenreich dorische Frauen ob dir,
Da sie dein Schicksal erfuhren. Du aber zerfurchtest mit Tränen
Dir die Wangen und hast traurig die Worte gesagt:
„Zwillinge hab ich geboren; ein Kindlein liess ich dem Gatten
Euphron, ihr Lieben, und eins bring ich zum Acheron mit."
(Übersetzung: H. BECKBY)

Aus dem Blickwinkel der Grabinschriften ist die Lethe vielleicht der wichtigste Fluss der Unterwelt, da sie das Vergessen und den Bruch zwischen dem irdischen und dem unterweltlichen Leben symbolisiert. Die Seelen der einfachen Leute trinken aus diesem Fluss und vergessen als Folge davon alles aus ihrem irdischen Leben: die Schmerzen, die Sorgen und auch die Bitterkeit des schmerzhaften Abschiedes vor dem Tod. Die Privilegierten hingegen, vor allem die, die in irgendein Mysterium eingeweiht waren oder die die Geheimnisse des Lebens nach dem Tod schon kannten, haben – so betonen ihre Grabinschriften – nicht vom Wasser der Lethe getrunken. Dies bezeugt unmissverständlich eine Inschrift aus Alexandria (wohl aus dem 2. Jh. n. Chr.): Λήθης οὐκ ἔπιον λιβάδα = *den Strom der Lethe habe ich nicht gekostet*[216].

In einer anderen Grabinschrift aus Knidos (ca. 1. Jh. v. Chr.) will eine betrübte Ehefrau die Erinnerung an ihren treuen Gatten als Trost auch im Hades bewahren und trinkt deshalb nicht aus der Lethe:

[11] οὐκ ἔπιον Λήθης ᾽Αϊδωνίδος ἔσχατον ὕδωρ,
ὥς σε παρηγορίην κἂν φθιμένοισιν ἔχω.[217]

---

[215] H. BECKBY, *Anthologia Graeca* VII, n° 464.
[216] PEEK GG n° 306 = GV n° 1090; CIG n° 4708; E. COUGNY, *Anthologia Palatina* III, 2, n° 282; KAIBEL n° 414.
[217] W. BLÜMEL, IK 41, n° 303 = PEEK GV n° 1874; GG n° 438; KAIBEL n° 204; IBM IV.1, n° 829b; GEFFCKEN n° 208.

Nicht habe ich im Hades der Lethe letzten Trank angenommen,
   nein, ich wollte auch bei den Toten dich als meinen Trost behalten.
                                                   (Übersetzung: W. PEEK)

Der Verstorbene verfügt über „Kleingeld", den ὀβολός[218], das seltener δανάκη καρκάδων heisst[219]. Manchmal sind es auch bestimmte Silber- oder Bronzemünzen[220], die ihm die Angehörigen oder Bestattenden als „Reisegeld" (ναῦλον) unter die Zunge gelegt haben, damit er *Charon*, den unterirdischen Fährmann, bezahlen kann[221], wenn ihn dieser mit seinem Kahn auf die andere Seite des Acheron bringt.

Einige Grabinschriften belegen, dass die Verstorbenen oder ihre Angehörigen Charon beschuldigen, sie so früh geholt zu haben. So beanstandet dies eine Grabinschrift aus Tyana (nachchristlich):

πάντα Χάρων ἄπληστε, | τί τὸν νέον ἥρπασας οὕτως |
"Ανδρων'; οὐχὶ σὸς ἦν, | καὶ εἰ θάνε γηραλέος;[222]

Charon, ganz und gar Unersättlicher, warum hast du so sinnlos den jungen Andron hinweggerafft? Hätte er nicht auch dann dir gehört,
                wenn er als Alter gestorben wäre?
                                   (Übersetzung: R. MERKELBACH – J. STAUBER)

Die Grabinschriften halten auch den Kahn des Charon für wichtig, ebenso den Transit für die Schatten der Verstorbenen. Wenn der Tote nicht mit einem Obolus ausgerüstet und die Beerdigung nicht in gehöriger Weise abgehalten worden ist – damit sind die Beerdigungszeremonie und die gewohnten Opfer gemeint – dann gerät die Seele des Verstorbenen in eine unglückliche Lage[223]: Sie muss den Weg zum Hades zu Fuss gehen, also den Fluss umgehen – den weit entfernten Ufern des Styx entlang, durch verschiedene Sümpfe und seichte Wasser auf Irrwege geleitet, ziellos umherwandernd, gefährdet durch fürchterliche wilde Tiere usw.

---

[218] Vgl. H. BECKBY, *Anthologia Graeca* VII, n° 67 (Autor: Leonidas von Tarent, um 310-240 v. Chr.); n° 68 (Autor: Archias).

[219] F. LÜBKER, RCA, S. 158; E. ROHDE, *Psyche* I, S. 306.

[220] Ein Sechstel einer Drachme (die kleinste griechische Münze).

[221] E. ROHDE, *Psyche* I, S. 25 und 306f.

[222] J. MERKELBACH – J. STAUBER, *Steinepigramme* III, n° 13/07/04 = H. GRÉGOIRE, *Voyage dans le Pont et en Cappadoce*, in: BHC 33 (1909), S. 142f., n° 113; W. WEBER, in: Hans ROTT, *Kleinasiatische Denkmäler aus Pisidien, Pamphylien, Kappadokien und Lykien*, Leipzig 1908, SChD 5/6, S. 371, n° 80; PEEK GV n° 1588; J. NOLLÉ, IK 55, S. 263f., n° 103.

[223] Vgl. Homer, *Il.* 7,79-80.

Am richtigen Ufer angelangt, führt der Weg unmittelbar zu einem Ei-
sentor, das den eigentlichen Eingang zu Hades' Reich bildet[224]. Auch die
Grabinschriften reflektieren darüber, wenn sie erwähnen, wo das Tor zum
Hades sei. Es gibt solche, die das Grab selbst als dieses Tor sehen: Aus
dem Hades gibt es ebensowenig ein Zurück wie aus dem Grab. So beschreibt dies eine Grabinschrift aus Eumeneia (2. Jh. n. Chr.?): θύραι μὲν
ἔνθα καὶ πρὸς ᾿Αίδαν ὁδοὶ | ἀνεξόδευτοί δ᾿ εἰσιν ἐς φάος τρίβοι[225] (*Hier
sind die Türen und Wege zum Hades, Pfade jedoch, die nicht wieder ins Licht
führen*)[226].

Den Eingang bewacht *Aiakos*, der „Portier" (᾿Αίδεω πυλαουρός)[227], zusammen mit seinem fürchterlichen Hund *Kerberos* mit drei, manchmal
auch fünfzig[228], Köpfen, von denen mindestens einer wacht, und mit einem
Schlangenschwanz. Der schreckliche Hund empfängt jeden Ankömmling
„freundschaftlich", bisweilen durch Ablecken[229]. Dafür, dass keiner zu-
rückkehren kann, sorgt Kerberos. Seine gespenstige Gestalt wurde auch im
Volkshumor benutzt, wie das folgende Beispiel zeigt:

Καὶ νέκυς ὢν Τίμων ἄγριος· σὺ δέ γ᾿, ὦ πυλαωρὲ
Πλούτωνος, τάρβει, Κέρβερε, μή σε δάκῃ.[230]

Auch noch als Toter im Hades ist Timon ein wilder Geselle.
Kerberos, Pförtner im Reich Plutons, gib Obacht: er beisst.
(Übersetzung: H. BECKBY)

Der unterweltliche Hund war – in klassischer Zeit[231] – Sphinx (Σφίγξ),
nach damaliger Vorstellung der Wächter des Grabes, wie dies die folgende
Basisinschrift aus Thessalien (6.-5. Jh. v. Chr.) zeigt:

Σφίξ, ΄αΐδαο κύον, τίν᾿ ἔ[χουσ᾿] ὄπιν [ἀὲ φυ]λάσσεις
ἥμεν[α ᾿Η]ροφ[ίλου κᾶ]δο[ς ἀπ]οφθιμ[ένου]; -[232]

---

[224] Homer, *Il.* 8,367.

[225] R. LATTIMORE, *Themes Greek and Latin Epitaphs*, S. 74 = W. M. RAMSAY, *Cities
and Bishoprics of Phrygia*, S. 386, n° 232, Z. 23-24.

[226] Übersetzung: H.-G. NESSELRATH – I. PERES.

[227] PEEK GG n° 216 = GV n° 1179; GEFFCKEN n° 217. Relief aus Smyrna; Zeit: 2. Jh.
v. Chr.

[228] Vgl. Hesiod, *Theog.* 310f.

[229] S. EITREM, *Kerberos*, in: RE 11/1 (1921), Sp. 280; Hesiod, *Theog.* 767-775.

[230] H. BECKBY, *Anthologia Graeca* VII, n° 319.

[231] Vgl. z.B. ein Grabdenkmal mit einem Relief mit Sphinx aus Athen (ca. 550-25 v.
Chr.): PEEK GV n° 148 = IG I² n° 981; SEG 10, n° 433; P. FRIEDLÄNDER, *Epigrammata*,
n° 61b; vgl. G. PFOHL, *Elemente*, Abb. 4.

[232] B. LORENZ, *Thessalische Grabgedichte*, S. 97ff., n° 11 = PEEK GV n° 1831; W.
PEEK, *Griechische Grabgedichte*, S. 17f.; W. PEEK, ᾿Αρβανιτοπούλος, Θεσσαλικὰ

Sphinx, des Hades Hund, was hältst Du für eine Aufsicht und bewachst
sitzend immerdar die Urne des verstorbenen Herophilos?
(Übersetzung: U. Luz)

Hinter diesem Tor öffnet sich die Asphodeloswiese[233], wie auch Homer[234]
berichtet:

> „*Hermes von der Kyllene holte der freienden Männer*
> *Seelen, indem er sie rief; er trug in der Hand seinen schönen,*
> *Goldenen Stab, womit er die Augen von Menschen bezaubert,*
> *Wo er es will, und andere wieder erweckt, wenn sie schlafen;*
> *Setzte sie so in Bewegung: ein schwirrendes, ganzes Gefolge.*
> *Wie wenn Fledermäuse im Eck einer göttlichen Grotte*
> *Schwirren und flattern, so oft sich nur eine der Kette am Felsen*
> *Loslöst, dass sie herabfällt – hängen doch alle zusammen –*
> *Grad so schwirrten sie drängend heran und folgten dem Führer*
> *Hermes, dem Retter, entlang den Pfaden im dämmrigen Düster;*
> *Gingen vorbei an Okeanos' Strömung, am Felsen Leukas,*
> *Gingen vorüber an Helios' Toren, am Ort, wo die Träume*
> *Wohnen, und kamen dann schnell an ihr Ziel, zur Asphodeloswiese.*
> *Diese ist Raum und Behausung der Seelen, der Masken der Müden.*"
> (Übersetzung: A. Weiher)

Laut Homer gelangen die Schatten der Verstorbenen also hierhin, um aus
Lethe, dem Fluss des Vergessens, zu trinken. Die Herrschaft liegt hier somit schon bei Hades und Persephone, die als unterweltliches Götterehepaar
auf die Ordnung in der Unterwelt achten.

Was in griechischen Grabinschriften hie und da auftaucht, ist der Wunsch,
dass die Verstorbenen, die aus einer Familie stammen und einander geliebt
haben, auch im Hades zusammen bleiben dürfen – so wie sie im gemeinsamen Grab nebeneinander liegen. Eine Steleninschrift aus Orchomenos
(2.-1. Jh. v. Chr.) betont dies folgendermassen: κεῖσαι δ' ἀγχόθι παιδὸς
ἑοῦ, ψαύων μελέεσσιν[235] (*nun liegst du bei deinem Sohn und berührst ihn mit*
den Gliedern)[236]. Ein anderes Grabepigramm auf einer Kalksteinplatte aus

---

ἐπιγράμματα, in: Gnomon 14 (1938), S. 476; P. Friedländer, *Epigrammata*, n° 139 A;
G. Pfohl, *Greek Poems*, n° 140; vgl. SEG 15, n° 381; SEG 23, n° 453 usw.
    [233] Vgl. Dazu z.B. den Artikel von K. Kerényi: *Mi a mitológia?* (Was ist Mytholo-
gie?), S. 67.
    [234] Homer, *Od.* 24,1-14.
    [235] Peek GG n° 201 = GG n° 1516; IG VII n° 3226; Kaibel n° 491.
    [236] W. Peek übersetzt ψαύων μελέεσσιν: *Seite an Seite mit ihm.*

Memphis (3.-2. Jh. v. Chr.) drückt die Hoffnung aus, dass der Vater und seine Tochter zusammen sein dürfen:

> ⁹ ἀλλ' οὖν γ' εὐσεβέων ναίεις μέτα, πατρὶ σύνοικος
> Διογένει, τὸν καὶ ζῶσα πάροιθ' ἐπόθεις.²³⁷

So wohnst du doch jedenfalls unter den Frommen, deinem Vater
Diogenes zur Seite, den du auch zuvor im Leben innig geliebt hast.
(Übersetzung: W. PEEK)

Die Welt des Hades stellte jedoch für viele Menschen eine zu dunkle Realität dar oder wirkte zu mythisch und unvorstellbar, weshalb sie das Leben und den Tod materialistisch auffassten und auf das Grab schreiben liessen, dass all dies nicht wahr sei. Solchen Negativismus enthält eine schon angeführte Grabinschrift aus Rom (3.-4. Jh. n. Chr):

> ³ οὐκ ἔστ' ἐν "Αιδου πλοῖον, οὐ πορθμεὺς Χάρων,
> οὐκ Αἰακός κλειδοῦχος, οὐχὶ Κέρβερος κύων.²³⁸

Im Hades ist kein Fährmann Charon und kein Kahn,
kein Schlüsselträger Aiakos, kein Kerberos.
(Übersetzung: H. BECBKY)

Wahrscheinlich aus späterer Zeit, als der Hades astralisiert wurde, tauchen zwei neue Jenseitsvorstellungen auf: Einerseits sprechen die Grabinschriften davon, dass es im Hades Licht geben wird und dass der eine oder andere Verstorbene im Hades sogar zu einem Stern geworden ist. Andererseits stellt man sich den Hades zunehmend auch im Äther, irgendwo zwischen den Sternen, vor. Die Jenseitsvorstellung des Hades wird dadurch nicht populärer, auch wenn sie spätere Zeiten noch feiner ausgestalten.

2.2.3.3 Lethe-Vergessen

Eine weitere Ausdrucksform des griechischen Pessimismus in Bezug auf das Jenseits bildet die Vorstellung vom unterirdischen Fluss Lethe²³⁹, der

---

²³⁷ PEEK GG n° 194 = P. M. FRASER – P. MAAS, *Three hellenistic Epigrams from Egypt*, in: JEA 41 (1955), S. 115f., n° 1.
²³⁸ H. BECKBY, *Anthologia Graeca* VII, S. 598, Anm. 524 = PEEK GV n° 1906; GG n° 454; IG XIV n° 1746; CIL IV, n° 14672; KAIBEL n° 646; CIG n° 6298; COUGNY, *Anthologia Palatina* III, 2, n° 453; L. MORETTI, *Inscriptiones Graecae Urbis Romae* III, n° 1244. Vgl. Ovid, *Metam.* 15,153.
²³⁹ Häufig sind Inschriften, die Lethe-Fluss und Lethe-Quelle parallel benutzen. Eine alte Vorstellung lokalisiert den Zugang zu dieser Quelle, wie auch den Zugang zum Ha-

in den Grabinschriften neben den anderen Unterweltflüssen[240] eine ganz besondere und wichtige Rolle spielt. Dies, obwohl er – trotz seines alten Vorkommens in den Quellen – erst in nachhomerischer Zeit zu den mythologischen unterirdischen Flüssen zählt[241]. Doch an literarischen Belegen fehlt es nicht, und das Motiv[242] war bei den Philosophen genauso bekannt wie bei den Dichtern und in den Werkstätten der Grabepigrammschreiber.

Die Lethe-Vorstellung enthält ausser dem allgemeinen Gebrauch als Bezeichnung für die Unterwelt[243] noch zwei andere Aspekte, die in den Grabinschriften immer wieder zur Geltung kommen:

Der eine sei mit Erwin ROHDE formuliert: „Die Vorstellung von dem Quell und Fluss Lethe ist sicher eine alte, volksmässige: jener Brunnen ist nichts anders als der Götterquell: wer aus demselben trinkt, vergisst alles Leid"[244]. Die Toten sollen in der Unterwelt – so der Gedanke – aus dem Fluss des Vergessens trinken, damit, nach alter Vorstellung, alle Erinnerungen ausgelöscht werden und alles Schmerzliche vergessen wird.

Die andere Vorstellung betont, man solle aus dem Lethe-Fluss trinken, um den Durst zu stillen; denn bereits im frühgriechischen Denken werden die Seelen nach dem Tode blutlos[245] und trocken vorgestellt[246]. Sie haben ihre Lebensenergie verloren und brauchen deshalb neue „Flüssigkeit", um sich zu erfrischen[247]. Die Seele konnte in der Unterwelt zur Strafe aber auch verdursten, wie sich dies bei Tantalos[248] oder dem biblischen Reichen

---

des im allgemeinen in Kreta: U. v. WILAMOWITZ-MOELLENDORFF, *Der Glaube der Hellenen* II, S. 200; Ders., *Die hellenistische Dichtung* II, S. 102.

[240] Darüber siehe unser Kapitel III/2.2.3.2, oben: „Die Welt des Hades".

[241] F. LÜBKER, RCA, S. 1032; W. BURKERT, *Griechische Religion*, S. 437, Anm. 8.

[242] Vgl. Lucian, *Dial. Mort.* 13,6; Pausanias, *Hell.* 9,39.8; Vergil, *Aen.* 6,705; Aesop, *Fab.* 168.

[243] Platon, *Resp.* 10,621A; vgl. W. KROLL, *Lethe*, in: RE XII/2 (1925), Sp. 2141ff.

[244] E. ROHDE, *Psyche* I, S. 316, Anm. 2. Erwin ROHDE zitiert diesen Satz aus dem Werk von Theodor BERGK (*Opusc.* 2, S. 716).

[245] Von der Sehnsucht nach Blut der Toten spricht auch Homer (*Od.* 11,34ff.96ff.147ff.).

[246] Vgl. G. E. R. LLOYD, *Hot and Cold, Dry and Wet in Early Greek Thought*, in: Studies in Presocratic Philosophy, Vol. I., D. J. Furley and R. E. Allen (ed.), London 1970, S. 271f.; I. PERES, *Apocalypsis Homeri*, S. 58, Anm. 209.

[247] A. DIETERICH, *Nekyia*, S. 99. Dieterich geht davon aus, dass auch die Grabspenden den Toten als Trank gegen den Durst dienten. Vgl. A. HERMANN, *Durst*, in: RAC 4 (1957), Sp. 392f. (ägyptisch), Sp. 403ff. (griechisch-römisch), Sp. 407 und Sp. 411f. (christlich).

[248] Tantalos wurde dafür bestraft, dass er seinen Sohn Peleus ermordet und den Göttern zum Mahl angeboten hatte. Deshalb musste er im Erebos Durst leiden, denn das Flusswasser wich bei jedem Versuch, davon zu trinken, zurück: Homer, *Od.* 11,583-8; Sophokles, *Fr.* 518 N; Lucian, *Dial. mort.* 17. Das Motiv ist auch in der lateinischen Literatur bekannt: Horaz, *Sat.* 1,68; Ovid, *Met.* 4,458f. usw.

(*Lk* 16,24) zeigt[249]. Die griechischen Grabinschriften und auch die orphischen Goldblättchen kennen den Durst nach kühlem Wasser, welches von Pluto, Persephone oder Osiris erwartet wird[250]. So z.B. eine Stele aus Ägypten (1.-2. Jh. n. Chr.):

5   ... ἀλλὰ κόνιν σοι
κούφην, καὶ δοίη ψυχρὸν Ὄσιρις ὕδωρ.[251]

... Möge dir die Erde
leicht werden, und möge Osiris[252] dir kühles Wasser schenken.
(Übersetzung: W. PEEK)

Oder eine Inschrift an einem Grabaltar aus Rom (2.-3. Jh. n. Chr.):

ψυχρὸν ὕδωρ δοίη σοι ἄναξ ἐνέρων Ἀιδωνεύς,
ὦ Μέλαν· ἥβης γάρ σοι ἀπώλετο φίλτατον ἄνθος.[253]

Kühles Wasser möge dir der Herr[254] der Unteren spenden, Aidoneus,
mein Melas. Denn dahin ist deiner Jugend Blüte, uns allen so teuer.
(Übersetzung: W. PEEK)

---

[249] A. HERMANN, *Durst*, in: RAC 4 (1957), Sp. 404f. und Sp. 407.

[250] Vgl. A. DIETERICH, *Nekyia*, S. 95, und Inschriften wie z.B. CIG n° 6562; n° 6650; n° 6256; n° 6267; n° 6717 oder KAIBEL, OGIS n° 1488; n° 1782; n° 1842. Vgl. auch G. ZUNTZ, *Persephone*, S. 370ff. Der Gedanke lässt sich auch oft in den altchristlichen Grabtexten finden, wo die Seelen nach dem Tod ebenfalls Durst haben und von Gott, dem Herrn, oder besonders auch von Jesus Christus Erfrischung erwarten; vgl. E. ROHDE, *Psyche* II, S. 391, Anm. 1; F. CUMONT, *Die orientalischen Religionen im römischen Heidentum*, S. 119. und S. 275ff., mit Anm. 94. Im Coemeterium des Praetextatus kann man als Beispiel für viele andere die nachfolgende Inschrift lesen: Δεους Χριστους Ομνιποτες Σπιριτου ρεφριγερετ (sic!): M. ARMELLINI, *Refrigerium*, in: REChA II, S. 684f.; genauso z.B. N. P. S. WISEMAN, *Fabiola*, Roma 1855, S. 148. Seit dem 2. Jh. n. Chr. kommt der Gedanke vom Refrigerium häufig in den Grabinschriften der Märtyrer vor, wahrscheinlich als Erfrischungswunsch nach dem Feuer des Scheiterhaufens: vgl. M. ARMELLINI, *Refrigerium*, in: REChA II, S. 685. Dazu noch Tertulian, *De monog.* 12.

[251] PEEK GG n° 426 = GV n° 1842.

[252] Über die Verbindung mit Osiris vgl. neben den vorigen Beispielen z.B. die Inschriften CIG n° 6650 oder PEEK GV n° 1090; n° 1544; n° 1556; n° 1842; n° 2028a. Die Inschriften stammen allgemein aus Ägypten und aus der Zeit des 1.-2. Jh. n. Chr.

[253] PEEK GG n° 376 = GV n° 1410; KAIBEL n° 658; IG XIV n° 1842.

[254] In dieser Inschrift gibt dem Dürstenden ein unterirdischer ἄναξ, einer der Richter (Aiakos, Minos, Rhadamanthys – vgl. W. PEEK, *Griechische Grabgedichte*, S. 316, Anm. 376) oder vielleicht sogar Hades selbst das kalte Wasser, obwohl ἄναξ für ihn eine ungewöhnliche Bezeichnung ist.

Im Hades gibt es zwei Wasserquellen: links das Wasser der Lethe, von dem die zielstrebigen Seelen nicht trinken sollten, rechts das kalte Wasser der Mnemosyne[255]. So erklärt dies auch eine orphische Goldblättcheninschrift[256]:

1   μνημοσύνης τόδε (?)θρῖον· ἐπεὶ ἂν μέλλῃσι θανεῖσθαι
2   [   ] τόδε γρα[
3   [   ] . . . . σκότος ἀμφικαλύψας.
4   εὑρήσεις δ᾽ Ἀΐδαο δόμων ἐπὶ δεξιὰ κρήνην,
5   πὰρ δ᾽ αὐτῇ λευκὴν ἑστηκυῖαν κυπάρισσον,
6   ἔνθα κατερχόμεναι ψυχαὶ νεκύων ψύχονται.
7   ταύτης τῆς κρήνης μηδὲ σχεδὸν ἐμπελάσηισθα.
8   πρόσθεν δ᾽ εὑρήσεις τῆς Μνημοσύνης ἀπὸ λίμνης
9   ψυχρὸν ὕδωρ προρέον· φύλακες δ᾽ ἐπύπερθεν ἔασιν.

10   ·)·οἱ δέ σε εἰρήσονται ἐνὶ φρεσὶ πευκαλίμηισιν
11   ·)·ὅττι δὴ ἐξερέεις Ἄϊδος σκότος οὐλοέεντος. (?)
12   ·C·οἱ δέ σε εἰρήσονται ὅτι χρέος εἰσαφικάνεις.

13   τοῖς δὲ σὺ εὖ μάλα πᾶσαν ἀληθείην καταλέξαι·
14   εἰπεῖν· "Γῆς παῖς εἰμι καὶ Οὐρανοῦ ἀστερόεντος·
15   αὐτὰρ ἐμοὶ γένος οὐράνιον· τὸ δὲ ἴστε καὶ αὐτοί.
16   δίψηι δ᾽ εἰμ᾽ αὖος καὶ ἀπόλλυμαι· ἀλλὰ δότ᾽ ὦκα
17   ψυχρὸν ὕδωρ προρέον τῆς Μνημοσύνης ἀπὸ λίμνης."
18   καὶ δὴ τοί σ᾽ ἐλεοῦσιν ὑποχθόνιοι βασιλῆες,
19   καὐτοί σοι δώσουσι πιεῖν θείης ἀπὸ κρήνης,
20   καὶ δὴ καὶ σὺ πιὼν ὁδὸν ἔρχεαι, ἥν τε καὶ ἄλλοι
21   μύσται καὶ βάκχοι ἱερὴν στείχουσι κλεεινοί.
22   καὶ τότ᾽ ἔπειτ᾽ ἄλλοισι μεθ᾽ ἡρώεσσιν ἀνάξεις.[257]

---

[255] E. ROHDE, *Psyche* II, S. 390, Anm. 1. Vgl. B. LORENZ, *Thessalische Grabgedichte*, S. 132f.; G. PFOHL, *Griechische Inschriften*, S. 38. A. HERMANN, *Durst*, in: RAC 4 (1957), Sp. 403f. Die Gnostiker haben die Lehre von den zwei Wasserquellen spekulativ weiterentwickelt: Unten ist das Wasser für die choischen und psychischen Menschen, oben das lebendige Wasser, das den pneumatischen Menschen diente (Hippolyt, *ref. omn. haer.* V,27): A. DIETERICH, *Nekyia*, S. 94.

[256] Dieser Text (B 1-2, B 10-11) befindet sich auf Blättchen aus Petelia, Pharsalos, Hipponion und Entella. Das älteste Zeugnis stammt etwa aus dem 4. Jh. v. Chr., später kommt der Text häufig vor.

[257] R. JANKO, *Forgetfulness in the Golden Tablets of Memory*, in: CQ 34 (1984), S. 99 = R. MERKELBACH, *Die goldenen Totenpässe*, S. 2ff., § 4.

Dies ist das Blättchen der Mnemosyne (Erinnerung),
denn wenn er zu sterben kommt...
Von Dunkel umhüllt.
Du wirst im Haus des Hades rechts eine Quelle finden,
neben der eine weisse Zypresse steht.
Dort atmen (kühlen sich) die herabsteigenden Seelen der Toten.
Dieser Quelle sollst du nicht nahekommen.
Weiterhin wirst du das kühle Wasser finden, das aus dem Teich der Mnemosyne
hervorströmt. Darüber (über dem Wasser) befindet sich Wächter.
(Entweder) Sie werden dich in ihrem klugen Sinn fragen,
was du im Dunkel des schlimmen Hades suchst,
(oder) sie werden dich fragen, warum du dorthin kommst.
Ihnen sollst du wirklich die ganze Wahrheit sagen.
Sprich: Ich bin ein Sohn der Erde (Ge) und des gestirnten Himmels (Uranos),
aber mein Geschlecht ist himmlisch, das wisst ihr ja auch selbst.
Aber ich bin ausgetrocknet vor Durst und gehe zugrunde; so gebt mir rasch
das kühle Wasser, das aus dem Teich der Mnemosyne fliesst.
Dann werden die Könige unter der Erde Mitleid mit dir haben,
und sie selbst werden dir aus der göttlichen Quelle zu trinken geben.
Und wenn du dann getrunken hast, darfst du den heiligen Weg gehen, den auch
die anderen berühmten Mysten und Bakchoi gehen.
Dann wirst du zusammen mit den anderen Toten-Heroen ein Herrscher sein.

(Übersetzung: R. MERKELBACH)

Bei den Orphikern bedeutet das kühle Wasser (ψυχρὸν ὕδωρ) hinter der weissen Zypresse[258] beim Wege nach rechts ausserdem die Kenntnis des „Passwortes"[259], Erfrischung und neue Lebensqualität, ja geradezu einen

---

[258] Die weisse Zypresse spielt z.T. auch in der Mythenwelt des Hades eine Rolle, z.B. in der Zauberwelt: Abgesehen davon, dass die Zypresse ein beliebter Baum mehrerer Gottheiten war und wegen ihres Symbolgehalts in Bezug auf die weibliche (Erd)Gottheit und auf den Tod und die Trauer um Kultstätten und Gräber angepflanzt wurde (vgl. Angelo de GUBERNATIS, *La Mythologie des plantes ou Les légendes du règne végétal*, Paris 1882; H. BAUMANN, *Die griechische Pflanzenwelt*, S. 35; W. KRAUSE, *Die Griechen*, S. 166), war die Zypresse, deren Blätter das Getreide vor den Würmern schützten, der Baum des Kronos sowie der Persephone (vgl. E. STEMPLINGER, *Antiker Volksglaube*, S. 137). Könnte ein Verhältnis zwischen der Zypresse und den Würmern des Hades bestehen, die die Toten fressen, wie Jesus das in *Mk* 9,44.46 (und par.) betont?

[259] R. MERKELBACH, *Die goldenen Totenpässe*, in: ZPE 128 (1999), S. 9ff. Nach Walter BURKERT könnte ein solches Passwort „Sohn von Himmel und Erde" sein (W. BURKERT, *Griechische Religion*, S. 437), aber es könnte sich auch in anderen Formen ausgebildet haben, z.B.: „Ich bin aus dem Kreis des Leides" oder das ägyptische „ich bin einer von euch", „ich bin ein Erbe der grossen Götter" oder das in Grabinschriften so häufige „das Lethe-Wasser habe ich nicht geschmeckt".

Akt der Vergöttlichung und Anteil am ewigen Leben der Götter[260]. Die Orphiker pflegten hierfür besondere Riten, sogenannte „Riten für den Tod"[261].

Möglicherweise hängt diese Vorstellung vom Durst und Trinken kalten Wassers aus einer lebendigen Quelle auf den griechischen Grabinschriften und Goldblättchen über den Orphismus mit der ägyptischen Religion zusammen[262], obwohl die Eschatologie der orphischen Bewegung hauptsächlich in Eleusis gewirkt hat[263].

Die Vorstellung, dass jemand, der sein Gedächtnis und Bewusstsein nicht verlieren wollte, nicht aus der Lethe-Quelle trank[264], lehnt sich eng an die oben beschriebene Vorstellung von den zwei Quellen. Diese Menschen wollten auch in der Unterwelt alles, was mit ihnen geschah, bewusst erleben und möglicherweise auch mit ihren Verwandten in Verbindung bleiben, in der Hoffnung auf die „Vergegenwärtigung einstigen Glücks"[265]. Davon künden auch Grabinschriften wie z.B. der Text einer Marmortafel aus Knidos (ca. 1. Jh. v. Chr.):

> οὐκ ἔπιον Λήθης ᾽Αϊδωνίδος ἔσχατον ὕδωρ,
>   ὥς σε παρηγορίην κἀν φθιμένοισιν ἔχω,
> 13 Θεῖε, πλέον δύστηνε, γάμων ὅτι τῶν ἀμιάντων
>   νοσφισθεὶς κλαίεις χηροσύνην θαλάμων.[266]

Nicht habe ich im Hades der Lethe letzten Trank angenommen,
nein, ich wollte auch bei den Toten dich als meinen Trost behalten,

---

[260] E. ROHDE, *Psyche* II, S. 389ff.; R. MERKELBACH, *Die goldenen Totenpässe*, in: ZPE 128 (1999), S. 2ff.; W. BURKERT, *Griechische Religion*, S. 436ff.; U. v. WILAMO-WITZ-MOELLENDORFF, *Der Glaube der Hellenen* II, S. 200; F. CUMONT, *Die orientalischen Religionen im römischen Heidentum*, S. 118f. und 275, Anm. 93-94.

[261] Siehe z.B. Platon, *Resp.* 2,349 D-E; Vgl. J. BREMMER, *Greek Religion*, S. 88.

[262] R. MERKELBACH, *Die goldenen Totenpässe*, in: ZPE 128 (1999), S. 2ff.; E. ROHDE, *Psyche* II, S. 391, Anm. 1; F. GRAF, *Eleusis und die orphische Dichtung*, S. 125f.; R. MERKELBACH, *Isis Regina – Zeus Sarapis*, besonders S. 235; G. ZUNTZ, *Persephone*, S. 374f.

[263] J. BREMMER, *Greek Religion*, S. 86ff.; F. GRAF, *Eleusis und die orphische Dichtung*, S. 79ff.

[264] U. v. WILAMOWITZ-MOELLENDORFF, *Der Glaube der Hellenen* II, S. 200, Anm. 2.

[265] J. PIRCHER, *Das Lob der Frau im vorchristlichen Grabepigramm*, S. 71; W. PEEK, *Griechische Grabgedichte*, S. 320, Anm. 438.

[266] W. BLÜMEL, IK 41, n° 303[11-14] = PEEK GG n° 438; GV n° 1874; G. HIRSCHFELD, IBM IV.1 (1893), S. 31-32, n° 829b; GEFFCKEN, n° 208; KAIBEL n° 204; J. PIRCHER, *Das Lob der Frau im vorchristlichen Grabepigramm*, S. 22.

Theios, der du noch trauriger leidest (als ich), denn geschieden
von unbefleckter Ehe
weinst du nun um deiner Kammer Verödung.

(Übersetzung nach W. PEEK)

Die vorliegenden Texte machen deutlich, dass das fromme griechische „Ideal" der Lethe gegen diese Zeugnisse einen blassen Pessimismus darstellt. Dies bestätigt auch das letzte Beispiel dieser Kategorie, das Grabepigramm eines Lukianos auf einen gewissen Sabinos (2. Jh. n. Chr.):

Τοῦτό τοι ἡμετέρης μνημήιον, ἐσθλὲ Σαβῖνε,
ἡ λίθος ἡ μικρὴ τῆς μεγάλης φιλίης.
αἰεὶ ζητήσω σε· σὺ δ', εἰ θέμις, ἐν φθιμένοισι
τοῦ Λήθης ἐπ' ἐμοὶ μή τι πίῃς ὕδατος.[267]

Möge der kleine Stein ein währendes Denkmal der grossen
Freundschaft, die einst uns verband, edler Sabinos, denn sein.
Immer verlang ich nach dir; und du, wofern es verstattet,
trink bei den Toten am Strom niemals von Lethe für mich.

(Übersetzung: H. BECKBY)

2.3 Die Zwei-Wege-Lehre

Im folgenden Unterkapitel werden wir das jenseitige Leben unter drei Aspekten betrachten. Dabei werden wir sehen, was mit den Toten nach ihrem Abstieg in den Hades geschieht, wie sie vor dem Gericht stehen, in der Hoffnung auf den Weg nach rechts zur Rettung zu gelangen, und wie die Verdammten bestraft werden. So hat auch die griechische Mythologie und der Volksglaube eine Vorstellung von zwei Wegen[268]. Alle Menschen gelangen nach dem Tod gemeinsam und unausweichlich zum Gericht in der Unterwelt, wo sich die Wege teilen: Der Weg für die „Gerechten" führt an den Ort der Frommen (τόπος εὐσεβῶν), zu den Inseln der Seligen (μακάρων νῆσοι), ins Elysium ('Ηλύσιον oder 'Ηλύσιον πεδίον), in die Gemeinschaft der Heroen (ἥρωες), Glückseligen (μακάριοι) oder Unsterblichen (ἀθάνατοι). Der Weg für die „Gottlosen" oder Verbrecher führt an den Ort der Strafe, in den Tartaros (Τάρταρος). Den Toten widerfährt dort, was sie verdienen.

---

[267] H. BECKBY, *Anthologia Graeca* VII, n° 346.
[268] So lehrt das auch Platon in *Gorg.* 524 A. Vgl. A. DIETERICH, *Nekyia*, S. 117.

2.3.1 Das Unterweltgericht

Die Richter der Unterwelt sind Aiakos, Minos und der blonde Rhadamanthys[269]. Der „König" der Richter ist Minos, der die schwierigsten Fälle und
schwerwiegendsten Sünden beurteilt. Andere, allgemeine Richtertätigkei-
ten führen Aiakos und Rhadamanthys aus. Eine Variante ist auch die Vorstellung, dass Aiakos die Toten aus Europa und Rhadamanthys die Toten
aus Asien richtet, während Richter Minos mit der Überprüfung der Urteile
beschäftigt ist; dies möglicherweise, um das Gericht im höchsten Grad gerecht zu machen[270]. Diesen Gedanken formuliert eine bemalte Grabstele
aus Demetrias (3.-2. Jh. v. Chr.):

> εἰ κέκρικας χρηστήν, ʽΡαδάμανθυ, γυναῖκα καὶ ἄλλην,
> ἢ Μίνως, καὶ τήνδε οὖσαν ʼΑριστομάχου
> κούρην εἰς μακάρων νήσους ἄγετʼ· εὐσεβίαν γάρ
> ἤσκει καὶ σύνεδρον τῆσδε δικαιοσύνην·
> ἢν Τύλισος μὲν ἔθρεψε, πόλις Κρῆσσα, ἤδε δὲ γαῖα
> ἀμφέπει ἀθάνατον - μοῖρά σοι, ʼΑρχιδίκη.[271]

Wenn dein Urteilsspruch je eine andere Frau als gut befunden hat,

Rhadamanthys,
oder auch deiner, Minos, so geleitet auch des Aristomachos
Tochter hier zu den Inseln der Seligen; denn Frömmigkeit
übte sie und deren Schwester, Gerechtigkeit.
Tylissos, die Kreter-Stadt, zog sie auf, diese Erde hier
birgt sie nun auf ewig – dein Schicksal, Archidike.

(Übersetzung: W. PEEK)

Die Richter waren mit Richterstäben ausgestattet, die sie in ihrer Hand trugen. Minos besitzt natürlich den goldenen Stab[272], worum auch die Grabinschriften wissen. Der Richtplatz ist ein Gefilde an der Weggabelung der
Unterwelt: Der Weg nach rechts führt zu den Inseln der Seligen, den Gefilden der Glückseligen, zu den Heroen und – in ausserordentlichen Fällen
– weiter ganz nach oben zu den Göttern; der Weg nach links führt in den
Tartaros, zu den Straforten. Die Grabinschriften kennen daneben die Zwischenwelt mit der Asphodeloswiese, manchmal als graue Welt präzisiert,
wo sich die Seelenschatten der Verstorbenen ohne weitere Strafe oder Belohnung, aufhalten. Diese Zwischenwelt ist also ein etwas „besserer" Platz

---

[269] Über den Richter Rhadamanthys spricht auch Pindar, *Olymp.* 2,75. Vgl. noch L.
RADERMACHER, *Jenseits*, S. 98ff.
[270] A. DIETERICH, *Nekyia*, S. 116f. Vgl. Platon, *Gorg.* 524 A.
[271] PEEK GG nº 209 = GV nº 1693.
[272] Platon, *Gorg.* 526 C-D; Homer, *Od.* 11,569.

als der Hades[273]. Die Asphodelospflanzen wachsen hier wahrscheinlich, weil die Toten in der Unterwelt Nahrung brauchen, wie dies Sophokles[274] sagt.

Aus Ägypten und wahrscheinlich unter ägyptischem Einfluss auch bei den Orphikern sind Hades- oder Todesbücher bekannt[275], die mehrere Funktionen erfüllen konnten: Hilfe für die Richter oder für die Toten auf ihrem Weg durch die Unterwelt.

Die Richter teilten also den vor sie Tretenden nach ihren irdischen Taten zu, was sie verdienten, sei es den Tartaros als Strafort oder ein besseres Schicksal. Bei der Beurteilung sahen die Richter die blosse Seele, die alle begangenen Sünden trägt[276] – Lügen war unmöglich.

Zum unterirdischen Gericht kam wahrscheinlich schon bald die Vorstellung eines Buss-Motivs hinzu, die Möglichkeit also, seine Sünden abzubüssen und so dem Tartaros zu entkommen. Dies können wir auch auf Grabinschriften lesen, welche als eine Art Lenkerin auf dem Weg durch die Unterwelt dienen sollten – so z.B. die orphischen Goldblättchen –, die der vor die Richter tretenden Seele empfehlen, wie sie sich verhalten soll, damit sich ihre Hoffnung, die Gnade zu erreichen, erfüllt. Wichtig ist dabei, dass die Seele ihre Abstammung aus göttlich-seligem Geschlecht betont, sowie, dass sie für ihre Untaten bereits gebüsst hat:

1 Ἔρχομαι ἐκ καθαρῶν καθαρά, χθονίων βασίλεια,
2 Εὔκλε καὶ Εὐβουλεῦ καὶ θεοὶ δαίμονες ἄλλοι·
3 καὶ γὰρ ἐγὼν ὑμῶν γένος εὔχομαι ὄλβιον εἶναι·
4 ποινὰν δ’ ἀνταπέτεισ’ ἔργων ἕνεκ’ οὔτι δικαίων·
5 εἴτε με μοῖρ’ ἐδάμασσ’ εἴτ’ ἀστεροπῆτα κεραυνῶι.
6 νῦν δ’ ἱκέτης ἥκω παρ’ ἁγνὴν Φερσεφόνειαν
7 ὥς με πρόφρων πέμψηι ἕδρας ἐς εὐαγέων.[277]

---

[273] F. LÜBKER, *RCA*, S. 123.

[274] Sophokles, *Ant.* 775.

[275] Ursprünglich muss man sich wohl „Bücher" (Goldblättchen?) vorstellen, die über den Stand der Seele nach dem Tode sprachen und den Eingeweihten den Weg durch die Unterwelt wiesen (F. GRAF, *Eleusis und die orphische Dichtung*, S. 125-127; A. DIETERICH, *Nekyia*, S. 128ff.). Deshalb wurden diese „Bücher" neben die Toten ins Grab gelegt oder ihnen in die Hände gegeben. Offen bleibt die Frage, ob diese Bücher auch ein Register der kleinen Sünden und der guten Taten des Menschen für die Richter enthielten, um sie zu täuschen und ein angenehmes Schicksal zu erlangen.

[276] Siehe Platon, *Gorg.* 523 E-526 D.

[277] R. MERKELBACH, *Die goldenen Totenpässe*, in: ZPE 128 (1999), S. 7f., § 10; G. ZUNTZ, *Persephone*, S. 302ff; Ch. RIEDWEG, *Initiation – Tod – Unterwelt*, S. 393.

Als Reine komme ich von den Reinen, Königin der Unterirdischen
und Euklos und Eubuleus und ihr anderen göttlichen Dämonen.
Denn auch ich rühme mich, aus eurem seligen Geschlecht zu stammen.
Die Strafe wegen meiner gar nicht gerechten Taten habe ich abgebüsst,
ob es die Todesgöttin war, die mich bezwungen hat,
> *oder der Blitzschleuderer mit dem Donnerkeil.*
Jetzt trete ich als Flehender vor die reine Persephone,
sie möge mich gnädig zu den Sitzen der Frommen senden.
> (Übersetzung: R. MERKELBACH)

Eine andere Möglichkeit bestand darin, in der Grabinschrift hervorzuheben, dass das Leben des Verstorbenen ganz rein, tüchtig und fromm war und er deswegen an den Ort der Frommen kommen würde. Damit wollte man die Richter der Unterwelt – oder auch unmittelbar Hades oder Persephone – positiv beeinflussen:

αἰνὴ Φερσεφόνεια, ὅσιον δέχου ἄνδρα Ἀγαθοκλῆ
πρός σε κατερχόμενον, χρηστοσύνης πρύτανιν·
εὐσεβέων λειμῶνα κατοίκισον, ἦ γὰρ ἀληθής
ψυχὴ καὶ καθαρὰ ζῶντι δίκαιος ἐνῆν.[278]

Schreckliche Persephoneia, als einen frommen Mann begrüsse Agathokles,
der zu dir herabkommt, aller Tugend und Redlichkeit Vorbild.
Auf der Aue der Frommen lass ihn Wohnung nehmen; denn wahrlich: aufrichtig
und rein und gerecht war seine Seele, als er auf Erden weilte.
> (Übersetzung nach W. PEEK)

Die Vorstellung von einem unterirdischen Gericht wurde durch die orphische Bewegung am weitesten vorangetrieben. Allerdings ist der konkrete Gedanke vom Gericht in der Unterwelt in der griechischen Glaubenswelt ein relativ spätes Phänomen. Ähnliches gilt auch für die Entwicklung der Dämonengestalten und bedrohlicher mythologischer wilder Tiere in nachhomerischer Zeit[279], die mit dem Los der Toten in der Unterwelt in engem Zusammenhang stehen. Treffend hält Karl PRÜMM bezüglich dieser Vorstellung in der homerischen Literatur fest, dass „Homer den Gedanken eines Gerichtes über die Toten mit Stillschweigen übergeht"[280].

---

[278] PEEK GG n° 208 = GV n° 1572; Fundort: Demetrias. Zeit: Anfang des 3. Jh.s vor Chr.
[279] M. GIEBEL, *Das Geheimnis der Mysterien*, S. 26f.
[280] K. PRÜMM, *Der christliche Glaube und die altheidnische Welt* II, S. 98.

Wie schon gesagt, lassen sich die Wurzeln dieser Unterweltgerichtsvorstellung z.B. in den ägyptischen Unterweltkonzepten finden[281], wo das Gericht aus dem Kollegium der Unterweltgötter besteht. Eine ganz wichtige Rolle spielt hier auch das Totenbuch[282] als Hilfsmittel im Gericht, was gewiss auf die griechische Gerichtsvorstellung eingewirkt hat.

2.3.2 Die Straforte für die Verbrecher

Der Hades und speziell der Tartaros gehören zu den mythologischen Vorstellungen, die eine „negative", nach unten orientierte Eschatologie vertreten. Davon sprechen Homer, Hesiod und andere. Für uns ist in diesem Zusammenhang interessant, dass einerseits der Hades neutral als Unterwelt bezeichnet wird und nur selten Reich des Todes und der Vernichtung ist, eine Stufe tiefer aber der Tartaros Ort der Verdammnis und der Qual, ja die Hölle ist, wo die Sünder, Verbrecher und Verdammten bestraft werden. Nach alter Mythologie muss dort beispielsweise der rebellische Typhon leiden, der von Zeus in den Tartaros geworfen und unter dem vulkanischen Berg Ätna eingeschlossen wurde[283].

Zwei Vorstellungen verbanden die antiken Griechen mit Tartaros: Einerseits ist es die Welt der alten mythologischen Gestalten, die aufgrund ihrer Vergehen gegen die Götter oder Menschen im Tartaros für immer leiden müssen[284]. Andererseits war er ein Strafort für die immer neuen Sünder und Verbrecher, die um ihrer Schuld willen bestraft werden mussten. Diese Vorstellung hat mit den ethischen Normen der Gesellschaft und mit der religiösen Wirkung und Warnung der griechischen Kulte zu tun.

Über die Strafe in der Unterwelt haben die Orphiker eine interessante Lehre entwickelt, die besagt, dass die unreinen Menschen ihr Schicksal aus der diesseitigen Welt ins Jenseits mitnehmen müssen, wo sie gemäss ihren Vergehen bestraft werden[285].

---

[281] S. HODEL-HOENES, *Leben und Tod im Alten Ägypten*, S. 96f. und 196f; R. GRIESHAMMER, *Das Jenseitsgericht in den Sargtexten*, S. 11ff.; S. MORENZ, *Gott und Mensch im alten Ägypten*, S. 68ff.; E. DONDELINGER, *Der Jenseitsweg der Nofretari*, S. 47ff.; S. SCHOSKE – D. WILDUNG, *Gott und Götter im Alten Ägypten*, S. 48 und 95.

[282] Die alten Ägypter haben in Wirklichkeit mehrere Totenbücher gekannt: vgl. E. HERMSEN, a.a.O. (*Die zwei Wege des Jenseits*), S. 7ff.

[283] Hesiod, *Theog.* 859-868. Wahrscheinlich gibt es im Tartaros für jeden Sünder die passende Strafe: z.B. war Typhon unsterblich, weshalb Zeus ihn so sicher verwahren musste, dass er ihm nicht mehr schaden konnte (M. GRANT – J. HAZEL, *Lexikon der antiken Mythen und Gestalten*, S. 417).

[284] Die Sünder werden ihrer Schuld gemäss bestraft und zu ewiger Busse verdammt: vgl. z.B. Tantalos, Sisyphos, Ixion, Tityos, Peririthoos, Orion, Phineus, Salmoneus, die Danaiden; genauso auch die gefallenen Götter, Dämonen und all die anderen Gestalten, wie Hekate, Erinyen, Gorgonen, Harpyien, Chimären, Echidna, Empusa, Hadra.

[285] M. P. NILSSON, *Die Griechen*, S. 372.

Nicht selten bezeugen die Grabinschriften die Vorstellung, die Strafe erfolge im Schlamm, z.B. des Kokytos. Diesen Gedanken nimmt das folgende Grabepigramm auf, das nicht direkt orphisch ist, sondern eine im 1. Jh. v. Chr. wahrscheinlich allgemein bekannte Ansicht rezipiert:

Εἰ καὶ ὑπὸ χθονὶ κεῖται, ὅμως ἔτι καὶ κατὰ πίσσαν
τοῦ μιαρογλώσσου χεύατε Παρθενίου,
οὕνεκα Πιερίδεσσιν ἐνήμεσε μυρία κεῖνα
φλέγματα καὶ μυσαρῶν ἀπλυσίην ἐλέγων.
ἤλασε καὶ μανίης ἐπὶ δὴ τόσον, ὥστ' ἀγορεῦσαι
πηλὸν 'Οδυσσείην καὶ πάτον 'Ιλιάδα.
τοιγὰρ ὑπὸ ζοφίαισιν 'Ερινύσιν ἀμμέσον ἧπται
Κωκυτοῦ κλοιῷ λαιμὸν ἀπαγχόμενος.²⁸⁶

Liegt auch Parthenios schon mit der schmutzigen Lästererzunge
   unter der Erde, so giesst trotzdem noch Pech über ihn.
Hat auf die Musen er doch so oft die Flut seines Geifers
   und seiner Spottelegien unreine Bosheit gespien.
Ja, er trieb seine Tollheit so weit, dass Homers Odyssee er
   einen Morast, dass er Mist die Iliade genannt.
Darum würgten ihn auch mit dem Halsring die finstern Erinyen
   und umketteten ihn mitten im Schlamm des Kokyts.

(Übersetzung: H. BECKBY)

Wahrscheinlich hat diese Vorstellung vom negativen Schicksal in der Unterwelt mit den homerisch-hesiodischen Mythen zu tun, nach welchen Zeus im Streit um die Ordnung und Herrschaft in der Welt den Tartaros als sicheren Ort in Anspruch genommen hat, um darin die negativen Mächte einzusperren. So geschah es auch im Fall der Titanen und des Typhon²⁸⁷.

---

²⁸⁶ H. BECKBY, *Anthologia Graeca* VII, n° 377. Datum: etwa um 40 v. Chr. Autor: Erykios. Stil: Literarisches Grabepigramm.
²⁸⁷ Homer, *Il.* 2,781-783; Hesiod, *Theog.* 666-712.807-868; vgl. Hesiod, *Theog.* 718.868. Walter BURKERT (*Apokalyptik im frühen Griechentum: Impulse und Transformationen,* in: D. HELLHOLM (Hrsg.), *Apocalypticism in the Mediterranean World and the Near East*, S. 237-254) spricht von „griechischer Apokalyptik", wo die Vorstellungen über die Zustände im Jenseits dramatisiert sind und vergleicht solche Aussagen mit jüdisch-apokalyptischen Vorstellungen (z.B. bei Daniel). Es ist denkbar, dass mit solchen Aussagen die griechische „Apokalyptik" ihren Anfang genommen hat und sich erst im Anschluss daran ein Rahmen für das Leben, wie auch für das Leben nach dem Tod herausbilden konnte. Etwas ähnliches geschieht in *Offb* 20,1-3 mit dem Drachen, der ebenfalls in der Unterwelt gefesselt wird und 1000 Jahre warten muss. Vgl. Platon, *Phaedr.* 249; R. MERKELBACH, *Drache*, S. 363-369; P. HOFFMANN, *Die Toten in Christus*, S. 36. Ähnlich denkt auch Hans Dieter BETZ, *The Problem of Apocalyptik Genre in Greek and*

2.3.3 Der Weg nach rechts

Die Vorstellung eines Gerichtes, verbunden mit der Lehre von den zwei
Wegen ist konstitutiv für den Glauben an einen Weg nach rechts. Dieser
eröffnet die Möglichkeit zum seligen Leben nach dem Tod und in der
weiteren Entwicklung der Eschatologie möglicherweise zum Aufstieg zu
den Göttern[288]. Diese Möglichkeit, nach vielen Tränen den Himmel doch
zu erreichen, hält eine Marmortafel aus Rom (2. Jh. n. Chr.) fest:

> δάκρυα νῦν σπένδω, βαρυπενθέα δάκρυα δ᾽ ὕμμιν
> βυσσόθεν ἐκ κραδίης μυρόμενος προχέω.
> ἦ γὰρ ἐγὼν μέλεος κρυερῆς ἐνὶ βένθεσιν ἄτης
> πλάζομ᾽ ἀποφθιμένου φέγγεος ὑμετέρου·
> 5 ὃς πρὶν ὄφελλ᾽ αὐτὸς δύμεναι χθόνα· ὡς γὰρ ἐπῆεν
> λώιον ἢ φιλίων πικρὸν ἰδεῖν θάνατον,
> ὅς σε, τέκος, νεότατος ἰδ᾽ ἀγλαίης ἀπάμερσεν,
> ἔκγονον ἐνναέτην δ᾽ ἥρπασεν οὐχ ὁσίως.
> 9 ἀλλ᾽ ἤδη μακάρεσσιν ὁμὴν ὁδὸν εἰσανιόντες
> οὐρανοῦ ἡμετέρων μνῆστιν ἔχοιτε γόων.[289]

Tränen bringe ich nun dar, leidschwere Tränen vergiesse ich über euch
     und jammere aus meines Herzens Tiefe.
Denn wahrlich in einem Meer grausamen Leides werde ich Unglücklicher
     umhergetrieben, nun euer Licht untergegangen ist.
Ach wäre doch eher ich selber in den Schoss der Erde niedergestiegen,
                              denn so wäre es
besser gewesen, statt dass ich nun meiner Lieben bitteren Tod sehen musste,
der dich, Kind, der Jugend und aller Herrlichkeit beraubt
     und den neunjährigen Enkel frevelhaft entrafft hat.
Doch ihr seid jetzt auf dem gleichen Weg wie die Seligen zum Himmel
     emporgestiegen; mögt ihr dort niemals unserer Klagen vergessen[290].
                              (Übersetzung: W. PEEK)

In den griechischen Grabinschriften finden wir bisweilen auch Verweise
auf die Form eines Zwei-Wege-Schemas[291] im Sinne des eschatologischen

---

Hellenistic Literature: The Case of the Oracle of Trophonius, in: D. HELLHOLM (Hrsg.),
Apocalypticism, S. 577-597.
[288] Pindar, *Olymp.* 2,75.
[289] PEEK GV n° 1547 = GG n° 345. Vgl. auch A. FERRUA, *Antichità cristianae,* in:
Civilta Cattolica 4 (1940), S. 45-53.
[290] PEEK GG n° 345 = GV n° 1547.
[291] IG XIV, n° 638; n° 642; Hesiod, *Erg.* 288-293; Pindar, *Olymp.* 2,75; Vergil, *Aen.*
6,540: H. BECKBY, *Anthologia Graeca* VII, n° 545 und S. 599, Anm. 545; W. JAEGER,
Das frühe Christentum und die griechische Bildung, S. 5.

Schicksals, das den Toten z.B. vom Richter Rhadamanthys zugesprochen wird. Wenn die Seelen in die Unterwelt kommen und dort auf dem Richtplatz an der Weggabelung vor dem Richter stehen[292], möchten sie die Prozedur möglichst umgehen oder wenigstens schnellstens absolvieren und rasch auf den Weg gelangen, der zu den angenehmen Orten führt. Davon ausgehend sprechen sowohl die Inschriften wie auch die orphischen Goldblättchen über den Weg, der nach rechts führt, wie die nachfolgende Grabinschrift aus Rom (3. Jh. n. Chr.) zeigt:

ἤιθεον Καλόκαιρον ἔχει τόδε σῆμα, λιπούσης
ψυχῆς ἀθανάτου σῶμα νέοιο κόρου·
σπεῦδεν ὁδὸν θείην γὰρ ἀποπρολιποῦσα μερίμνας
πευκεδανοῖο βίου, ὡς ἀνίῃ καθαρή.[293]

Den jungen Kalokairos umschliesst dies Grabmal hier, nachdem
die unsterbliche Seele den jungen Knabenleib verlassen hat.
Denn den Weg zu Gott eilte sie hin, hinter sich lassend die Sorgen
des bitteren Lebens, um in Reinheit aufzusteigen zum Himmel.
(Übersetzung nach W. PEEK)

Das Zwei-Wege-Schema hat also sowohl bei den Griechen[294], wie auch im Neuen Testament[295] eine ethische Tradition mit eschatologischer Ausrichtung. Das Grundschema geht, wie Plutarch schreibt, von Folgendem aus: „Die Ansicht der Hellenen ist allgemein bekannt, dass der gute Theil der Welt dem olympischen Zeus, der schlimme dem Hades angehöre"[296]. Dass der Weg zum Himmel nach rechts führt, scheint für jeden klar zu sein[297]. Ihn können die, welche in die Unterwelt hinuntersteigen, aber nicht ohne weiteres finden. Das Recht, den guten Weg zu weisen, hat ein Türwächter. Diese Vollmacht kommt bei den Griechen üblicherweise Hermes zu, bei den Ägyptern z.B. Maat, die jemandem die Richtung zum Ort zeigen kann,

---

[292] H. J. ROSE, *Griechische Mythologie*, S. 87; A. DIETERICH, *Nekyia*, S. 116f.; Platon, *Gorg.* 524 A. Vgl. dazu unser Kapitel III.2.3.1.

[293] PEEK GG n° 296 = GV n° 590; KAIBEL n° 653; IG XIV n° 1729. (Der Form der Inschrift nach könnte es eine christliche Inschrift sein. Dies ist aber unsicher).

[294] Vgl. z.B. Hesiod, *Erg.* 287-292; Xenophon, *Mem.* 2,1,21-34; Theognis 911-914; Plutarch, *Demosthenes* 26,7 und *Is et Os* 48,4-6; Platon, *Gorg.* 524 A und 614 C.

[295] Die neutestamentliche Theologie kennt die Zwei-Wege-Lehre (*Mt* 7,13-14; *Lk* 13,23-24; *Joh* 5,28-29), wie sie das AT und die jüdische Theologie gelehrt hat, mit einer eschatologischen Zuspitzung. Diese Linie geht auch in der *Didache* (1,1) weiter, wo ebenfalls die eschatologischen Gegenpole ζωή und θάνατος zum endzeitlichen Geschehen führen (vgl. K. NIEDERWIMMER, *Die Didache*, S. 88).

[296] G. PARTHEY, *Isis*, S. 84-85.

[297] Vgl. H. BECKBY, *Anthologia Graeca* VII, n° 545.

wo er Osiris ewig preisen und damit selbst ewig göttlich werden kann[298].
Auf der folgenden Inschrift aus dem 3. Jh. v. Chr. zeigt Hermes den Weg
nach rechts:

Τὴν ἐπὶ πυρκαϊῆς ἐνδέξιά φασι κέλευθον
    'Ερμῆν τοὺς ἀγαθοὺς εἰς 'Ραδάμανθυν ἄγειν·
ᾗ καὶ 'Αριστόνοος, Χαιρεστράτου οὐκ ἀδάκρυτος
    παῖς, ἡγησίλεω δῶμ' "Αϊδος κατέβη.[299]

Von dem Holzstoss nach rechts führt Hermes die redlichen Seelen
(also sagt man) den Weg zu Rhadamanthys hinab.
Ihn ging Chairestratos' Sohn Aristonoos nun zu der Völker
Führer, zu Hades, ins Haus, reichlich von Tränen gefolgt.
(Übersetzung: H. BECKBY)

Nach einer anderen Vorstellung aus dem Gebiet von Smyrna, welche die
Inschrift einer Giebelstele aus weissem Marmor (2. Jh. v. Chr.) wiedergibt,
kann Aiakos[300] zugleich Richter und Türwächter[301] des Hades sein, der den
Weg zu den Sitzen der Frommen weist:

⁹ 'Αί[δε]ω πυλαουρέ, σὺ δ' εὐαγέων ἐπὶ θώκους
    Αἰακέ, [σ]ημήναις ἧι θέμις ἀτραπιτόν.[302]

Türwächter des Hades, Aiakos, weise zu den Sitzen der Reinen,
wie es sich gebührt, den Weg.
(Übersetzung: G. PETZL)

Daneben gibt es auch Inschriften, die den Richter Rhadamanthys „popula-
risieren"[303], zu dessen Rechter die Verstorbenen gerne einen Ehrenplatz
einnehmen würden.

---

[298] R. GRIESHAMMER, *Das Jenseitsgericht in den Sargtexten*, S. 62.

[299] H. BECKBY, *Anthologia Graeca* VII, n° 545. Form: nach H. BECKBY Inschrift zu
einem Gemälde. Autor: Hegesippos.

[300] Platon, *Gorg.* 524 A; *Apol.* 41A. Vgl. auch unser Kapitel III.2.3.1 „Unterweltsge-
richt".

[301] Ähnliche Vorstellung (Aiakos = κλειδοῦχος) auch in: PEEK GG n° 454 = GV n°
1906; KAIBEL n° 646; IG XIV n° 1746. Vgl. z.B. auch Euripides, *Pirith* (*fr.* 591); Aristophanes, *Ra.* 465ff.; Apollodor, *Bibl.* III 12,6; Lukian, *Dial. Mort.* 6 (20),1 (p. 413).

[302] G. PETZL, IK 23, n° 513 = GEFFCKEN n° 217; PEEK GV n° 1179; PEEK GG n° 216;
PFUHL – MÖBIUS n° 766; R. MERKELBACH – J. STAUBER, *Steinepigramme* I, n° 05/01/50.

[303] Vgl. die Bezeichnung „der blonde Rhadamanthys, der auf den Inseln der Seligen
ein ‚feiner' Herr ist": Homer, *Od.* 6,563-568. Vgl. A. WILHELM, *Griechische Epigramme*,
S. 53, n° 67; KAIBEL n° 452; PEEK GV n° 1983; E. ROHDE, *Psyche* I, S. 309ff.; U. v. WI-
LAMOWITZ-MOELLENDORFF, *Hellenistische Dichtung* I, S. 78 usw.

Gemäss einer anderen Anschauung führt der Weg nicht zum Olymp, wenn die Lebenssituation so düster ist, dass man das Licht des Olymp nicht sehen kann. Das schreibt z.b. Sappho sehr skeptisch nach einer Enttäuschung in der Liebe[304]. In einem anderen Fall aber leuchtet das Licht des Olymp jemandem auch im Tod klar und hell[305].

Die Orphiker haben bei den Griechen den Weg nach rechts am genauesten ausgearbeitet. Sie beschrieben die Reise der Seele durch die Unterwelt mit all ihren Kurven und Quellen, mit dem Gericht und einem „Passwort" auf ihren Goldblättchen ganz präzise. Beispiel sei ein Goldplättchen aus Pharsalos (4./3. Jh. v. Chr.):

> Εὑρήσεις 'Αίδαο δόμοις ἐνδέξια κρήνην,
> πὰρ' δ' αὐτῆι | λευκὴν ἑστηκυῖαν κυπάρισσον·
> ταύτης τῆς κρήνης | μηδὲ σχεδόθεν πελάσηισθα.
> πρόσσω δ' εὑρήσεις τὸ Μνη|μοσύνης ἀπὸ λίμνης
> 5 ψυχρὸν ὕδωρ προ(ρρέον)· φύλακες | δ' ἐπύπερθεν ἔασιν·
> οἵδε σ' εἰρήσονται ὅ, τι χρέος, | εἰσαφικάνεις.
> τοῖσδε σὺ εὖ μάλα πᾶσαν ἀληθείη(ν) | καταλέξαι.
> εἰπεῖν· „Γῆς παῖς εἰμι καὶ Οὐρανοῦ ἀστ(ερόεντος). |
> 'Αστέριος ὄνομα· δίψει δ' εἰμ' αὖος· ἀλλὰ δότε μοι |
> 10 πιεῖν ἀπὸ τῆς κρήνης."[306]

Finden wirst du in des Hades Haus zur Rechten eine Quelle,
bei ihr stehend eine weisse Cypresse;
dieser Quelle sollst du dich nicht nähern!
Weiter fort wirst du das vom See der Mnemosyne
hervorsprudelnde kalte Wasser finden; Wächter aber halten sich oberhalb auf,
diese werden dich fragen, warum du hinkommst.
Diesen sage nur die ganze Wahrheit.
Sprich: „Der Erde Kind bin ich und des gestirnten Himmels,
mein Name ist Asterios; vor Durst bin ich trocken; gebt
mir also zu trinken von dieser Quelle."

(Übersetzung: B. LORENZ)

---

[304] Sappho 38,12 D.
[305] So steht auf einer Steininschrift „*ich sehe auch im Tode das Licht des Olympos*" (H. BECKBY, *Anthologia Graeca* VII, n° 678).
[306] G. ZUNTZ, *Persephone*, S. 360f., n° B2; B. LORENZ, *Thessalische Grabgedichte*, S. 132-133, n° 23. Autor: Aus orphischen Hymnen. Format: Goldblättchen (in einer Urne aus Alabaster).

Von diesem Text gibt es mehrere Varianten, die schon aus dem 4. Jh. v. Chr. bekannt sind[307]. Er enthält die klar formulierte Hoffnung, den Weg nach rechts zu finden und so zu den Orten der Seligen zu kommen und so wie die Götter zu werden.

Der Glaube an den Weg ins Jenseits schlug sich in der griechischen Mythologie[308], wie auch in der Literatur[309] und den Grabinschriften in einer besonderen (mystischen) Lehre nieder, welche beispielsweise der Pythagoreismus[310] auf den Grabstelen durch den Buchstaben Y zum Ausdruck brachte[311]. Dieser sollte das Grab eines Pythagoreers kennzeichnen, der bereits in seinem Leben die Regeln besonders gewissenhaft befolgt hatte, um den Weg nach rechts einschlagen zu können. Er konnte daher guter Hoffnung sein, nach dem Tod die Gemeinschaft mit den Glückseligen oder gar den Göttern zu erlangen. Diese griechische Tradition kommt später auch in der christlichen Theologie vor[312].

2.4 Hoffnungen auf ein Leben nach dem Tod

In der folgenden Übersicht sollen Aspekte dargestellt werden, die den Tod und das Sterben, sowie den Zustand nach dem Tod idealisieren.

2.4.1 Die Idee vom süssen Schlaf

Die Idee vom süssen Traum ist wahrscheinlich eine ebenso alte wie „menschliche" Vorstellung vom Tod[313], die auch durch zahlreiche andere antike Traditionen belegt ist, einschliesslich der jüdischen[314] und der biblischen: Der Tote geht in eine schattene Existenz ein. Fraglich bleibt indes,

---

[307] Vgl. M. L. WEST, *Zum neuen Goldblättchen aus Hipponion*, in: ZPE 18 (1975), S. 229-236; R. MERKELBACH, *Bakchisches Goldtäfelchen aus Hipponion*, in: ZPE 17 (1974), S. 8-9; R. MERKELBACH, *Der griechische Wortsatz und die Christen*, in: ZPE 18 (1975), S. (101-148) 137f.

[308] Vgl. Hesiod, *Erg.* 287ff.

[309] Vgl. Xenophon, *Mem.* 2,1,20; Platon, *Resp.* 364 C; vgl auch Persius, 3, 56f. (Scholien).

[310] A. DIETERICH, *Nekyia*, S. 192. Vgl. Vergil, *Aen.* 4,540 und Lactanz, *Instit.* 6,3.

[311] R. MERKELBACH – J. STAUBER, *Steinepigramme* I, n° 04/24/02.

[312] Vgl. *Mt* 7,13f. sowie die apostolischen Väter: Didache, Hermas, Barn. (auch Justin, *Apol.* II,1).

[313] Diese Vorstellung gefiel den paganen Griechen ebenso wie den Christen: Vgl. R. LATTIMORE, *Themes in Greek and Latin Epitaphs*, S. 164; M. B. OGLE, *The Sleep of Death*, in: MAAR 11 (1933), S. 81-117.

[314] Vgl. z.B. eine Grabinschrift aus einem Synagogenhof in Rom: „*Hier liegt Salo, Tochter von Gadia, Vater der Synagoge der Hebräer. Sie lebte 41 Jahre. In Frieden sei ihr Schlaf*" (J. B. FREY, CIJ n° 510 = CIG n° 9909; Übersetzung nach Ch. K. BARRETT – C.-J. THORNTON, *Texte zur Umwelt des NT*, S. 61, n° 56). Vgl. auch P. v. d. HORST, *Ancient Jewish Epitaphs*, S. 115ff.

ob diese Existenz als ein „Sein", als Leben bezeichnet werden kann. Die nachfolgende Grabtafel aus Soada (Batanaea) aus dem 2. Jh. n. Chr. geht von der Kontinuität zwischen dem irdischen Leben und dem Zustand nach dem Tode aus:

> ὕπνος ἔχει σε, μάκαρ, πολυήρατε δῖε Σαβῖνε,
> καὶ ζῇς ὡς ἥρως καὶ νέκυς οὐκ ἐγένου.
> εὕδεις δ' ὡς ἔτι ζῶν ὑπὸ δένδρεσι σοῖς ἐνὶ τύμβοις·
> ψυχαὶ γὰρ ζῶσιν τῶν ἄγαν εὐσεβέων.[315]

> *Schlaf umfängt dich, seliger, vielgeliebter, göttlicher Sabinus,*
> *und du lebst weiter als Heros und bist nicht zu den Toten gekommen.*
> *Du schläfst, als seist du noch am Leben, unter Bäumen in deinem Grabe.*
> *Denn die Seelen derer, die sehr fromm gewesen, leben weiter.*
>
>   (Übersetzung: W. PEEK)

Nach dieser Grabinschrift „ruhen" die Toten, d.h. sie schlafen (κεῖται)[316] oder fallen in den Schlaf (ὕπνον ἔχειν)[317]. Damit liegt eine eher neutrale Vorstellung von Unsterblichkeit vor; die Toten erlangen Ruhe[318]. Die körperliche Haltung der Toten gleicht dem Liegen des Menschen im irdischen Leben[319]. Galt diese Vorstellung nur für Tote, die klassisch begraben wurden, nicht aber für den, der verbrannt und dessen Asche in einer Amphore gesammelt wurde? Ob derart differenziert wurde, ist schwer zu belegen, ebensowenig, ob den süssen Traum nur die Frommen oder auch die „Gottlosen" erwarten durften. Solche Information enthalten die Grabinschriften nur selten. Eine offene Frage muss wahrscheinlich auch bleiben, ob der „süsse" und „selige" Traum nur eine auf den niedrigsten Grad reduzierte Existenz sei oder eine Schattenexistenz in der Unterwelt[320].

---

[315] PEEK GG n° 339 = GV n° 1484; KAIBEL n° 433; LE BAS – WADDINGTON n° 2322; E. COUGNY, *Anthologia Palatina* III, 2, n° 554.

[316] PEEK, GV n° 324 = IBM 4, n° 971; I. NICOLAOU, *Cypriot Inscribed Stones* VI, S. 13.

[317] R. LATTIMORE, *Themes in Greek and Latin Epitaphs*, S. 164.

[318] Ibid, S. 165.

[319] Vgl. PEEK GG n° 452 (= GV n° 1942), wo zu lesen ist „*der Tote liegt da wie ein Stein, der fest in der Erde steht.*"

[320] Diese Abgrenzung ist schwierig, da die Inschriften teilweise neben den Vorstellungen von einem Schlaf auch Hinweise z.B. auf den Hades, Acheron usw. enthalten, wie dies etwa in der Inschrift für Popilia der Fall ist (siehe unten). Infolgedessen lässt sich sagen, dass der Gedanke vom Schlaf den Tod verallgemeinert und mehrere Traditionen verarbeitet und vereinfacht.

Die Menschen stellten sich einen „süssen Schlaf" vor und erwarteten von ihm „Genuss": ὕπνον ἡδὺν ἔχειν[321]. Als Ort dieses Ruheschlafes dachte man in der Regel an das Grab selbst. Eine weitere Vorstellung war, der Schlaf sei vollständig an die Stelle des Todes getreten, weshalb gemahnt wurde, nicht vom *Tod* der Verstorbenen zu reden, wie das eine Inschrift aus Rom (1.-2. Jh. n. Chr.) bestätigt:

Ποπιλίης τάφος οὗτος· ἀνὴρ δ' ἐμὸς αὐτὸν ἔτευξεν
’Ωκέανος, πάσης ἐμπέραμος σοφίης·
κούφη τοιγὰρ ἐμοὶ πέλεται κόνις· ἐν δ' ’Αχέροντι
ὑμνήσω τὴν σήν, ὦ ἄνερ, εὐσεβίην.
5 μέμνεο κἢν ζωοῖς ἐμέθεν καὶ πολλάκι τύμβῳ
σπεῖσον ἀπὸ βλεφάρων δάκρυ' ἀποιχομένῃ
καὶ λέγε Ποπιλίην εὕδειν, ἄνερ· οὐ θεμιτὸν γάρ
θνήσκειν τοὺς ἀγαθούς, ἀλλ' ὕπνον ἡδὺν ἔχειν.[322]

Der Popilia Grab ist dies. Mein Mann hat es gebaut,
Okeanos, in aller Weisheit erfahren;
so wird mir die Erde leicht, und im Acheron noch
will ich, lieber Mann, deine fromme Liebe preisen.
Gedenke meiner unter den Menschen, und am Grabe bringe der Toten
oftmals eine Träne dar aus deinen Augen,
und deine Rede sei, lieber Mann: „Popilia schläft". Denn nicht recht wäre es,
vom Tode guter Menschen zu reden: nein, süssen Schlafes geniessen sie.
(Übersetzung: W. Peek)

Diese Gedanken kennt auch die klassische Literatur. So spricht etwa Aristophanes[323] davon oder auch der grosse Epigrammautor Kallimachos[324]:

Τῇδε Σάων ὁ Δίκωνος ’Ακάνθιος ἱερὸν ὕπνον
κοιμᾶται. θνήσκειν μὴ λέγε τοὺς ἀγαθούς.[325]

---

[321] PEEK GV n° 647 = H. BECKBY, *Anthologia Graeca* VII-IX, S. 594, Anm 451. Vgl. R. LATTIMORE, *Themes in Greek and Latin Epitaphs*, S. 164.

[322] PEEK GG n° 271 = GV n° 647; KAIBEL n° 559; IG XIV n° 1957. Vgl. auch R. LATTIMORE, *Themes in Greek and Latin Epitaphs*, S. 164.

[323] Aristophanes, *Ra.* 488.

[324] Kallimachos hat in vielen Epigrammen den Schlaf als Zustand der Seele nach dem Tod beschrieben, z.B. „*Akanthier schläft einen heiligen Schlaf, weil er ein guter Mann war*" (*Epigr.* 9); vgl. U. v. WILAMOWITZ-MOELLENDORFF, *Der Glaube der Hellenen* II, S. 310, Anm. 2.

[325] H. BECKBY, *Anthologia Graeca* VII, n° 451. Vgl. W. PEEK, *Griechische Grabgedichte*, S. 309, Anm. 271.

Saon, des Dikon Sohn, der Akanthier, schlummert den heil'gen
Schlaf hier. Nenn es nicht Tod, ging der Gerechte zur Ruh.
(Übersetzung: J. BECKBY)

Gemäss dieser Vorstellung wurde aus dem Schlaf keine Auferstehung erwartet[326]; dennoch wurde dieser Gedanke in Erwägung gezogen, wie eine
Inschrift aus Smyrna (2. Jh. n. Chr.) deutlich macht:

εἰ πάλιν ἔστι γενέσθαι, ὕπνος <σ'> ἔ[χει οὐκ ἐπὶ δηρὸν,]
εἰ δ' οὐκ ἔστιν πάλιν ἐλθεῖν, αἰών[ιος ὕπνος.][327]

Wenn es Wiedergeburt gibt, dann wird Schlaf dich nicht lange festhalten;
wenn es nicht möglich ist zurückzukommen, dann hält dich ewiger Schlaf.
(Übersetzung: R. MERKELBACH – J. STAUBER)

Für den Fall, dass es keine Auferstehung gäbe, würden die Toten in tiefem
Schlaf verweilen – „ἐν φθιμένοις κεῖμαι ὕπνον ἔχουσα μακρόν"[328] – der
ewig dauert, wie die Inschrift von Epikrates aus Klaudiopolis formuliert:
„νῦν ἀμεριμνήσας εὕδει τὸν ἑώνιον ὕπνον".[329]

2.4.2 Erde und Vergöttlichung

Ueber das Verhältnis von Leben oder Tod zur Erde begegnet zunächst der
Gedanke, dass der Mensch am Ende seines Lebens wieder zur Erde zu-
rückkehren muss[330], aus der er einst geboren wurde[331]. Die Funktion der

---

[326] Siehe auch *Ps* 17,15 und *1Thess* 4,13ff.!

[327] R. MERKELBACH – J. STAUBER, *Steinepigramme* I, n° 05/01/63 = KAIBEL n° 304;
PEEK GV n° 1133; L. ROBERT, *Opera Minora Selecta* III, S. 1656f.; G. PETZL, IK 23, n°
557; D. F. McCABE, *Smyrna*, n° 278. Fundort: Tepecik (Osten von Smyrna). Nach W.
Peek 2. Jh. n. Chr. (?).

[328] IG IX$_2$ n° 649; vgl. R. LATTIMORE, *Themes in Greek and Latin Epitaphs*, S. 192
und S. 165, Anm. 54. Diese Vorstellung kennt u. a. auch Diogenes Laertios, *Vit. Phil.*
1,85. Siehe dazu H. BECKBY, *Anthologia Graeca* VII, n° 91.

[329] Eine kaiserzeitliche Säuleninschrift lautet: „*Nun schläft er seinen ewigen Schlaf*
sorglos." S. SAHIN, IK 7, n° III/2 = F. BECKER-BERTAU, IK 31, n° 75; SEG 28, n° 982.
Zur ähnlichen Vorstellung über ὕπνος αἰώνιος vgl. auch die Inschrift auf einem Girlan-
densarkophag aus weissem Marmor aus Hypaipa in: R. MERIC u. a., IK 17/II n° 3828 =
A. PARLASCA, *Eine Julia Domna-Büste aus der Sammlung Friedrichs des Grossen*, in:
RM 77 (1970), S. 130, n° 51a. Vgl. zu dieser Alternative vor allem auch Sokrates in
Platon, *Apol.* 40 C.

[330] Der Gedanke von der „Mutter Erde" war auch bei anderen orientalischen Völkern
bekannt, besonders bei den Semiten; vgl. z.B. R. LAUT, *Weibliche Züge im Gottesbild*
israelitisch-jüdischer Religiosität, AR 9, Leiden 1983, S. 27ff.; Th. NÖLDEKE, *Mutter*
Erde und Verwandtes bei den Semiten, in: ARW 8 (1905), S. 161ff.; G. v. RAD, *Theolo-*
gie des Alten Testaments I, S. 38.

[331] Siehe oben, Kapitel III.2.1 „*Realität des Todes*".

Erde aber reicht im Jenseitsglauben der Griechen tiefer und hängt mit der Hoffnung auf Vergöttlichung mittels der Erde zusammen. Die Vorstellung der Vergöttlichung und die Sehnsucht danach, die bei Homer noch keine konkrete Form bekommen konnte, weil er den alten Glauben an die olympischen Götter in ihrem, für die gewöhnlichen Menschen unzugänglichen göttlichen Kreis behüten wollte, gelangte zum Durchbruch, als die Hoffnung auf Vergöttlichung mit der Gewissheit vom göttlichen Ursprung der Erd-Elemente in Verbindung gebracht wurde. Da der Verstorbene wieder zu Staub wurde und damit zu seinen ursprünglichen – göttlichen – Elementen zurückkehrte, konnte er an der Göttlichkeit der Erde teilhaben und selber göttlich werden. Das zeigt uns auch eine Grabinschrift aus dem böotischen Thisbe (2.-3. Jh. n. Chr.):

> ...καὶ μακάρων παῖδας ἔκρυψε κόνις.
> ⁵ ἐνθάδ' ἐγὼ κεῖμαι νεκρὰ κόνις· εἰ δὲ κόνις, γῆ·
> εἰ δ' ἡ γῆ θεός ἐστι, ἐγὼ θεός, οὐκέτι νεκρά.[332]

... deckt doch auch Kinder der seligen Götter der Staub.
Hier liege ich, eine Tote, als Staub. Sofern aber Staub, auch Erde ist;
und sofern die Erde eine Gottheit ist, bin auch ich eine Gottheit
und keine Tote mehr.
(Übersetzung nach W. PEEK)

Die Logik dieser Grabinschrift verdeutlicht auch die folgende Steleninschrift aus Eretria (3. Jh. v. Chr.). Hier handelt es sich allerdings um eine Variante, nach der die Erde der göttliche Ursprung ist, dem der Leib entsprungen war und zu dem er als Leichnam wieder zurückkehrt und so selber vergöttlicht wird. Erde und Menschenleib stehen hier in einem festen Verhältnis:

> Χαῖρε, Διοδώρου Διόγενες, φὺς δίκαιος καὶ εὐσεβής.
> εἰ θεός ἐσθ' ἡ γῆ, κἀγὼ θεός εἰμι δικαίως·
> ἐκ γῆς γὰρ βλαστὼν γενόμην νεκρός, ἐκ δὲ νεκροῦ γῆ.
> Διογένης.[333]

Gruss dir, Diogenes, Diodors Sohn. Rechtlich warst du und fromm. –
Wenn die Erde eine Gottheit ist, so heisse mit Recht auch ich eine Gottheit.

---

[332] PEEK GG n° 451 = GV n° 1941. Vgl. W. PEEK, *Ge theos*, in: ZKG 61 (1942), S. 27-32. Fundort: Thisbe (Böotien), 2.-3. Jh. n. Chr.
[333] PEEK GG n° 220 = GV n° 1126; IG XII₉ n° 290.

Denn der Erde entsprossen, bin ich ein Leichnam geworden
und aus dem Leichnam wieder Erde.
– Diogenes.

(Übersetzung: W. Peek)

Diese Folgerichtigkeit war aber nicht allgemein anerkannt. Der Glaube an eine Vergöttlichung mittels der Erde verlieh wahrscheinlich nur jenen Griechen Hoffnung, die an entsprechenden Riten oder Mysterienkulten teilnahmen, z.B. am Demeterkult.

Auch die Lehre vom ἐν κόλποις εἶναι kennt die Vorstellung, wonach die Erde einen göttlichen Anteil hat und damit zur Vergöttlichung des Menschen beiträgt. Der Tote, der in den Schoss der Göttin „Mutter Erde" gelegt wurde, konnte also auf die durch sie vermittelte Vergöttlichung hoffen. Martin P. Nilsson meint, „dass es sich einfach um einen Ausdruck der volkstümlichen Hirtensprache handelt, der die Befriedigung eines heissen Wunsches bezeichnen soll"[334]. Doch diese Vorstellung entfaltete breite Wirkung, und tritt z.B. in Bildern der eschatologischen Hoffnung und in analogen Vorstellungen des Neuen Testaments sowie der kultischen Praxis einiger Mysterienreligionen immer wieder auf. Eben dort, unter der Erde, ἐν κόλποις τῆς γῆς (oder κόνου), diente ein kryptenähnlicher Kultraum den Eingeweihten für ihre Riten[335]. Wer Eingang in den Kult gefunden hatte, befand sich im unterirdischen Heiligtum, quasi im Schoss der Erde, wo er mit den Göttern zusammen sein und an ihrer Gemeinschaft teilhaben konnte.

An dieser Stelle scheint es angebracht, zwischen den Bildern „Schoss der Erde" und „Schoss einer Göttin" zu unterscheiden: Das Bild vom Schoss der Erde beruht auf einer allgemeinen Vorstellung, wonach sich mit dem Tod der Kreis schliesst und der Mensch dahin zurückkehrt, woher er ursprünglich stammt – zur Erde. Mit dem Bild vom Schoss der Göttin verband sich die geheime Hoffnung, im Mysterium die Gemeinschaft mit den Göttern zu erreichen und damit die Möglichkeit zu erhalten, selbst ein Gott zu werden. So wird dies auch auf den orphischen Goldblättchen gelehrt:

[8]ὄλβιε καὶ μακαριστέ, θεὸς δ' ἔσηι ἀντὶ βροτοῖο.[336]

---

[334] M. P. Nilsson, *Geschichte der griechischen Religion* II, S. 236.

[335] Vgl. M. P. Nilsson, *Geschichte der griechischen Religion* II, S. 236f.

[336] G. Zuntz, *Persephone*, S. 300f., n° A1; M. P. Nilsson, *Geschichte der griechischen Religion* II, S. 236. Vgl. R. Merkelbach, *Die goldenen Totenpässe*, in: ZPE 128 (1999), S. 9; Chr. Riedweg, *Initiation – Tod – Unterwelt*, S. 392f.: ὄλβιε καὶ μακαριστέ, θεὸς δ' ἔσηι ἀντὶ βροτοῖο = *Glücklicher und Seligzupreisender, aus einem Sterblichen bist du zu einem Gott geworden* (Übersetzung: R. Merkelbach – J. Stauber).

„Du, Glückseliger, du wirst Gott anstatt eines Menschen sein. "
(Übersetzung: M. P. NILSSON)

Die Anrufung der Gottheiten war uneinheitlich, und konnte sich an Kypris, Demeter, Hades, Persephone oder andere richten. Einen ähnlichen Gedanken bringt eine Grabinschrift aus Athen (Anfang 4. Jh. v. Chr.) zum Ausdruck, die besagt, dass das Kind Aristokles schon in seiner Kindheit die Geheimnisse der Mysterien kennengelernt hat[337], eventuell waren seine Eltern, welche die Grabinschrift für ihr Kind bestellt oder von einem Dichter haben schreiben lassen, Eingeweihte des Mysteriums[338].

πολλὰ μεθ' ἡλικίας ὁμοήλικος ἡδέα παίσας
ἐκ γαίας βλαστὼν γαῖα πάλιν γέγονα.
εἰμὶ δὲ 'Αριστοκλῆς Πειραιεύς, παῖς δὲ Μένωνος.[339]

Oftmals habe ich mit Kindern meines Alters süsse Spiele getrieben
und bin nun, der Erde entsprossen, wieder zu Erde geworden.
Aristokles von Piräus bin ich, Menons Sohn.
(Übersetzung: W. PEEK)

Diese und ähnliche Grabinschriften mit dem Thema der göttlichen „Mutter Erde" wollten bei den antiken Griechen den Glauben[340] festigen, dass der Mensch durch seinen Tod und die Tatsache, im Tod mit der Erde vereinigt zu sein, in die Position einer Gottheit erhoben und verehrt wird[341].

2.4.3 Die Inseln der Seligen

Die Vorstellung vom Leben auf den Inseln der Seligen ist jener vom Leben im Elysium sehr ähnlich. Weil die Inseln der Seligen und das Elysium mit der Zeit miteinander verschmolzen[342], *wurde* das Leben auf ihnen gleich

---

[337] I. PERES, *Apocalypsis Homeri*, S. 96.

[338] Wahrscheinlich geht es hier um das Demetermysterium, in dem die kultische Handlung mit der Erde vorkommt.

[339] PEEK GG n° 100 = GV n° 1702; IG II/III² n° 7151; KAIBEL n° 75; GEFFCKEN n° 146; E. COUGNY, *Anthologia Palatina* III, 2, n° 603.

[340] Hier geht es wahrscheinlich auch um gnostischen Einfluss; vgl. z.B. I. PERES, *Eschatologie*, S. 35f. Zum Problem der Gnosis in vorchristlichen Jahrhunderten vgl. z.B. M. HENGEL, *Paulus und die Frage einer vorchristlichen Gnosis*, in: ders., *Paulus und Ja-kobus*, WUNT II/141, Tübingen 2002, S. 474-510; P. POKORNÝ, *Die gnostischen Rich-tungen*, in: CV (1962), S. 23-27.

[341] P. POKORNÝ, *Gnose*, S. 16.

[342] Es ist auch möglich, dass das Elysium und die Inseln der Seligen als ein para-diesartiges Aufenthaltsgebiet der Seligen von Homer als Elysium (z.B. *Od.* 4,561ff.) und von Hesiod als Inseln der Seligen (z.B. *Opera* 167ff.) bezeichnet wird. WA, S. 179-180.

dem Leben im Elysium. An beiden Orten erwartete man einen ähnlichen Grad an Seligkeit. Die Inseln der Seligen[343] oder das Elysium befanden sich in späteren Mythen im Hades[344] oder – oftmals zusammen mit dem Hades – bei Kreta[345], weil der unterirdische Richter Minos von dort stammte[346].

In späterer Zeit wurden in der griechischen Jenseitsvorstellung die Inseln bzw. die Insel der Seligen irgendwo weit hinaus in den atlantischen Ozean verlegt, hinter die „Säulen des Herakles", ans Ende der Erde[347]. Gemäss Bodo GATZ entsprach dies einer homerischen Vorstellung[348], die sich jedoch nur langsam durchsetzen konnte, da ihr zunächst allgemein akzeptierte Elemente fehlten, welche dem Volk den Zugang ermöglichten. Zunächst waren es wohl die Mysterien, die diese Vorstellungen aus vorgriechischen Quellen übernahmen, wie im Fall der eleusinischen Mysterien, die für diese positive Jenseitsvorstellung seit dem 5. Jh. v. Chr. warben[349]. Erst in der ersten Hälfte des 1. Jh. v. Chr. kommt die (pythagoreische) Vorstellung[350] auf, dass sich das Elysium und die Inseln der Seligen mit der ganzen Unterwelt, einschliesslich Tartaros, im Äther befänden[351]. Für diese kosmische Elysium-Vorstellung gibt es aber nur wenig grabinschriftliche Belege, obwohl auch Plato und Cicero Vertreter dieser Lehre waren.

Das Klima auf den Inseln der Seligen (*Od.* 4,563-568) beschreibt Homer ähnlich wie dasjenige des Olymp[352]: Es regnet nicht, die Sonne scheint

---

Bei diesen Autoren sind aber das Elysium oder die Inseln der Seligen nur für die „Lieblinge der Götter" erreichbar oder versprochen; vgl. P. M. NILSSON, *Geschichte der griechischen Religion* I, S. 325-326.

[343] Das Problem der Lokalisierungen der Inseln der Seligen, das auch in den Mythen auftaucht, möchte ich nicht an dieser Stelle besprechen.

[344] Vgl. RLA, S. 198.

[345] Vgl. U. v. WILLAMOWITZ-MOELLENDORF, *Der Glaube der Hellenen* I, S. 133, Anm. 3.); H. GRESSMANN, *Der Ursprung der Israelitisch-jüdischen Eschatologie*, S.198-199.

[346] J. WIESNER, *Grab und Jenseits*, S. 220.

[347] Hesiod, *Opera* 168.

[348] B. GATZ, *Weltalter, goldene Zeit und sinnverwandte Vorstellungen*, S. 46f.

[349] J. WIESNER, *Grab und Jenseits*, S. 220 und Anm. 6. Dieser Prozess kann mit der neuen Geistesentwicklung zusammenhängen, in welcher nach W. BURKERT spätestens im 6. Jh. v. Chr. eine neue Entdeckung der Persönlichkeit oder Geistlichkeit geschehen ist (*Antike Mysterien*, S. 18). In diesem Prozess hat auch die sogenannte positive Eschatologie einen wichtigen Platz eingenommen, namentlich auch die Elysium-Vorstellung.

[350] Vgl. Iamblichos, *Vita Pythag.* 82 = fr. 58. C 4 (Diels-Kranz).

[351] M. P. NILSSON, *Geschichte der griechischen Religion* II, S. 492. B. LANG – C. McDANNEL, *Der Himmel*, S. 36.

[352] B. GATZ, *Weltalter, goldene Zeit und sinnverwandte Vorstellungen*, S. 46f.; R. BICHLER, *Von der Insel der Seligen zu Platons Staat*, S. 21.; D. ROLOFF, *Gottähnlichkeit,*

nicht, es schneit nicht; überhaupt ist alles Schreckliche und Peinliche ausgeschlossen. Folgendermassen beschreibt Homer diesen Zustand, den bei
ihm z.b. Menelaos erlangt hat:

Dir aber, Götterkind Menelaos, beschieden die Götter,
nicht in Argos, wo Rosse gedeihen, zu sterben, dein Schicksal
dort zu erfüllen. Es schicken dich einst die unsterblichen Götter
weit, bis ans Ende der Welt, in Elysions ebne Gefilde.
Dort ist der Blonde daheim, Rhadamanthys; dort wandeln die Menschen
leicht durch das Leben. Nicht Regen, nicht Schnee, nicht Winter von Dauer-
Zephyros lässt allzeit seine hellen Winde dort wehen,
die ihm Okeanos schickt zur Erfrischung der Menschen. Den Göttern
bist du ja Helenas Mann und Zeus ist dein Schwäher geworden."[353]

Gemäss anderen Texten verheissen im Elysium nebst dem angenehmen
Klima auch die süssen Früchte, welche die Erde dreimal im Jahr hervor-
bringt, grossen Genuss. Das dortige Leben gleicht dem irdischen Leben
von höchster Qualität und ist mit einem Wunderland vergleichbar[354]. Hesiod (*Werke*, 167-173) beschreibt diese sorgenfreie Lage, die zuerst den Heroen zustand, so:

Andern verlieh, weit fern von den Menschen, Nahrung und Wohnstatt
Zeus der Kronide, und hat sie gesetzt ans Ende der Erde.
Und die haben nun Wohnstatt, ein Herz ohne Sorgen im Busen,
Dort auf der Seligen Inseln, an strudelnden Tiefen des Weltstroms,
Selig Heroengeschlecht, dem süss wie Honig die Früchte
Dreimal im Jahre gereift darbringt kornspendender Acker.
                                        (Übersetzung: W. MARG)

Für manche Leute war der Olymp wohl „geistlich" zu hoch, aber durch die
Hoffnung auf ein besseres Leben im Jenseits angespornt, suchten sie nach
Möglichkeiten, dieses glückliche Leben nach dem Tod dennoch zu erlangen. Das Leben der Seligen wird also im Elysium, auf den „Inseln der Seligen" und in den „Gefilden der Seligen" lokalisiert. Diese der irdischen
Welt annähernd gleichen Orte werden als der Erde und den Menschen ört-
lich nahe beschrieben – sie befinden sich im irdischen Bereich[355].

Vergöttlichung und Erhöhung zu seligem Leben, S. 94f. Vgl. auch U. v. WILAMOVITZ-
MOELLENDORFF, der sagt: „Der Göttergarten ist ja eine ältere Vorstellung als der Olymp"
(*Der Glaube der Hellenen* II, S. 23).
[353] Homer, *Od.* 6,42-46. Übersetzung von Anton WEIHER.
[354] D. ROLOFF, *Gottähnlichkeit, Vergöttlichung und Erhöhung zu seligem Leben*, S.
94.
[355] Ibid.

Etwas ähnliches können wir auch in griechischen Grabtexten lesen, die etwa dieselbe naturalistische Vorstellung vom Leben im Jenseits wiedergeben; ein Beispiel dafür ist die folgende Inschrift auf einer Marmortafel aus Rom (3. Jh. n. Chr.):

οὐκ ἔθανες, Πρώτη, μετέβης δ' ἐς ἀμείνονα χῶρον
καὶ ναίεις μακάρων νήσους θαλίῃ ἐνὶ πολλῇ
ἔνθα κατ' Ἠλυσίων πεδίων σκιρτῶσα γέγηθας
ἄνθεσιν ἐν μαλακοῖσι κακῶν ἔκτοσθεν ἁπάντων·
5 οὐ χειμὼν λυπεῖ σ', οὐ καῦμα, οὐ νοῦσος ἐνοχλεῖ,
οὐ πείνη σ', οὐ δίψος ἔχει σ', ἀλλ' οὐδὲ ποθεινός
ἀνθρώπων ἔτι σοι βίοτος· ζώεις γὰρ ἀμέμπτως
αὐγαῖς ἐν καθαραῖσιν Ὀλύμπου πλησίον ὄντως.[356]

*Nicht gestorben bist du, Prote, nur hinüber gegangen zu einer besseren Stätte
und wohnst nun auf den Inseln der Seligen, umgeben von lauter Festesglanz:
dort auf den elysischen Gefilden springst du freudig umher
auf weicher Blumenaue, allem Bösen entrückt;
nicht Winterkälte kränkt dich, nicht Sonnenglut,
                    nicht Krankheit belästigt dich,
nicht Hunger noch Durst quält dich, sondern nicht einmal nach der
                    Menschen Leben
sehnst du dich noch zurück; du lebst ein Leben ohne Fehle
in reinem Glanz und bist wahrhaftig dem Olymp ganz nahe.*
(Übersetzung: W. PEEK)

Eine wichtige Frage ist, wie die Seelen auf die Insel der Seligen oder ins Elysium kommen. Aus den Grabinschriften ergeben sich mehrere Antworten. Nach einer Variante wird die Aufnahme der Seelen auf der Insel durch ein Partizip ausgedrückt: Sie fliegen dorthin. So findet sich das auch auf einem Grabquader aus Teos (1. Jh. n. Chr.):

Μυριάδος τόδε σ[ᾶμα] . . .
ψυχὰς ἐς μακάρων νᾶσον ἀποπταμένας·
εἴη ἀδάκρυτος· χάριτες γὰρ ἂν' ἠ[ρί]α κε[ίνας]
ἔργουσιν στοναχὰς καὶ γόον ὠγύγιον.[357]

---

[356] PEEK GG n° 399 = GV n° 1830; H. BECKBY, *Anthologia Graeca* VII, S. 591, Anm. 407; IG XIV n° 1973; CIG n° 6279; KAIBEL n° 649; P. HOFFMANN, *Die Toten in Christus*, S. 55; vgl. I. FOERST-CRATO, *Ausblicke ins Paradies*, S. 74.
[357] R. MERKELBACH – J. STAUBER, *Steinepigramme* I, n° 03/06/03 = IGR 4, n° 1579; E. POTTIER – A. HAUVETTE-BESNAULT, *Inscriptions d'Érythre'es et de Téos*, in: BCH 4

Dies ist das Grab der Myrias ...
während ihre Seele zu den Inseln der Seligen entflogen ist.
Sie soll nicht beweint werden, denn die Grazien halten von ihrem Grab fern
Stöhnen und altertümliche Klagen.
(Übersetzung: R. MERKELBACH – J. STAUBER)

Andere Texte bezeichnen Hermes als ψυχοπομπός, also als Seelengelei-ter[358], der die Seele des Verstorbenen in den Hades, zum Unterweltgericht, in den Himmel, auf den Olymp oder auf die Inseln der Seligen führt. Eine Grabaltarinschrift aus Patara (Lykien, 1. Jh. n. Chr.) belegt dies:

Τόνδ' ὁ παλαιστροφύλαξ | ᾿Αμμώνιος εἴσατο βωμὸν
αὐτὸς ἔτι ζωᾶς τὸ γλυκὺ | φέγγος ὁρῶν,
5 ἠρίον ὄφρα γένοιτο· τόν, ὧ | Μαίας κλυτὲ κοῦρε,
῾Ερμείη, πένποις χῶρον | ἐπ᾿ εὐσεβέων.[359]

Diesen Grabaltar hat der Schulschützer Ammonios gebaut
als er noch selbst das süsse Licht des Lebens sah.
damit er ein Grab hätte. O Hermes, herrliches Kind der Maia,
geleite ihn zum Ort der Frommen.
(Übersetzung: U. LUZ – I. PERES)

Eine interessante Variante der Hoffnung auf das Elysium ist auch die Vor-stellung, dass die Seelen der Glücklichen, die zu den Inseln der Seligen reisen sollen, von Delphinen über das grosse Wasser (das Meer oder den Styx) getragen werden[360]. Dazu gehört auch eine Sonderform, wonach die Seele in einem Schiff sitzt, das von Delphinen gezogen wird[361]. Der Del-phin bekommt bei den antiken Griechen mehrere symbolhafte Bedeutun-gen: Er steht für Poseidon/Neptun, den Herrn des Meeres, für Erlösung oder Errettung und sehr oft für Seefahrt. Weil der Delphin schon in der Antike als φιλανθρωπότατος bezeichnet wurde, erstaunt es nicht, dass er als Symbol für die Seelenfahrt und die sakrale Seefahrt zum Heiligtum

---

(1880), S. 179-180, n° 40; PEEK GV n° 1762; L. ROBERT, *Opera Minora Selecta* III, S. 1653; A. WILHELM, *Griechische Epigramme*, S. 73-76, n° 96.
[358] Die Funktion des Hermes als ψυχοπομπός ist schon seit der Zeit Homers allge-mein bekannt (z.B. *Od.* 24,1ff.). Vgl. Kap. IV.4. über die Entrückung.
[359] CIG n° 4284 = SEG (ed. sec., 1828), S. 44f., n° 36; PEEK GV n° 258; TAM II₂ n° 470; KAIBEL n° 411. Vgl. E. COUGNY, *Anthologia Palatina* III, 2, n° 239; F. DÜBNER, *Anthologia Palatina* II, Append. S. 877.
[360] E. DIEZ, *Delphin*, in: RAC 3 (1957), Sp. 675; F. X. KRAUS – Th. MÜNZ, *Delphin*, in: REChA I, S. 351 und 353.
[361] F. PIPER, *Mythologie und Symbolik*, Bd. I., S. 222.

diente, wo er Zeichen für die Begleitung durch einen Gott[362] war. Entsprechend war er auch im Totenkult und in der Mythologie anzutreffen. Als
Führer der Seele ins Paradies kommt der Delphin auch auf antiken christlichen Sarkophagen vor[363], wo er, so De Rossi, Jesus Christus symbolisiert[364].

Die Jenseitsvorstellung der Griechen, die in ihrer weiteren Entwicklung
das Elysium als Schlaraffenland, und die der Römer, die es als überirdi-
sches, mit überreicher Vegetation bewachsenes, „Eldorado" ausschmück-
ten[365], lokalisierte das glückselige Leben nach dem Tode in den Sphären
des Irdischen, obwohl nicht ganz klar war, wo es zu suchen sei[366]. Einig
war man sich hingegen darüber, dass nur die Guten, die „Gerechten", dahin gelangen konnten.

Wahrscheinlich geht die Vorstellung vom Elysium auf vorgriechische
Wurzeln zurück[367], denn sie hat bereits in frühester Zeit Parallelen, z.B. bei
den Babyloniern[368], Ägyptern[369] und Indogermanen[370], wo diese Vorstellung in den Bereich des Paradieses gehört. Diese alte Vorstellung, die sich
bei den Griechen als eine Variante eingebürgert hatte, entwickelten die
Orphiker[371] gemäss der ihrem Gerechtigkeitssinn eigenen Ordnung zu einem Ort der Seligen weiter, zum Gegenpol des Ortes der Strafe[372]. Die
Jenseitsvorstellung der Orphiker, die auf Kreta und in Süditalien viele

---

[362] Vgl. M. P. Nilsson, *Geschichte der griechischen Religion* I, S. 555.

[363] F. X. Kraus – Th. Münz, *Delphin*, in: REChA I, S. 351f.; F. J. Dölger, *Eine griechische Grabinschrift mit Anker und Delphin*, in: *Antike und Christentum* III, Mün-ster ²1975, S. 210-211.

[364] Siehe F. X. Kraus – Th. Münz, *Delphin*, in: REChA I, S. 353. Vgl. Tertulian, *De bapt.* 1 und F. J. Dölger, *Die Fisch-Denkmäler in der frühchristlichen Plastik, Malerei und Kleinkunst*, (Ichthys 5) Münster 1943, S. 262f.

[365] Zahlreiche lateinische Grabinschriften unterstützen die Vorstellung vom Elysium als schönem Garten, so auch ein Grabgemälde aus Pompeji (3. Jh.), wo die Kinder in ei-nem Wundergarten mit grossen Blumen weilen: L. Deubner, *Die Römer*, S. 479. Vgl. auch z.B. G. Pfohl, *Römische Grabinschriften*, n° 425 (= CE n° 432). R. Lattimore, *Themes in Greek and Latin Epitaphs*, S. 36ff. J. M. C. Toynbee, *Death and Burial in the Roman World*, S. 35f. M. P. Nilsson, *Geschichte der griechischen Religion* II, S. 662f. Vergil, *Aen.* 6,654.

[366] Vgl. Pindar, *Olymp.* 2,70-71 und Goeffrey S. Kirk – John E. Raven – Malcolm Schofield, *A preszókratikus filozófusok* (= Vorsokratische Philosophen), Budapest 1997, S. 348-351.

[367] M. P. Nilsson, *Die Griechen*, S. 314.

[368] Alfred Jeremias, *Hölle und Paradies bei den Babyloniern*, Leipzig ²1903, S. 36ff.

[369] Siehe auch die sehr schönen Belege und guten Vergleiche bei R. Merkelbach, *Die goldenen Totenpässe*, in: ZPE 128 (1999), S. 6ff.

[370] Martin Gemoll, *Die Indogermanen im Alten Orient*, Leipzig 1911, S. 48f.

[371] Vgl. R. Merkelbach, *Die goldenen Totenpässe*, in: ZPE 128 (1999), S. 1ff.

[372] M. P. Nilsson, *Die Griechen*, S. 374.

wohl ins 3. Jh. v. Chr. zu datierende[373] Goldblättchen hinterlassen haben[374], reicht zurück zu Pindar, der schon im 5. Jh. v. Chr. in Gedichten darüber schrieb[375]. „Die Vorstellungen, die sie wiedergeben, waren also verbreitet und dauerten durch die ganze hellenistische Zeit bis in die Kaiserzeit"[376].

Die „Kandidaten für die Seligkeit" können die Orte im Elysium auf drei Arten erreichen[377]:

1. Die Heroen können noch im Leben ins Elysium entrückt werden, also unter Umgehung des Todes; so die mythologischen Heroen.
2. Die Heroen können auch nach ihrem Tod ins Elysium entrückt werden, sofern sie erst nach dem Tod von der Polis als ἥρωες verehrt und heroisiert wurden, so z.B. ausgezeichnete historischen Persönlichkeiten.
3. Auch „normale" Menschen können nach Erfüllung der notwendigen Voraussetzungen post mortem die Sphäre des Elysiums erreichen. Die dritte Möglichkeit kam wahrscheinlich seit dem 7./6. Jh. v. Chr. auf, mit der zunehmenden Bedeutung positiver Eschatologie.

Das Elysium versicherte seine Bewohner einer Form der Unsterblichkeit, der seligen Gemeinschaft mit den Göttern oder gar der Gottähnlichkeit. Vergöttlichung ohne persönlichen Beitrag und ohne die Voraussetzung einer guten Lebensführung gab es allerdings nicht[378].

2.4.4 Die Sphäre des Äthers

Betrachtet man das Leben nach dem Tod, so kann man sich vorstellen, dass ein wichtiger Aspekt der griechischen Eschatologie die Sehnsucht ist, sich von der Erde zu lösen, um sich nach oben zu orientieren und dem Himmel näher zu sein. *Die Sphäre des Äthers* (αἰθήρ) ist in vielen Texten die „erste Stufe" auf dem Weg zu Himmel und Olymp. Die Vorstellung von der Sphäre des Äthers ist für unsere Beobachtung deshalb interessant, weil sie signalisiert, dass das menschliche Schicksal nicht der dunkle, unterirdische Hades sein musste, sondern auch als ein schönes, seliges Dasein im Jen-

---

[373] M. P. NILSSON (*Geschichte der griechischen Religion* II, S. 235) datiert sie in die Mitte des 4. Jh. v. Chr.

[374] F. CUMONT, *Lux Perpetua*, S. 406; U. v. WILAMOWITZ-MOELLENDORFF, *Glaube der Hellenen* II, S. 202. F. GRAF, *Eleusis und die orphische Dichtung*, S. 91 (Anm. 53) und S. 100.

[375] M. P. NILSSON, *Die Griechen* II, S. 374.

[376] Ibid.

[377] Vgl. D. WACHSMUT, *Elysion*, in: DKP 5, Sp. 1596f.

[378] D. ROLOFF, *Gottähnlichkeit, Vergöttlichung und Erhöhung zu seligem Leben*, S. 99; D. WACHSMUT, *Elysion*, in: DKP 5, Sp. 1597.

seits erwartet wurde. Für die fromme Seele ist der Äther etwas Gutes und Angenehmes, wie das eine Inschrift aus Smyrna (1. Jh. n. Chr. [?]) zeigt:

> [αἰθὴρ] εὐσεβέα ψυχήν, κούφη κό[νις ἔσχεν]
> [μορφή]ν· οὔνομα 'Ονησίμη ἦν ... [379]

Der Äther bekam meine fromme Seele, das leichte Erdgrab den Leib.
Onesime war mein Name ...

(Übersetzung: I. PERES)

Diese Vorstellung bedingt eine Metamorphose des Menschen[380], die erst nach der Trennung von der Erde beginnen kann. Dabei muss der Mensch einen Zustand erreichen, der ihn zum Übertritt in die oberen Sphären befähigt, denn dieser andere Raum bedarf eines anderen, himmlischen oder göttlichen Körpers. Andersherum mussten auch die Olympier ihre Gestalt ändern, wollten sie zu den Menschen auf die Erde kommen[381].

Den Äther dachte man sich *in der oberen Luft*, in den Sphären oberhalb der Erde. Dennoch war er kein oberster Himmel, der sich jenseits der Sterne befunden hätte[382]. Jener, in dem die Götter wohnten, befand sich noch weiter oben, auf der Spitze des Olymp. Nach diesem Ort sehnten sich manche frommen Seelen, wenn sie, im olympischen Glauben lebend, ihre himmlische Behausung suchten. Andere begnügten sich mit dem Äther und situierten ihre Götter mit ihren Wohnungen dort. An diesem Ort der Glückseligkeit wollten sie eine Behausung errichten. So denkt sich das etwa Antipatros in einem Grabepigramm in Herakleia (2. Jh. v. Chr.):

> Τίς τόδε μουνόγληνος ἅπαν δωμήσατο Κύκλωψ
> λάινον 'Ασσυρίης χῶμα Σεμιράμιος;
> ἢ ποῖοι χθονὸς υἷες ἀνυψώσαντο Γίγαντες
> κείμενον ἑπταπόρων ἀγχόθι Πληιάδων
> ἀκλινές, ἀστυφέλικτον, 'Αθωέος ἶσον ἐρίπνᾳ
> φυρηθὲν γαίης εὐρυπέδοιο βάρος;
> δᾶμος ἀεὶ μακαριστός, ὃς ἄνστασιν 'Ηρακλείης
> οὐρανίων νεφέων τεῦξεν ἐπ' εὐρυάλων.[383]

---

[379] CIG n° 3365 = KAIBEL n° 315; PEEK GV n° 1761; G. PETZL, IK 23, n° 554; R. MERKELBACH – J. STAUBER, *Steinepigramme* I, n° 05/01/54. Fundort: Smyrna. 1. Jh. n. Chr. (?).

[380] Vgl F. IRVING, *Metamorphosis in Greek Myths*, S. 124ff.

[381] Vgl. Metamorphose der Demeter: Hom. Hymn., *An Demeter*, 275-280!

[382] Vgl. U. v. WILAMOWITZ-MOELLENDORFF, *Der Glaube der Hellenen* II, S. 311.

[383] H. BECKBY, *Anthologia Graeca* VII, n° 748 = E. COUGNY, *Anthologia Palatina* III, 2, n° 753β. Wahrscheinlich handelt es sich um Antipatros von Sidon (um 170-100 vor Chr.).

War's ein Kyklope, ein Einaug, der diesen gewaltigen Hügel
ganz aus Steinen gefügt, gleich dem Semiramisbau?
Haben die Söhne der Erde, Giganten, ihn türmend geschaffen?
Fast bis zum Siebengestirn, zu den Plejaden, empor,
sturmfest, nicht zu erschüttern, ein Fels des Athoeus, aus weiter,
ebener Erde herauf ragt er, ein lastender Berg . . .
Selig für immer das Volk, das Herakleia den Aufstieg
zu dem räumigen Reich himmlischer Wolken gewirkt.
(Übersetzung: H. BECKBY)

Unzählige Grabinschriften und viele literarische Werke[384] sprechen davon, dass der Äther nass oder zumindest feucht (ὑγρός) sei[385]. Deshalb (dank dieser physikalischen Gegebenheiten?) könne die Seele leichter zu den himmlischen Sphären emporsteigen oder geradezu gleiten, um näher bei den Göttern zu wohnen. Über die Seele im feuchten Äther spricht eine Inschrift aus Piräus aus frühhellenistischer Zeit:

Εὐρυμάχου ψυχὴν καὶ ὑπερφιάλους διανοίας
αἰθὴρ ὑγρὸς ἔχει, σῶμα δὲ τύμβος ὅδε.[386]

Des Eurymachos Seele und seine hochfliegenden Gedanken
hat der feuchte Äther aufgenommen, seinen Leib dieses Grab.
(Übersetzung: W. PEEK)

Von dieser „Himmelsreise" der Seele erzählen viele Grabinschriften z.B. auch, dass die vom Leib getrennte menschliche ψυχή auf viele Arten, wie auf einer Treppe nach oben gelangen könne, und immer höher zu ihrem Ruheort steige. In diesem Zusammenhang ist eine Grabinschrift interessant, die Kallimachos' Gedanken folgt:

Ὁ τύμβος οὗτος σοί, Πολύευκτε, κλῖμαξ,
ἐφ' ἧς σὺ βαίνων ἔδραμες πρὸς αἰθέρα.[387]

---

[384] Vgl. z.B. Euripides, *Ion* 796; Vergil, *Aen.* 7,65; Vgl. auch A.-J. FESTUGIÈRE, *L'idéal*, S. 147; P. HOFFMANN, *Die Toten in Christus*, S. 47.
[385] Nach ältesten Vorstellungen ist nicht nur der Äther, sondern auch die Seele des Menschen feucht und infolgedessen auch alles, was lebt. Der Tod aber trocknet die Seele aus, weshalb sie auf Flüssigkeit angewiesen ist. Vgl. I. PERES, *Apocalypsis Homeri*, S. 97 und 140, Anm. 209; G. E. R. LLOYD, *Hot and Cold, Dry and Wet in Early Greek Thought*, in: *Studies in Presocratic Philosophy* I, London 1970, S. 255-280, bes. S. 271-272. Vgl. die Flüsse des Hades und *Offb* 7,17; 21,6; 22,2.17!
[386] PEEK GG n° 74 = GV n° 1755; IG II/III² n° 11466; KAIBEL n° 41; E. HOFFMANN, *Sylloge epigrammatum Graecorum*, n° 92.
[387] H. BECKBY, *Anthologia Graeca*, VII, S. 610, Anm. 748.

Dies Grab war, Polyeuktos, eine Leiter dir,
auf der du aufwärts steigend rasch zum Äther kamst.
(Übersetzung: H. Beckby)

Auffällig ist hier die Gleichsetzung des Grabes mit einer zum Äther führenden Leiter. Sie zeigt, dass die menschliche Seele nach dem Tode aus dem τύμβος durch die himmlischen Sphären dorthin emporsteigt, wo auch die anderen Seelen ihre Behausung haben, um ihre eigene „Wohnung" zu suchen. Eine andere Besonderheit ist das Partizip βαίνων. Es bedeutet, dass die Seele, da sie leicht ist, nicht nach unten in den Tartaros sondern nach oben in den Himmel steigt, wo sie ein positives Schicksal erwartet. Die dritte Besonderheit ist die Bewegungs- und Zeitkomponente in ἔδραμες. Damit lässt sich der Gedanke verbinden, wonach die Seele nach dem Tod von Psychopompos Hermes[388] mit seinem goldenen Stab für die Himmelreise in Empfang genommen und in die Unterwelt, in den Äther oder geradewegs zu den Göttern geführt wird.

Dieses Bild zeigt, dass die griechische Vorstellung vom Aufstieg der Seele in den Äther *dualistisch* ist: der Leib bleibt in der Erde, die Seele aber steigt empor zum Himmel[389]. So geschieht es nach einer Grabinschrift (1. Hälfte 3. Jh. n. Chr.) auch mit der Seele des Sibyrtios aus Athen, die wieder zum Äther zurückkehrt:

γαῖα μὲν εἰς φάος ἦρε, Σιβύρτιε, γαία δὲ κεύ|θει
σῶμα, πνοὴν δὲ αἰθὴρ ἔλαβεν πάλιν, ὅσπε|ρ ἔδωκεν.[390]

Die Erde hat deinen Leib, Sibyrtios, ans Licht gehoben,
die Erde verbirgt ihn (auch);
Die Seele[391] aber hat der Äther wieder genommen, der sie auch gab.
(Übersetzung: H.-G. Nesselrath – I. Peres)

Denselben Gedanken enthält eine Grabinschrift aus Nakoleia (2.-3. Jh. n. Chr.) Nach ihr wohnt der Leib im Grab, die Seele aber bei den unsterblichen Göttern im Äther:

οὔνομά μοι Μενέλαος· ἀτὰρ δέμας ἐνθάδε κεῖται·
ψυχὴ δ' ἀθανάτων αἰθέρα ναιετάει.[392]

---

[388] Vgl. Homerhymnus, *Hom. Hymn., Hermes* 4,497; Homer, *Od.* 24,1ff. M. Wagner, *Hermes*, S. 18ff. und 35ff.

[389] Vgl. CIG n° 3847; Peek GG n° 465 = IG IX n° 882-883; Kaibel n° 261; Peek GV n° 1978.

[390] Peek GV n° 1759 = IG II/III² n° 12599; E. Cougny, *Anthologia Palatina* III, 2, n° 609; Kaibel n° 156; E. Hoffmann, *Sylloge epigrammatum Graecorum*, n° 115.

[391] Wörtl.: den Atem.

Ich heisse Menelaos. Aber nur mein Leib ruht hier,
meine Seele wohnt im Äther bei den Unsterblichen.
(Übersetzung: W. PEEK)

Diese Inschrift öffnet den Blick für die Vorstellung, die Seele sei, vom Äther oder vom Himmel geboren und kehre dahin zurück. Die Vorstellung von der Rückkehr der Seele in den Äther, wie sie hauptsächlich im Bereich der orphischen und platonischen Lehre vertreten wurde, entspricht also ihrer göttlichen Herkunft[393]. Die Seele ist damit als wichtigster Teil des Menschen dem Tod entzogen, was eine Grabinschrift aus Sabini (1.-2. Jh. n. Chr.) folgendermassen formuliert:

Αἰλιανῷ τόδε σῆμα πατὴρ ἀγαθῷ πινυτῷ τε,
θνητὸν κηδεύσας σῶμα· τὸ δ' ἀθάνατον
ἐς μακάρων ἀνόρουσε κέαρ· ψυχὴ γὰρ ἀείζως,
ἣ τὸ ζῆν παρέχει καὶ θεόφιν κατέβη.
5 ἴσχεο δὴ στεναχῶν, πάτερ, ἴσχε δὲ μητέρ', ἀδελφούς·
σῶμα χιτὼν ψυχῆς· τὸν δὲ θεὸν σέβε μου.[394]

Dem braven und verständigen Aelianus setzte der Vater diesen Stein,
als er seinen sterblichen Leib begraben hatte; doch sein unsterbliches Herz
fuhr auf zu den Seligen, denn die Seele ist ewig,
die das Leben gibt und von der Gottheit niederstieg.
Halt ein denn mit deinem Stöhnen, Vater, lass die Mutter einhalten
und die Brüder:
der Körper ist nur der Seele Kleid, achte mein göttliches Teil.
(Übersetzung: W. PEEK)

Wie wir gesehen haben, erscheint die Vorstellung von der Seele im Äther in den Grabinschriften bereits häufig ab dem 5. Jh. v. Chr.[395] Sie stellt einen Anfang der sogenannten positiven Eschatologie dar, die sich mehr und mehr nach oben orientiert, bis zum Zeitpunkt, da sie den vollständigen Durchbruch schafft und die Seelen den Olymp erreichen. Dennoch bleibt der Äther als himmlisches Haus für viele Seelen bestehen.

---

[392] PEEK GG n° 250 = GV n° 1031; LE BAS – WADDINGTON n° 1024; E. COUGNY, *Anthologia Palatina* III, 2, n° 567.
[393] P. HOFFMANN, *Die Toten in Christus*, S. 47; I. PERES, *Eschatologie*, S. 31.
[394] PEEK GG n° 353 = n° 1763; IG XIV n° 2241; E. COUGNY, *Anthologia Palatina* III, 2, n° 536; KAIBEL n° 651; P. HOFFMANN, *Die Toten in Christus*, S. 55.
[395] P. HOFFMANN, *Die Toten in Christus*, S. 47.

2.4.5 Verstirnung

Im Zusammenhang mit dem Äther sei ein weiterer interessanter Aspekt des Glaubens der antiken Griechen, aber auch anderer antiker Völker[396], erwähnt, nämlich, dass die Seele nach dem Tod in den Äther emporsteigt, um dort im Bereich des Himmels zu einem Stern zu werden[397], den ihre Verwandten auf der Erde sehen können. Diese ebenfalls auf Grabinschriften und Epigrammen belegte Vorstellung bezeugt die Sehnsucht der Verstorbenen nach Vergöttlichung[398]. Zu dieser Hoffnung eine Reliefinschrift des Philostorgos aus Arkesine (1.-2. Jh. n. Chr.):

οὔνομά μοι Φιλόστοργος ἔην, Νίκη δέ μ' ἔθρεψεν
ἄγκυραν γήρως, εἴκοσι δ' ἔσχον ἔτη.
ἄρρητον δὲ θέαμ' ἐσιδὼν ἄρπασμ' ἐγενήθην
αἰφνιδίου Μοίρης, κλώσματα θεῖα τελῶν.
⁵ μῆτηρ, μή με δάκρυε· τίς ἡ χάρις; ἀλλὰ σεβάζου·
ἀστὴρ γὰρ γενόμην θεῖος ἀκρεσπέριος.[399]

Mein Name war Philostorgos, Nike zog mich auf,
ein Anker für ihr Alter sollte ich werden,
doch nur zwanzig Jahre durfte ich leben.
Unsagbares hatten meine Augen gesehen, und so wurde ich
eines plötzlichen Todes Beute
und erfüllte, was der Schicksalsfaden der Gottheit für mich gesponnen hatte.
Mutter, weine nicht über mich. Wozu hilft es? Nein, schaue in Andacht,
denn ein göttlicher Stern bin ich geworden, der früh am Abendhimmel aufgeht.

(Übersetzung: W. PEEK)

Die zitierte Inschrift steht in enger Beziehung zur Vorstellung der Entrückkung und Himmelfahrt der Seele, welche allerdings erst in späterer Zeit entstand und die mythische Glaubenswelt der homerischen Gedichte weiterentwickelte, d.h. die alte Vorstellung vom Zustand der Seele im Äther

---

[396] Vgl. F. CUMONT, *Die orientalischen Religionen*, S. 187ff.; Erwin PFEIFER, *Studien zum antiken Sternglauben*, Leipzig 1916; H. RAHNER, *Symbole der Kirche*, S. 141.

[397] HOPFNER, *Plutarch über Isis und Osiris* I, S. 166-167.

[398] Vgl. die Grabschrift „ *ein göttlicher Stern bin ich geworden* " (ἀστὴρ γὰρ γενόμην θεῖος ἀκρεσπέριος), mit der platonischen Lehre von der göttlichen Sternseele (*Tim.* 41 D-42 B) und P. HOFFMANN, *Die Toten in Christus*, S. 36.

[399] PEEK GG n° 304 = GV n° 1097; IG XII⁷ n° 123. Vgl. E. COUGNY, *Anthologia Palatina* III, Add. 2, n° 242 b. Häufig sind Grabinschriften, in denen der Tote für seinen Zustand der Vergöttlichung durch die ätherische Transformation den Abend- oder Morgenstern gewählt hat. In anderen Fällen möchte der Tote beides (Morgen- und Abendstern) werden: vgl. PEEK GG n° 310 = GV n° 861; A. GALIETTI, *L'epitaffio greco del fanciullo Eutico*, in: RM 58 (1943), S. 70ff. (Albanum, Anfang des 3. Jh. n. Chr.).

weiter konkretisierte[400]. Eine Grabinschrift aus dem 2.-3. Jh. n. Chr. aus
Rom bezeugt, dass die verstorbene Crescentina nach ihrem Tod als Abendstern den Toten unter der Erde leuchten wird[401]:

σώφρονα Κρησκεντῖναν ἔχων τάφος ἐνθάδε κεύθω,
τὴν πάσης ἀρετῆς κῦδος ἐνεγκαμένην,
ἥτις ἐνὶ ζωοῖσιν ὅκως ἀνέτελλεν ἑῷος,
νῦν δύνει δ' ὑπὸ γῆν ἕσπερος ἐν φθιμένοις.[402]

Die verständige Crescentina berge ich im Grabe hier,
die jeglicher Tugend Ruhmestitel trägt.
Bei den Lebenden ging sie auf wie der Morgenstern
und nun sinkt sie unter die Erde, um als Abendstern bei den Toten zu leuchten.
                                                (Übersetzung: W. PEEK)

Über die Vorstellung, dass der Tote den Sternen ähnlich wird, spricht auch
eine Grabinschrift für einen achtjährigen Knaben aus Milet (1. Jh. n. Chr.):

5 αἰθέρα δ' ὀκταέτης κατιδὼν ἄστροις ἅμα λάμπεις,
   πὰρ κέρας ὠλενίης αἰγὸς ἀνερχόμενος,
   παισί τε νῦν ἐπαρωγὸς ἐνὶ σθεναραῖσι παλαίστραις
   φαίνῃ, σοὶ μακάρων τοῦτο χαριζομένων.[403]

Achtjährig du den Äther erreichest und glänzest unter Sternen,
neben dem Horn der Ziege im Ellbogen des Wagenlenkers aufgehend
und in den Mühen am Turnplatz Hilfe du leistest den Knaben.
Diese Belohnung und Gunst dir haben Götter geschenkt.
                                                (Übersetzung nach M. P. NILSSON)

---

[400] W. PEEK, *Griechische Grabgedichte*, S. 311, Anm. 304.

[401] Diese Vorstellung verarbeitet eine andere, die besagt, dass die verstorbenen guten
Seelen als Sterne in der Unterwelt leuchten würden. Diese Vermischung der Sphären
kommt auch in Grabinschriften vor, die ebenfalls teilweise die Inseln der Seligen und die
Elysischen Gefilde im Hades lokalisieren. Vgl. I. PERES, *Eschatologie*, S. 38ff.; PEEK GG
n° 354 = GV n° 1764; KAIBEL n° 338. Dieser Vorstellung folgt schon Platon, der seinem
Schüler eine solche Grabinschrift geschrieben hat.

[402] PEEK GG n° 295 = GV n° 585; IG XIV n° 1792; CIG n° 6249; E. COUGNY, *Anthologia Palatina* III, 2, n° 708; KAIBEL n° 568; L. MORETTI, *Inscriptiones Graecae Urbis Romae* III, n° 1256.

[403] E. ZIEBARTH, *Zum griechischen Schulwesen*, in: ÖJh 13 (1910), S. 112, n° 4 =
PEEK GG n° 343; GV n° 1829; RevPhil. 33 (1909) S. 6ff.; R. MERKELBACH – J. STAU-
BER, *Steinepigramme* I, n° 01/20/29; W. PEEK, *Milesische Versinschriften*, in: ZPE 7
(1971), S. 218-220, n° 14; I. PERES, *Aspekty výchovy a vzdelávania*, S. 76f. Übersetzung:
M. P. NILSSON, *Die hellenistische Schule*, S. 67 (vgl. auch die Übersetzung von Werner
PEEK: GG n° 343).

Das Bild zeigt die Vermischung des Volksglaubens und der astronomischen Himmelsanschauung (κέρας ὠλενίης αἰγός).

An diesem und ähnlichen Grabepigrammen kann man sehen, dass die Verstorbenen zuerst den Äther erreichen, indem sie durch die Sphären des Äthers emporsteigen oder emporgleiten[404], was den Hintergrund für die Vorstellung bilden könnte, der Äther sei eine „Laminatsmaterie". Nach diesen leuchtet die Seele der Verstorbenen[405] zwischen den Sternen und den anderen Toten, die zu „Sternseelen" geworden sind. Die Seele als Gestirn hilft den Nachkommen, den Verlust zu verarbeiten. All dies ist ein grosses Geschenk oder eine Belohnung der Götter.

Es ist gut denkbar, wenn auch nicht eindeutig, dass besonders jene Griechen dieser Vorstellung anhingen, die ein Kind verloren hatten. Entweder suchten sie in diesem Glauben Trost oder die verstorbenen Kinder spendeten durch die Grabinschrift ihren Eltern und Verwandten Trost. Nach einer anderen Vorstellung wurden Menschen zu Sternen, die ein ausserordentlich vorbildliches Leben geführt hatten[406].

Dieser Glaube könnte aber auch eine andere Seite haben, wonach der Sinn dieser Vorstellung auch darin liegen könnte, dass

a) die Toten nach dem schmerzlosen Tod im Äther eine *Behausung* erhalten möchten;

b) bereits Vergöttlichung angedeutet wurde: Das Motiv der Verstirnung zeugte von dem Wunsch nach einem *postmortalen Licht* oder einer *kosmischen Ausbreitung der Seele*;

c) die Nähe zu den Göttern ausgedrückt werden soll: Die Position bei den Sternen ist eine *Zwischenstufe* zwischen der Erde und den himmlisch-olympischen Göttern. Die Sehnsucht nach einer Verstirnung drückt den Wunsch aus, auf dem Weg zu den Göttern zu sein und sich ihnen auf der Zwischenstufe der Gestirne bereits genähert zu haben[407];

d) der Tote die Stufe der Vergöttlichung leichter erreicht: Weil die Sterne göttlich geworden sind, konnte die Vorstellung entstehen, ihre Stufe sei für die Toten *besser erreichbar*[408] als der Olymp, auf dem der *höchste Grad der Vergöttlichung* erwartet wurde. Wenn die olympischen Götter sich zu den Sternen begaben und sich mit ihnen trafen[409]; so hatten die Seelenster-

---

[404] Damit könnte *Hebr* 4,14 korrespondieren, wo vom Gang Jesu durch die Himmel die Rede ist.

[405] PEEK GG n° 343 = GV n° 1828 und GG n° 295 = GV n° 585; KAIBEL n° 568. Vgl. Diogenes Laertius, *Vit. Phil.* 3,29.

[406] I. PERES, *Eschatologie*, S. 34.

[407] E. PFEIFER, *Studien zum antiken Sternglauben*, S. 120f.; H. RAHNER, *Symbole der Kirche*, S. 141.

[408] Vgl. E. BOER, *Sternglaube*, in: DKP 5, Sp. 365f.

[409] F. CUMONT, *Die orientalischen Religionen*, S. 201.

ne die Möglichkeit, an den olympischen Göttern und an ihrer Gotteswürde Anteil zu haben;

e) die Verstorbenen mit den Hinterbliebenen kommunizierten: Die Toten blieben so für die Lebenden weiterhin sichtbar, was ermöglichte, mit ihnen zu kommunizieren. Es blieb also eine Verbindung zwischen den Lebenden und den Toten bestehen und sie blieben im Jenseits erreichbar.

2.4.6 Die Heroisierung

Der Heroenkult ist für die religiöse Praxis der antiken Griechen sehr wichtig. Eine ganze Reihe verschiedener Gestalten, mythologische und historische, wurden als Heroen gefeiert[410]. Von vielen von ihnen waren die Gräber bekannt[411], und sie genossen lokal eine besondere Verehrung. An den Gräbern entwickelte sich ein Kult, der in manchem mit der christlichen Heiligen- und Reliquienverehrung verwandt ist[412]. Für uns ist nur die Frage wichtig, wie sich der Heroenglaube zum Jenseitsglauben der Griechen verhält. Im Allgemeinen gelten die Heroen nicht als Götter. Sie können „Halbgötter" genannt werden[413], wie z.B. bei Herodot[414], der einen Unterschied zwischen einem Heros und einem „normalen" Olympier macht, weil

---

[410] Lucien CERFAUX – Jules TONDRIAU (*Un concurrent du christianisme. Le culte des souverains dans la civilisation gréco-romaine*, Paris 1957) nennen etwa 250 vergöttlichte Gestalten, die entweder als mythologische Gestalten oder als historische Herrscher oder Privatpersonen zu dieser Verehrung gekommen sind. Vgl. I. WEILER, *Griechische Geschichte*, S. 162; K. KERÉNYI, *Die Heroen der Griechen*, S. 11ff.; W. KRAUSE, *Die Griechen*, S. 170ff. Die Liste der Heroengräber und ihre geographische Verteilung gibt F. PFISTER (*Der Reliquienkult im Altertum*, S. 627ff.) an; vgl. auch M. HADAS – M. SMITH, *Heroes and Gods. Spiritual Biographies in Antiquity*, New York 1970.

[411] Heroengräber sind schon aus der mykenischen Zeit bekannt, eventuell wurden mykenische Gräber als Heroengräber gedeutet; vgl. z.B. J. WIESNER, *Grab und Jenseits*, S. 189f.193.204; U. v. WILAMOVITZ–MOELLENDORFF, *Der Glaube der Hellenen* I, S. 304; A. DIHLE, *Heroen*, in: RGG³ 3 (1959), Sp. 269; H. v. GEISAU, *Heroenkult*, in: DKP 2 (1975), Sp. 1103; M. P. NILSSON, *Die Griechen*, S. 315.

[412] Zur Reliquienverehrung vgl. F. PFISTER, *Der Reliquienkult im Altertum*.

[413] So hat Hesiod die Heroen im 4. Geschlecht in *Opera* 159ff. charakterisiert (οἱ καλέονται ἡμίθεοι), wo das Geschlecht der Heroen als Kontrast in der Reihe der Dekadenzzeitalter hervorleuchtet. Ähnlich auch K. KERÉNYI, *Die antike Religion*, S. 157. Ἡμίθεος versteht aber C. COLPE (*Gottessohn*, in: RAC 12 [1983], Sp. 29f.) nur als „partiell göttliche Abstammung". Für ἡμίθεος vgl. auch Grabinschriftbelege, z.B. PEEK GV n° 17 = PEEK GG n° 10; SEG 10, n° 410; M. GRONEWALD, *Zum Epigramm auf die Gefallenen bei Koroneia*, in: ZPE 17 (1974), S. 82; sodann PEEK GV n° 474 = GG n° 127; CIG n° 2236; KAIBEL n° 232; GEFFCKEN n° 212. PEEK GV n° 908 = GG n° 255; KAIBEL n° 669. PEEK GV n° 1844 = IG XIV n° 1603; KAIBEL n° 625; F. BÜCHELER, *Nachträgliches*, in: RhM 62 (1907), S. 327f.; G. HERRLINGER, *Totenklage um Tiere*, S. 43f.45; G. PFOHL, *Römische Grabinschriften*, n° 403 usw.

[414] Herodot, *Hist.* 2,44.

Heros eine Zwischenstufe zwischen den Göttern und Menschen ist[415], mehr als Mensch und weniger als Gott[416].

Es gibt Grabinschriften, die beide Titel, ἡμίθεος und ἥρως benutzen, um so den Verstorbenen die Halbgottposition auf alle Fälle zuzusichern. Ein Beispiel dafür ist die folgende Grabinschrift aus dem Hermostal (Lydien) aus dem Jahr 148/149 n. Chr.:

> Θειογένην κατὰ τύμβος ἔχει γηραιόν, ὁδῖτα,
> ἱερέα Λαρμηνῆς, εὐσεβίης κανόνα,
> ῥώμῃ δ' ἡμιθέοις ἐναλίνκιον ἡρώεσσιν,
> τὸν πάσης ἀρετῆς κῦδος ἐνινκάμενον.
>
> υἱὸν ἔχει κατὰ γαῖα χυτὴ κλυτὸν Εὐβούλοιο
> βαιὸν ὑπουράνιον Μοιρῶν πάρα νῆμα λαχόντα
> Ἡφαιστίωνα, φυὴν ἀγαθὸν καὶ εἶδος ἄριστον,
> τὸν πᾶς ἔξοχα τείμα ὅμως νέος ἠδὲ παλαιός,
> νοῦς ὅτι οἱ πολιὸς τό τε μείλιχον ἦν ἐπὶ γλώσσῃ
> ἠϊθέῳ περ ἐόντι· καταστάξασα δὲ λήθην
> παιδὸς ἀφ' ἡλικίην ὑακίνθιον ὤλεσε Κλωθώ,
> πρὶν γένυν ἀνθῆσαι μαλακὴν τρίχα· πᾶς δ' ἄρα δῆμος
> πένθος κοινώσαντο, ἐπεὶ θάνε σεμνὸς ἔφηβος·
> ἀλλὰ γὰρ εὐσεβέων Κυλλήνιος οὐ τέκνα φωτῶν
> ῥάβδῳ ἄγων Ἀχέροντι καταστυγίῳ πορθμεύει,
> ἀλλ' ὅ γ' ἐς Ἠλύσιον πεδίον τρέπει, ἔνθα τε Πλουτεὺς
> ὥρισεν ἡρώεσσιν ἐφέστιον ἀκροδίκοισιν.[417]

Das Grab umfängt den greisen Theogenes, Wanderer,
* den Priester der Larmene, ein Musterbeispiel an Frömmigkeit;*
ihn, der an Gewalt den halbgöttlichen Heroen gleichkam
* und der Ruhm aller Tüchtigkeit davontrug. -*

Die Erde umfängt den berühmten Sohn des Eubulos,
der von den Schicksalsgöttinnen nur ein kurzes Dasein unterm Himmel empfing;
den Hephaistion, gut in seiner Natur, ausgezeichnet in seinem Äusseren;
ihn ehrte sehr ein jeder - jung sowohl als auch alt -,

---

[415] S. EITREM, *Heros,* in: RE VIII/1 (1912), Sp. 1111-12; A. DIHLE, *Heroen,* in: RGG³ 3 (1959), Sp. 270; Vgl. Platon, *Symp.* 202 E; Euripides, *Hel.* 1137.

[416] Zum Status der „Gottgleichheit" (ἰσουθεία) der hellenistischen Machtträger vgl. S. VOLLENWEIDER, *Der ‚Raub' der Gottgleichheit,* in: NTS 45 (1999), S. 423ff. = ders., *Horizonte neutestamentlicher Christologie,* WUNT 144, Tübingen 2002, S. 263ff.

[417] SEG 35, n° 1233 = H. MALAY – G. PETZL, *Neue Inschriften aus den Museen Manisa, Izmir und Bergama,* in: EA 6 (1985), S. 57-59, n° 2; R. MERKELBACH – J. STAUBER, *Die Steinepigramme I,* n° 04/12/09.

*da ihm, obwohl noch jung, der Verstand eines Alten und eine angenehme
Redeweise zu eigen waren. Klotho, die das Vergessen
(die Lethe) herabrinnen liesst, zerstörte das Hyakinthos-Alter des Kindes,
bevor an der Wange der weiche Flaum hervorspross. Das ganze Volk teilte
sich ins Leid, als der tugendhafte Ephebe gestorben war.
Aber die Kinder frommer Männer bringt Kyllenios,
indem er sie mit seinem Stab führt, nicht dem verhassten Acheron,
sondern wendet sie hin zum elysischen Feld, und dort hat ihn Pluteus
den überaus gerechten Heroen zum Gesellen bestimmt.*

(Übersetzung nach G. PETZL – H. MALAY)

Die Entstehung und Etymologie der Benennung „Heros" ist unklar. Nach
dem Tod war es für besondere Menschen möglich, zum Heros proklamiert
zu werden[418]. Dabei spielten lokalpatriotische Interessen eine grosse Rolle.
Es war für die Gemeinden wichtig, Vorbilder zur Verfügung zu stellen, die
sich durch Ausbildung, Moral, schönes, gutes und ausgezeichnetes Leben[419], durch starke und schöne Gestalt oder durch Erfolg ausgezeichnet
haben. Die Polis hat solche Eigenschaften offiziell festgestellt und nach einem Zeremoniell einen solchen Mann oder eine solche Frau[420] zum „Heros" (ἥρως) oder zur „Heroina" (ἡρωίνη, ἡρωΐς) proklamiert und dies mit
einem regelmässigen Kult bestätigt. So erzählt es die nachfolgende Mar-
morblockinschrift aus dem kretischen Itanos (1. Jh. v. Chr.):

κείμεθ᾽ ὁμοῦ τρεῖς παῖδες ὁμαίμονες, ἥρωες ἁγνοί,
Δάμων καὶ Φείδων καὶ ᾽Αμμώνιος, ὄβριμα τέκνα.

⁹ νῦν δὲ ναὸν καὶ ἄλσος ἀφηρωισμένον ἁγνόν
τὰς παρὰ τῆς πατρίδος λαμβάνομεν χάριτας·
δόγμασι δημοσίοις γεγενήμεθα ἥρωες ἁγνοί.
εὐψυχεῖτε, γονεῖς ἀγαθοί, παύσασθε μερίμνας
¹³ καὶ λύπης, παῦσαι, μῆτερ· λαμπρὰ μετὰ λαμπρῶν
τὰς θυσίας ποίει, κηρία καὶ λίβανον.

---

[418] Dazu hat die Polis auch einen regelmässigen Ehrendienst besorgt und feierlich die
„Priester" oder „Diener" installiert, die diesen Dienst offiziell διὰ γένους καθιέρωσαν
besorgten; vgl. darüber die Inschriften von Mylasa bei W. BLÜMEL, IK 35, n° 534-536;
SEG 2, n° 547-548 und L. ROBERT, *Les Gladiateurs*, S. 179 und 330.
[419] Vgl. E. ROHDE, *Psyche* I, S. 94-95; B. GATZ, *Weltalter, goldene Zeit und sinnver-
wandte Vorstellungen*, S. 45f.; A. DIHLE, *Heroen*, in: ³RGG 3 (1959), Sp. 270.
[420] Wir kennen zahlreiche Fälle, in denen nicht nur Männer, sondern auch Frauen den
Status eines *Aeros post mortum* von der Polis bekommen haben: Vgl. z.B. R. LATTIMORE,
Themes in Greek and Latin Epitaphs, S. 98, Anm. 77; R. MERKELBACH – J. STAUBER,
Steinepigramme I, n° 03/22/67.

καὶ γὰρ τῷ Μίνῳ καὶ τοῖς μετὰ Μίνωα πᾶσι
ἥρωσιν φέρεται ταῦτα ἀπὸ τῆς πατρίδος.[421]

Drei Kinder liegen wir hier, brüderlich vereint, heilige Heroen:
Damon, Pheidon und Ammonios, machtvolle Kinder.

Jetzt haben wir Tempel und heiligen Heroen-Hain
  als Ehrengaben der Heimat erhalten
und sind durch Gemeindebeschluss zu heiligen Heroen geworden.
Seid getrost, treffliche Eltern, macht Sorge und Kummer ein Ende,
höre auf damit, Mutter: glänzend unter Glänzenden
  bring deine Opfergaben, Wachswaben und Weihtauch,
denn auch Minos und allen Heroen nach Minos
  werden solche Spenden dargebracht von der Heimat.

(Übersetzung: W. PEEK)

Für die im Krieg Gefallenen gibt es eine kollektive Verehrung und Heroisierung[422].

Nach Hesiod gibt es zwei verschiedene Arten oder Klassen der Heroen,
solche, die sterben müssen, und solche, die entrückt werden[423]. Die Hero-
en, die sterben müssen, gehen in die Erde oder in den Hades ein; nach dem
Volksglauben können sie als Lokalheroen oder unterirdische Mächte kultisch verehrt werden. Die Heroen, die entrückt werden, kommen auf die
Inseln der Seligen, wo sie ein göttergleiches Leben geniessen können. Diese Vorstellung dominiert in der späten Zeit. Eine Grabinschrift aus Soada
(Batanaea, 2. Jh. n. Chr.) spricht über den schönen Traum eines frommen
Heros, dessen Seele weiterlebt.

ὕπνος ἔχει σε, μάκαρ, πολυήρατε δῖε Σαβῖνε,
  καὶ ζῆς ὡς ἥρως καὶ νέκυς οὐκ ἐγένου·
εὕδεις δ' ὡς ἔτι ζῶν ὑπὸ δένδρεσι σοῖς ἐνὶ τύμβοις·
  ψυχαὶ γὰρ ζῶσιν τῶν ἄγαν εὐσεβέων.[424]

Schlaf umfängt dich, seliger, vielgeliebter, göttlicher Sabinus,
und du lebst weiter als Heros und bist nicht zu den Toten gekommen.

---

[421] PEEK GG n° 168 = GV n° 1157; ICr III, S. 123, n° 38.
[422] H. v. GEISAU, *Heroenkult*, in: DKP 2, Sp. 1104.
[423] B. GATZ, *Weltalter, goldene Zeit und sinnverwandte Vorstellungen*, S. 47.
[424] PEEK GG n° 339 = KAIBEL n° 433; LE BAS – WADDINGTON n° 2322; PEEK GV n°
1484.

Du schläfst, als seist du noch am Leben, unter Bäumen in deinem Grabe.
Denn die Seelen derer, die sehr fromm gewesen, leben weiter.
(Übersetzung nach W. PEEK)

Neben den Heroen können wir in den Grabinschriften – wenn auch nicht so häufig – auch der Kategorie der ἄνακτες- bzw. dem Verb ἀνάσσω begegnen. Dieser Ausdruck bezeichnet profan den Herrn, Herrscher, Fürst, Befehlshaber, Heerführer oder Lenker, eventuell „König"[425]. Er wird auch auf Götter angewandt[426], wie z.b. Apollon (Homer, *Il.* 1,390). In den griechischen Grabinschriften, die stark von der Religion und dem mythologischen Denken beeinflusst waren, könnte er einen Status unter Heroen oder Halbgöttern bezeichnen[427]. So kann man es auf den ältesten orphischen Goldblättchen finden, wo der eingeweihte Orphiker nach dem Tode ein Zusammenleben mit diesen erwarten kann: καὶ τότ' ἔπειτ' ἄ[λλοισι μεθ'] ἡρώεσσιν ἀνάξει[ς[428].

Die griechische Mythologie und Geschichte kennt also eine ganze Reihe von Gestalten, die als Heroen gefeiert wurden. Für die *archaischen Heroen* wurden die Gräber an verschiedenen Orten gebaut; dort fand ein örtlicher Kult statt[429]. Dasselbe gilt für die Gräber der heroisierten historischen Personen, von denen wahrscheinlich Homer[430], Hesiod und Platon die grösste

---

[425] L. R. FARNELL, *Greek Hero Cults and Ideas of Immortality*, S. 205. Vgl. auch z.B. CIG n° 415 usw.

[426] Zu ἄναξ als Göttername vgl. B. HEMBERG, *Ἄναξ, Ἄνασσα und Ἄνακες als Götternamen unter besonderer Berücksichtigung der Kulte*, Upsala 1955. Vgl. auch die Inschrift aus Phrygien in CIG n° 3973 mit der Schlussfrage: τίς γὰρ δῶρον ἄνακτι θεῷ [ἀ]ντά[ξ]ιον εὕ[ροι; daneben noch N. ROBERTSON, *Ἥρως ἐπιτέγιος*, in: ZPE 127 (1999), S. 179ff.

[427] Vgl. die Anaken und Anakiter im Alten Testament: *Dtn* 2,10f.; *Jos* 11,21f.; 14,15; 15,13f.; 21,11f.; *Ri* 1,20, die nach M. GÖRG in semantischer Verbindung mit der griechischen Bezeichnung stehen können: M. GÖRG, *Anakiter*, in: NBL I, S. 101; vgl. noch: E. C. B. McLAURIN, *Anak / Ἄναξ*, in: VT 15 (1965), S. 468-474; E. LIPIŃSKI, '*Anaq-Kiryat 'arba'* - *Hébron et ses sanctuaires tribaux*, in: VT 24 (1974), S. 41-55.

[428] M. L. WEST erklärt den Kontext völlig befriedigend: „Nach dem Trunk wirst du in die Gesellschaft der ἥρως ἄνακτες gelangen, und da bleibst du auf ewig selig": *Zum neuen Goldblättchen aus Hipponion*, in: ZPE 18 (1975), S. 233.

[429] Vgl. F. PFISTER, *Der Reliquienkult im Altertum*, S. 218ff. Eine griechische Polis ohne Heroenkult gibt es nicht; vgl. F. G. JÜNGER, *Griechische Mythen*, S. 207; H. v. GEISAU, *Heroenkult*, in: DKP 2, Sp. 1104.

[430] I. PERES, *Apokalypsis Homeri*, S. 27. Unter den zahlreichen Epigrammen auf Homer ist eines interessant, das über seine Vergöttlichung und eventuell Unsterblichkeit meditiert (H. BECKBY, *Anthologia Graeca* XVI, n° 301; übers. vom Autor):

Εἰ θεός ἐστιν Ὅμηρος, ἐν ἀθανάτοισι σεβέσθω·
εἰ δ' αὖ μὴ θεός ἐστιν, νομιζέσθω θεὸς εἶναι.

Ehre zuteil wurde. An diese Gestalten hat sich eine positive eschatologische Vorstellung angeknüpft, wonach sie auf den Inseln der Seligen, im Himmel, oder – folgt man der Entwicklung der olympischen Eschatologie – direkt auf dem Olymp mit den Göttern weiterleben. So hat z.b. Homer als Seligkeitsort den Himmel bekommen[431], Platon die olympische Stadt[432], Hesiod die Gemeinschaft der Musen auf dem Helikon usw. Manchmal glaubte man auch, dass ihre Seelen in der Welt der Lebenden in ausgezeichneten Leuten (Künstlern, Rhetoren, Politikern, Dichtern) weiter wirken. Mit diesen wollten die antiken Griechen, an ihrer hochherrlichen Stätte, in Zukunft zusammensein. Darüber berichtet eine Inschrift aus Lemnos aus dem 2. Jh. n. Chr.:

$$^5 \; ναίω \; δ' \; εὐσεβέων \; ἁγνὸν \; περικαλλέα \; χῶρον,$$
$$σύνθρονος \; ἡρώων \; εἵνεκα \; σωφροσύνης.^{433}$$

Ich wohne an der Frommen reiner, hochherrlicher Stätte,
den Heroen zugesellt wegen meiner Züchtigkeit.
(Übersetzung: W. PEEK)

In der Verbindung mit den Kulten der „grossen" Heroen hegten viele Griechen die geheime Hoffnung, dass auch ihre Verwandten, wie das zahlreiche Grabinschriften zeigen[434], und sie selbst, dereinst als Heroen proklamiert würden[435]. Solche Vorstellungen und Wünsche zeigen eine Art „Demokratisierung" des Heroenglaubens[436]. So gab es z.b. bei den Griechen in Thera eine Tendenz, jeden Verstorbenen Heros zu nennen[437], oder jedes Grab als Heroon (ἡρῷον)[438] zu bezeichnen. Dieser Sprachgebrauch hat auf der einen Seite zur Popularisierung und Verallgemeinerung des Heroenglaubens, auf der anderen zu einer zunehmenden Dekadenz der Heros-

---

Ist Homeros ein Gott, so soll man als Gott ihn verehren;
ist er dagegen kein Gott, so soll man als Gott ihn betrachten.

[431] H. BECKBY, *Anthologia Graeca* XVI, n° 296.
[432] H. BECKBY, *Anthologia Graeca* VII, n° 363.
[433] IG XII⁸ n° 38 = PEEK GV n° 1162; PEEK GG n° 316; KAIBEL n° 151.
[434] Vgl. z.B. G. PETZL, IK (*Die Inschriften von Smyrna*) 23/I, n° 458; 459; 462; 466; 491, usw.
[435] Es ist möglich, dass auch die Inschriften mit der Lebenssummarisation wie τῶι ἀνδρὶ ζήσαντι κοσμίως oder ζῶν ἀλύπως καὶ ἀνεπιμέμπτως (IK 39/I, n° 65f.; 68f.; 73-85; 87; 97; 100; 102; 105; 108; 143;156; 160; 168; vgl. noch IK 40/II, n° 1034; n° 1069 usw.) zu dieser Sehnsucht führen konnten.
[436] C. COLPE, *Gottessohn*, in: RAC 12 (1983), Sp. 30.
[437] U. v. WILAMOVITZ-MOELLENDORFF, *Der Glaube der Hellenen* II, S. 19.
[438] Vgl. z.B. die Inschriften und den Sprachgebrauch aus der Nekropole von Knidos: W. BLÜMEL, IK 41, S. 163ff.; G. HIRSCHFELD, IBM IV.1 (1893), S. 35ff.

vorstellung geführt, die oft nur eine klischeehafte Bezeichnung dafür ist, dass eine Person gestorben ist[439]. So sehen wir das z.B. auch auf der nächsten Grabinschrift aus Ephesos aus der Mitte des 2. Jh. n. Chr., wo ἥρως einfach nur ein „Toter" (ὁ θανών) ist.

θαυμάζις, παρο|δῖτα, τὸν ἐνθάδε κί|μενον ἥρω·
Εὐ|χάριστός ἐστ' ὁ θανών, | [ἐξ ... ..] πόλεως·[440]

Wanderer, du möchtest wissen, welche Toter hier liegt...
Der Tote ist Eucharistos aus der Stadt...
(Übersetzung: R. MERKELBACH – J. STAUBER)

Aehnliche Inschriften finden sich oft, und es ist manchmal schwierig, zu entscheiden, was nur ein Klischee ist, und wo es um einen „wirklichen" Heros geht[441]. Trotzdem ist die Hoffnung auf Heroisierung und Divinisierung der Toten für viele Griechen sehr wichtig. Das zeigt z.B. die nachfolgende Reliefinschrift aus Oberitalien (1.-2. Jh. n. Chr.), die ganz selbstverständlich voraussetzt, dass der Verstorbene dank seines „richtigen" Lebens zu den Heroen eingeht.

ζήσας ὡς δεῖ ζῆν, ἀγαθὸς δ' ἐν πᾶσι νομισθείς,
Θρέπτος ἀκμὴν νέος ὢν ᾤχετ' ἐς ἡμιθέους.[442]

Der gelebt hat, wie man leben soll, und in jeder Hinsicht
für gut gehalten wurde,
Treptos, ging in der Blüte seiner jungen Jahre zu den Heroen ein.
(Übersetzung nach W. PEEK)

Manche Inschriften vermitteln den Eindruck, dass die Sehnsucht, bei den Heroen z.B. auf den Inseln der Seligen, grösser war, als die, bei den himmlischen Göttern auf dem Olymp zu sein. Oder war die, Heros zu werden, eher eine Zwischenstufe[443], um irgendwie aus dem vergänglichen Menschlichen auszubrechen und das ewige Göttliche zu ergreifen?

---

[439] F. LÜBKER, RCA, S. 431.
[440] R. MERKELBACH – J. NOLLÉ, IK 16, n° 2102 = R. MERKELBACH – J. STAUBER, *Die Steinepigramme* I, S. 344, n° 03/02/63.
[441] „Wirkliche" Heroen, die von der Polis verehrt werden, erkennt man auf den Reliefs z.B. daran, dass sie Kränze tragen, Kränze von der Polis.
[442] PEEK GG n° 255 = GV n° 908; KAIBEL n° 669; Hans DÜTSCHE, *Antike Bildwerke in Oberitalien* (Bd. 5), Leipzig 1882, S. 214 und 527.
[443] Vgl. U. v. WILAMOWITZ-MOELLENDORFF, *Der Glaube der Hellenen* II, S. 311.

Die Erforschung der Heroenverehrung ist für das frühe Christentum interessant, weil die Bezeichnung Heros für die Märtyrer und für ausgezeichnete Personen des Alten Testaments sowie für die ‚Heiligen' der Alten Kirche auch in christlichen Grabinschriften gelegentlich vorkommt[444] und weil der griechische Heroenkult in mannigfacher Weise gewirkt hat[445]. Es ist denkbar, dass die korinthische Praxis der Taufe für Gestorbene (*1Kor* 15,29), die bisher kaum befriedigend erklärt werden konnte, in Analogie zu einer paganen Heroisierung verstanden werden kann[446].

3. Die Hoffnung, auf dem Olymp vergöttlicht zu werden

Die griechische Vorstellung der Möglichkeit der Vergöttlichung hat sich in Stufen entwickelt.

Im Gebiet der griechischen Grabinschriften kann man die frühesten Zeugnisse für einen solchen Glauben in die Zeit des 4.-3. Jh. v. Chr. datieren, d.h. ab der Zeit Platons. Diese Hoffnung können wir als „olympische Hoffnung" bezeichnen, obwohl das überhaupt nicht bedeuten muss, dass sie nur im Bereich des „olympischen Glaubens" vorkommt. Doch weil die Götter auf dem Olymp wohnen, formt sich dieser Glaube auch als „olympischer" heraus. Daneben sind aber auch alle nicht-olympischen Gegenden Teil der positiven Jenseitshoffnungen. Die ersten „olympischen" Grabinschriften kommen in der hellenistischen Zeit (etwa nach 300 v. Chr) vor; in den letzten vorchristlichen Jahrhunderten und in der Kaiserzeit sind sie kontinuierlich belegbar bis in die frühbyzantinische Zeit[447] (etwa bis 500 n. Chr.). Sie sind für die christliche Eschatologie wichtig.

---

[444] W. M. CALDER, *Inscriptions métriques d'Asie Mineure*, in: RevPhil. 46 (1922), S. 122, n° 6; SEG 1, n° 453; W. SPEYER, *Heros*, in: RAC 14 (1988), Sp. 875.

[445] Vgl. M. P. NILSSON, *Die hellenistische Schule*, S. 64; W. KRAUSE, *Die Griechen*, S. 170; F. PFISTER, *Der Reliquienkult im Altertum*, S. 312f.622-626.

[446] I. PERES, *Keresztség a halottakért* (= Totentaufe), in: KSz 1993/V, S. 4. Mathias RISSI hat in seinem Buch (*Die Taufe für die Toten*, Zürich/Stuttgart 1962) etwa 200 mögliche Erklärungsvarianten angeführt.

[447] Die wohl jüngste Grabinschrift, die dazu noch gehören könnte und die eine wirklich schöne olympisch-eschatologische Vorstellung repräsentiert, ist die des Asklepiodotos aus Aphrodisias, nach R. MERKELBACH und J. STAUBER ca. aus dem Jahr 480 nach Chr.:

[o]ὐ θά|νεν οὐ|δ᾽ Ἀχέ|ροντος | ἴδεν ῥό|ον, ἀλλ᾽ ἐ|ν Ὀλύμπωι |
Ἀσκληπιόδο|τος τείρεσι | σύνφερετε, |
οὗτος ὅτις | δώμησε καὶ | ἀγλαὰ πολλὰ τιθήνηι |

- - -

Asklepiodotos ist nicht gestorben und hat den Fluss des Acheron nicht gesehen,
sondern er ist im Olymp

Zu den Wurzeln der „olympischen Eschatologie" kann ich aber nur vorsichtig vermuten, dass der Einfluss Platons und das Erstarken der Mysterienreligionen und des Orphismus eine Rolle spielten. Durch die Erforschung der Inschriften gelangen wir immer mehr zu der Überzeugung, dass unterschiedliche Jenseitshoffnungen jeweils ihren eigenen Jenseitsbereich ausgestalteten (Insel der Seligen, Elysium, Sterne, Himmel oder Olymp)[448]. Wahrscheinlich wäre es nicht sinnvoll, zwischen den verschiedenen Jenseitsorten und ihren Hoffnungen eine Rangordnung aufzustellen, auch wenn es scheint, dass sie nicht gleichwertig sind. Wir können aber sagen, dass die Gemeinschaft mit den Göttern und die Vergöttlichung am ehesten auf dem Olymp geschieht; die Vorstellungen über den Olymp werden in der Zeit der Entstehung des Christentums noch weiter ausgestaltet.

Vielleicht ist die erste Stufe auf dem Weg zu Vergöttlichungshoffnung das Sich-Abfinden mit der Realität des Todes: Man konnte einen „positiven" Sinn des Todes darin sehen, dass die Menschen wegen des Wunsches der Götter sterben, und so im Tod die Liebe der Götter erkennen.

> σῆμ' ἐσορᾷς, ὦ ξεῖνε, κατ' ᾿Αίδος οἰχομένοιο
> πρὶν γλυκεροῦ γήρως οὔνομ' 'Ονασικλέος.
> ἀλλ' αἶνος τῶν πρόσθεν ἐρεῖ· φίλος ἀθανάτοισιν
> κεῖνος, ὃς ἡβήσας ἦλθε μετὰ φθιμένους.[449]

Das Grab siehst du, Fremdling, eines Mannes, der vor dem süssen Greisealter
zum Hades niederstieg; Onasikles hiess er.
Doch ein Spruch der Alten sagt: den haben die Unsterblichen lieb,
der im Jünglingsalter zu den Toten kam.
(Übersetzung nach W. PEEK)

Darin besteht die grosse menschliche Frage – warum die Menschen (und nicht nur die Jungen) sterben müssen. Eine Antwort gaben schon die griechischen „Alten"[450], und die Späteren übernahmen diese alte „Lebensweis-

---

und wird mit den Sternen im Umlauf gedreht,
er, der Bauten errichtet und seiner Amme (der Stadt) viele Wohltaten erwiesen hat - -.
(Übersetzung: R. MERKELBACH – J. STAUBER)
Original in: R. MERKELBACH – J. STAUBER, *Steinepigramme* I, n° 02/09/06 = MAMA VI-II, n° 487; L. ROBERT, *Aphrodisias*, in: Hellenica XIII (1965), S. 170f.; Ch. ROUECHÉ, *Aphrodisias*, S. 88, n° 54; D. F. McCABE, *Aphrodisias*, n° 731.
[448] Etwas Ähnliches gibt es auch im Neuen Testament, wo auch mehrere verschiedene positive Jenseitsorte nebeneinander stehen (Siehe Kap. IV.1.2.1).
[449] PEEK GG n° 273 = GV n° 130; IG V n° 179. Relief aus Tegea (Arkadien). Zeit: 2.-3. Jh. n. Chr.
[450] Homer, *Od.* 15,245f.; vgl. auch Menander, *Fr.* 111 (= *Dis exap.*, *fr.* 4); (Ps-) Plutarch, *Ad Apoll.* 119E; Plautus, *Bacch.* 816f.

heit" und tradierten sie. In diesem Text bedeutet aber die Vision von der Liebe der Götter noch nicht, dass der Gang zu den Toten auch ein Zugang zu den Göttern sei. Doch konnte diese alte Idee des Todes neue Sphären öffnen[451].

Im Tode haben die antiken Griechen immer mehr positive Motive gesehen, was eine starke Umkehrung bedeutet: eine neue Orientierung nach oben zum Äther, zum Himmel, zu den Sternen und zum Olymp. Zwischenstufen dieser immer stärkeren Neuorientierung waren der Glaube an die Verstirnung, die Sympathie mit der göttlichen Erde, die Heroisierung, die Vorstellung über die Inseln der Seligen und die Seelenreise in die obere Äthersphäre. Aber die stärkste und direkteste Vorstellung über die Vergöttlichung hängt mit dem olympischen Glauben zusammen: Es ist die sehr konkrete Vorstellung, dass die Toten nach dem Tode *auf den Olymp* zu den Göttern entrückt werden. Und daraus konnten sich weitere Vorstellungen über die Gemeinschaft mit den Göttern bilden. Die Zuversicht wuchs, dass es für die Frommen möglich sein würde, zum Olymp zu kommen und nicht von den Göttern zurückgestossen zu werden. Diese Zuversicht liess immer reichere Vorstellungen über den Olymp entstehen. Im folgenden Hauptteil sollen diese Hoffnungen gründlicher besprochen werden.

Was suchen die Menschen auf dem Olymp? Was suchen insbesondere die Verstorbenen auf dem Götterberg? Nach den alten Dichtern gehört der Olymp ausschliesslich den Zwölfgöttern. So formulierte auch Hesiod.

Wie wir aber sehen werden, gibt es genügend Belege aus den griechischen Grabinschriften, die zeigen, dass es für die Menschen einen Weg auf den Olymp gibt. Wir stossen damit auf ein wenig bekanntes griechisches Hoffnungsmotiv.

Das Aufkommen einer „positiven" Jenseitshoffnung ist ein lange dauernder Prozess. Ich kann dazu nur ganz knappe Hinweise geben. Es ist, als ob die olympisch-griechische Eschatologie in der Forschung verdrängt worden wäre[452]! Wir werden zu zeigen versuchen, dass der Gedanke der Entrückung in den Himmel und auf den Olymp die Gemeinschaft mit den Göttern, die Vergöttlichung und das glückselige Leben in himmlischer Behausung, eine wirkliche Realität im hellenistischen Glauben war. Die Grabinschriften belegen dies. Ich versuche, diese Entwicklung kurz zu skizzieren:

---

[451] Vgl. R. LATTIMORE, *Themes in Greek und Latin Epitaphs*, S. 259.

[452] E. ROHDE hat in seinem sehr wertvollen Buch *Psyche* (II, S. 384–385) dieses Thema berührt, mit seinem typischen Zweifel, mit dem er auch andere „hochmythische" Themen angeht.

Die homerischen eschatologischen Motive zeigen, dass das Jenseits grau und trostlos ist[453]. Der homerische Hades als das Reich der Toten degradiert das menschliche Leben[454] und gibt keine Hoffnung[455], denn die Schattenexistenz im Hades ist weder lebensvoll noch gut. Aber seit dem 6. Jh. v. Chr. tritt das Individuum stärker in den Vordergrund. In den Mysterienreligionen taucht nach Walter BURKERT seit dem 5. Jh. der Gedanke an ein Jenseits und an ewiges Leben auf[456]. Hauptsächlich unter der Wirkung der Orphiker entstand eine Perspektive, die den Menschen neue Hoffnung gab[457]: ein Aufenthalt im Äther, im Himmel, bei den Göttern, um dort Halbgott oder Gott zu werden[458].

Die neue – hauptsächlich orphische – Eschatologie hat zu einem Durchbruch in Religion, in Mythologie und auch in Philosophie und Literatur geführt. Zeugen dafür sind Pythagoras, Pindar, Platon, Kallimachos[459] usw. Durch ihre Wirkung wurde die Hoffnung auf ein Jenseits bei den Göttern in späteren Jahrhunderten immer stärker; und so hat sie in der hellenistischen Zeit auch die römische Religion und später das Christentum beeinflusst. Diese Hoffnungen sind eine neue Form für die griechische Eschatologie[460]. Hand in Hand mit der Entstehung der positiven Hoffnung auf ein himmlisches Jenseits wurden auch die Vorstellungen über Strafen in der Unterwelt (Tartaros) ausgebaut[461]. Bereits bei den Orphikern finden sich Kriterien, wer des Lebens im Tartaros und wer des Lebens auf dem Olymp würdig ist, und auch die Möglichkeiten, Sünde zu abzubüssen, werden ausformuliert. Die Menschen haben die Möglichkeit, in den Tartaros oder in das selige Leben einzugehen, selbst in ihren Händen[462].

So kann man sagen, dass die griechische Eschatologie ohne grösseren Bruch langsam eine neue Form mit zwei Polen bekommen hat: Der eine Pol ist die *positive* Eschatologie, die nach oben, an der Glückseligkeit orientiert ist, der andere die *negative*, nach unten ins Leiden führende Eschatologie[463]. Angemerkt sei noch, dass die griechische „Eschatologie" keine

---

[453] H. DÖRRIE, *Gottesvorstellung*, in: RAC 12 (1983), Sp. 132.

[454] Vgl. oben Kapitel III.2.2.3.2.

[455] Vgl. hauptsächlich Homer, *Od.* 11; A. DIETERICH, *Nekyia,* S. 19ff; J.-U. SCHMIDT, *Die Erklärungen zum Weltbild Homers,* S. 105ff.

[456] W. BURKERT, *Antike Mysterien,* S. 26-28.

[457] C. v. ORELLI, *Allgemeine Religionsgeschichte* II, S. 245.

[458] H. DÖRRIE, *Gottesvorstellung*, in: RAC 12 (1983), Sp. 132.

[459] Besonders wichtig ist hier Kallimachos mit seinem „süssen" Zynismus und seinem satirischen Humor. Er berücksichtigt in seinen Grabepigrammen den Glauben und die Wünsche der Besteller und steht schon in Spannung zu den alten Hadesmythen.

[460] U. v. WILAMOWITZ-MOELLENDORFF, *Der Glaube der Hellenen* II, S. 310f.

[461] M. P. NILSSON, *Geschichte der griechischen Religion* II, S. 558.

[462] F. GRAF, *Eleusis und die orphische Dichtung,* S. 99-102.

[463] Vgl. C. v. ORELLI, *Allgemeine Religionsgeschichte* II, S. 245.

futurische Orientierung hat und nichts von einer kosmischen Zukunft erwartet: Alle ihre Aussagen beziehen sich auf das Individuum und seine persönliche Zukunft nach dem Tod. In diesem Sinn spielt die zeitliche Komponente in der griechischen „Eschatologie" keine Rolle[464].

Eine sehr schöne griechische Grabinschrift aus Nikosia, die die homerische Mythostheologie überschritt, spricht darüber, dass die Seele des Verstorbenen zu den olympischen Höfen emporsteigt, wo sie auf die Gemeinschaft der Götter und ein glückseliges Leben in den himmlischen Wohnungen wartet[465]. Das ist der höchste Grad der Vergöttlichung.[466]

> "Ἡι[ρ]ησεν [θ]ανά[του με μ]όρος· τὸ δὲ σῶμα καλύπτει
> Γαῖα, λαβοῦσα γέρας τοῦθ' ὃ δέδωκε, πάλ[ιν].
> Β]ῆ γάρ μοι ψυχὴ μὲν ἐς αἰθέρα καὶ Διὸς αὐλάς,
> 'Οστέα δ' εἰς 'Αίδην ἄτροπος εἷλε νόμος.
> Τοῦτ' ἔλαχον μέγα δῶρον ὑπ' αὐτῶν Οὐρανιώνων.
> Εὐλάλιος γαμικός, μοῦνος ἐνὶ φθιμένοις.[467]

Das Los des Todes hat mich ergriffen; meinen Leib verbirgt
   die Erde und nimmt (damit) die Gabe, die sie gegeben hat, wieder zurück.
Denn meine Seele ging (hinauf) in den Äther und in die Höfe des Zeus,
   die Gebeine aber nahm das unabwendbare Gesetz in den Hades.
Dies habe ich als grosses Geschenk von den Himmlischen (Göttern)
                                                  selbst erhalten,
   ich, Eulalios, verheiratet,[468] allein unter den Toten.
                        (Übersetzung: H.-G. NESSELRATH – I. PERES)

Eine tiefere Analyse dieses Motivs wird im folgenden Hauptteil IV. gegeben werden. Hier möchte ich nur zeigen, dass die Sehnsucht nach der olympischen Vergöttlichung für die Griechen eine wirkliche Hoffnung ist. Das zeigen Grabinschriften, wie diese in Nikosia gefundene:

> [τηροῦσ' ἢ διέ]μεινεν ἀείμνηστον τρόπον, αὕτη·
> [ἧς μὲν σῶμ' ὑπὸ] γῆς κεῖται, ψυχὴ δ' ἐν 'Ολύμπ[ωι].[469]

---

[464] H. WISSMANN, *Eschatologie – I. Religionsgeschichtlich*, in: TRE 10 (1982), S. 255.

[465] Vgl. PEEK GG n° 391 und n° 465; PEEK GV n° 1978 und n° 1765; CIG n° 3398; KAIBEL n° 261; n° 312; S. 529, Add. n° 646a usw. J. SCHMIDT, *Olympos*, in: RE 35 (1939), Sp. 295-297; E. ROHDE, *Psyche* II, S. 384.

[466] Vgl. P. HOFFMANN, *Die Toten in Christus*, S. 44ff.

[467] LE BAS – WADDINGTON n° 2771 = CIG n° 2647; KAIBEL n° 288; PEEK GV n° 1325; Fundort: Nikosia (Kypros). 2.-3. Jh. n. Chr.

[468] In heiratsfähigem Alter?

Diese hier wahrte stets ihren Charakter, der in ewigem Andenken steht;
Ihr Leib ruht unter der Erde, ihre Seele aber befindet sich im Olymp.
                (Übersetzung: H.-G. NESSELRATH – I. PERES)

In der himmlisch-olympischen wohnen die Götter, die die Bezeichnung
„Olympier" tragen[470]. Die olympische Götterfamilie und der Hof auf dem
Olymp besteht aus zwölf Göttern. Zeus, Vater der Olympier, der Welt und
der Menschen, schützt die Ordnung in der Welt, im Himmel, und auch auf
dem Olymp. So erklärt das eine Grabinschrift aus Korkya, nach welcher
die Seele im Palast der Götter auf dem Olymp wohnt (2.-3. Jh. n. Chr.):

δαίμονες ἀθάνατοι πολλοὶ κατ' 'Ολύμπιον ἔδρην,
ἀλλὰ θεὸς τούτων ἐστὶ πατὴρ ὁ μέγας.

ὃς κόσμον διέταξε, Σελήνην νυκτὶ κελεύσας
πείθεσθαι, Τιτᾶνα ἡμεριναῖς χάρισι.
5 ᾧ πεισθεῖσα δέμας μὲν ἐπὶ χθονός, ἧς ἀπετέχθην,
λείπω, τὴν ψυχὴν δ' ἀθανάτην ἔλαχον.

ἐν γαίῃ μὲν σῶμα τὸ συγγενές, οὐράνιος δέ
ἤλυθεν ἡ ψυχὴ δῶμα κάτ' οὐ φθιμένων.

9 κεῖται μὲν γαίῃ φθίμενον δέμας, ἡ δὲ δοθεῖσα
ψυχή μοι ναίει δώματ' ἐπουράνια.

ἀθάνατος ψυχὴ τὰ μὲν οἰκία τῶν ἐν 'Ολύμπῳ
ναίω, σῶμα δ' ἐμὸν γαῖα φέρει φθίμενον.[471]

Unsterbliche Gottheiten gibt es viele an des Olympos Sitze,
    doch ihrer aller Vater ist der grosse Gott,

der das Weltall geordnet hat, Selene befohlen, der Nacht
    zu gehorchen, Titan, des Tages Heiterkeit.
Ihm habe ich gehorcht, die ich nun den Leib auf der Erde zurücklasse,
                      aus der ich gezeugt
wurde; doch die Seele, die mir wurde, ist unsterblich.

---

[469] KAIBEL n° 159 = IG II/III n° 881; E. HOFFMANN, *Sylloge epigrammatum Grae-*
corum, n° 102; PEEK GV n° 595. Fundort: Athen. Nach W. PEEK Mitte 4. Jh. v. Chr.;
nach P. HOFFMANN, *Die Toten in Christus*, S. 49, aus der römischen Zeit.
[470] Vgl. U. v. WILAMOWITZ-MOELLENDORFF, *Der Glaube der Hellenen* I, S. 322ff.
[471] PEEK GG n° 465 = GV n° 1978; KAIBEL n° 261; IG IX₁ n° 882-883. Zu den Z. 9-
10 vgl. J. H. MOULTON – G. MILLIGAN, *The Vocabulary of the Greek Testament*, S. 252.

In der Erde ist der ihr verwandte Leib; doch die vom Himmel gekommene
Seele ging ein zu der Wohnung der Unsterblichen.

Es ruht in der Erde der vergängliche Leib. Doch die Seele,
*   die mir gegeben wurde,*
wohnt in der himmlischen Heimstatt.

Meine unsterbliche Seele wohnt im Palast der Götter auf dem Olymp;
meinen vergänglichen Leib trägt die Erde.

(Übersetzung von W. PEEK)

Zum Olymp können nur Gestalten kommen, die der göttlichen olympischen Ordnung entsprechen, was für die Götter, Gottheiten, Halbgötter und
Menschen gilt. Zeus und seine göttliche Ordnung schreiben die Kriterien
vor.

Auf dem Olymp, so erzählen die alten griechischen Mythen, befinden sich
nicht nur die Götter, sondern auch Gestalten, die später dahingekommen
sind. Es kam vor, dass Zeus anderen den Eintritt auf dem Olymp bewilligt
hat, oder er selbst jemanden raubte. So sind Ganymed, Semele/Thyone,
Herakles, Dionysos oder kurzzeitig auch Persephone auf den Olymp gekommen. Die „Gäste" auf dem Olymp haben die Freiheit, dahinzukommen
oder wegzugehen. Wenn aber jemand dahinkommt, muss er die Ordnung
des Olymp respektieren. Denn der Zorn des Zeus und seine Blitze gegen
die Ordnungswidrigen sind unerträglich. Andererseits herrscht dort das absolute glückselige Leben mit dem Singen der Musen und mit vielen Freu-
den. Deshalb wünschen nicht nur die anderen Götter dorthin zu kommen,
sondern auch Menschen, die manchmal willkürlich einzudringen versuchen. Die Blitze des Zeus aber schützen den Olymp sicher dagegen.

So erzählen die alten Mythen von der Überlegung zweier Giganten den
Aloaden, Otos und Ephialtes, die noch in ihrer Kindheit den Vorsatz fass-
ten, auf den Olymp und in den Himmel zu steigen[472]. Dazu wollten sie den
Berg Ossa auf den Olymp und auf diesen den Pelion auftürmen, um dann
den Himmel und die Wohnstätte der Götter zu bestürmen[473]. Diese Sage
überliefert auch ein Epigramm eines anonymen Autors:

---

[472] K. KERÉNYI, *Mythologie der Griechen*, S. 151f.; O. KERN, *Die Religion der Griechen* I, S. 206f.
[473] Homer, *Od.* 11,305-320; Pindar, *Frg.* 136-137; (vgl. auch *Pyth.* 4, 87-89); Apollodor, *Bibl.* 1,7,4; Vergil, *Aen.* 6,582ff.

Ὄσσαν ἐπ' Ὀλύμπῳ καὶ Πήλιον ὑψωθέντα
ψευδὴς ἱστορίης ῥῆσις ἀνεπλάσατο·
Πυραμίδες δ' ἔτι νῦν Νειλωίδες ἄκρα μέτωπα
κύρουσιν χρυσέοις ἀστράσι Πληιάδων.[474]

Dass man den Ossa dereinst und den Pelion auf den Olympos
türmend gestülpt hat, ist Schwatz, den eine Sage erzählt.
Die Pyramiden jedoch am Nil recken heut noch die Spitzen
bis zu des Siebengestirns goldenen Sternen empor.
(Übersetzung von H. BECKBY)

Nach einer Variante des Mythos tötete Apollon (wahrscheinlich zusammen mit Artemis) noch in der guten Vorzeit mit seinen Pfeilen die übermütigen Giganten wegen ihrer Dreistigkeit.

Eine andere Geschichte erzählt von *Bellerophon*, Prinz von Korinth,[475] der in seinem Stolz und im Willen, mit den Göttern zusammenzusein oder den Göttern ähnlich werden zu können, auf den Olymp emporsteigen wollte[476]. Mit Hilfe des Pegasos ist er in die Luft gestiegen, aber er wurde vom Blitz des Zeus getroffen und von Pegasos abgeworfen.

„Μηδὲν ἄγαν" τῶν ἑπτὰ σοφῶν ὁ σοφώτατος εἶπεν·
ἀλλὰ σὺ μὴ πεισθείς, Γέσσιε, ταῦτ' ἔπαθες·
καὶ λόγιός περ ἐὼν ἀλογώτατον ἔσχες ὄνειδος
ὡς ἐπιθυμήσας οὐρανίης ἀνόδου.
οὕτω Πήγασος ἵππος ἀπώλεσε Βελλεροφόντην
βουληθέντα μαθεῖν ἀστροθέτους κανόνας·
ἀλλ' ὁ μὲν ἵππον ἔχων καὶ θαρσαλέον σθένος ἥβης,
Γέσσιος οὐδὲ χεσεῖν εὔτονον ἦτορ ἔχων.[477]

„Alles mit Massen!" gebot von den Sieben der weiseste Weise.
Folgtest ihm, Gessios, nicht; hast nun den Schaden dafür.

---

[474] H. BECKBY, *Anthologia Graeca* IX, n° 710.
[475] Er wurde später in Korinth als Heros verehrt.
[476] Vgl. H. HUNGER, *Lexikon*, S. 97-99; L. MALTEN, *Homer und die lykischen Fürsten*, in: Hermes 79 (1944), S. 1-12; P. KRETSCHMER, *Bellerophontes*, in: Glotta 31 (1948), S. 92-104; Fritz SCHACHERMEYR, *Poseidon und die Entstehung des griechischen Götterglaubens*, Salzburg 1950, S. 174-188; Vgl. W. NESTLE, *Legenden vom Tod der Gottesverächter*, in: ARW 33 (1936), S. 248; K. KERÉNYI, *Görög Mitológia*, S. 234-240; H.-K. und S. LÜCKE, *Antike Mythologie*, S. 621ff.; Schol. *Il.* 6,155; Pindar, *Isthm.* 7,44ff.; *Olymp.* 13,64ff.; Euripid, *Fragm.* 285-312.661-674; M. GRANT – J. HAZEL, *Lexikon der antiken Mythen und Gestalten*, S. 90.
[477] H. BECKBY, *Anthologia Graeca* VII, n° 683. Autor: Palladas von Alexandria.

Trotz deines sinnigen Geistes erträgst du nun sinnlose Schande,
  weil du zum Himmel hinauf dich zu erheben gewünscht.
Also zerschellte der Pegasos auch den Bellerophontes,
  als er der Sterne Gesetz kennenzulernen begehrt.
Doch der hatte ein Ross und die mutige Stärke der Jugend,
  du aber, Gessios, hast nicht mal zu scheissen die Kraft.

(Übersetzung nach H. BECKBY)

Diese zwei Beispiele zeigen, dass in der mythologischen Vorstellung der antiken Griechen die griechischen Zwölfgötter ihre Wohnstätten gegenüber fremden menschlichen Eindringlingen mit Zähnen und Klauen verteidigten und dass der Weg zum Olymp, wenn man dahin ohne den Willen der olympischen Götter emporsteigen wollte, nicht möglich war. Wenn jemand doch damit experimentieren wollte, wurde er von den Olympiern auf tragische Weise zurückgeworfen.

Doch gibt es einen Schlüssel zur olympischen Türe, der aber anders funktioniert. Es ist nicht leicht zu sagen, was für ein Bild von Göttern die Verfasser der Grabinschriften vor Augen hatten und wie sie sich den Zustand des zukünftigen Lebens nach dem Tod vorstellten. Die Vielfältigkeit der göttlichen Gestalten eröffnete ein grosses Spektrum von Möglichkeiten: Es gab Götter, die als grosse oder „richtige" Götter verstanden wurden, die Olympier. Dann gab es Halbgötter, die Kinder von Göttern und Menschen, danach Musen und Nymphen, Dämonen, Heroen und andere Gestalten mit gottähnlicher Natur. Eine strenge Grenze kann man nur um die Olympier ziehen. Die Götter und Gottheiten der niedrigeren Katogorien lassen sich nur schwer umgrenzen. Und doch gehörten auch sie zur Jenseitssphäre, waren stärker als die Menschen und bewohnten die Welt der Unsterblichen. Sie alle konnten als θεός oder mindestens als θεῖος bezeichnet werden, nach den Grabinschriften auch als δῆμος ἀθάνατος. Allen göttlichen Gestalten war ihre anthropomorphe Gestalt gemeinsam, denn die griechischen Götter waren Götter in Beziehung zu den Menschen; sie passen sich den Menschen an, ebenso wie auch die Menschen sich nach der göttlichen Natur sehnen und sich anpassen.

Die Grabinschriften sagen in der Regel nichts darüber, in welcher göttlichen Gestalt oder in welche gottähnliche Kategorie die Sterbenden „transformiert" werden und welchen Grad der Gottheit sie erreichen möchten. Es scheint ihren Verfassern klar gewesen zu sein, dass ein Mensch nach dem Tode kein Zeus und keine Hera werden kann; dennoch waren ihnen die Nähe der Götter und die Gemeinschaft mit ihnen eine Glückseligkeitsvorstellung – jedoch ohne weitere Spezifizierung.

Warum haben die Griechen diese göttliche Existenz so intensiv gesucht und was motivierte ihre Vorstellung dazu? Warum schufen die antiken Griechen so viele Mythen über die Unsterblichkeit, die ewige Jugend der Götter oder ein positives Leben im Jenseits? Bronislaw MALINOWSKI sagt dazu: „Der Mythos, der den Glauben an die Unsterblichkeit, an ewige Jugend, an ein Leben jenseits des Grabes garantiert, ist nicht eine intellektuelle Reaktion auf ein Rätsel, sondern ein ausdrücklicher Akt des Glaubens, der aus der innersten, instinktiven und gefühlsmässigen Reaktion auf den schrecklichsten und quälendsten Gedanken geboren ist"[478]. In diesem Prozess der Mythenbildung spielt nicht nur der Glaube eine wichtige Rolle, sondern auch die psychologischen, kultischen und nationalen Komponenten, die in der religiösen Tradition eines Volkes die Mythen und Jenseitsvorstellungen entstehen lassen; diese konkretisieren den Glauben und garantieren ihnen einen Sitz im Leben. Die Grabinschriften sind der Spiegel des „Sitzes im Leben" dieser Jenseitsvorstellungen der Griechen. Sie enthalten alle Elemente der religiösen Tradition, einschliesslich der psychologischen, kultischen und kulturellen Komponenten.

Die konkreten Hoffnungen, die in den Inschriften genannt werden, können wir etwa wie folgt umreissen: Die Sterblichen suchen die *Unsterblichkeit* (ewiges Leben), ein Leben ohne Tod und ohne Ende. Dazu gehört auch die *Sorglosigkeit* – das Leben ohne Schmerzen, ohne Angst, ohne Pein. Das Leben auf dem Olymp kann genossen werden; es gibt Vorstellungen über gute Speisen, Musik der Musen, freudvolle Gemeinschaft mit den Göttern, den Seligen und den Heroen. Der Raum des Olymp ist voll von *ewigem Licht*. Auf dem Olymp oder im Himmel erwartet die Vergöttlichten eine *schöne Wohnung* – goldene Paläste, göttliche Höfe, Hallen und Häuser. Im Himmel sind die Vergöttlichen Licht-Gestalten mit neuen Körpern, mit Ambrosia und Nektar gesättigt, ewig jung, ohne Alter und Hässlichkeit, schön, wie die Götter. Die Texte spiegeln typische Vorstellungen und die Sehnsucht nach der verlorenen goldenen Zeit. Sie sollen im folgenden Hauptteil näher entfaltet und mit den neutestamentlichen Parallelen verglichen werden.

---

[478] B. MALINOWSKI, *Die Rolle des Mythos im Leben*, S. 192.

IV. Gemeinschaft mit den Göttern

1. Die Orte der Seligkeit

In unserer Untersuchung werden wir jeweils die Vorstellungen von unten nach oben beschreiben, d.h. von der Erde zum Himmel und zum Olymp. Der positive griechische Jenseitsglaube konzentriert sich auf drei Bereiche: Eine Grundvorstellung sucht die Glückseligkeit nach dem Tode im Gebiet des Hades, also in der Unterwelt[1], wo man hofft, nach dem Tod ein *menschlich* angenehmes Leben zu finden. Bei einer zweiten Vorstellung liegen das Menschliche und das Göttliche bereits näher beieinander. Nach ihr bleibt die Seele im Bereich der Erde, gibt sich mit einem „menschlichen" Schicksal zufrieden und muss nicht unbedingt göttlich werden, obwohl sie diesen Status gerne erreichen würde. Gemäss der dritten, am weitesten entwickelten Vorstellung befindet sich der Ort der jenseitigen Glückseligkeit in der oberen Sphäre – im Äther, bei den Sternen, im Himmel oder auf dem Olymp. Diese Vorstellung sucht bereits zielbewusst die Gemeinschaft mit den Göttern und ein geradezu göttliches Leben, Vergottung.

1.1 Die Orte der Seligkeit bei den Griechen

1.1.1 Die Stätten der Frommen

„Stätte der Frommen" ($\chi\hat{\omega}\rho o\varsigma$ $\epsilon\dot{\upsilon}\sigma\epsilon\beta\hat{\omega}\nu$[2] bzw. $\epsilon\dot{\upsilon}\sigma\epsilon\beta\acute{\epsilon}\omega\nu$)[3] ist eine recht allgemeine Bezeichnung für die positive Hoffnung der Griechen nach dem Tode; sie befindet sich oft im Bereich der Erde, mindestens noch in ihrer Nähe[4]. In den Grabinschriften ist sie manchmal noch durch weitere Attribute ergänzt. Weil sie für die Gemeinschaft mit den Frommen im Jenseits steht[5], wird sie beispielsweise auch $\dot{\alpha}\gamma\nu\acute{o}\varsigma$ (rein, heilig) oder $\pi\epsilon\rho\iota\kappa\alpha\lambda\lambda\acute{\eta}\varsigma$

---

[1] Das gilt natürlich auch dann, wenn die Vorstellung des Hades in die obere Sphäre, z.B. in den Äther oder unter den Sternen positioniert wird.

[2] Eine Grabaltarinschrift aus Laodikeia (Phrygien) aus dem 3. Jh. n. Chr. sagt es so: $\psi\upsilon\chi\grave{\eta}$ $\delta\grave{\epsilon}$ $\check{\omega}\chi\epsilon\tau o$ $\dot{\epsilon}\varsigma$ $\epsilon\dot{\upsilon}\sigma\epsilon\beta\hat{\omega}\nu$ $\chi\hat{\omega}\rho o\nu$ = *die Seele ging fort an die Stätte der Frommen*: PEEK GV n° 1771 = MAMA I, n° 278; SEG 1, n° 449 und 6, n° 298 und n° 321.

[3] CIG n° 4284 = SEG [2]1828, S. 44ff., n° 36.

[4] Ὁ $\chi\hat{\omega}\rho o\varsigma$ wird im Griechischen als Platz, Ort, Reich, Land, Gegend, Umgebung oder „Provinz" verstanden.

[5] P. HOFFMANN, *Die Toten in Christus*, S. 52.

(wunderschön, hochherrlich) genannt, wie das eine Grabinschrift aus Lemnos (2. Jh. n. Chr.) beschreibt:

⁵ ναίω δ' εὐσεβέων ἁγνὸν περικαλλέα χῶρον,
σύνθρονος ἡρώων εἵνεκα σωφροσύνης.⁶

Ich wohne an der Frommen reiner, hochherrlicher Stätte,
den Heroen zugesellt wegen meiner Besonnenheit.
(Übersetzung nach W. PEEK)

In der Inschrift kommt die Hoffnung auf die Gemeinschaft mit den Heroen zum Ausdruck, deren σύνθρονοι die Toten sind. Ähnliche Vorstellungen kommen in den Grabinschriften mehrmals vor[7].

In einem anderem Fall sprechen die Grabinschriften vom Ort der Glückseligkeit im Jenseits als einer *heiligen*, gottgesegneten oder herrlichen *Stätte* (ἱερὸς χῶρος). Das belegt eine Grabinschrift aus Memphis (etwa 2. Jh. n. Chr.):

γνῶθι μετ' εὐσεβέεσσι σαόφρονα Δωρίδα κεῖσθαι,
ἀντ' ἀρετῆς ἱερὸν χῶρον ἀνευρομένην.⁸

Wisse, dass die besonnene Doris bei den Frommen weilt,
für ihre Tugend fand sie an heiliger Stätte den Lohn.
(Übersetzung nach W. PEEK)

Weil in der Inschrift die Stätte der Toten ἱερός ist, muss sie in der Vorstellung der gläubigen Griechen sicherlich gut und positiv erscheinen. Die Qualifizierung ἱερός enthält ausserdem einen Hinweis darauf, dass diese Stätte nahe bei den Göttern zu denken ist.

Eine „menschlichere" Vorstellung nennt den Ort der Glückseligkeit nach dem Tode „Aue der Frommen" (εὐσεβέων λειμών), wo Persephone – gemäss einer Grabsteleninschrift aus Demetrias (Anfang 3. Jh. v. Chr.)[9] gehört dies zu ihren Kompetenzen – nur die aufrichtige (ψυχὴ ἀληθής), reine (καθαρά) und gerechte (δίκαιος) Seele Wohnung nehmen lässt (κατοικίζειν).

---

⁶ PEEK GG n° 316 = PEEK GV n° 1162; IG XII⁸ n° 38; KAIBEL n° 151.

⁷ Vgl. dazu auch weitere Inschriften, wie z.B. L. MORETTI, *Inscriptiones Graecae Urbis Romae* I, n° 98 = CIG n° 6007; IG XIV n° 961; IGR I, n° 32 usw. Vgl. E. RISCH, *θρόνος, θρόνα und die Komposita von Typus χρυσόθρονος*, in: ders., *Kleine Schriften*, Berlin/New York 1981, S. 354-362 = ders., *Studii Clasice* 14 (1972), S. 17-25.

⁸ PEEK GG n° 322 = GV n° 1289; CIG n° 4703; KAIBEL n° 259: vgl. P. HOFFMANN, *Die Toten in Christus*, S. 52.

⁹ PEEK GG n° 208 = GV n° 1572; A. S. ARVANITOPULOS, Γραπταὶ Στῆλαι, S. 149 ff.

1.1.2 Die Gefilde der Seligen

Als „Gefilde der Seligen" wird der Ort bezeichnet, in dem die Seelen der Toten den Göttern ganz nahe sind. Er ist schon ein gleichsam göttliches Territorium. Eine Sarkophaginschrift aus Edessa (3. Jh. n. Chr.) bezeugt die Vorstellung, gemäss der Gott (θεός) die Seele εἰς μακάρων πεδίον entrücke, damit sie nicht nur mit den Frommen, sondern wahrscheinlich auch mit den Göttern (μάκαρες) zusammen sei:

> ἥδε πέτρος κεύθει Γραφικοῦ δέμας· εἰς μακάρων δέ
> ψυχὴν θεσπεσίην θῆκε θεὸς πεδίον[10].

> *Dieser Stein birgt den Leib des Graphikos, doch seine göttliche Seele*
> *entrückte die Gottheit auf das Gefilde der Seligen.*
> (Übersetzung:W. PEEK)

In einem anderen Fall wissen die Grabinschriften von der Gemeinschaft mit den Göttern, dass die Seele oder das Herz (κῆρ, κέαρ) der Toten ἐς μακάρων gehe. So z.B. die Inschrift auf einer gerahmten Platte aus Sabini (1.-2. Jh. n. Chr.)[11]: τὸ δ' ἀθάνατον | ἐς μακάρων ἀνόρουσε κέαρ (*sein unsterbliches Herz fuhr auf zu den Seligen*)[12]. Das Gebiet der μάκαρες ist ein „Reich Gottes", und auch dafür kennen die Grabinschriften mehrere Bezeichnungen. Eine Grabaltarinschrift aus Pergamon (1.-2. Jh. n. Chr.) nennt dieses „Reich" z.B. „Ebene der Seligen" (μακάρων δάπεδον).

> [5] ψυχὴ | δ' ἐκ ῥεθέων πταμένη μ[ε]||τὰ δαίμονας ἄλλους
> ἤλ[υ]|θε σή, ναίεις δ' ἐν μακάρω[ν] | δαπέδῳ·
> [8] νῦν γὰρ θειοτέ|ρην μοῖραν ἔχεις βίοτο[υ]·|
> [15] νῦν σ' [ἤδη] | δύναμαι θαρρῶν εὐδαίμ[ο]||να κλήζειν,
> ὄλβιε καὶ ζω|ῆς, ὄλβιε καὶ θανάτου·[13]

> *Aber deine Seele flog aus den Gliedern heraus und kam*
> *zu den anderen Dämonen*
> *und du wohnst in der Ebene der Seligen ...*

---

[10] PEEK GG n° 355 = GV n° 1772; KAIBEL n° 516.

[11] PEEK GG n° 353 = GV n° 1763; KAIBEL n° 651; IG XIV n° 2241; E. COUGNY, *Anthologia Palatina* III, 2, n° 536. Vgl. auch P. HOFFMANN, *Die Toten in Christus*, S. 55.

[12] Übersetzung von Werner PEEK.

[13] R. MERKELBACH – J. STAUBER, *Steinepigramme* I, n° 06/02/32 = KAIBEL n° 243; vgl. auch seine Add. S. 522; H. W. PLEKET, *Epigraphica* II, n° 20; IGR IV, n° 507; PEEK, GV n° 2040; A. WILHELM, *Zu griechischen Epigrammen*, in: BCH 29 (1905), S. 414f., n° 8; Max FRÄNKEL, *Die Inschriften von Pergamon* II., Berlin 1895, n° 576; zu Z. 5-8. vgl. auch E. COUGNY, *Anthologia Palatina* III, 2, n° 188.

denn jetzt hast du ein Lebensgeschick, das den Göttern näher ist...
jetzt kann ich dich getrost glückselig nennen,
du Seliger im Leben, Seliger im Tod.

(Übersetzung: R. MERKELBACH – J. STAUBER)

In dieser Grabinschrift könnte das griechische δάπεδον die „Jenseitswelt", d.h. das Gebiet, das Land, die Gegend oder einfach die „Provinz" der seligen Götter bedeuten, wo die Seele mit ihnen zusammen wohnt. Nach einer Grabinschrift wohnt auch Platon in diesem Reich (δαπέδῳ Ζηνὸς ἐνιδρύσατο)[14]. Eine Grabinschrift aus Ostia[15] stellt sich die Jenseitswelt der Götter als ein Reich mit hellem Licht vor, wo *die unsterbliche Seele im Äther und in den glänzenden Lichtstrahlen des Zeus umherfliegt:* ἀθανάτη ψυχὴ μὲν ἐν αἰθ]έρι καὶ Διὸς αὐγαῖς π[ω]τᾶτε[16]. In einer anderen Grabinschrift aus Megara (3. Jh. n. Chr.) ist es genauso: Die obere Welt der Götter ist hell von φάος[17], wo die Seele gerne verweilt (μένει)[18].

Ein dem Philosophen Pamphilos[19] gewidmetes Grabepigramm spricht von einem Reich der Götter als κλῆρος ἀθανάτων im Himmel:

Χθών σε τέκεν, πόντος δὲ διώλεσε, δέκτο δὲ θῶκος
Πλουτῆος· κεῖθεν δ' οὐρανὸν εἰσανέβης.
οὐχ ὡς ναυηγὸς δὲ βυθῷ θάνες, ἀλλ' ἵνα πάντων
κλήροις ἀθανάτων, Πάμφιλε, κόσμον ἄγης.[20]

Erde hat dich geboren, das Meer dich getötet und Plutons
Haus dich empfangen; von dort stiegst du zum Himmel empor.

---

[14] Nach Hermann BECKBY: δαπέδῳ Ζηνός = *in der Halle des Zeus* (H. BECKBY, *Anthologia Graeca* VII, n° 109); Diogenes Laertius, *Vit. Phil.* 3,45 (vgl. auch: 3,2 und 40). Der Fundort ist nicht bekannt. Autor: Diogenes Laertius; es gäbe auch die Bestimmung der Zeit.

[15] Wahrscheinlich aus hellenistischer Zeit.

[16] G. KAIBEL, *Epigrammata Graeca*, S. Add. 15 [195], n° 718a.

[17] Die Seelen suchen das Licht, weil sie das irdische Licht verloren haben. Deswegen haben sie Sehnsucht nach dem unsterblichen Licht (φάος ἀθάνατον; so eine Stele aus Pantikapaion, 1. Jh. n. Chr.), das sich dort oben findet: KAIBEL n° 250 = PEEK GV n° 848; IBM II, n° 181; G. v. KIESERITZKY – C. WATZINGER, *Griechische Grabreliefs aus Südrussland*, S. 3, n° 17.

[18] KAIBEL n° 462 = PEEK GV n° 1903; IG VII, n° 115-117; L. ROBERT, *Épigramme d'Égine*, in: Hellenica IV (1948), S. 16.

[19] Der Philosoph Pamphilos war Lehrer Epikurs und starb Anfang des 3. Jhr. v. Chr. Als Autor des Epigramms nennt Hermann BECKBY Julianos von Ägypten.

[20] H. BECKBY, *Anthologia Graeca* VII, n° 587.

Nicht ob dem Schiffbruch verschlang dich das Meer. Du, Pamphilos, warest
als eine Zier für das Reich sämtlicher Götter bestimmt.

(Übersetzung: H. BECKBY)

„Κλῆρος der Götter" bezeichnet hier wahrscheinlich ein Gebiet oder
Reich, evtl. auch ein Land oder Landgut, welches die in den Himmel gekommene Seele als Erbe bewohnen kann. Dieser Bereich ist bereits himmlisch.

1.1.3 Die Luft

Bei den nach oben gerichteten Jenseitsvorstellungen ist zunächst die *Luft*
(ἀήρ) der Aufenthaltsort für die Seele. Eine Grabinschrift aus Rom (wohl
3. Jh. n. Chr.) erzählt von Rufinus, der nach dem Tode seine Seele der Luft
übergab:

$$^5 \text{Μοιρῶν οὐκ ἔφυγεν τρισσῶν μίτον, ἀλλὰ νεκρωθεὶς}$$
$$\text{τὴν ψυχὴν ἀπέδωκεν ἐς ἀέρα, σῶμα δὲ πρὸς γῆν.}^{21}$$

Dem Faden der drei Moiren ist er nicht entflohen, aber als Toter
übergab er die Seele der Luft, den Leib hingegen der Erde.

(Übersetzung: H.-G. NESSELRATH – I. PERES)

Eine andere Grabinschrift aus Rom (3. Jh. n. Chr.) beschreibt ebenso die
Übergabe der Seele an die Luft, die schon zur Sphäre der glückseligen
Götter zählt (ἀὴρ μακάρων); deswegen erlangt die kluge Seele (ψυχὴ
συνετή) der Chreste grosse himmlische Ehren:

$$\text{ἐνθάδε νῦν κατὰ γῆς σῶμ' ἀνέπαυσε πόνων,}$$
$$\text{τὴν συνετ[ὴ]ν ψυχὴν μακάρων εἰς ἀέρα δοῦσα}$$
$$^5 \text{πρόσθεν μὲν θνητή, νῦν δὲ θεῶν μέτοχος.}^{22}$$

Hier unter der Erde hat sie (Chreste) nun ihren Leib
von den Mühen ausruhen lassen.
Ihre verständige Seele gab sie dem Luftraum der Glückseligen
und war vorher eine Sterbliche, jetzt aber ist sie Teilhaberin der Götter.

(Übersetzung: H.-G. NESSELRATH – I. PERES)

---

[21] PEEK GV n° 1169 = IG XIV n° 1976; KAIBEL n° 642; E. COUGNY, *Anthologia*
Palatina III, 2, n° 713; CIG n° 6283; R. CAGNAT, IGR I, n° 340; L. MORETTI, *Inscriptio-*
nes Graecae Urbis Romae III, n° 1321. Vgl. E. BICKEL, *De epitaphio Senecae*, in: RhM
63 (1908), S. 404.
[22] PEEK GV n° 743 = IG XIV n° 2117; KAIBEL n° 654; CIG n° 6301; E. COUGNY,
Anthologia Palatina III, 2, n° 620.

Auf einer Grabinschrift aus Vraona (Attika, hellenistische Zeit) kann man lesen, dass die Seele des Guneus, der wahrscheinlich im Meer ertrunken ist, in die feuchte Luft (ἐς ἀέρ' ὑγρόν) emporgestiegen ist:

Σῆμα τὸ μὲν Γουνῆος ὁρᾷς· ψυχὴ δὲ θανόντος
ἀέρ' ἐς ὑγρὸν ἔβη, σῶμα δὲ πόντος ἔχει.[23]

Du siehst das Grab des Guneus; die Seele ist nach seinem Tod
in die fliessende Luft aufgestiegen, seinen Leib aber hat das Meer.
(Übersetzung: H.-G. NESSELRATH – I. PERES)

Diesem Gedanken entspricht auch das zweisprachige Zeugnis einer Grabinschrift auf einer Marmortafel aus Rom[24] (wahrscheinlich Kaiserzeit), das besagt, dass die Seele, die nach dem Tod der αὔρη (Hauch, Luft, Wind) ähnlich ist, in die Ebene des Elysiums (in *campos Elysios*) entflogen sei (ἐκπεπότημαι), die sich gemäss der Inschrift wahrscheinlich irgendwo in der Luftzone befindet.

Eine andere Sarkophaginschrift aus Rom (1.-2. Jh. n. Chr.) unterrichtet uns ebenfalls über das Entkommen der Seele ἰς ἀέρα, wohin sie auch ihre irdische Schönheit (κάλλος) mitnehme. Doch enthält sie auch die Traurigkeit und den Schmerz über die Entrückung in der Jugendzeit:

Τίς βροτὸς οὐκ ἐδά|κρυσε ὅτι τὸ σὸν κάλλος ἀπῆλθεν ἰς ἀέ|ρα
5 ἣν ἥρπασαν ἀπὸ ‖ γονέων Μοῖραι κα|τ' ἐπείπαν.[25]

Welcher Sterbliche vergoss nicht Tränen darüber, dass in die Luft entwichen ist
deine Schönheit, die die Moiren – wie so oft – von ihren Eltern
                                            weggerissen haben?
(Übersetzung: H.-G. NESSELRATH – I. PERES)

---

[23] E. COUGNY, *Anthologia Palatina* III, 2, n° 90.
[24] A. FERRUA, *Antiche iscrizioni inedite di Roma*, in: Epigraphica 29 (1967), S. 75, n° 88; L. MORETTI, *Inscriptiones Graecae Urbis Romae* III, n° 1427. Die Marmortafel ist leider teilweise zerstört, weswegen die Inschrift nur fragmentarisch erhalten ist. Der Sinn des Epigramms kann aber logisch rekonstruiert werden.
[25] L. MORETTI, *Inscriptiones Graecae Urbis Romae* III, n° 1199 = KAIBEL n° 723; CIG n° 6223b und Add. S. 1265; IG XIV n° 1560; F. Th. WELCKER, *Epigrammatum Graecorum spicilegium tertium*, in: RhM 6 (1848), S. 95f., n° 18; F. A. Otto BENDORF – K. Th. Richard SCHOENE, *Antike Bildwerke des Lateran. Museums*, Leipzig 1867, S. 303ff., n° 343.

1.1.4 Der Äther

Der *Äther* kann als Gebiet des Himmels verstanden werden. Bei den Griechen vermischen sich die geistigen und die materialen Vorstellungen teilweise – so gut ersichtlich auch auf einer Grabinschrift aus Smyrna (1.-2.
Jh. n. Chr.), gemäss der es im Äther Nebelwolken gibt, oder sich der Äther
in den Nebelwolken befindet:

> νὺξ μὲν ἐμὸν κατέχει ζωῆς φάος ὑπνοδοτείρη,
> ἀλγεινῶν λύσασα νόσων δέμας ἡδέϊ ὕπνωι,
> λήθης δῶρα φέρουσ᾽ ἐπ᾽ ἐμοὶ πρὸς τέρμασι Μοίρης·
> ψυχὴ δ᾽ ἐ‹κ› κραδίης δράμ᾽ ἐς αἴθερον εἴκελος αὔρηι
> 5 κοῦφον ἐπαιωροῦσα δρόμωι πτερὸν ἠέρι πολλῶι.²⁶

Die schlafgebende Nacht hält das Licht meines Lebens fest,
nachdem sie meinen Leib von schweren Krankheiten
> *durch süssen Schlaf erlöst hatte,*
als sie mir an der von der Schicksalsgöttin bestimmten Grenze des Lebens
> *die Gaben des Vergessens gebracht hatte.*
Aber meine Seele fuhr aus meinem Herzen wie ein Luftzug in den Äther empor,
indem sie den leichten Flügel in dichter Nebelwolke im Laufen emporhob.
> (Übersetzung: R. Merkelbach – J. Stauber).

Aus dem weiteren Text der Grabinschrift geht hervor, dass das Leben in
diesem Gebiet, in den Häusern der Götter und der Tischgemeinschaft mit
ihnen, sehr glücklich sein muss. Dass die Götter auch im Äther wohnen
und dort mit den Seelen zusammen sind, bestätigt ebenfalls eine Grabaltarinschrift aus dem phrygischen Nakoleia (2.-3. Jh. n. Chr.): ψυχὴ δ᾽
ἀθανάτων αἰθέρα ναιετάει = *meine Seele wohnt im Äther bei den Unsterbli-*
*chen*²⁷. Eurymachos aus Piraeus (vor 350 v. Chr.) ist überzeugt, dass der
Äther feucht sei und sich dort seine ganze menschliche Persönlichkeit (seine Seele und auch seine hochfliegenden Gedanken) befinde:

> Εὐρυμάχου ψυχὴν καὶ ὑπερφιάλους διανοίας
> αἰθὴρ ὑγρὸς ἔχει, σῶμα δὲ τύμβος ὅδε.²⁸

---

²⁶ CIG n° 3398 = Kaibel n° 312; Peek GV n° 1765 und GG n° 391; G. Petzl, IK
23, n° 539; D. F. McCabe, *Smyrna*, n° 277; R. Merkelbach – J. Stauber, *Steinepigramme* I, n° 05/01/64; P. Hoffmann, *Die Toten in Christus*, S. 50.
²⁷ Peek GG n° 250 = GV n° 1031; Le Bas – Waddington n° 1024; E. Cougny,
Anthologia Palatina III, 2, n° 567. Übersetzung: W. Peek.
²⁸ Peek GG n° 74 = GV n° 1755; IG II/III² n° 11466; Kaibel n° 4; E. Hoffmann,
Sylloge epigrammatum Graecorum, n° 92. Fundort: Piraeus. Vor 350 v. Chr.

Des Eurymachos Seele und seine hochfliegenden Gedanken
hat der feuchte Äther aufgenommen, sein Leib dieses Grab.
(Übersetzung: W. PEEK)

1.1.5 Höfe des Zeus

Der Äther ist also als Wohnung der Götter und als Aufenthaltsort der Seelen geeignet. Dort befinden sich auch die „Höfe des Zeus" (Διὸς αὐλαί),
eine andere griechische Bezeichnung für den oberen Ort der Seligkeit. Eine
Sarkophaginschrift aus Nikosia (Zypern, 2.-3. Jh. n. Chr.) verkündet die
Möglichkeit, dort hinzugelangen, als grosses Geschenk der Götter, das nur
wenigen Menschen zuteil werde. Eulalios glaubt sogar, dass er allein unter
den Toten es bekommt:

῞Ηι[ρ]ησεν [θ]ανά[του με μ]όρος· τὸ δὲ σῶμα καλύπτει
  Γαῖα, λαβοῦσα γέρας τοῦθ᾽ ὃ δέδωκε, πάλ[ιν].
Β]ῆ γάρ μοι ψυχὴ μὲν ἐς αἰθέρα καὶ Διὸς αὐλάς,
  ᾽Οστέα δ᾽ εἰς ᾽Αίδην ἄτροπος εἷλε νόμος.
Τοῦτ᾽ ἔλαχον μέγα δῶρον ὑπ᾽ αὐτῶν Οὐρανιώνων,
  Εὐλάλιος γαμικός, μοῦνος ἐνὶ φθιμένοις.[29]

Das Los des Todes hat mich ergriffen; meinen Leib verbirgt
  Die Erde und nimmt (damit) die Gabe, die sie gegeben hat, wieder zurück.
Denn meine Seele ging (hinauf) in den Äther und in die Höfe des Zeus,
  die Gebeine aber nahm das unabwendbare Gesetz in den Hades.
Dies habe ich als grosses Geschenk von den Himmlischen (Göttern)
                                         selbst erhalten,
ich, Eulalios, verheiratet[30], allein unter den Toten.
(Übersetzung: H.-G. NESSELRATH – I. PERES)

Die αὐλαί der Götter sind auch der Ort des ἀφθίτοις ὁμέστιος, der gemeinsame Wohnraum (beim Herd) mit den Unsterblichen. Dort haben die
Götter und die Seelen als deren Mitbewohner (ὁμέστιος) ihren dauernden
Wohnsitz und essen zusammen, wie das eine Inschrift aus Milet (vielleicht
aus dem 2. Jh. n. Chr.) beschreibt[31]. Diese Grabinschrift verlegt allerdings
die Höfe der Götter auf den Olymp.

---

[29] LE BAS – WADDINGTON n° 2771 = CIG n° 2647; KAIBEL n° 288; PEEK GV n°
1325.
[30] In heiratsfähigem Alter?
[31] R. MERKELBACH – J. STAUBER, *Steinepigramme* I, n° 01/20/27.

1.1.6 Der Olymp

Eine sehr weit entwickelte Vorstellung verlegt den Ort der Seligkeit *in* den Olymp. Dieser ist im Kult und in der Mythologie der Berg der Götter, der Wohnsitz der göttlichen Gestalten. In der ursprünglichen homerisch-griechischen Mythologie war der Gottesberg Olymp für die Götter und deren Lieblinge reserviert[32]. Im Prozess der Entwicklung des mythologischen Denkens aber wurde der himmlische Olymp oder der olympische Himmel für immer weitere Kreise geöffnet, wodurch er auch für die Seelen der verstorbenen Griechen erreichbar wurde.

Als Beispiel der Grabinschriften, die davon wussten, sei eine aus Athen angeführt, die schlicht von der Überzeugung spricht, in den Olymp zu kommen:

[τηροῦσ' ἣ διέ]μεινεν ἀείμνηστον τρόπον, αὕτη·
[ἧς μὲν σῶμ' ὑπὸ] γῆς κεῖται, ψυχὴ δ' ἐν Ὀλύμ[ωι].[33]

Diese hier wahrte stets ihren Charakter, der in ewigem Andenken steht;
Ihr Leib ruht unter der Erde, ihre Seele aber befindet sich im Olymp.
(Übersetzung: H.-G. Nesselrath – I. Peres)

Eine Grabinschrift aus Aphrodisias[34] bezeugt den Glauben, dass Asklepiodotos sich im Olymp (ἐν Ὀλύμπῳ) unter den Sternen befindet:

[ο]ὐ θά|νεν οὐδ' Ἀχέ|ροντος | ἴδεν ῥό|ον, ἀλλ' ἐ|ν Ὀλύμπωι |
Ἀσκληπιόδο|τος τείρεσι | συνφέρετε, |
οὗτος ὅτις | δώμησε καὶ | ἀγλαὰ πολ|λὰ τιθήνηι |[35]

Asklepiodotos ist nicht gestorben und hat den Fluss des Acheron nicht gesehen,
sondern er ist im Olymp
und wird mit den Sternen im Umlauf gedreht,
er, der Bauten errichtet und seiner Amme (der Stadt)
viele (Wohltaten erwiesen) hat
(Übersetzung: R. Merkelbach – J. Stauber)

---

[32] Darüber mehr in Kapitel III.3. Dort finden sich die Belege aus der Mythologie und Literatur.
[33] Kaibel n° 159 = IG II/III n° 881; E. Hoffmann, *Sylloge epigrammatum Graecorum*, n° 102; Peek GV n° 595. Nach W. Peek Mitte 4. Jh. v. Chr.; nach P. Hoffmann (*Die Toten in Christus*, S. 49) aus der römischen Zeit.
[34] Ihre Datierung ist fraglich; nach R. Merkelbach ca. 4. Jh. n. Chr.
[35] MAMA VIII, n° 487; L. Robert, *Aphrodisias*, in: Hellenica XIII (1965), S. 170-171; R. Merkelbach – J. Stauber, *Steinepigramme I*, n° 02/09/06.

Ein Grabepigramm aus Zypern (etwa um 150 v. Chr.) will wohl dem Dunkel des Lebens und dem darauf folgenden Dunkel des Hades das Licht des Olymp gegenüberstellen, in das die Seele von Zeus selbst geführt wird:

$$^{11} \text{οὐδέ σε νὺξ ἐκ νυκτὸς ἐδέξατο· δὴ γὰρ ἄνακτας}$$
$$\text{τοίους οὐκ 'Αίδας, Ζεὺς δ' ἐς "Ολυμπον ἄγει.}^{36}$$

Doch du gingst nicht vom Dunkel ins Dunkel; solch fürstliche Seelen
nimmt nicht Hades, sie führt Zeus zum Olympos empor.
(Übersetzung: H. BECKBY)

Auf einer Grabinschrift aus Milet (2. Jh. n. Chr.) ist es der schnellfüssige Hermes, der die Seele in den Olymp emporführt (ἐς "Ολυμπον ἀνήγαγεν εὔσφυρος 'Ερμῆς)[37]. Von einer Frau aus Ostia (2. Jh. n. Chr.) wurde geglaubt, sie sei in den Olymp gegangen (ἀπέβη πρὸς "Ολυμπον)[38], und auch die Seele des Aëtios (wohl Rom, Anfang 1. Jh. n. Chr.) entschwebte zum Olymp: ἦλθεν ... δ' ψυχὴ ('Αετίου) ἐς "Ολυμπον[39]. Dorthin, πρὸς Οὔλυμπόν [μιν ἀεῖραι][40] wurde von den Göttern ebenso Areskusa aus Boiai (Lakonien, 2.-3. Jh. n. Chr.), welche Tempelwärterin der Aphrodite gewesen war, getragen. Auf einer Marmortafel-Inschrift aus Rom (2.-3. Jh. n. Chr.) steht, dass die Seele selbst zum Olymp hinaufsprang (ψυχὴ μὲν πρὸς "Ολυμπον ἀνήλλατο)[41].

Über den Adler des Platon wird, wie Diogenes Laertios bezeugt[42], in einer Grabinschrift gesagt, dass er das Sinnbild seiner Seele sei, die in den Olymp flog (ψυχῆς εἰμι Πλάτωνος ἀποπταμένης ἐς "Ολυμπον | εἰκών = Sinnbild bin ich der Seele Platons; sie flog zum Olympos)[43]. Diese Inschrift ist ein literarisches Grabepigramm aus hellenistischer Zeit.

Eine Inschrift aus Rom (3. Jh. n. Chr.), die das Leben im Olymp mit dem Sein auf den Inseln der Seligen und in den elysischen Gefilden ver-

---

[36] H.BECKBY, *Anthologia Palatina* VII, n° 241. Fundort: Zypern (?). Etwa 150 vor Chr. Der Dichter: Antipatros von Sidon.
[37] PEEK GG n° 343 = GV n° 1829; B. HAUSSOULLIER, *ΑΣΤΗΡ*, in: RevPhil 33 (1909), S. 6-7; R. MERKELBACH – J. STAUBER, *Steinpeigramme* I, n° 01/20/29; W. PEEK, *Milesische Versinschriften*, in: ZPE 7 (1971), S. 218-220, n° 14; H. W. PLEKET, *Epigraphica* II, S. 50, n° 48; vgl. F. CUMONT, *Recherches*, S. 282f.; E. ZIEBARTH, *Zum griechischen Schulwesen*, in: ÖJh 13 (1910), S. 112, n° 4.
[38] PEEK GV n° 909.
[39] H. BECKBY, *Anthologia Graeca* VII, n° 362 = PEEK GV n° 770; vgl. E. BICKEL, *De epitaphio Senecae*, in: RhM 63 (1908), S. 405.
[40] IG V¹ n° 960 = PEEK GV n° 924; GG n° 318;
[41] PEEK GV n° 1146 = IG XIV n° 2002; KAIBEL n° 646a (S. 529). Vgl. E. BICKEL, *De epitaphio Senecae*, in: RhM 63 (1908), S. 404.
[42] Diogenes Laertius, *Vit. Phil.* 3,44.
[43] Übersetzung nach H. BECKBY, *Anthologia Graeca* VII, n° 62.

bunden hat, sieht das Fortleben der fehllosen Seele in reinem Glanz in der
Nähe des Olymp:

οὐκ ἔθανες, Πρώτη, μετέβης δ' ἐς ἀμείνονα χῶρον
καὶ ναίεις μακάρων νήσους θαλίῃ ἐνὶ πολλῇ
ἔνθα κατ' Ἠλυσίων πεδίων σκιρτῶσα γέγηθας
ἄνθεσιν ἐν μαλακοῖσι κακῶν ἔκτοσθεν ἁπάντων·
5 οὐ χειμὼν λυπεῖ σ', οὐ καῦμα, οὐ νοῦσος ἐνοχλεῖ,
οὐ πείνη σ', οὐ δίψος ἔχει σ', ἀλλ' οὐδὲ ποθεινός
ἀνθρώπων ἔτι σοι βίοτος· ζώεις γὰρ ἀμέμπτως
αὐγαῖς ἐν καθαραῖσιν Ὀλύμπου πλησίον ὄντως.[44]

Nicht gestorben bist du, Prote, nur hinüber gegangen zu einer besseren Stätte
und wohnst nun auf den Inseln der Seligen, umgeben von lauter Festglanz:
dort auf den elysischen Gefilden springst du freudig umher
auf weicher Blumenaue, allem Bösen entrückt;
nicht Winterkälte kränkt dich, nicht Sonnenglut,
                                    nicht Krankheit belästigt dich,
nicht Hunger noch Durst quält dich, nicht einmal nach der Menschen Leben
sehnst du dich noch zurück; du lebst ein Leben
ohne Fehl in reinem Glanz und bist wahrhaftig dem Olymp ganz nahe.
                                                        (Übersetzung: W. PEEK)

Eine Grabinschrift aus Milet (2. Jh. n. Chr.) besagt, dass die Toten als
Tischgenossen der Götter auf die Pforten des Olymp blicken können:
βλέ[πε]ις δὲ Ὀλύμπου τὰς πύλας[45]. Der Olymp ist auch das Reich des
grossen Vaters Zeus (πατὴρ ὁ μέγας), der Autorität ist für alle – was für
die Ordnung im Gebiet der Götter und Gottheiten (δαίμονες ἀθάνατοι)
einschliesslich der neu hinzugekommenen Seelen wichtig ist. Eine Inschrift aus Korkyra (2.-3. Jh. n. Chr.) weist auf diese Vorstellung hin:

δαίμονες ἀθάνατοι πολλοὶ κατ' Ὀλύμπιον ἕδρην,
ἀλλὰ θεὸς τούτων ἐστὶ πατὴρ ὁ μέγας.[46]

---

[44] PEEK GG n° 399 = GV n° 1830; H. BECKBY, *Anthologia Graeca* VII, S. 591,
Anm. 407; IG XIV n° 1973; CIG n° 6279; KAIBEL n° 649; P. HOFFMANN, *Die Toten in
Christus*, S. 55. Vgl. ꞊. FOERST-CRATO, *Ausblicke ins Paradies*, S. 74.
[45] R. MERKELBACH – J. STAUBER, *Steinepigramme* I, n° 05/01/64. Vgl. auch die Türe
des Hades: πύλαι Ἀείδου in: PEEK GV n° 1275.
[46] PEEK GG n° 465 = GV n° 1978; KAIBEL n° 261; IG IX₁ n° 882-883; O. KERN,
Zum Grabgedicht auf die Frau des Euodos von Korkyra, in: Hermes 52 (1917), S. 147f.;
U. v. WILAMOWITZ-MOELLENDORFF, *Griechische Verskunst*, S. 146.

Unsterbliche Gottheiten gibt es viele an des Olympos Sitze,
doch ihrer aller Gott ist der grosse Vater.

(Übersetzung: W. PEEK)

1.1.7 Der Himmel

In der griechischen Gedankenwelt wurde der Olymp im allgemeinen in den Himmel versetzt. Wenn folglich jemand in den Olymp emporsteigt, steigt er auch in den Himmel, denn das Gebiet des Himmels und das des Olymp gehören zusammen. Es ist also der Bereich der Götter, in dem der Entrückte selbst ein Gott werden kann. Eine kaiserzeitliche Sarkophaginschrift aus Assos bestätigt eben diese Vorstellung, wonach die Seele im Himmel Olympier werde oder zumindest mit Olympiern zusammensein könne (ψυχὴ [ἐς] οὐρανὸν εἰσα[ν]έβη [ὅ]θ᾿ Ὀλύμπι[ο]ς ἐών)[47]. So ist der Himmel eine weitere Sphäre der griechischen „Eschatologie", die positiv und hoffnungsvoll ist.

Eine Grabinschrift aus Korkyra (2.-3. Jh. n. Chr.) verbindet den Himmel mit seinen Sternen mit dem Olymp und den Götterpalästen (οἰκία τῶν ἐν Ὀλύμπῳ). Die Seele des Verstorbenen ist in den gestirnten Himmel (πρὸς οὐρανὸν ἀστερόεντα) eingetreten:

ἀθάνατος ψυχὴ τὰ μὲν οἰκία τῶν ἐν Ὀλύμπῳ
ναίω, σῶμα δ᾿ ἐμὸν γαῖα φέρει φθίμενον.

[13] ἐν μὲν ὑπ᾿ ἀγκαλίσιν φέρομαι τέκνον ἐνδεκέτηρον
Εὐόδῳ, ὃς πόσις ἦν, ὁππότ᾿ ἔναιε δόμους·
τεσσαρακονταέτης δὲ πρὸς οὐρανὸν ἀστερόεντα
ἤλυθον, ἐν γαίῃ σῶμ᾿ ἐμὸν ἐνθεμένη.[48]

Als unsterbliche Seele wohne ich im Palast der Götter auf dem Olymp;
meinen vergänglichen Leib trägt die Erde.

Ein einziges, elfjähriges Kind bringe ich auf meinen Armen
zu Euodos, der mein Gatte war, als er noch im Hause wohnte.
Mit vierzig Jahren ging ich zum bestirnten Himmel;
meinen Leib bettete ich in der Erde.

(Übersetzung: W. PEEK)

---

[47] W. PEEK, *Griechische Versinschriften aus Kleinasien*, S. 9-10, n° 2 = SEG 30, n° 1398; LE BAS – WADDINGTON n° 1034b; R. MERKELBACH, IK 4, n° 74a; R. MERKELBACH – J. STAUBER, *Steinepigramme* I, n° 07/02/02.
[48] PEEK GG n° 465 = GV n° 1978; KAIBEL n° 261; IG IX₁ n° 882-883. Zu den Z. 9-10 vgl. J. H. MOULTON – G. MILLIGAN, *The Vocabulary of the Greek Testament*, S. 252.

Eine schon zitierte Grabinschrift aus der Anthologia Graeca[49] drückt die Vorstellung aus, dass der Weg zum Himmel und zu den Göttern durch Pluteus' Haus (θῶκος Πλουτῆος) führt, von wo aus die Seele emporsteigt: κεῖθεν δ' οὐρανὸν εἰσανέβης = *von dort stiegst du zum Himmel empor.*

Eine Grabinschrift aus Pergamon aus der Kaiserzeit lässt die Seele im Himmel μένειν (bleiben, wohnen). Diese Vorstellung, wonach sich die Seele im Himmel befinde und weiterlebe, konnte über den Schmerz des Todes hinweghelfen:

> εὖ θάνεν ʽΙπποκράτης· ἀλλ' [ο]ὐ θά[νεν]· | οὐδ' ἄρ' ἔγωγε,
> 18   τοῦ πάλαι ʽΙππο[κρά]ἰτους οὐδὲν ἀσημότερος· |
> ἀλλ' ἔτυμον ψυχὴ μένει ο[ὐρανί]ἰη Φιλαδέλφου,
> σῶμα δὲ [θνητὸν ἐ]ἰὸν χθὼν ἱερὴ κατέχει.[50]

Gut gestorben ist Hippokrates; und ist auch nicht gestorben;
und das gilt auch von mir,
der ich nicht weniger berühmt bin ich als der alte Hippokrates;
sondern in Wahrheit bleibt die Seele des Philadelphos im Himmel,
während die heilige Erde den sterblichen Leib birgt.

(Übersetzung: R. MERKELBACH – J. STAUBER)

Die Inschrift eines spätantiken Grabmals aus Aphrodisias weiss Claudia wegen ihrer frommen Werke, an welche man sich immer erinnern wird, im Himmel ([ο]ὐρανὸν εἰσανό[ρ]ουσε): εὐσεβί[[αισ]ιν ἀειμνήσ[τ]οισι κομῶσα[51]. Aus Albano (Latium, Anfang des 3. Jh. n. Chr.) drückt eine Grabinschrift den Glauben der Eltern aus, wonach ihr kleines Kind Eutychos in den Himmel gekommen (ἔτι νήπιος οὐρανὸν ἦλθεν) und dort, auf einem Pferd sitzend, ein Stern geworden sei (ἀστέρα γάρ μ' ἐσορᾷς ἵππῳ ἐφεζόμενον)[52]. Über den Tod eines Kindes, sowie eines neunjährigen Enkels klagt die Inschrift auf einer Marmortafel aus Rom (2. Jh. n. Chr.), in welcher der Hinterbliebene die Hoffnung zum Ausdruck bringt, dass sie auf dem gleichen Weg wie die Seligen zum Himmel emporsteigen:

---

[49] Quelle und Übersetzung: H. BECKBY, *Anthologia Graeca* VII, n° 587.
[50] KAIBEL n° 243 = H. W. PLEKET, *Epigraphica* II, n° 20; IGR IV, n° 507; PEEK GV n° 2040; R. MERKELBACH – J. STAUBER, *Steinepigramme* I, n° 06/02/32.
[51] R. MERKELBACH – J. STAUBER, *Steinepigramme* I, n° 02/09/28 = Ch. ROUECHÉ, *Aphrodisias*, S. 200, n° 153; D. F. McCABE, *Aphrodisias*, n° 734-735.
[52] PEEK GV n° 861 = A. GALIETI, *L'epitaffio greco del fanciullo Eutico*, in: RM 58 (1943), S. 70ff; PEEK GG n° 310; W. SESTON, *Scripta Varia*, CEFR 43 (1980), S. 540ff. (= CL II /1949, S. 313ff.).

δάκρυα νῦν σπένδω, βαρυπενθέα δάκρυα δ' ὕμμιν
βυσσόθεν ἐκ κραδίης μυρόμενος προχέω.
ἦ γὰρ ἐγὼν μέλεος κρυερῆς ἐνὶ βένθεσιν ἄτης
    πλάζομ' ἀποφθιμένου φέγγεος ὑμετέρου·
5 ὃς πρὶν ὄφελλ' αὐτὸς δύμεναι χθόνα· ὣς γὰρ ἐπῆεν
    λώιον ἢ φιλίων πικρὸν ἰδεῖν θάνατον,
ὅς σε, τέκος, νεότατος ἰδ' ἀγλαΐης ἀπάμερσεν,
    ἔκγονον ἐνναέτην δ' ἥρπασεν οὐχ ὁσίως.
9 ἀλλ' ἤδη μακάρεσσιν ὁμὴν ὁδὸν εἰσανιόντες
    οὐρανοῦ ἡμετέρων μνῆστιν ἔχοιτε γόων.⁵³

Tränen bringe ich nun dar, leidschwere Tränen vergiesse ich über euch
und jammere aus meines Herzens Tiefe.
Denn wahrlich in einem Meer grausamen Leides werde ich Unglücklicher
umhergetrieben, nun euer Licht untergegangen ist.
Ach wäre doch eher ich selber in den Schoss der Erde niedergestiegen,
                           denn so wäre es besser gewesen,
statt dass ich nun meiner Lieben bitteren Tod sehen musste,
der dich, Kind, der Jugend und aller Herrlichkeit beraubt
und den neunjährigen Enkel frevelhaft entrafft hat.
Doch ihr seid jetzt auf dem gleichen Weg wie die Seligen zum Himmel
emporgestiegen; mögt ihr dort niemals unsere Klagen vergessen.
                                    (Übersetzung: W. PEEK)

Der Himmel ist auch als Wohnsitz der Götter bestimmt; deshalb werden
die Götter als „himmlische Götter" oder als „die Himmlischen" bezeichnet.
Eulalios, in einer Sarkophaginschrift aus Kypros (2.-3. Jh. n. Chr.), ist den
Himmlischen für die Möglichkeit, in die Höfe des Zeus hineinzukommen,
dankbar, hat er doch das himmlische Leben von ihnen als grosses Geschenk bekommen (μέγα δῶρον ὑπ' αὐτῶν οὐρανιώνων)⁵⁴. In einer anderen Grabinschrift auf einer Marmortafel aus Kyzikos (1.-2. Jh. n. Chr.)
spricht der Tote sogar über sein Geschlecht vom Blut der Himmlischen (δὴ
γὰρ μοι γενεὴ μὲν ἀφ' αἵματος ο[ὐρανιώνων])⁵⁵.

---

⁵³ PEEK GG n° 345 = GV n° 1547.
⁵⁴ PEEK GV n° 1325 = CIG n° 2647; LE BAS – WADDINGTON n° 2771; KAIBEL n°
288.
⁵⁵ PEEK GV n° 1610 = J. H. MORDTMANN, *Zur Epigraphik von Kyzikos*, in: AM 6
(1881), S. 123, n° 5; B. HAUSSOULLIER, *Notes épigraphiques*, in: RevPhil 22 (1898), S.
356f., n° 3; E. SCHWERTHEIM, IK 18, n° 494; F. W. HASLUCK, *Cyzicus*, Kat. V, n° 26; J.
STAUBER, PHI 7 *Mysien*, n° 1697; R. MERKELBACH und J. STAUBER (*Steinepigramme* II,
n° 08/01/34) übersetzen: *denn mein Geschlecht kam vom Blut der Himmlischen*. Vgl.
noch dazu auch die Grabinschrift aus Attika in IG II² n° 9.

1.1.8 Die himmlische Stadt

Mit dem Himmel ist noch eine weitere, recht verbreitete Vorstellung verbunden, die davon ausgeht, dass sich auf der Ebene des Zeus (δάπεδον
Ζηνὸς) eine olympische oder himmlische Stadt (οὐρανία πόλις) befindet,
in der die frommen und herausragenden Seelen (Homer, Platon, Orpheus
usw.) in guter Ordnung weiterleben können. Diese Idee entstand bei den
Griechen in platonischen Kreisen, tritt in den griechischen Grabinschriften
jedoch nur selten auf, obwohl dieser Topos in den Schriften anderer Religionen, einschliesslich des Juden- und Christentums, oft vorkommt:

> Φοῖβος ἔφυσε βροτοῖς Ἀσκληπιὸν ἠδὲ Πλάτωνα,
> τὸν μέν, ἵνα ψυχήν, τὸν δ', ἵνα σῶμα σάοι·
> δαισάμενος δὲ γάμον πόλιν ἤλυθεν, ἥν ποθ' ἑαυτῷ
> ἔκτισε καὶ δαπέδῳ Ζηνὸς ἐνιδρύσατο.[56]

> *Phoibos erzeugte für Menschen Asklepios einstens und Platon:*
> *jenen dem sterblichen Leib, diesen der Seele zum Heil*
> *Von einer Hochzeit ging Platon hinweg in die Stadt, die er früher*
> *selbst sich gegründet, und wohnt nun in der Halle des Zeus.*
> (Übersezung: H. BECKBY)

Eine andere, aus Ägypten stammende Grabinschrift aus christlicher Zeit
vermischt bereits griechisch-pagane und christliche Gedanken[57]. Schwer zu
sagen ist, ob es sich hierbei um eine pagane Züge aufweisende christliche
oder um eine christianisierte pagane Grabinschrift handelt:

> Πρίν σε λέγειν· Ὦ τύμβε, τίς ἢ τίνος ἐνθάδε κεῖται;
> ἡ στήλη βοᾶ πᾶσι παρερχομένοις·
> Σῶμα μὲν ἐνθάδε κεῖται ἀειμνήστου Μακαρίης
> ὡς ἔθος εὐσεβέων γευσάμενον θανάτου,
> ⁵ αὐτὴ δ' οὐρανίην ἁγίων πόλιν ἀμφιπολεύει
> μισθὸν ἔχουσα πόνων οὐρανίους στεφάνους.[58]

---

[56] H. BECKBY, *Anthologia Graeca* VII, n° 109. Diogenes Laertius, *Vit. Phil.* 3,45
(vgl. auch: 3,2 und 40). Literarisch überliefert.
[57] Zum Vermischungs- und Wechselwirkungsproblem siehe z.B. eine Sarkophaginschrift aus Prusa (Bithynien) in: F. K. DÖRNER, *Bericht über eine Reise in Bithynien*, S.
22-23, n° 22.
[58] C. M. KAUFMANN, *Epigraphik*, S. 330 = PEEK GV n° 1635; C. SCHMIDT, *Ein
altchristliches Mumienetikett*, in: ZÄS 32 (1894), S. 59. Steleninschrift aus dem alten
Hermonthis (Ägypten), nach W. Peek 4. Jh. n. Chr. (?), aber die wirkliche Zeit ist unsicher; vgl. G. H. R. HORSLEY, *New Documents Illustrating Early Christianity* III, S. 107;
IGA 5, n° 423.

Bevor du noch sagst: „O Grab, wer oder wessen Kind ruht hier?"
ruft schon der Grabstein allen Vorübergehenden zu:
„Der Leib ruht hier der unvergesslichen Makaria,
nachdem er den Tod, wie die Frommen es pflegen, verkostet;
sie selbst aber durchwandelt die himmlische Stadt der Heiligen,
indem sie als Lohn ihrer Mühen himmlische Kränze besitzt. "

(Übersetzung: C. M. KAUFMANN)

Das Vorbild der platonischen Polis kommt in diesen Epigrammen genauso deutlich zum Ausdruck wie andere religiöse Motive (Halle des Zeus, himmlischer Kranz, Gemeinschaft mit den Frommen usw.). Die mythologisch-theologische Vorstellung von der Stadt im Himmel ist im eschatologischen Glauben der antiken Griechen philosophisch aufgenommen worden, steht aber auch eng mit der kosmogonischen Anschauung der Welt und der Stadt[59] und mit der Urbanisierung der griechischen Gesellschaft in Zusammenhang. Diese eschatologische Zukunftsvision projizierte das ideale, utopische Polisbild auf das Jenseits. Und dies war nicht nur für das 4./3. Jh. V. Chr. charakteristisch – wie z.B. im Fall Platons kurz vor seinem Tod –, sondern blieb es auch später[60] – in den Kreisen der Dichter, der kultisch aktiven Personen und wahrscheinlich auch in der breiteren Bevölkerung.

1.2 Die Orte der Seligkeit im Neuen Testament

1.2.1 Vorbemerkungen

Anhand der griechischen Materialien wurde deutlich, dass die Grabinschriften die Aufenthaltsorte der Seligen im Jenseits auf zweierlei Weise lokalisieren: zum einen – dies die seltenere Variante – *in der Nähe der Erde*, an ihrem Rand, wo sich z.B. das Elysium oder die Insel der Seligen befinden, zum andern – weitaus häufiger – *oben*, wo alle anderen Orte (Äther, Sterne, Himmel, Olymp) für die seligen Seelen als Behausung zur Verfügung stehen. Ob dabei immer auch die Gemeinschaft mit den Göttern erhofft wurde, ist weniger eindeutig.

Auch das Neue Testament lokalisiert die menschlichen Hoffnungen vom Leben im Jenseits meist im Himmel und verbindet sie oft mit *Gott* und/oder mit *Jesus*, wozu dann auch die Gemeinschaft mit anderen Erretteten gehört. Die Bilder sind dabei inhaltlich und sprachlich sehr vielfältig. So kennt das NT ein eschatologisches Paradies (παράδεισος) als Heilsort, wohin man nicht nur nach dem Tode gelangt (*Lk* 23,43; *Offb* 2,7), sondern wohin jemand auch schon für eine kurze Zeit im Leben entrückt werden

---

[59] C. G. JUNG – K. KERÉNYI, *Einführung in das Wesen der Mythologie*, S. 20.
[60] Vgl. z.B. Anm. von ClemAlex, *Strom.* IV 172,2.

kann (*2Kor* 12,4). Mit dem Paradies[61] wurde der dritte Himmel (τρίτος οὐρανός) (*2Kor* 12,2) verbunden[62], dem der Thron Gottes[63] nahe ist (vgl. z.B. *Offb* 7,15; 21,3). Die Pastoralbriefe kennen das himmlische Reich Jesu als βασιλεία (αὐτοῦ τὰ ἐπουρανίος; *2Tim* 4,18). Der Epheserbrief nennt den Seligkeitsort „Himmelswelt", ἐπουράνια (*Eph* 2,6). Der Vorstellung von der himmlischen Stadt liegt das Modell der antiken Polis zugrunde. Der Hebräerbrief nennt die himmlische (zukünftige) Stadt gerne πόλις ἐπουράνιος (*Hebr* 11,10.16; 13,14; vgl. *Ez* 40,2), bzw., als Variante, „die Stadt des lebendigen Gottes" (πόλις θεοῦ ζῶντος *Hebr* 12,22)[64]. Die himmlische Stadt trägt den Namen Ἱερυσαλὴμ ἐπουράνιος (*Gal* 4,26; *Hebr* 12,22; *Offb* 3,12; 21,2.10; vgl. *Jes* 62,2).

Zum kultischen Charakter der eschatologischen Vorstellung gehört die Sammlung der Seligen vor oder um den Thron (Gottes oder des Lammes), ἐνώπιον τοῦ θρόνου (*Offb* 7,9ff.; vgl. 4,2; 5,6.11) und auf dem himmlischen Berg Zion (ὄρος Σιών; *Hebr* 12,22; *Offb* 14,1)[65]. Die Aufenthaltsdauer der Seligen unter dem himmlischen Altar (ὑποκάτω τοῦ θυσιαστηρίου; *Offb* 6,9), ist vorübergehend (6,11). Zur himmlischen Stadt und ihrer „elysischen Lage" gehört das Bild von den Orten bei den Quellen des lebendigen Wassers (ἐπὶ ζωῆς πηγὰς ὑδάτων; *Offb* 7,17; vgl. 21,6 und *Jes* 49,10) und vom gläsernen Meer (ἐπὶ τὴν θάλασσαν τὴν ὑαλίνην; *Offb* 15,2; vgl. 4,6).

Für den Vergleich der eschatologischen Ortsvorstellungen des Neuen Testaments mit denen der griechischen Grabinschriften sind besonders zwei Texte erwähnenswert: *Lk* 16,22ff. (ᾅδης und κόλπος Ἀβραάμ mit allem, was dort geschieht) und *Phil* 3,20 (πολίτευμα und ἐπουράνιος πατρίς). Zu vergleichen ist ferner *Hebr* 11,10.14-16.

Lukas beschreibt dualistisch die Teilhabe zweier konkreter Personen am Leben nach dem Tod: das negative Schicksal des reichen Mannes im Hades und das positive des armen Lazarus im Schoss Abrahams (*Lk* 16,19-31). Paulus spricht in *Phil* 3,19f. über die Situation der Mitglieder der Gemeinde in Philippi nach dem Tode gegenüber dem Verdammnis-Geschick (ἀπώλεια) der Feinde des Kreuzes Christi. Deutlich ist, dass es in beiden

---

[61] Vgl. z.B. auch *grBar* 4.

[62] Die Lokalisierung des Paradieses im Himmel ist auch aus der ausserkanonischen apokalyptischen Literatur bekannt, z.B. *äthHen* 39,3; 70,3; *4Esr* 7,36ff usw., und Josephus Flavius (*Bell.* 3,374). Vgl. Helmut TRAUB, οὐρανός, in: ThWNT 5 (1954), S. 535, Anm. 324.

[63] H. TRAUB, οὐρανός, in: ThWNT 5 (1954), S. 535.

[64] Erich GRÄSSER, *An die Hebräer*, EKK XVII/3, 1997, S. 142f. betont, dass der Ausdruck mit οἰκοδομεῖν πόλιν in *Hab* 2,12 (LXX) synonym ist.

[65] Vgl. *Jes* 4,5; *Joel* 3,5.

Fällen um die Konsequenzen des ethischen irdischen Lebens geht. Lukas und Paulus arbeiten hier mit *Kontrasten*.
Weil sich diese Motive mit solchen berühren, die in den griechischen Grabtexten vorkommen, ist die Frage angebracht, ob Lukas und Paulus die griechischen Grabinschriften, sowie die antiken Nekropolen und die damaligen Begräbnissitten kennen konnten. Ihre Leser kannten sie gewiss. Lässt sich vielleicht eine Interpretationsdifferenz feststellen, wonach die neutestamentlichen Autoren und die Erstleser unter den eschatologischen Lokalitäten Unterschiedliches verstanden hätten? Wie haben sich griechische Leser diese zwei Orte im Zusammenhang mit den Grabtexten vorgestellt?

1.2.2 Lk 16,22-26

Der Text ist ein Gleichnis, das auf eine vorlukanische Überlieferung hinweist[66], die von Lukas weiter bearbeitet worden ist. Nach R.BULTMANN ist die Geschichte eine „reine Erzählung ohne Einleitung und Anwendung", die zwei Pointen hat: Die jenseitige Kompensation für die beiden gegensätzlichen Existenzweisen nach dem Tode (V. 19-26) und die Unmöglichkeit der Wiederkehr eines Toten aus dem Totenreich (V. 27-31)[67]. Das Fehlen einer „Einleitung und Anwendung" lässt vermuten, dass Lukas die Geschichte schon in dieser Form vorlag und dass er das Gleichnis nur mit einer kurzen Einleitung versah[68].
Besonders der erste Teil des Gleichnisses, der eigentlich eine *Topographie des Hades* und zwei verschiedene Schicksalsweisen nach dem Tode beschreibt und der uns am meistens interessiert, wird in der Forschung gerne auf eine ägyptische[69] – wahrscheinlich auch bei den Juden bekannte und beliebte – legendenhafte Geschichte zurückgeführt[70], die Jesus aktualisiert und fortgebildet habe[71]. Eine ziemlich bekannte Geschichte spricht darüber, wie Si-Osiris mit seinem Vater Setme Chamois ins Totenreich

---

[66] Vgl. das Präsens historicum in den von Lukas übernommenen Markusstoffen (90x) und in Sondergut-Gleichnissen (z.B. 13,8; 16,7.23.29; 19,22). Auch in unserem Fall sind in V. 23 und V. 29 die „Indizien für das Vorliegen vorlukanischer Überlieferung gesichert": vgl. J. JEREMIAS, *Die Gleichnisse Jesu*, S. 183.

[67] Rudolf BULTMANN – Gerd THEISSEN, *Die Geschichte der synoptischen Tradition*, FRLANT, Göttingen [10]1995, S. 193.

[68] R. BULTMANN – G. THEISSEN, a.a.O. (*Geschichte*), S. 193. Dazu könnte auch eine Einführung gehören (Ειπεν δε και ετεραν παραβολην), die sich nur in der Tradition der Handschriften (D usw. und in einigen syrischen und lateinischen Übersetzungen und Überlieferungen) frühestens vom 5. Jh. befindet.

[69] Vgl. z.B. Günther ROEDER, *Altägyptische Erzählungen und Märchen*, Jena 1927, S. 136ff.

[70] G. ROEDER, a.a.O. (*Erzählungen*), S. 212.

[71] Es könnte wahrscheinlich mit dem Hinweis auf Abraham, Mose und die Propheten evident sein.

fährt, und was sie dort für Szenarien des Hades und Paradieses gesehen haben. Als Ergebnis der Geschichte könnte der Weisheitsspruch zitiert werden: „Wer auf Erden gut ist, zu dem ist man auch im Totenreich gut; wer aber auf Erden böse ist, zu dem ist man auch im Totenreich böse"[72].

Aber ist die Übernahme eines ägyptischen Märchens durch Jesus wahrscheinlich[73]? Jochim JEREMIAS etwa kann sich vorstellen[74], dass alexandrinische Juden die Erzählung nach Palästina gebracht hätten. Zwar könnte der Grundstock der Geschichte aus einem nicht-jüdischen Gebiet ausserhalb Palästinas stammen. Dann müsste Jesus oder jemand vor ihm die Geschichte für jüdische Hörer überarbeitet und mit jüdischen Handlungsträgern (Lazarus, Abraham; vgl. Mose, Propheten und Gesetz) bestückt haben, die für die ursprünglichen (z.b. ägyptischen oder griechischen) Hörer unbekannt gewesen wären. Jüdischen Ursprungs ist die Geschichte wahrscheinlich nicht. Es gibt zwar eine ziemlich phantasievolle jüdische Legende über ein reiches, gottloses Ehepaar: Die Frau stirbt und erlebt in der Hölle die Pein des Feuers; ein Knabe bietet an, sie in der Hölle zu besuchen, um die Frau zu sehen und über sie oder von ihr Bericht zu erstatten. Die leidende Frau schickt durch den Knaben eine Botschaft, um ihren Mann zu Busse und Umkehr anzuhalten, weil „die Macht der Busse gross ist"[75]. Rudolf BULTMANN, der diese Parallele zitiert, meint aber: „In der vorliegenden Form ist diese Geschichte relativ jung; dass sie ihrerseits auf die evangelische Erzählung zurückgeht, ist schwerlich anzunehmen".[76] Ähnlich verhält es sich mit zahlreichen anderen Parallelen aus der rabbinischen Literatur, die nach STRACK – BILLERBECK[77] frühestens um die Mitte des 2. Jh. n. Chr. datiert werden können[78]. Das zeigt, dass die Geschichte

---

[72] Vgl. z.B. J. JEREMIAS, *Die Gleichnisse Jesu*, S. 182. Das Märchen beschreibt ausführlicher Hugo GRESSMANN, *Vom reichen Mann und armen Lazarus*, APAW, Phil.-Hist. Klasse 7, 1918. Dazu vgl. noch Siegfried MORENZ, *Feurige Kohlen auf dem Haupt*, in: ThLZ 78 (1953), S. 188f., der nicht nur über die Entstehungszeit der Geschichte und ihre literarische Fixierung (etwa um 331 v. Chr.) spricht, sondern dabei auch die griechischen Motive benennt.

[73] Mit B. HEININGER, *Metaphorik*, S. 189. Diese Betonung kann auch damit verstärkt werden, dass die nach J. JEREMIAS zitierte und nach seiner Meinung von Jesus aufgenommene jüdische Geschichte nur über das Sterben und das Begräbnis des reichen Zöllners Bar Majan und des armen Schriftstellers spricht, indes keine Jenseitstopographie beschreiben möchte. Sie möchte in erster Linie auf die Konsequenzen des Lebens hinweisen.

[74] J. JEREMIAS, *Die Gleichnisse Jesu*, S. 182.

[75] Nach Bin GORION, *Der Born Judas*, in: REJ 36 (1898), S. 76-81; verwendet von R. BULTMANN – G. THEISSEN, a.a.O. (*Geschichte*), S. 213.

[76] R. BULTMANN – G. THEISSEN, a.a.O. (*Geschichte*), S. 213.

[77] H. L. STRACK – P. BILLERBECK, *Kommentar zum NT aus Talmud und Midrasch* II, S. 223-225.

[78] B. HEININGER, *Metaphorik*, 180, Anm. 12.

wahrscheinlich nicht jüdischen, sondern hellenistischen Hintergrund hat, wahrscheinlich in Ägypten erzählt wurde und von dort nach Palästina kam. Der hellenistische Hintergrund der Geschichte kann durch Parallelen aus der griechischen Literatur unterstrichen werden. Bernhard HEININGER[79] erwägt als Vorbild irgendeine tragikomische Kombination, in der sich die Kontraste der Figuren und der Schicksale abwechseln[80]; dazu würde auch die Hadesgeographie gut passen. Zudem hätte auch an andere hellenistisch-literarische Belege von Lukian[81], Platon[82], Plutarch[83] usw. angeknüpft werden können: sie alle enthalten gute Jenseitsschilderungen[84], mit denen sich unsere Vermutung leicht stützen lässt[85]. Diese Belege wollen aber nicht die wörtliche Rezeption dokumentieren, obwohl das Gleichnis mehrere spezifische Hapaxlegomena[86] aufweist, sondern sie zeigen das mögliche hellenistische Muster – Logik und Aufbauprozesse –, welches auch in den griechischen Grabtexten erkannt werden kann.

Unsere Geschichte, hauptsächlich ihr Kern *Lk* 16,19-26, ist wohl ursprünglich nicht christlich, sondern hellenistisch und wurde von jüdisch-hellenistischen Kreisen und auch vom historischen Jesus benutzt. Sie zeigt lukanische, hellenistisch beeinflusste Redaktion[87]: B. HEININGER[88] setzt z.B. das lukanische Interesse an Busse/Bekehrung[89] in Beziehung zur Reichtumsparänese, sowie auch andere Wendungen[90] und die Kombination

---

[79] B. HEININGER, *Metaphorik*, S. 180ff.

[80] Reich – arm, Glück – Unglück, und weiter: Hunde – Engel, Hades – Schoss Abrahams, Durst – Fest usw.

[81] Lukian, *Dial. Mort.* 1.

[82] Platon, *Polit.* 614-615; *Phaidon* 111-114.

[83] Plutarch, *Gen. Socr.* 21 und 22 (*Mor* 589 F; 590 E-F und 591 A).

[84] In zitierten Werken befinden sich ganz plastische Beschreibungen über die Hadesreisen, das Hadesschicksal, die Strafen, Festmähler usw.

[85] Man kann zwar dazu Belege aus der jüdisch-apokalyptischen Literatur finden (z.B. *4Esr* 7,85.93; *Sir* 21,9-10; *äthHen* 10,13; 63,10; *ApkEsr* 1,24 und hauptsäzlich *äthHen* 22), die aber ebenfalls zahlreiche Elemente von hellenistischen eschatologischen Vorstellungen bergen, wie im ersten Teil unserer Geschichte (*Lk* 16,19-26) (so auch B. HEININGER, *Metaphorik*, S. 188f.).

[86] Vgl. z.B. βύσσος (V. 19), ἐπιλείχειν (V. 21), καταψύχω (V. 24).

[87] Der zweite Teil der Geschichte (*Lk* 16,27-31) ist stärker jüdisch und stärker christlich gefärbt und enthält auch Gedanken, die ursprünglich nicht zum Gleichnis gehörten. „Sicher ist, dass der zweite Teil die Thematik der Erzählung ändert und mit dem lukanischen Konzept vereinbar ist. Ob Lukas diesen Teil mit übernommen hat oder entsprechend bearbeitet und ergänzt, ist dann letztlich nicht mehr so entscheidend" (G. PETZKE, *Sondergut*, S. 151).

[88] B. HEININGER, *Metaphorik*, 179.

[89] G. PETZKE, *Sondergut*, S. 150.

[90] Vgl. z.B. ἐρωτῶ σε ἵνα, was nach A. JÜLICHER (*Die Gleichnisreden Jesu II*, S. 630) „echt lucanisch" ist. So auch in *Lk* 4,38; 5,3; 7,3.36; 8,37; 11,37 und 14,18-19.

von Moses-Gesetz-Propheten, die Lukas gerne benutzt[91]. Daneben sind *Unterweltszenarien* und *Topographie des Hades* auch aus griechischen Grabinschriften bekannt, die ebenso positiv-negative Jenseitsbeschreibungen kennen und die Situation nach dem Tode dualistisch verstehen (Erde/Hades – Äther/ Himmel).

Der Erzähler des Gleichnisses beschreibt das Schicksal beider Hauptfiguren so, dass er sie nach kurzer irdischer Vorepisode (16,19-21) erst zu ihrem Tode und danach weiter in die Jenseitswelt führt. Ihr Weggehen aus dieser irdischen Welt wird mit den Wendungen ἀπέθανεν δὲ καὶ ὁ πλούσιος καὶ ἐτάφη (der Reiche) und ἐγένετο δὲ ἀποθανεῖν τὸν πτωχόν (Lazarus) beschrieben. Die Verbformen ἀπέθανεν, ἀποθανεῖν und ἐτάφη und alles weitere, was nach dem Tod stattfindet, lassen vermuten, dass in den Augen der Erzähler nach dem Tode alles unmittelbar geschah: die Ankunft im Hades und die Entrückung zu Abraham. Der Erzähler erwähnt kein Gericht. Die Toten erleben keinen Zwischenzustand, sondern gelangen nach dem Tod direkt und endgültig an ihre Orte[92]. Das passt nicht zu den jüdischen eschatologischen Vorstellungen, nach denen die Toten erst zu den Warte-Kammern gelangen[93], um dort bis zum Tag des Gerichtes und der Auferstehung zu warten. Diese lukanische Vorstellung begegnet noch an anderer Stelle: Bei der Kreuzigung verspricht Jesus dem Verbrecher, dass er noch „heute" (σήμερον) mit ihm im Paradiese sein wird (*Lk* 23,43). Im Gleichnis vom reichen Kornbauer ist die Rede davon, dass man seine Seele (ψυχή) noch „in dieser Nacht" von ihm einfordern (ἀπαιτοῦσιν)[94] wird (*Lk* 12,20)[95]. Der Hintergrund dieses Gedankens ist nicht jüdisch, sondern hellenistisch, oder jüdisch-hellenistisch[96]. Nach der Vorstellung der griechischen Grabinschriften gelangen die Toten

---

[91] Vgl. auch *Lk* 24,27; *Apg* 13,15; 24,14; 26,22 und 28,23.

[92] Eduard Schweizer, *Das Evangelium nach Lukas*, NTD 3, Göttingen 1986, S. 173.

[93] Vgl. *äthHen* 18-27; *4Esr* 7,32-36; vgl. M. Reiser, Jenseits im NT, in: TThZ 110 (2001), S. 122-126.

[94] Dass hier Plural benutzt ist, könnte bedeuten, dass im Sinne der hellenistischen Grabinschriften nicht Hermes als Psychopompos gemeint ist, sondern die Keren (κῆρες), die als Persephones oder Thanatos' Boten die Psyche in den Hades hinuntertragen. So war es jedenfalls im Fall des Megistios, wie das seine Grabschrift (Thermopylai, nach 480/479 v. Chr.) zeigt: μάντιος, ὃς τότε Κῆρας ἐπερχομένας σάφα εἰδώς = *Ein Seher war er und wusste damals wohl, dass die Keren des Todes ihm nahe waren* (vgl. Herodot, *Hist.* 7,228): Peek GG n° 76 = GV n° 94; Geffcken n° 102; Hiller n° 17; G. Pfohl, *Elemente der griechischen Epigraphik*, S. 6-7. Das Bild stammt noch von Homer, *Il.* 2,328 und *Od.* 14,207-208: ἀλλ' ἤτοι τὸν Κῆρες ἔβαν θανάτοιο φέρουσαι | εἰς Ἀΐδαο δόμους; vgl. auch Hesiod, *Theog.* 211.217 und E. Rohde, *Psyche* I, S. 10.

[95] Die jüdische Tradition denkt auch an Seelenträger in Form des Todesengels: H. L. Strack – P. Billerbeck, *Kommentar zum NT aus Talmud und Midrasch* I, S. 144-149.

[96] W. Schmithals, *Das Evangelium nach Lukas*, S. 171.

sofort nach dem Tode (αὐτίκα)[97] an ihren Ort, in den Hades oder in den Himmel[98], in den die Seele dann schnell emporsteigt (βαίνων τρέχω)[99]; wenn sie zum Gericht vor den drei unterirdischen Richtern (Aiakos, Minos und Rhadamanthys) gelangt[100], findet es sehr rasch statt, und die Seelen gelangen ohne weitere Zwischenzustände an ihren Ort.

Der Gang dieser Geschichte zeigt klar die verschiedenen Richtungen: Der reiche Prasser sinkt nach unten in den Hades (ἅδης), der arme Lazarus aber wird von den Engeln in Abrahams Schoss (empor)getragen (ἀποφέρω). Das entspricht den Vorstellungen der Grabinschriften, die die Seelen der Toten mit einem ähnlichen Verb (ἀποφέρω) ins Jenseits gelangen oder entrückt werden lassen[101]. Der Ausdruck ἀποφέρω in Grabtexten gehört schon in den Bereich der Entrückung und bedeutet: entnehmen, übernehmen, ergreifen und entrücken[102]. Das Hinübertragen geschah ὑπὸ τῶν ἀγγέλων, den Seelenträgern, die zwischen Himmel und Erde auf- und niedersteigen[103]. Beim Traum Jakobs in Bethel (*Gen* 28,12) haben die Engel Gottes eine Leiter benutzt (LXX: κλίμαξ), die auf der Erde stand und deren Spitze den Himmel berührte[104] – ein Mittel, das ihnen die Reise zur Erde und zum Himmel ermöglichte. Dieses Motiv taucht sehr häufig in der jüdischen Sepulkralmalerei oder in Synagogen und in der Buchornamen-

---

[97] Vgl. Kapitel IV.4.1. dieser Arbeit, und Belege wie: CIG II n° 3398 = PEEK GV n° 1765; GG n° 391; KAIBEL n° 312; G. PETZL, IK 23, n° 539; P. HOFFMANN, *Die Toten in Christus*, S. 50 usw.

[98] Nach einer Grabsteleninschrift aus Poiessa (Keos) aus dem 3. Jh. n. Chr. geht die Psyche den Weg schnell und gerade (εὐθύς) emporsteigend zum Himmel: αὐτάρ τοι ψυχὴ εἰς οὐρανὸν εὐθὺς ἀνῆκει (PEEK GV n° 1775 = KAIBEL n° 422; IG XII₅ n° 591 und Add. 332).

[99] H. BECKBY, *Anthologia Graeca* VII, 2. Aufl. (4 Bde., München o. J.; 1. Auflage 1957-1958), S. 610, Anm. 748.

[100] Im allgemeinen fehlt dieses Motiv in den nach oben orientierten Grabinschriften, obwohl „der Weg nach rechts" (Kap. III.2.3.3) zu den Stätten der Frommen (χῶρος εὐσεβέων) z.B. ins Elysium oder zu den Inseln der Seligen (d.h. aber noch im Wirkungsfeld der Erde!) nur auf diese Weise zu finden und zu gehen möglich ist; so bestätigen es auch unsere Inschriften (Kapitel III.2.3.1).

[101] Vgl. z.B. ein Stelenepigramm aus Paphlagonien aus dem 2.-3. Jh. n. Chr.: PEEK, GV n° 1044 (= E. LEGRAND, *Inscriptions de Paphlagonie*, in: BCH 21 [1897], S. 92f., n° 1), wo davon die Rede ist, dass die verhasste Moira auch das Kind in den Hades nimmt: στυγερὴ δέ με Μοῖρ' ἀπένεικε | [νήπι]ον εἰς 'Αίδην. Das griechische ἀπένεικε (von ἀποφέρω) ist in diesem Epigramm auch mit dem Bild des Schosses (aber der Erde!) verbunden: γαῖα δέ μ' οἷς κόλποις κατέχει.

[102] Darüber mehr in Kapitel IV.4.2.1.

[103] Vgl. *Joh* 1,51, wo die Engel Gottes durch den offenen Himmel (οὐρανὸς ἀνεῴγως) hinauf- und hinabfahren (ἀναβαίνω und καταβαίνω).

[104] Eine Grabinschrift (vgl. Kap. III.2.4.4) nennt κλίμαξ Leiter oder Treppe für die Seele, mit deren Hilfe sie schnell zum Äther emporsteigen kann; vgl. H. BECKBY, *Anthologia Graeca* VII, S. 610, Anm. 748.

tik[105] auf und ist, mit vielen Varianten[106], auch in der altchristlich-hellenistischen Katakombenmalerei beliebt, besonders in Rom[107]. Bei den Griechen kommt die Aufgabe, die Seele ins Jenseits zu transportieren, hauptsächlich dem schnellfüssigen Hermes ψυχοπομπός mit seinen schönen Knöcheln und dem goldenen Stab zu, gegebenenfalls sind es auch der Adler des Zeus, Nymphen oder anderen Gottheiten, bisweilen Delphine[108], welche die Seelen zum Elysium oder zu den Göttern führen[109].

Im Gleichnis ist zwischen den beiden Gestorbenen eine grosse Kluft (χάσμα), die nicht nur grossen horizontalen, sondern auch vertikalen Unterschied bedeutet: der Reiche muss die Augen erheben (ἐπαίρω), um Lazarus und Abraham zu sehen, aber er sieht sie nur von ferne (ἀπὸ μακρόθεν). Mit χάσμα und ἀπὸ μακρόθεν wird ausgedrückt, dass die Ufer der Jenseitswelt nicht überbrückt werden und dass die Toten ihre Orte nicht verlassen oder dazwischen hin- und hergehen können. Sie waren sich zwar in dieser Welt ziemlich nahe, nur durch eine Tür (πυλών) getrennt, in Wirklichkeit waren sie aber sehr weit voneinander entfernt. Diese Entfernung konnte der Tod nicht wettmachen und der Abstand bleibt – auch im Totenreich. In der griechischen Religion ist der Unterschied zwischen Himmel und Hades/Tartaros[110] genauer bezeichnet: Hesiod sagt[111], der Himmel sei so weit von der Erde weg, dass ein eherner Amboss neun Tage und Nächte fallen müsste, bis er am zehnten Tag die Erde erreicht und auch der Tartaros sei von der Erde wiederum so weit entfernt[112]. Also eine unmöglich überbrückbare Entfernung!

---

[105] Vgl. E. R. GOODENOUGH, *Jewish Symbols in the Greco-Roman Period*, Bd. 11, Abb. 294-296.299.345.

[106] Lieselotte KÖTZSCHE-BREITENBRUCH, *Die neue Katakombe an der Via Latina in Rom. Untersuchungen zur Ikonographie der alttestamentlichen Wandmalereien*, JAC, Erg. 4, Münster 1976, Tafel 12, Abb. a-e; Tafel 13, Abb. a.

[107] Vgl. z.B. die Katakombe an der Via Latina: André GRABAR, *Die Kunst des frühen Christentums von den ersten Zeugnissen christlicher Kunst bis zur Zeit Theodosius' I.*, München 1967, S. 230, Abb. 253. Genauso vgl. E. R. GOODENOUGH, *Jewish Symbols in the Greco-Roman Period*, Bd. 11, Abb. 351.

[108] J. J. BACHOFEN, *Die Unsterblichkeitslehre der orphischen Theologie*, S. 15 und 123. Vgl. Th. MÜNZ – F. X. KRAUS, *Delphin*, in: RECHA I, S. 351-353.

[109] Vgl. Kapitel IV.4.1. Seltener hat Hermes die Funktion, die Seelen zum Hades zu transportieren. Das macht der Totenfährmann der Unterwelt, Charon, der (häufig aus der Hand des Hermes) die (Schatten)Seele übernimmt und zum Hadesportal bringt (vgl. L. RADERMACHER, *Das Jenseits im Mythos der Hellenen*, S. 90ff; E. RHODE, *Psyche* I, S. 306; F. CUMONT, *Lux Perpetua*, S. 64-65), oder als Raub die Moiren oder die Keres.

[110] Nach Hesiod befindet sich auch der Tartaros im Schoss der geräumigen Erde: *Theog.* 119.

[111] Hesiod, *Theog.* 721-725.

[112] Etwas Ähnliches sagt auch Homer in *Il.* 8,16. In *Il* 8,478 betont er, dass der Tartaros an der untersten Grenze der Erde ist.

Der reiche Mann befindet sich nach seinem irdischen Leben im Hades. In diesem Kontext ist das keine allgemeine oder neutrale Stelle für die Toten[113], wie sonst häufig im Neuen Testament. Im Gegensatz zu Abrahams Schoss bedeutet er hier eindeutig Ort der Qual, wofür in den Epigrammen Bezeichnungen wie Tartaros[114], Erebos[115], Abyssos usw. stehen, die ursprünglich der griechischen Mythologie entstammen. In den Grabinschriften steht z.B. Hades dem Himmel gegenüber oder Acheron dem Olymp[116]. Hades in unserem Sinne als Ort der Qual[117] (τόπος τῆς βασάνου – V. 29)[118], eigentlich der Ort der Bestrafung, ist auch bei den Griechen gut belegt[119], schon in der Zeit der eleusinischen Mysterien, wo die Vorstellung einer jenseitigen Vergeltung einen Haftpunkt hat[120].

In unserem Gleichnis leidet der Reiche durch die Feuersglut (φλόξ) grosse Pein. Auch der hellenistische Glaube kennt die unterirdische Feuerspein für Frevler[121] im Hades/Tartaros; so taucht das Bild über die Feuerströme im Hades u.A. bei Plutarch auf[122]. Lukas erläutert dieses Feuer nicht näher, merkt aber an, dass der Reiche gepeinigt wird, wahrscheinlich vom Durst (= ὀδυνάομαι), und dass er um kühles Wasser (ὕδωρ) bittet, um seine Zunge zu kühlen (καταψύχω). Die Vorstellung des Lukas ist, dass die Identität des Leidenden auch nach dem Tode ungeteilt bleibt und folg-

---

[113] Religionsgeschichtlich ist es möglich, dass der Hades in den Volksvorstellungen über die Jenseitswelt ursprünglich nur eine allgemeine Bezeichnung für die Totenwelt war, und dass es erst später dazu kam, dass es verschiedene Örtlichkeiten in ihm gab, z.B. den Ort der Bestrafung (Tartaros) und den, zu dem „der Weg nach rechts", zum besseren Schicksal, führte. Für den Erzähler ist vorstellbar, dass es im Hades einen bestimmten Ort der Qual (τόπος τῆς βασάνου, V. 23.28) gibt, an welchen die unbarmherzigen Menschen kommen.

[114] E. COUGNY, *Anthologia Palatina* III, 2, n° 490.

[115] E. COUGNY, *Anthologia Palatina* III, 2, n° 126 = IGr IV, n° 372.

[116] Vgl. z.B. MAMA VIII, n° 487, Z. 1-2; B. LORENZ, *Thessalische Grabgedichte*, S. 93.

[117] Vgl. die Verdammnis zu ewiger Busse im Tartaros, wo die Frevler Tantalos, Sisyphos, Ixion, Tityos, Peirithoos, Orion, Phineus, Salmoneus und die Danaiden leiden müssen. Vgl. dazu z.B. H. HUNGER, *Lexikon der griechischen und römischen Mythologie*, S. 527ff.

[118] Im Gegensatz z.B. zum χῶρος εὐσεβῶν steht der Ort der Qual; vgl. E. ROHDE, *Psyche* I, S. 314.

[119] Vgl. z.B. Platon (αἱ ὑπὸ γῆς τιμωρίαι = die unterirdischen Bestrafungen), der auf die in seiner Zeit schon gut bekannte Sage (λεγόμεναι) hinweist: *Leg.* 10,880 E.

[120] Vgl. z.B. E. ROHDE, *Psyche* I, 312. In der Lehre dieser Mysterien gibt es mehrere Märchen und Erzählungen über das Schicksal der Geweihten und Nicht-Geweihten nach dem Tode, was auch ein Motivkern für die Bildung unseres Gleichnisses sein könnte, obwohl das sehr unwahrscheinlich ist.

[121] A. DIETERICH, *Abraxas*, S. 35-36. Vgl. Pindar, *Olymp* 2,59; Lukian, *Necyomanteia* 14; Ps.-Platon, *Axiochos* 372 A.

[122] Plutarch sprich über Ἅιδου πύλαι und ποταμοὶ πυρός (*Audiend. Poet.* 17).

lich die (ganze) Person ihr Leidensschicksal erlebt. Der Tod kann die
„Sinnesorgane" nicht zerstören: sie bleiben irgendwie auch nach dem Tod
erhalten, „funktionieren" und „erleiden". Der Mensch bleibt somit nach lu-
kanisch-monistischer Anthropologie auch im Tod eine Einheit. Eine hellenistische Trennung von Seele und Körper kennt Lukas nicht: Der Mensch
bleibt ganze Persönlichkeit, die sich entweder freuen oder die verdammt
sein wird. Die Qual in der Unterwelt und das Fest im Abrahamsschoss sind
deutliche Gegensätze, die hier in der unterirdischen trocken-heissen Pein
und der himmlischen Tischgemeinschaft mit genug Wasser und Wein[123]
bestehen. Obwohl nichts vom Wasser oder Trinken des Lazarus gesagt
wird[124], lässt Lukas seine Leser vermuten, dass er die Möglichkeit hat,
kühles Wasser zu schöpfen[125]. Das Thema vom Durst der Toten in der
Unterwelt ist auch aus der Katakombenmalerei bekannt, z.B. in Rom aus
der Katakombe an der Via Latina[126]. Es war aber schon prähistorisch verbreitet[127], auch im Alten Testament[128], und findet sich in den Grabin-
schriftvorstellungen[129]: Die Lebendigen wünschen den Toten in den Inschriften: ψυχρὸν ὕδωρ δοίη σοι ἄναξ ἐνέρων Ἀιδωνεύς[130] und dass sie
kaltes Waser finden[131]. Die Orphiker und ihre Epigramme kennen als Bestrafung für das verbrecherische irdische Leben die Qual im Schlamm[132],
z.B. des Kokytos[133]. Darum betonen die Grabtexte, dass ihre Toten reine,
gute, gerechte und unschuldige Menschen sind[134]. So wollen sie die unter-

---

[123] Vgl. das Bild über das Trinken im Himmel: *Mt* 26,29; *Mk* 14,25; *Lk* 22,18.

[124] A. STUIBER, *Refrigerium interim*, S. 186, Anm. 60.

[125] Vgl. *Offb* 7,16 (οὐδὲ διψήσουσιν ἔτι) und 7,17 (ὁδηγήσει αὐτοὺς ἐπὶ ζωῆς πηγὰς ὑδάτων).

[126] Dazu vgl. auch André PARROT, *Le „Refrigerium" dans l'au delà*, Paris 1937. Bekannt ist das Bild mit Christus und der Samaritanerin am Brunnen (*Joh* 4,6) oder nach
einer anderen Interpretation mit dem Engel und Hagar am Brunnen in der Wüste (*Gen*
16,7): Josef FINK – Beatrix ASAMER, *Die römischen Katakomben*, ZBA, Mainz 1997, S.
41, Abb. 61. Das Bild belegt in beiden Fällen – als Katakombenbild! – den Wunsch der
Toten nach dem Wasser: A. STUIBER, *Refrigerium interim*, S. 186.

[127] Dieses Motiv vgl. z.B. bei den Ägyptern, in: E. MERKELBACH, *Goldene Totenpässe*, S. 10ff.

[128] A. STUIBER, *Refrigerium interim*, S. 61-62.

[129] Dazu dienen auch die Wasserspenden am Grabe: H. LOHMANN, *Grabmäler auf
unteritalischen Vasen*, S. 151 und 172. Vgl. auch E. DIEHL, *Die Hydria*, S. 165.

[130] PEEK GG n° 376; GV n° 1410; KAIBEL n° 658; IG XIV n° 1842. Vgl. F. CUMONT,
Lux Perpetua, S. 268 und 453.

[131] B. LORENZ, *Thessalische Grabgedichte*, S. 132-133. Vgl. unser Kapitel III.2.2.3.3.

[132] F. GRAF, *Eleusis und die orphische Dichtung*, S. 103-107; E. ROHDE, *Psyche* I, S.
313-314. Vgl. auch Platon, *Resp.* 363 D.

[133] Κωκυτοῦ κλοιῷ λαιμὸν ἀπαγχόμενος: H. BECKBY, *Anthologia Graeca* VII, n°
377.

[134] PEEK GG n° 208 = GV n° 1572. (s. Kapitel III.2.3.2) Es gibt auch orphische
Grabtexte, die so argumentieren, dass die Seelen der Toten die Strafe wegen ihrer unge-

irdischen Richter beeinflussen, den Seelen den Weg nach rechts, zu den Inseln der Seligen zu weisen[135]. Hier spielt – wie bei Lukas – die Ethik des früheren irdischen Lebens eine wichtige Rolle.

Im Gegensatz zum reichen Prasser wurde Lazarus in Abrahams Schoss getragen. Abrahams Schoss erhielt in der Theologie des Frühjudentums und in der Bibelauslegung mehrere Bedeutungen[136]. Nach G. DELLING[137] und J. S. PARK bedeutet der Ort ein immerwährendes gesegnetes Leben und nach K. GALLING[138] den Gedanken des Friedens im ewigen Leben. Εἰς τὸν κόλπον 'Αβραάμ ist Bezeichnung des Ehrenplatzes beim himmlischen Gastmahl zur Rechten des Hausvaters Abraham. Dieser Ehrenplatz, das höchste Ziel der Hoffnung, besagt, dass Lazarus an der Spitze sämtlicher Gerechten steht. Er erlebt eine Umkehrung der Verhältnisse: Auf Erden sah er den Reichen an der Tafel sitzend; jetzt darf er selbst am Festtisch sitzen. Auf Erden war er verachtet; jetzt geniesst er höchste Ehre. Er erfährt, dass Gott der Gott der Ärmsten und Verlassensten ist[139]. „Schoss Abrahams" ist die Bezeichnung für die Mahlgemeinschaft der Seligen mit Abraham[140]. Die vom Gott der Väter begnadeten gestorbenen Seelen gehen nach ihrem Tod in die Gemeinschaft mit den Volkshelden, den Vorbildern des Glaubens, ein. In den Grabinschriften gibt es viele Belege für die Sehnsucht, nach dem Tode zu den Heroen und den Stätten der Frommen, der Heiligen und Glückseligen zu gelangen; diese Hoffnung wird mehrmals mit der Wendung σύνθρονος ἡρώων ausgedrückt[141].

Aus dem Gleichnis geht schliesslich hervor, dass die in der Jenseitswelt angekommenen Toten aus ihr nicht herauskommen können (ἐκ νεκρῶν ἀνίσταμαι – V. 31). Dazu wird in der gegenwärtigen theologischen Literatur oft die Ansicht vertreten, dass diese Vorstellung schon eine Reflexion

---

rechten Taten schon abgebüsst haben; deswegen soll sie Persephone zu den Sitzen der Frommen senden: vgl. R. MERKELBACH, *Die goldenen Totenpässe*, in: ZPE 128 (1999), S. 7f., § 10.

[135] Vgl. z.B. PEEK GG n° 208 = GV n° 1572.

[136] Vgl. Friedrich E. WIESER, *Die Abrahamvorstellungen im Neuen Testament*, EHS 23/317, Bern 1986; M. GÖRG, *Ein Haus im Totenreich*, S. 194f.

[137] G. DELLING, *„Speranda Futura". Jüdische Grabinschriften Italiens über das Geschick nach dem Tode*, in: ThLZ 9 (1951), S. 523; vgl. J. S. PARK, *Conceptions of Afterlife in Jewish Inscriptions*, S. 100.

[138] Vgl. K. GALLING, *Die jüdischen Katakomben in Rom als ein Beitrag zur jüdischen Konfessionskunde*, ThSK 103 (1931), S. 356; vgl. J. S. PARK, *Conceptions of Afterlife in Jewish Inscriptions*, S. 100.

[139] J. JEREMIAS, *Die Gleichnisse Jesu*, S. 183.

[140] W. SCHMITHALS, *Das Evangelium nach Lukas*, S. 170.

[141] PEEK GG n° 316 = GV n° 1162; KAIBEL n° 151; IG XII₈ n° 38.

der nachösterlichen Gemeinde sein könnte[142], die sich die Möglichkeit, von den Toten auferweckt zu werden, nur dank Jesus vorstellen kann. Dieser Gedanke wurzelt in der realistischen Volksweisheit. Wie z.B. eine Grabsteleninschrift aus Syrien (2.-3. Jh. n. Chr.) sagt – *„Dass du wiederkehrst, ist ja nicht möglich*[143]" –, war für die Griechen der Gedanke der Auferstehung oder der Wiederkehr aus der Totenwelt unmöglich. Aus Grab und Unterwelt führt kein Weg, der Ort ist ἀδίαυλος – ohne Wiederkehr[144]. Auch dieses Gleichnis bezeugt die volkstümliche Überzeugung von der Unmöglichkeit der Wiederkehr. Die Toten können keine Verbindung mit den Lebendigen haben, die Kommunikation mit ihnen ist unmöglich. Das Leben auf der Erde hat seine Prinzipien und Gesetze (Moses, Propheten), weshalb sich das irdische Leben an ihnen, und nicht an den Toten orientieren muss. Auch für die positiven Fälle gilt die Unmöglichkeit einer Kommunikation mit den Toten, denn Lazarus schweigt im ganzen Gleichnis. So kann auch vom Schoss Abrahams kein Signal kommen, welches das irdische Leben der Menschen beeinflusst. Lukas legt die Führung des Lebens in die Hand des Menschen. Er zeigt die Unterwelt ohne die Absicht, durch seinen „Hadesbericht" die Jenseitswelt etwa topographisch kennenlernen zu können. Vielmehr geht es um den eindeutigen Ruf, der schon für Jesus charakteristisch war: Über das Schicksal im Jenseits wird hier im Leben entschieden.

Zusammenfassung: Was wollte Lukas seinen Leser mit seinem Gleichnis und mit seinen eschatologischen Bildern sagen? Zuerst gewiss das, „was für das Alte Testament wie für Jesus ausserordentlich charakteristisch ist: Gottes Parteilichkeit für die Armen."[145] Im Dienste dieses Anliegens benutzt er Bilder und Ausdrucksmöglichkeiten, die seinen Lesern täglich vor Augen standen; sie kannten ja die Grabinschriften, Epigrammbilder und Reliefs ihrer Umgebung. Wie diese, so betont auch er das *individualeschatologische Konzept* des Lebens nach dem Tode[146]; wie sie, so denkt auch er in *räumlichen Kategorien*[147]. Die Leser des Lukasevangeliums konnten Lukas aufgrund ihrer täglichen Erfahrung recht geben.

---

[142] Vgl. z.B. Wolfgang WIEFEL, *Das Evangelium nach Lukas*, ThHNT 3, Berlin 1988, S. 300; Josef ERNST meint, hier einen Hinweis auf die christliche Auferstehungsterminologie zu finden (*Das Evangelium nach Lukas*, RNT, Regensburg 1979, S. 477).
[143] PEEK GG n° 381 = GV n° 727; W. K. PRENTICE, *Greek and Latin Inscriptions*, n° 139.
[144] PEEK GG n° 210 = GV n° 1694; W. PEEK, Ἀρβανιτοπούλος, Θεσσαλικά ἐπιγράμματα, in: Gnomon 14 (1938), S. 473-476.
[145] E. SCHWEIZER, *Das Evangelium nach Lukas*, S. 174.
[146] J. ERNST, a.a.O. (*Das Evangelium nach Lukas*), S. 474.
[147] Vgl. B. HEININGER, *Der „Ort der Frommen"*, in: *Plutarch: Ist „Leben im Verborgenen" eine gute Lebensregel?*, Sapere I, Darmstadt 2000, S. 143.

1.2.3 Phil 3,20

Unser Text über die himmlische Heimat bei Paulus im Philipperbrief gehört zur Perikope *Phil* 3,17-4,1. Der Abschnitt ist eine *argumentative Ausführung*[148], in die Paulus wohl z.t. auch Biographisches eingeflochten hat[149] und die zu seinem Stil der Ketzerpolemik[150] gut passt. Seine theologische Argumentation dient dem Ziel, die falschen Propagandisten und Irrlehrer vor der Gemeinde in Philippi zu entlarven, die Gemeinde zum richtigen theologischen Denken zu führen und so seine paränetischen Ausführungen vorzustellen. Paulus argumentiert *dualistisch*, wo er von den Irrlehrern handelt, die als Feinde des Kreuzes Jesu leben, und von den wahren Christen, die in der Gemeinde als „Brüder" verbunden sind. Genauso dualistisch ist auch der Gegensatz von Verdammnis und himmlischer Heimat. Das Ende des Abschnittes klingt feierlich, ja, geradezu liturgisch[151].

In der Gemeinde in Philippi gibt es Leute, die nicht Paulus und seiner Lehre nachfolgen wollen, sondern die egoistisch nur für sich selbst und für ihren Bauch leben[152]. Sie sind Feinde des Kreuzes Christi[153], und sie wird am Ende nichts anderes als Verdammnis erwarten. Im Gegensatz zu diesen stehen die „Brüder", die sich nach dem Himmel orientieren, die Parusie Christi erwarten und ihre Heimat im Himmel haben. Diese paulinische Ausführung ist paränetisch formuliert, aber sie hat eine eschatologische Zuspitzung, die für unser Thema wichtig ist.

Paulus fängt mit einer kurzen Beschreibung des Schicksals der Irrlehrer in der Verdammnis an. Angeklagt werden sie, mit ihrer Lehre und Lebensart Feinde des Kreuzes Christi zu sein. Das Ende (τέλος) ihres Lebens ist somit bestimmt. Paulus kann dabei an das Endgericht denken, aber auch an ein Gericht, das sofort nach dem Tod stattfindet[154]. Das τέλος bedeutet in den Grabinschriften das Ende, den Tod, die Vernichtung, aber auch die po-

---

[148] Gerhard BARTH, *Der Brief an die Philipper*, ZBK NT 9, 1979, S. 71.

[149] Manchmal soll man an die Empfehlung seines Vorbildes und an seine Nachahmung denken (vgl. V. 17): So Wilhelm EGGER, *Philipperbrief*, NEB 11, Würzburg 1985, S. 68.

[150] W. EGGER, a.a.O. (*Philipperbrief*), S. 68.

[151] J. GNILKA, *Der Philipperbrief*, S. 203.

[152] Diese Leute nannte Paulus in *Phil* 3,2 „Hunde" (κύνες), schlimme Arbeiter (κακοὶ ἐργάται) und Verschnittene (κατατομή).

[153] Nach J. GNILKA, *Der Philipperbrief*, S. 218, sind sie irgendwelche Pseudomissionare, die ein falsches Bild von Christus als θεῖος ἀνήρ oder als antiker Heros verkünden, sowie ein falsches pneumatisches Bewusstsein der allegorischen Auslegung der Schrift (wohl d. Gesetzes) vertreten.

[154] Vgl. *Röm* 6,21; *Hebr* 6,8; *1Pt* 1,9 usw.

sitive Erfüllung des Lebens im Tode[155]. Für die Irrlehrer bringt das τέλος nur Verdammnis.

Im Gegensatz zur dunklen Zukunft der Gegner ortet Paulus die Zukunft der Gemeindemitglieder – das πολίτευμα ἐν οὐρανοῖς – im Himmel. In der exegetischen Literatur wird πολίτευμα umschrieben als „Heimat", „Wohnstatt", „Wohnrecht", „Heimatrecht", „Bürgerschaft", „Bürgerrecht", „Gemeinwesen", „Staat", „Staatsverfassung", „Heimatland", oder „der Staat, dem wir angehören", „Status als Bürger", „bürgerlich-rechtliche Zugehörigkeit" oder noch freier „wir sind im Himmel zu Hause"[156]. Gemäss H. G. LIDDELL – R. SCOTT[157] lassen sich die Bedeutungen von πολίτευμα folgendermassen gruppieren: 1. Regierung; 2. Bürgerrecht, Heimat; 3. Bürgerschaft und 4. Staat[158]. Der Althistoriker Alexander DEMANDT versteht πολίτευμα als „Regierung, Staatsgewalt, staatliche Massnahme – sonst wie politeia"[159].

Das Bild vom πολίτευμα spiegelt die damalige Situation der griechischen Städte,[160] in denen bestimmte Gruppen[161] eine ziemlich grosse Autonomie besassen und als Gemeinschaft zu eigener Religionspraxis oder Lebensweise befugt waren[162]. Eine solche „staatsrechtliche Körperschaft"

---

[155] Vgl. Th. CORSTEN, IK 29, n° 15; F. K. DÖRNER, *Bericht über die Reise in Bithynien*, S. 43-44, n° 91. Vgl. unser Kapitel III.2.1.

[156] Siehe die Kommentare. Vgl. auch z.B. P. Ch. BÖTTGER, *Die eschatologische Existenz der Christen*. S. 244-263.

[157] H. G. LIDDELL – R. SCOTT, *A Greek-English Lexicon*, S. 1434.

[158] Weitere Belege vgl. bei: Andrew T. LINCOLN, *Paradise Now and Not Yet*, S. 97-100. Gute Materialien aus den griechischen literarischen Zeugnissen und den Inschriften bei W. RUPPEL, *Politeuma. Bedeutungsgeschichte eines staatsrechtlichen Terminus*, in: Philologus, Bd 82 (NF 36, 1927), S. 268-312 und S. 433-454.

[159] Alexander DEMANDT, *Antike Staatsformen. Eine vergleichende Verfassungsgeschichte der Alten Welt*, Berlin 1995, S. 22.

[160] Vgl. M. ENGERS, *Πολίτευμα*, in: Mnemosyne 54 (1926), S. 154-161; W. RUPPEL, a.a.O. (*Politeuma*), S. 268ff.

[161] Wie etwa die Juden in Alexandrien, die Kreter oder die Phryger in Ägypten usw., die an ihren Wohnorten eigene πολιτεύματα hatten; vgl. dazu die Belege bei Martin DIBELIUS, *An die Philipper*, HNT 11, Tübingen ²1925, S. 71-72; Emil SCHÜRER, *Geschichte des jüdischen Volkes im Zeitalter Jesu Christi* III, Leipzig 1909, S. 71-72.79-81. Vgl. ferner Martin HENGEL, *Proseuche und Synagoge. Jüdische Gemeinde, Gotteshaus und Gottesdienst in der Diaspora und in Palästina*, in: G. JEREMIAS u.a. (Hrsg.), *Tradition und Glaube*, FS G. Kuhn, Göttingen 1971, S. 170f. besonders Anm. 54-57. Vgl. noch OGI n° 737, Z. 3 und Anm. 1. in II. Band, S. 479-480.

[162] W. EGGER, a.a.O. (*Philipperbrief*), S. 69. Ein πολίτευμα konnten auch die Soldaten bilden; vgl. dazu die Inschrift von 112/11 oder 76/75 v. Chr.: SEG 20, n° 499 = P. M. FRASER, *Inscriptions from Ptolemaic Egypt*, in: Berytus 13 (1959/60), S. 147-152, n° 11; J. und L. ROBERT, *Égypte*, in: REG 75 (1962), S. 213, n° 351: τὸ πολίτευμα τῶν Ἀλεξανδρείαι φερομένων στρατιωτῶν = *Politeuma der Soldaten in Alexandrien* (Übersetzung: M. HENGEL).

innerhalb des Staatswesens ist ein πολίτευμα. Zu πολίτευμα und dem davon abgeleiteten Verb πολιτεύομαι gibt es zahlreiche Belege aus vorchristlichen Grabepigrammen[163], christlichen Grabtexten[164] und anderen
griechischen Inschriften[165] – bis in frühbyzantinische Zeit[166]. Zahlreiche
Belege finden sich auch im profanen Bereich[167]. Zu πολίτευμα gehört der
Status des πολίτης. Abgesehen von allem anderen war der Status des
πολίτης für die Bestattung wichtig: Begräbnis und Errichtung der Gräber
setzten das Bürgerrecht voraus. Weil das Grabmal in Athen schon im 5. Jh.
v. Chr. weniger privat als vielmehr öffentlich war, war das Bürgerrecht bis
in die dritte Generation (bis zu den Grosseltern) für Familienangehörige
erforderlich[168].

Das etwa ist der Hintergrund des paulinischen πολίτευμα-
Verständnisses[169]. Der Ausdruck war im damaligen politischen und gesell-

---

[163] Vgl. z.B. SEG 8, n° 483 (nach J. J. E. HONDIUS): Κλαύσατε τὸν προλιπόντα τὸ
σεμνότα[τον πολίτευμα] | καὶ πόλιν, ἀνθρώπων δ' ἤθεα καὶ φιλίαν = *beklagt den, der
die ehrwürdigste Heimat und Stadt verlassen hat, die Wohnstätten und Freundschaft der
Menschen* (wahrscheinlich Leontopolis, 2. Jh. v. Chr.).

[164] Vgl. z.B. die Grabinschrift des Christen Markus Demetrianus aus Klaudiopolis (3.
Jh. n. Chr.): B. F. BECKER-BERTAU, IK 31, S. 53, n° 44 = Georges PERROT, *Exploration
archéologique de la Galatie et de la Bithynie*, Paris 1872, S. 54, n° 34; F. K. DÖRNER,
Bericht über eine Reise in Bithynien, S. 59, n° 159.

[165] Vgl. z.B. das auf eine graue Marmorstele geschriebene Dekret über den Staatsver-
trag zwischen Smyrna und Magnesia um 245-243 v. Chr., der das πολίτευμα zweimal
ganz ähnlich für beide Vertragsseiten nennt: τοὺς ἄλλους τοὺς καταχωριζομένους εἰς
τὸ πολίτευμα (*die anderen in die Bürgerschaft Eingewiesenen*): G. PETZL, IK 24,1 (Teil
II,1), S. 7-8, n° 573, Zeile 60 und 72 (mit deutscher Übersetzung des ganzen Dekretes) =
CIG n° 3137; G. DITTENBERGER, SIG¹ n° 171; ders., OGI n° 229; Charles MICHEL, *Recueil d' inscriptions grecques*, Brüssel 1900, n° 19; Edward Lee HICKS, *A Manual of Greek
Historical Inscriptions*, Oxford 1882, n° 176; Hatto H. SCHMITT, *Die Staatsverträge des
Altertums* III, München 1969, n° 492; Th. IHNKEN, IK 8, n° 1 (S. 26-27), hauptsächlich
die zeitgeschichtliche und Wort-Erklärung auf S. 87 (und ff.). Das Dekret sichert eine
Garantie für die wichtigen Bürgerrechte und die Gleichheit, wörtlich: *ich werde sie alle
und ihre Nachfahren zu Mitbürgern machen auf gleicher Basis wie die anderen Bürger*
(G. PETZL, a.a.O., Zeile 74-75).

[166] Vgl. H. ENGELMANN – D. KNIBBE – R. MERKELBACH, IK 14, Teil IV, S. 174, n°
1324.

[167] Vgl. z.B. den Brief (Marmorstele) der Laodike III. (der Gemahlin des Antiochos
III.) an die Stadt Iasos (mit dem Dekret von Iasos zu Ehren von Antiochos III.) um 195 v.
Chr., in dem zu lesen ist: συναύξειν τὸ πολίτευμα, nach S. B. POMEROY: „To enlarge
the commonwealth", in: dies., *Charities for greek Women*, in: Mnemosyne IV, 35 (1982),
S. 115-135, dazu ausführlicher S. 120-123. Zum ganzen vgl. W. BLÜMEL, IK 28,1, S. 19-
26, n° 4 = SEG n° 26,1226; IBM III, n° 442 usw.

[168] J. BERGEMANN, *Demos und Thanatos*, München 1997, S. 32.

[169] J. GNILKA ist der Meinung, dass der Apostel Paulus die πολίτευμα-Idee ebenfalls
aus der gegnerischen Predigt übernommen habe (*Der Philipperbrief*, S. 210), was Jürgen

schaftlichen Bereich sehr gut bekannt[170]. Paulus benutzt einen Ausdruck aus dem staatsrechtlichem oder gesellschaftlichen Bereich, überträgt ihn in die religiöse Sphäre, aus dem irdischen in den himmlischen Bereich und aus der unteren, vergänglichen Welt in die obere, unvergängliche[171].

Von den Bedeutungsmöglichkeiten von πολίτευμα passt am besten „Heimat(land)", „Staat" oder „Bürgerrecht"[172]. In Philippi stand das πολίτευμα im Gegensatz zur irdischen Wirklichkeit: Die Mehrzahl der Gemeindeglieder wird nicht das Bürgerrecht der Stadt Philippi besessen haben. Das christliche πολίτευμα[173] ist eindeutig in der Sphäre des Himmels (ἐν οὐρανοῖς) positioniert. Martin DIBELIUS pointiert diesen Gegensatz trefflich: „Wir haben unsere Heimat im Himmel und sind hier auf Erden eine Kolonie von Himmelsbürgern"[174].

Wie die neuesten Forschungsergebnisse von Peter PHILHOFER über die philippischen Inschriften zeigen, sah Paulus bei seinem Besuch in Philippi zahlreiche Inschriften[175] mit Namen von *cives Romani*, die einer römischen Tribus zugeordnet waren; diese Tribus war im Fall der Stadt Philippi, die z.Z. des Paulus *Colonia Iulia Augusta Philippensis* hiess, die *Voltinia*[176]. „Für jeden Bürger von Philippi ist mithin sein πολίτευμα untrennbar mit der *tribus Voltinia* verbunden: Wer in die *tribus Voltinia* eingeschrieben ist, hat das πολίτευμα von Philippi und zugleich das πολίτευμα des römischen Vollbürgers, er ist *civis Philippensis* und *civis Romanus*... Diejenigen Bewohner, die dieses nicht besitzen, sind in vielfältiger Weise benachteiligt und halten dieses πολίτευμα daher für überaus erstrebenswert"[177]. Auch Paulus wurde bei seinem Aufenthalt in Philippi damit konfrontiert, umso mehr, als er dem Stamm Benjamin (de tribu Beniamin) angehörte. Die Juden in Philippi bildeten eine Form von

---

BECKER als unbewiesene Vermutung zurückweist: a.a.O. (*Erwägungen zu Phil 3,20-21*), S. 19, Anm. 13.

[170] Vgl. z.B. den Beleg über die Bürgerrechte der Juden in Chios: G. DITTENBEGER, SIG n° 283 (πολίτεομα εἶναι ἐν Χίῳ δῆμον), oder andere Belege aus SIG: n° 543, Z. 5.10.25.30 (προσδεχόμενοι εἰς τὸ πολίτευμα); n° 633,55; 693,13; 796 A,5 usw.

[171] Ulrich B. MÜLLER, *Der Brief des Paulus an die Philipper*, ThHNT 17, Leipzig 1993, S. 180.

[172] H. G. LIDDELL – R. SCOTT reiht unseren Text in die Kategorie III (*citizen rights, citizenship* im Sinne „metaphorical") ein (*A Greek English Lexikon*, S. 1434); auch P. PILHOFER, (*Philippi I.*, S. 128).

[173] Im Neuen Testament ist πολίτευμα Hapaxlegomenon. J. BECKER bringt es in Verbindung mit *Hebr* 11,13-16; 13,14; *1Pt* 1,1; 2,11: *Erwägungen zu Phil 3,20-21*, in: ThZ 27 (1971), S. 18.

[174] M. DIBELIUS, a.a.O. (*An die Philipper*), S. 72 (= ³1937, S. 93).

[175] Vgl. P. PILHOFER, *Philippi* II.

[176] P. PILHOFER, *Philippi* I, S. 121.

[177] P. PILHOFER, *Philippi* I, S. 122 und 123.

πολίτευμα[178], dessen wichtigste Vorausetzung die Beschneidung war. Auf diesem Hintergrund kann man die Absicht des Paulus, für die Christen *ein neues πολίτευμα* zu formulieren, besser verstehen[179]. Nach PILHOFER ist denkbar, dass, wie das Bürgerrecht des *civis Romanus* in der *tribus Voltinia* dokumentiert und in einer Liste der Bürger der Stadt archiviert war, das himmlische πολίτευμα für die philippischen Christen analogerweise die Hoffnung bedeuten konnte, dass sie als Mitglieder des himmlischen Reiches ihres Soters im oberen „Archiv" registriert sind. Das zeigt auch das Bild über die in das Buch des Lebens eingeschriebenen Namen (ὧν τὰ ὀνόματα ἐν βίβλῳ ζωῆς), das Paulus in eben diesem Brief benutzt (*Phil* 4,3)[180].

Phil 3,20 lässt vermuten, dass nach Paulus im Himmel mindestens eine gut organisierte und geordnete Gesellschaft mit Bürgerrecht, ja ein „Staat" oder eine Stadt (πόλις) nach dem Vorbild der griechischen Polis ist, deren Baumeister und Schöpfer Gott ist. Ähnlich sieht dies der Hebräerbrief (*Hebr* 11,10.14-16)[181]. Anna Maria SCHWEMER erinnert ferner an das obere Jerusalem nach *Gal* 4,26[182].

Auch die Grabinschriften kennen die Idee einer himmlischen Stadt (οὐρανία πόλις), in die die Heroen, die guten und hervorragenden Bürger, Priester, Dichter und allgemein anerkannte Menschen der griechischen Polis eingehen können. Auf diese Weise kam gemäss einer Grabinschrift auch Platon in eine solche hinein, die er selbst schon früher durch eigene Anstrengung gegründet hatte[183]:

δαισάμενος δὲ γάμον πόλιν ἤλυθεν, ἥν ποθ' ἑαυτῷ
ἔκτισε καὶ δαπέδῳ Ζηνὸς ἐνιδρύσατο.[184]

---

[178] P. PILHOFER, *Philippi* I, S. 132. Jüdische πολιτεύματα waren bekannt in Alexandrien und Berenike, wie zahlreiche Inschriften bezeugen: Vgl. Martin HENGEL, *Proseuche und Synagoge. Jüdische Gemeinde, Gotteshaus und Gottesdienst in der Diaspora und in Palästina*, in: G. JEREMIAS u.a. (Hrsg.), *Tradition und Glaube*, FS G. Kuhn, Göttingen 1971, S. 170f. besonders Anm. 57.

[179] Vgl. P. PILHOFER, *Philippi* I, S. 127. Vgl. auch Lukas BORMANN, *Philippi. Stadt und Christusgemeinde zur Zeit des Paulus*, SNT 78, Leiden 1995, S. 218.

[180] P. PILHOFER, *Philippi* I., S. 131f. Vgl. auch Gerald F. HAWTHORNE, *Philippians*, WBC 43, Waco 1983, S. 181.

[181] Vgl. H. BRAUN, *Das himmlische Vaterland bei Philo und im Hebräerbrief*, in: O. BÖCHER – K. HAACKER (Hrsg.), *Verborum Veritas*, FS G. Stählin, Wuppertal 1970, S. 319-327; Herbert BRAUN, *An die Hebräer*, HNT 14, Tübingen 1984, S. 356-357.

[182] A. M. SCHWEMER, *Himmlische Stadt und himmlisches Bürgerrecht bei Paulus (Gal 4,26 und Phil 3,20)*, in: *La Cité de Dieu – Die Stadt Gottes* (Hrsg. M. HENGEL – S. MITTMANN – A. M. SCHWEMER), WUNT 129, Tübingen 2000, S. 197ff.

[183] H. BECKBY, *Anthologia Graeca* VII, n° 109; vgl. Kapitel IV.1.1.

[184] H. BECKBY, *Anthologia Graeca* VII, n° 109. Diogenes Laertius, *Vit. Phil.* 3,45 (vgl. auch: 3,2 und 40); literarisch überliefert.

Von einer Hochzeit ging Platon hinweg in die Stadt, die er früher
selbst sich gegründet, und wohnt nun in der Halle des Zeus.
(Übersezung: H. BECKBY)

Nach dieser Grabinschrift verortet der Dichter die himmlische Stadt im
Reich des Zeus (δάπεδον Ζηνός), das sich nach allgemeinem Glauben der
antiken Griechen im Himmel oder auf dem Olymp befindet. Eine andere
Grabinschrift aus Ägypten aus altchristlicher Zeit situiert die eschatologische Stadt ebenfalls im Himmel:

αὐτὴ δ' οὐρανίην ἁγίων πόλιν ἀμφιπολεύει
μισθὸν ἔχουσα πόνων οὐρανίους στεφάνους.[185]

sie selbst aber durchwandelt die himmlische Stadt der Heiligen,
indem sie als Lohn ihrer Mühen himmlische Kränze besitzt.
(Übersetzung: C. M. KAUFMANN)

In dieser Stadt, auf dem Olymp oder im Himmel erwarteten die Griechen
in erster Linie Glückseligkeit und ruhiges Leben – und zwar im Rahmen
dessen, was eine griechische Polis enthielt und sicherte: Gesetz, Gerechtigkeit, Ordnung, Herrschaft und Stabilität, wonach sich alle Griechen
sehnten[186]. Aber wie im Falle Platons mussten diese Hoffnungen auf eine
ideale irdische Polis in Spannung mit der Realität geraten[187], wurden ver-
innerlicht und nach oben[188], in den Himmel, bzw. auf den Olymp verlegt.
Dort konnte es eine πολιτεία oder ein πολίτευμα geben[189]. Neben dieser

---

[185] C. M. KAUFMANN, *Epigraphik*, S. 330 = PEEK GV n° 1635; C. SCHMIDT, *Ein
altchristliches Mumienetikett*, in: ZÄS 32 (1894), S. 59. (Steleninschrift aus dem alten
Hermonthis [Ägypten], nach Peek 4. Jh. n. Chr. [?], jedoch unsicher). Vgl. G. H. R.
HORSLEY, *New Documents Illustrating Early Christianity* III, 1983, S. 107; IGA 5, n°
423.

[186] In einer solchen Stadt steht „das politische, soziale und religiöse Leben der Bürger
im Vordergrund": U. SIM, *Das himmlische Jerusalem*, S. 33. Vgl auch W. HOFFMANN,
Die Polis bei Homer, S. 135ff.

[187] Vgl. Fustel de COULANGES, *Der antike Staat. Studie über Kultus, Recht und Ein-
richtungen Griechenlands und Roms*, Graz 1961 (= Leipzig 1907), S. 279ff.; M. I. FIN-
LEY, *Die Griechen*, S. 63ff; D. C. POZZI, *The Polis in Crisis*, in: D. C. POZZI – J. M.
WICKERSHAM (Hrsg.), *Myth and the Polis*, S. 126-163.

[188] Platon, *Resp.* 592 B; Origenes, *Contra Cels.* V 43. Vgl. Clem Alex, *Strom.* IV
172,3. Vgl. auch den Versuch, die Visionsstadt in die Wolken zu positionieren; dazu W.
D. O'FLAHERTY, *Die Wolkenstadt im Himmel*, in: H. P. DUERR (Hrsg.), *Sehnsucht nach
dem Ursprung*, Frankfurt a.M. 1983, S. 406-421; vgl. Mircea ELIADE, *Himmlische Ar-
chetypen von Ländern, Tempeln und Städten*, in: ders., *Der Mythus der ewigen Wiederkehr* (Düsseldorf 1953), S. 16ff.

[189] Vgl. Lukian, *Anacharsis*, 20.

himmlischen Polis projiziert der griechische Glaube eine πόλις auch auf das Ende der Welt[190] und in die Unterwelt[191], wo sie als Wohnplatz aller Toten dient[192]. Es zeigt sich, dass die Symbolik der πόλις in der Jenseitswelt in der Antike reich und breit belegt ist[193].

Die neutestamentliche himmlische Heimat ist eng mit Jesus Christus verbunden. Er wurde in den Himmel erhöht und sollte nach Paulus bei seiner Parusie wiederkommen, um die Philipper und andere Glieder der Kirche Christi im Sinne von Texten wie *1Thess* 4,13-18 zu dieser himmlischen Heimat zu entrücken. Mit seiner Ankunft würde die Bürgerschaft auch „offiziell" deklariert werden.

Im Milieu, in dem Paulus den Philipperbrief schrieb, konnte sein Mut, die himmlische Wahrheit so zu beschreiben, schockieren. Die römischen Staatsorgane, die nach der paulinischen Rede weder das Zentrum des Lebens waren noch diejenigen, denen absolute Unterwürfigkeit galt, wurden stattdessen auf einen anderen „Retter" verwiesen und konnten hier gewiss nicht ruhig zuhören. Paulus indes ist hier kategorisch, aber nicht provokativ. Christus ist kein Caesar oder σωτήρ des irdischen πολίτευμα; er ist im Himmel, und sein Reich, in welchem die Philipper Heimat und Bürgerrecht haben, ist für sie bereit. Jesus als σωτήρ wird seine Herrschaft bei seiner Parusie zur Geltung bringen. Eine solche Hoffnung musste bei Paulus und den Philippern zwangsläufig in einen Konflikt mit der Umwelt führen[194].

Für die Christen in Philippi und für die weiteren Leser seines Briefes konnten seine Worte in mehrfacher Hinsicht erfreulich klingen: 1) Die Nachfolger Christi in Philippi sollen kein Angst vor den falschen Lehr-Agitatoren und vor der Verdammnis haben, die nur die falschen Brüder und Irrlehrer am Ende ihres Lebens erwartet. 2) Die philippinischen Christen sollen sich nicht zur Erde und zu dieser Welt, einschliesslich der römisch-irdischen Bürgerschaft, zählen. Auch die zahlreichen Gräber und

---

[190] Hier denkt man an eine „Stadt der Glückseligkeit" (εὐδαίμων πόλις), die sich noch auf dieser Welt befindet: vgl. Aristophanes, *Ra.* 144f.; E. ROHDE, *Psyche* I, S. 315; ders., *Der Griechische Roman*, S. 201ff.

[191] Die Bezeichnung für das Jenseits als „grosse Stadt" ist auch aus dem alten Ägypten bekannt: Edmund HERMSEN, *Die zwei Wege des Jenseits.* Das altägyptische Zweiwegebuch und seine Topographie, OBO 112, Freiburg/Göttingen 1991, S. 123f.

[192] Diese Vorstellung ist aber – im Gegensatz zur olympischen – eher selten. Vgl. CIG n° 6278 = E. COUGNY, *Anthologia Palatina* III, 2, n° 690: ἡ δ᾽ ἀγαπητὴ | ἤλυθα νῦν φρικτὴν εἰς ᾿Αΐδαο πόλιν.

[193] Auch in der philosophischen Sprache gibt es dafür Beispiele. Etwa Philodem aus Gadara (1. Jh. v. Chr.) benutzt als eine symbolische Bezeichnung des Lebens für die Totenwelt das Bild einer „Stadt ohne Mauer" (ἀτείχιστος πόλις): *De morte* 4; vgl. Hellmut FLASHAR, *Die hellenistische Philosophie*, GGPh – PhA 4, Basel 1994, S. 332.

[194] Vgl. Lukas BORMANN, *Philippi. Stadt und Christusgemeinde zur Zeit des Paulus*, SNT 78, Leiden 1995, S. 218.

grossen Grabmonumente mit ihren Inschriften[195] in beiden philippischen
Nekropolen[196] oder die bürgerlichen Inschriften auf dem Forum[197] von
Philippi können sie nicht von dieser Zukunftshoffnung abhalten. Ihr Seligkeitsort ist im Himmel und sie haben schon jetzt ein Bürgerrecht für diese
himmlische Heimat, worüber ein „himmlisches Buch" des Lebens (*Phil*
4,3) Auskunft gibt. 3) Die Zeit der Entrückung, um in diese himmlische
Heimatstadt einzutreten, ist mit der Parusie Jesu gegeben. Christus herrscht
während ihres Lebens dort droben im Himmel, wohin auch sie kommen
wollen. Er kommt bald und wird diese himmlische Heimat mit menschlichen Einwohnern besetzen. So kommt das himmlische πολίτευμα zu seiner Vollendung und die himmlische Stadt füllt sich mit Bürgern, die Christus dorthin führt[198].

Dem griechischen Wort πολίτευμα kommt also vom Bereich der Grabinschriften aus gesehen, eine zweistufige Bedeutung zu:
1. ein Staat, der im Himmel schon in dieser Zeit bereit ist;
2. ein gemeinschaftliches Zusammenleben mit bestimmten Bürger-
   rechten.

Das alles können die Brüder in Philippi schon jetzt wissen und sich im
Geist darauf freuen. Die Vollendung aber werden sie dann erreichen, wenn
Christus aus diesem himmlischen Reich für sie kommt. Diese bestimmte
Zukunft mit dem Bild der griechischen Polis und ihren Funktionen soll also die Christen in Philippi zur Heilsgewissheit und zum hoffnungsvoll auf
die Zukunft hin orientierten Leben führen, wie Paulus ihnen das modell-
haft dargelegt hat.

---

[195] Vgl. die Belege zu den Grabinschriften in: P. PILHOFER, *Philippi* II, wo rund hun-
dert Grabinschriften gesammelt sind.

[196] Nach dem Zeugnis der Ausgrabungen in Philippi sind zwei grosse Friedhöfe bekannt: Der westliche und der östliche; (vgl. P. PILHOFER, *Philippi* I, besonders S. 25-
28.71ff.166f. usw.). Dort befand sich auch ein jüdischer Friedhof, von wo ein grosser
Teil der Grabsteine mit griechischen, lateinischen und hebräischen Inschriften nach
Thessaloniki zum jüdischen Friedhof transportiert wurde (S. 34f.).

[197] P. PILHOFER, *Philippi* I, S. 121f.

[198] Vgl. zur Problematik auch z.B. S. COX, *The Heavenly Citizenship*, in: Exp.[2nd series],
3 (1882), S. 303-313; F. OGARA, *Nostra conversatio in caelis est: Phil 3,17-4,3*, in: VD
18 (1938), S. 321-328; W. H. STUART, *The Heavenly Citizenship – A study in the Book of
Philippians*, in: USR 37 (1925-26), S. 48-55. Zum Topos der Himmlischen Stadt bei den
Apostolischen Vätern vgl. ferner Joachim LEHNEN, *Zwischen Abkehr und Hinwendung.
Äusserungen christlicher Autoren des 2. und 3. Jahrhunderts zu Staat und Herrscher*, in:
R. V. HAEHLING (Hrsg.), *Rom und das himmlische Jerusalem. Die frühen Christen zwi-
schen Anpassung und Ablehnung*, Darmstadt 2000, S. 2ff.

Wie wichtig dieser Abschnitt war, zeigt eine Reminiszenz an ihn im *Diognetbrief* (5,9): ἐπὶ γῆς διατρίβουσιν, ἀλλ' ἐν οὐρανῷ πολιτεύονται[199].

Zusammenfassung: Paulus benutzt in *Phil* 3,20 den aus der hellenistischen Umwelt übergenommenen Begriff πολίτευμα und auch das in jüdischen und hellenistischen Kreisen bekannte Bild von der himmlischen Stadt. Wir können voraussetzen, dass er auch Grabinschriften kannte. Friedhöfe und Nekropolen waren öffentliche Orte. Jeder, der in eine Stadt hineinkam, musste sie kennen, auch Paulus. Klaus BERGER vermutet, dass Paulus im Kontext seiner eschatologischen Texte „an den Stil paganer Grabinschriften anknüpft"[200].

2. Die himmlischen Wohnungen

Schon seit der Zeit Homers[201] und Hesiods[202] besitzen die Götter himmlische oder gar olympische Wohnsitze, ja mehr noch, einen olympischen Staat[203]. Dies gilt vor allem für die Zwölf Olympier, die im Olymp und im Himmel „zu Hause" sind. Aber auch andere Götter und Gottheiten[204], die über verschiedene Gebiete der Welt herrschen, und die Musen nahmen die himmlisch-olympischen Wohnungen von Zeit zu Zeit – wenn auch nicht regelmässig oder mit festem „Eigentumsrecht" – in Anspruch. Diesem Bild des Olymp ist die Vorstellung verwandt, nach der auch die Seelen auf dem Olymp oder gar im Wohnsitz der Götter wohnen. Zahlreiche Grabinschriften zeugen nur mit dem griechischen Verb vom Wohnen der Seelen und reden nicht über das Wie ihres Wohnens. In anderen Fällen sind die Wohnungen der Seelen konkreter beschrieben und durch Beschreibungen wird näher über sie informiert.

2.1 Der griechische Glaube an die himmlischen Wohnungen

Die Griechen stellten sich vor, dass sie – wie im irdischen Leben – im Jenseits in Häusern oder Wohnungen wohnen würden. Zwar konnte das Grab als letzter Wohnsitz eines Menschen gelten, wie eine Grabinschrift aus

---

[199] Vgl. R. NOORMANN, *Himmelsbürger auf Erden. Anmerkungen zum Weltverhältnis und zum „Paulinismus" des Auctor ad Diognetum*, in: D. WYRWA (Hrsg.), *Die Weltlichkeit des Glaubens in der Alten Kirche*, FS U. Wiskert, BZNW 85, 1997, S. 199-229.
[200] K. BERGER, *Hellenistische Gattungen im Neuen Testament*, in: ANRW II, 25.2, S. 1200.
[201] Vgl. z.B. Homer, *Il.* 11,75ff; 18,370; 12,22.
[202] Z.B. *Theog.* 40-44; 63.783.804.963.
[203] K. KERÉNYI, *Zeus und Hera*, S. 36ff.
[204] W. KRAUSE, *Die Griechen*, S. 160.

Herakleia Pontike (2.-3. Jh. n. Chr.) bezeugt[205]. In den griechischen Jenseitsvorstellungen sind die „Wohnungen" aber oft mit denen der Götter
verbunden, was der Sehnsucht entsprach, mit den Göttern zusammenzusein. So wie die Heroen und die Frommen zu ihnen gingen, so wollten
auch die Menschen nach dem Tod zu ihnen gehen. Indes war es notwendig,
dass dieser Ort des Zusammenlebens einen Rahmen bieten würde, in dem
das Fortleben zum Genuss wird. Folglich erdachte man sich die himmlischen Wohnungen als schön, rein und heilig, wie es sich für die Wohnungen der Frommen und Paläste der Götter gehörte.

Eine Grabinschrift auf einem Marmorblock aus Kos (2.-1. Jh. v. Chr.)
spricht von der Wohnung der Frommen (δόμος εὐσεβέων), wohin Inachos
von Philiskos geleitet wird:

> ^{5} καί σε πρὸς εὐσεβέων δόμον ἄξεται ἐσθλὰ Φιλίσκος
> δῶρα καὶ ἐν ζωοῖς κἄν φθιμένοισι τίνων.[206]

Zur Wohnung der Frommen wird Philiskos auch dich geleiten,
der dir edle Geschenke darbringt, wie im Leben, so im Tode.
(Übersetzung: W. PEEK)

Ein solches Bild vom Wohnort der Toten im Haus der Frommen (δόμος
εὐσεβέων) zeichnet auch eine Basisinschrift aus Aigiale (Amorgos, 1. Jh.
n. Chr.):

> ^{7} ὦ Μοίρας ἄτρυτοι ἀναγκαστῆρες ἄτρακτοι,
> τόνδ' ἱερὸν πέμψαιτ' εἰς δόμον εὐσεβέων.[207]

O ihr Spindeln der Moira, unermüdliche Vollstreckerinnen des Zwanges,
sendet diesen Jüngling zu der Frommen heiliger Wohnstatt.
(Übersetzung: W. PEEK)

In dieser Grabinschrift ist der δόμος als ἱερός bezeichnet und die Haupt-
bewohner sind „Fromme" (εὐσεβεῖς), d.h. Menschen, die in ihrem irdischen Leben ethisch und kultisch „rein" und „heilig" gelebt haben und nun
in der Jenseitswelt auch als fromme Gruppe zusammenleben. Die Grabinschrift gibt aber keine Antwort auf die Frage, wo sich dieses Haus der

---

[205] SEG 31, n° 1072 = S. ŞAHIN, *Das Grabmal des Pantomimen Krispos in Herakleia
Pontike*, in: ZPE 29 (1978), S. 297; W. AMELING, IK 47, n° 9. Ähnlich auch ein Grabepigramm: vgl. E. COUGNY, *Anthologia Palatina* III, n° 525: ἐν δόμοις νεκρῶν.

[206] PEEK n° GG 207 = GV n° 1729; W. R. PATON – E. L. HICKS, *Inscriptions of Cos*,
n° 218.

[207] PEEK GG n° 22 = GV n° 48; IG XII₇ n° 447; KAIBEL n° 222.

Frommen genauer befinde, ob in der Unterwelt, auf den Inseln der Seligen, im Elysium oder ganz allgemein am Rand der Welt. Sicher ist jedoch, dass auch der Weg zum Wohnsitz der Frommen von den Moiren beherrscht wird.

Auf eine ähnliche Wohnung (δόμος), die im Äther lokalisiert ist und als unvergänglich (ἀθάνατος) bezeichnet wird, bezieht sich eine Grabaltarinschrift aus Rom (2. Jh. n. Chr.):

> 7 εἶχεν γὰρ χάριν, εἶχεν ἐφ' ἡδυχρόοισι προσώποις,
> αἰθέρος ὥστε μένειν ἀθανάτοισι δόμοις.
> 9 τοῖς πάρος οὖν μύθοις πιστεύσατε· παῖδα γὰρ ἐσθλήν
> ἥρπασαν ὡς τερπνὴν Ναΐδες, οὐ θάνατός.²⁰⁸

Denn Liebreiz wohnte auf ihren zarten Wangen,
dass sie nun in des Äthers unvergänglicher Wohnung weilt.
Glaubt also nur der alten Kunde: das edle Kind haben,
sich zur Freude, die Naiaden geraubt, nicht der Tod.
(Übersetzung: W. PEEK)

In diese unvergängliche Wohnung im Äther, wo die Seele wohnen kann (μένειν), wird das Kind von Naiaden geraubt. Eine Basisinschrift aus Smyrna (1.-2. Jh. n. Chr.) enthält den Gedanken, dass die Seele, die aus dem Herzen oder als Herz zum Äther und zum Himmel eilte[209], das Haus der seligen Götter im Himmel erreiche und dort das Licht der Morgenröte sehen könne:

> ⁶ καί με θεῶν μακάρων κατέχει δόμος ἆσσον ἰόντα,
> οὐρανίοις τε δόμοισι βλέπω φάος Ἠριγενείης.²¹⁰

Nun hält mich das Haus der seligen Götter, denen ich nahe gekommen bin,
und ich erblicke in den himmlischen Häusern das Licht der Morgenröte.
(Übersetzung: R. MERKELBACH – J. STAUBER)

Werden in dieser Inschrift die Häuser unterschieden? Haben die Götter ein Haus (θεῶν μακάρων δόμος), dem sich die entrückte Seele nähern kann, und gibt es daneben im Himmel noch andere Häuser, welche die Seele

---

[208] PEEK GV n° 1595 = IG XIV n° 2040; PEEK GG n° 351; KAIBEL n° 570; GEFFCKEN n° 361.
[209] Vgl. z.B. E. COUGNY, *Anthologia Palatina* III, 2, n° 712 und S. 163, Anm. 315 dieser Studie.
[210] CIG II n° 3398 = KAIBEL n° 312; PEEK GV n° 1765 und GG n° 391; G. PETZ, IK 23, n° 539; D. F. McCABE, *Smyrna*, n° 277; R. MERKELBACH – J. STAUBER, *Steinepigramme* I, n° 05/01/64; P. HOFFMANN, *Die Toten in Christus*, S. 50.

sieht oder in welchen sie wohnen kann? Wahrscheinlich werden die Häuser hier nicht so klar unterschieden. Auch die Fortsetzung der Grabinschrift macht deutlich, dass sich die Vorstellungen hier vermischen. Eine andere Bezeichnung für die Wohnung in der Jenseitswelt ist θάλαμος, ein für die mythologische Vorstellung des Jenseits sehr interessanter Begriff: er kann „Haus", „Wohnung", „Behausung", „Wohnort" und „inneres-" oder „hinteres Zimmer" (= Kammer, Schlafzimmer, Brautfestzimmer) eines Hauses bedeuten. In den Grabinschriften kommt er oft im Plural vor. Der Begriff wird sowohl für die Unterwelt und den Hades wie auch für die himmlische Sphäre benutzt. Eine Grabinschrift auf einem Marmorblock aus Milet (um 200 v. Chr.) nennt die Wohnungen der Frommen, wohin die Seele des Verstorbenen gelangt, θάλαμοι εὐσεβέων:

κούφη γαῖα χυθεῖσ' ὁσίως κρύπτοις σὺ τὸν ἄνδρα
βαίνοντ' εὐσεβέων τοὺς ἱεροὺς θαλάμους.[211]

„Erde, die du in frommer Weise über den Mann gestreut bist,
mögest du ihn als lechte bergen,
wenn er zu den heiligen Gemächern der Frommen geht. "
(Übersetzung: R. MERKELBACH)

Ein Grabepigramm auf Marmor aus Italien für den Ritter Zenodot (aus der Kaiserzeit) spricht davon, dass es im Himmel eine heilige, gottbergende Wohnstatt gebe:

Τετμενάνης ὅδε τύμβος ἐυγλύπτοιο μετάλλου
ἥρωος μεγάλου νέκυος κατὰ σῶμα καλύπτει,
Ζηνοδότου· ψυχὴ δὲ κατ' οὐρανόν, ἧχί περ 'Ορφεύς,
ἧχι Πλάτων, ἱερὸν θεοδέγμονα θῶκον ἐφεῦρεν.[212]

Dieses prächtige Grab aus trefflich gemeisseltem Marmor
schliesst den Leib eines Toten in sich, eines Heroen,
des Zenodot. Seine Seele fuhr aufwärts zum Himmel, wo Orpheus
und wo Platon die heilge, gottbergende Wohnstatt gefunden.
(Übersetzung: H. BECKBY)

---

[211] PEEK GG n° 470 = GV n° 2018; KAIBEL S. X, n° 222b; R. MERKELBACH – J. STAUBER, *Steinepigramme* I, n° 01/20/25. Übersetzung von Reinhold Merkelbach: θάλαμος wird also mit der Wendung Gemach/Gemächer übersetzt.
[212] H. BECKBY, *Anthologia Graeca* VII, n° 363. Der Autor ist anonym. Zum Text vgl. *Anthologia Graeca* VII, z. St.

Diese Wohnstatt (θῶκος) kann auch ein Sitz, Sitzplatz, Thron oder Sitzungs-(Platz) sein, der besonders hervorragenden Menschen (Heroen, Orpheus, Platon usw.) vorbehalten ist. Ein Teil einer Inschrift auf einer Grabmalplatte aus Korkyra (2.-3. Jh. n. Chr.) bringt die Überzeugung zum Ausdruck, dass die vom Himmel gekommene Seele in die Wohnung der Unsterblichen[213] eingeht und in der himmlischen Heimstatt wohnt:[214]

> ἐν γαίῃ μὲν σῶμα τὸ συγγενές, οὐράνιος δέ
> ἤλυθεν ἡ ψυχὴ δῶμα κάτ' οὐ φθιμένων.
> ⁹ κεῖται μὲν γαίῃ φθίμενον δέμας, ἡ δὲ δοθεῖσα
> ψυχή μοι ναίει δώματ' ἐπουράνια.[215]

> *In der Erde ist der ihr verwandte Leib;*
> *doch die vom Himmel gekommene Seele*
> *ging ein zu der Wohnung der Unsterblichen.*
> *Es ruht in der Erde der vergängliche Leib.*
> *Doch die Seele, die mir gegeben wurde,*
> *wohnt in der himmlischen Heimstatt.*
> (Übersetzung: W. PEEK)

Auf dieser Grabplatteninschrift kommen die Bezeichnungen δῶμα (Wohnung, Haus, „Gebäude") und δώματα wie auch das Verb ναίω (wohnen, sich befinden, sich aufhalten, thronen)[216] als Varianten für das Fortbestehen im Himmel vor[217]. Der mit dem Verb ausgedrückte Gedanke wird in der folgenden Grabaltarinschrift aus Nakoleia (Phrygien, 2.-3. Jh. n. Chr.) mit dem Äther und mit dem Leben bei den unsterblichen Göttern verbunden:

> οὔνομά μοι Μενέλαος· ἀτὰρ δέμας ἐνθάδε κεῖται·
> ψυχὴ δ' ἀθανάτων αἰθέρα ναιετάει.[218]

> *Ich heisse Menelaos. Aber nur mein Leib ruht hier,*
> *meine Seele wohnt im Äther bei den Unsterblichen.*
> (Übersetzung: W. PEEK)

---

[213] Vgl. δώματα θεῶν in: E. COUGNY, *Anthologia Palatina* III, n° 286.
[214] Vgl. dazu auch E. COUGNY, *Anthologia Palatina* III,2, n° 332.
[215] PEEK GG n° 465 = GV n° 1978; KAIBEL n° 261; IG IX₁ n° 882-883; Zu den Z. 9-10 vgl. J. H. MOULTON – G. MILLIGAN, *The Vocabulary of the Greek Testament*, S. 252.
[216] Es wird transitiv wie intransitiv gebraucht.
[217] Zum Verb ναίω vgl. z.B. auch weitere Grabinschriften bei: E. COUGNY, *Anthologia Palatina* III,2, n° 188; n° 208 usw.
[218] PEEK GG n° 250 = GV n° 1031; LE BAS – WADDINGTON n° 1024; E. COUGNY, *Anthologia Palatina* III, 2, n° 567.

Genauso steht es auch in einer Grabaltarinschrift aus Pergamon (1.-2. Jh. n. Chr.), in der der Wohnort auf der Ebene der Seligen (ἐν μακάρων δαπέδῳ) lokalisiert wird, wo auch viele andere Seelen und Gottheiten (δαίμονες ἄλλοι) leben:

5 ψυχὴ | δ' ἐκ ῥεθέων πταμένη μ[ε]ῖτὰ δαίμονας ἄλλους
ἤλ[υ]ῖθε σή, ναίεις δ' ἐν μακάρω[ν] | δαπέδῳ·²¹⁹

Aber deine Seele flog aus den Gliedern heraus und kam
       zu den anderen Dämonen,
und du wohnst in der Ebene der Seligen.
(Übersetzung: R. MERKELBACH – J. STAUBER)

Auch zahlreiche andere Grabinschriften geben den Sinn der himmlischen Behausung mit der Wendung ναίω ἐν bzw. ναίω mit Akkusativ wieder; so z.b. im Fall einer Grabinschrift aus Lemnos (2. Jh. n. Chr.), wo Kallisto betont, dass sie an der Stätte der Frommen mit Heroen zusammenwohnt: ναίω δ' εὐσεβέων ἁγνὸν περικαλλέα χῶρον²²⁰.

Das Verb οἰκέω bedeutet „hausen", „wohnen", „leben" und transitiv „bewohnen", „zur Wohnung nehmen". Eine Grabsteleninschrift aus Alexandria (2. Jh.[?] n. Chr.) enthält die Hoffnung, dass der tote Apollos die Wohnung der Toten in der Unterwelt nie betreten muss, sondern mit den Göttersöhnen in den elysischen Gefilden der Seligen wohnen kann:

5 νῦν δ' 'Αβυδηναίου τὸν 'Οσίριδος ἀμφιπολεύω
θῶκον καὶ φθιμένων οὐκ ἐπάτησα δόμους.
ἀθανάτων καὶ τέκνα μεμορμένον οἶτον ἐπέσπεν,
ἀλλ' οἰκεῖ μακάρων 'Ηλύσιον πεδίον·
9 ἔνθ' ἅμα παισὶ θεῶν με φέρων Κυλλήνιος 'Ερμῆς
ἵδρυσε καὶ Λήθης οὐκ ἔπιον λιβάδα.²²¹

Jetzt versehe ich den Dienst am Thron des Osiris von Abydos,
und der Toten Wohnung habe ich nie betreten.
Auch die Unsterblichen Kinder müssen den Weg des Schicksals gehen,
   aber sie wohnen in der Seligen elysischen Gefilde.
Dorthin hat mich mit den Göttersöhnen der kyllenische Hermes
   entrückt, und den Strom der Lethe habe ich nicht gekostet.
(Übersetzung: W. PEEK)

---

²¹⁹ R. MERKELBACH – J. STAUBER, *Steinepigramme* I, n° 06/02/32 = KAIBEL n° 243; H. W. PLEKET, *Epigraphica* II, n° 20; IGR IV, n° 507; PEEK, GV n° 2040.
²²⁰ PEEK GG n° 316 = PEEK GV n° 1162; IG XII⁸ n° 38; KAIBEL n° 151.
²²¹ CIG III, n° 4708 = KAIBEL n° 414; PEEK GV n° 1090; PEEK GG n° 306.

Die Götter, die auf dem Olymp im bestirnten Himmel ihre Behausung (οἰκία) haben, wohnen dort zusammen mit den Seelen der Verstorbenen. Eine bereits zitierte Grabinschrift aus Korkyra (2. Jh. n. Chr.) gibt diese Vorstellung wieder:

> ^{11} ἀθάνατος ψυχὴ τὰ μὲν οἰκία τῶν ἐν ᾿Ολύμπῳ
> ναίω, σῶμα δ᾽ ἐμὸν γαῖα φέρει φθίμενον^{222}.

Meine unsterbliche Seele wohnt im Palast der Götter auf dem Olymp;
meinen vergänglichen Leib trägt die Erde.
(Übersetzung: W. PEEK)

Ein ziemlich spezieller und nicht sehr gebräuchlicher Ausdruck für den Wohnsitz der Glückseligen ist „μακάρων ἕδος" (Sitz, Sessel, Wohnsitz, Wohnplatz). Die folgende Grabinschrift auf einer Marmortafel aus Ostia (2. Jh. n. Chr.) spiegelt die Hoffnung, die sich aus dem Glauben nährt, dass die Seele nach dem Tode zum Wohnsitz der Glückseligen, wahrscheinlich zum Olymp, gelangt:

> ^{5} [οὐδέ μιν εἰν ᾿Αίδη στυγναὶ] Μοῖραι κατέχουσιν
> εὐκέλαδ[ο]ν κιθάρης γῆρυν ἀμειψαμένην, |
> [ἀλλὰ θανοῦσ᾽ ἀπέβη μακάρ]ων ἕδος ἢ πρὸς ῎Ολυμπον
> ^{8} ἥ με Φιλητ[αιη]ν θρέψατο μουσοπόλον^{223}.

Nicht halten sie im Hades die hassenswerten Moiren fest,
die den wohltönenden Klang der Kithara erwiderte;
sondern nach ihrem Tod ging sie zum Wohnsitz der Glückseligen
oder zum Olymp,
sie, die mich, Philetaie, als Musendienerin aufzog.
(Übersetzung: H.-G. NESSELRATH – I. PERES)

2.2 Die Wohnungen im Himmel im Neuen Testament

2.2.1 Vorbemerkungen

Zum Thema „himmlische Wohnungen" enthält auch das Neue Testament einige Texte. Vor allem berührt sie der johanneische Jesus (*Joh* 14,2) und der Apostel Paulus (*2Kor* 5,1-10). Während jedoch nach der johanneischen Darstellung die himmlischen Wohnungen räumlich zu verstehen sind, er-

---

^{222} PEEK GG n° 465 = GV n° 1978; KAIBEL n° 261; IG IX₁ n° 882-883. Zu den V. 9-10 vgl. J. H. MOULTON – G. MILLIGAN, *The Vocabulary of the Greek Testament*, S. 252.
^{223} PEEK GV n° 909 = M. GUARDUCCI, *Tracce di pitagoreismo nell' iscrizioni ostienzi*, in: Rendiconti 23/24 (1947-1949), S. 212-213, n° 2.

klärt sie Paulus anthropologisch. Auch ihre Terminologie ist verschieden. Gemeinsam ist beiden, dass sie unter hellenistischem Einfluss stehen.

2.2.2 Joh 14,2f.

Zur räumlichen Vorstellung der griechischen Grabgedichte über die Wohnungen im Jenseits passt bestens *Joh* 14,2. Im ganzen Abschnitt (14,1-6), zu dem dieser Text gehört[224], will Jesus seine Jünger trösten, und in diesem Kontext erklärt er ihnen auch die Orte, wohin er geht und von woher er wiederkommt, um auch sie dahin zu führen. Die *Gattung* ist eindeutig die *Abschiedsrede*.

Der Autor beginnt die Rede Jesu mit einer räumlich-eschatologischen Perspektive: Droben im Himmel gibt es das Haus des Vaters (οἰκία τοῦ πατρός μου), und darin sind viele Wohnungen (μοναὶ πολλαί εἰσιν) für die Frommen; Jesus geht, die Stätte seinen Jüngern vorzubereiten (ἑτοιμάσαι τόπον ὑμῖν). Nach seiner Wiederkehr (ἐὰν πορευθῶ - πάλιν ἔρχομαι) werde er sie dorthin mitnehmen. Mit der räumlichen Eschatologie verbindet sich also ein Aspekt der futurischen Eschatologie; es wäre nicht zweckmässig, ihn literarkritisch zu entfernen[225], insbesondere, weil sich hier die Hoffnung der urchristlichen Eschatologie widerspiegelt[226]. Das Unverständnis der Jünger (οὐκ οἴδαμεν) in 14,4-5 zeigt aber, dass sie wenig Information über den Ort, wohin Jesus ging, hatten. Deswegen erklärt Jesus die Rede vom Weg (ὁδός) zu Gott und zum Vater und personalisiert den Weg durch sich (δι' ἐμοῦ).

---

[224] Der Aufbau der Verse 1-4 wird verschieden gesehen. Am ehesten sind sie auf zwei Unterabschnitte zu verteilen: V. 1-3 (Trostmotiv) und 4-6 (Wegmotiv); vgl. János BOLYKI, *Igaz tanúvallomás. Kommentár János evangéliumához* (= Das wahre Zeugnis. Kommentar zum Johannesevangelium), KSZ 1, Budapest 2001, S. 364. Textkritisch ist der Text ziemlich gut belegt und speziell Vers 2, auf welchen wir uns konzentrieren, ist trotz dem in späteren Handschriften fehlenden ὅτι ($\wp^{66*}$ Γ Δ Θ usw.), das zum Text gehören muss, gut bezeugt: Vgl. z.B. G. FISCHER, *Die himmlischen Wohnungen*, S. 27-28. Die Wendung ἐν τῇ οἰκίᾳ τοῦ πατρός μου μοναὶ πολλαὶ εἰσιν wird bei Kirchenvätern – beginend mit Irenäus, *Adv.haer.* V 36,2 – oft zu πολλαὶ μοναὶ παρὰ τῷ πατρί verkürzt; vgl. M. E. BOISMARD, *Critique textuelle et citations patristiques*, in: RB 57 (1950), S. 388-408. Die Verkürzung stammt wahrscheinlich aus dem mündlichen Traditionsgut, das im Fall des Irenäus zu den Presbytern (*Adv.haer.* V 36,1) zurückführen kann. Der Langtext ist ursprünglicher, und überdies beeinflusst die Verkürzung nicht den Sinn der Vorstellung über die himmlischen Wohnungen; vgl. B. W. BACON, *In my Father's House are many Mansions (Joh 14,2)*, in: ET 43 (1931-32), S. 477f.; G. FISCHER, *Die himmlischen Wohnungen*, S. 30-32.

[225] Vgl. J. BOLYKI, a.a.O. (*Igaz tanúvallomás*), S. 365. Das griechische πάλιν ἔρχομαι soll gewiss im futurischen Sinn verstanden werden; vgl. z.B. U. SCHNELLE, *Das Evangelium nach Johannes*, S. 228, Anm. 23 mit Hinweis auf F. BLASS - A. DEBRUNNER - F. REHKOPF, *Grammatik*, § 323,1.

[226] G. FISCHER, *Die himmlischen Wohnungen*, 304ff.

Woher aber kann das Bild vom „Vaterhaus" und den „vielen Wohnungen" stammen? Geht die Vorstellung auf jüdischen oder auf hellenistischen Hintergrund zurück? Soll es nur metaphorisch verstanden werden? Was tragen die griechischen Vorstellungen über die Häuser und die Paläste der Götter und die himmlischen Wohnungen der Verstorbenen zum Verständnis bei?

Der religinsgeschichtliche Hintergrund verweist auf mehrere Quellen dieser Vorstellung.[227] Die meisten Forscher denken, dass der Ausdruck „himmlische Wohnungen" alttestamentlich geprägt sei. Nach O. SCHAEFER ist dafür *Ps* 33,14 („Stätte der Wohnung Gottes-") ein wichtiger Grundtext[228]. Günther FISCHER bringt dazu noch weitere Texte und Gedankenvarianten[229]; sein Ergebnis ist aber, dass die Aussagen aus dem Alten Testament unserem Text *Joh* 14,2 zwar ähnlich sind, aber nicht den Ursprung des Bildes von *Joh* 14,2 darstellen und die johanneischen „himmlischen Wohnungen" nicht befriedigend erklären[230]. Nach vielen Forschern ist das johanneische Bild frühjüdisch-apokalyptischen Ursprungs. Sie teilen die Aussagen vom Wohnen und den Wohnungen in mehrere Kategorien ein, die ich nach Günther FISCHER[231] folgenderweise gruppiere:

1. Die erste Gruppe der Vorstellungen kennt das „*Haus Gottes*", das sich irgendwo *im Himmel*, in den Lüften oder in den Höhen befindet.[232] Das himmlische Haus Gottes ist hier als Palast oder Tempel[233] vorgestellt, wobei Gott aber kein „Vater" ist, sondern Herr der ganzen Schöpfung, der mit Feuer, Glanz und Herrlichkeit bekleidet ist[234]. In seinem himmlischen Tempel/Palast gibt es keinen Platz für die irdischen Menschen und deren Wohnungen.

2. Der zweite Vorstellungskomplex weiss vom „*Wohnen*", den „*Wohnungen*" als Verheissungselementen der Endzeit.[235] Die unendlichen Belege zu diesem Thema hauptsächlich in apokalyptischen Texten sprechen

---

[227] Vgl. dazu die Materialien und literarischen Hinweise z.B. bei J. FREY, *Die johanneische Eschatologie* III, S. 138-145.

[228] O. SCHAEFER, *Der Sinn der Rede Jesu von den vielen Wohnungen in seines Vaters Hause und von dem Weg zu ihm (Joh 14,1-7)*, in: ZNW 32 (1933), S. 212 (*Ps* 63,15 ist bei ihm gewiss ein Fehler).

[229] G. FISCHER, *Die himmlischen Wohnungen*, S. 115ff. Er nennt Texte wie *Hi* 30,23 (Sammelstätte); *Ps* 49,12 (Gräber = ihre Wohnung); *Ps* 49,15 (Totenreich als Wohnung); *Spr* 7,27 (Kammern des Todes = Scheol); *Pred* 12,5 (ewiges Haus) usw., die mehr oder weniger kultisch/national/politisch beinflusst sind. Dabei wird kaum an den himmlischen Tempel oder einen Raum für das Volk Israel gedacht gewesen sein.

[230] G. FISCHER, *Die himmlischen Wohnungen*, S. 137-175.

[231] G. FISCHER, *Die himmlischen Wohnungen*, S. 128.

[232] Vgl. z.B. *äthHen* 1,3.4; *3Makk* 2,15; *4Esr* 8,20; *PsSal* 18,1; *AssMos* 10,9 usw.

[233] Vgl. *Ps* 18,7f.; 29,9; *Hab* 2,20; *Mich* 1,2; *Jes* 6,1; *Ez* 10,3.10 usw.

[234] Siehe z.B. *äthHen* 14,9-21.

[235] J. FREY, *Die johanneische Eschatologie* III, S. 143.

zunächst von Wohnungen auf einer erneuerten Erde[236], danach auch in der himmlischen Welt[237]. Die visionäre Erwartung sucht die Geborgenheit teils auf der (neuen) Erde, teils im (neuen) Himmel und spricht über „Wohnungen" und „Häuser" im himmlischen Paradies und über die Wohnstätten beim Menschensohn[238]. Oft vermischen sich die Metaphern und in den Texten wird eine starke Hoffnung auf die eschatologische Wiederherstellung des Gottesvolkes spürbar. Oft stehen die Metaphern in Beziehung zu Tempel und Kult, es fehlt aber das Bild vom Vaterhaus im Himmel; die himmlischen Wohnungen gelten nur für Israel, das ein neues Königtum Gottes erwartet[239]. Für Johannes waren diese apokalyptischen Visionen wahrscheinlich nicht direkte Basistexte. Sie illustrieren aber das apokalyptische Milieu seiner Zeit.

3. Die *„himmlischen Wohnungen"* der Zwischenzeit bilden eine weitere Gruppe. Viele jüdisch-apokalyptischen Texte kennen die Wohnungen als Aufbewahrungsstätte der Menschen oder der Seelen nach dem Tode[240], mit Ortsangaben wie „Wohnstätte", „ewige Häuser" und „Seelenkammer" sowohl im Bereich der Scheol[241] wie auch im Bereich des Himmels[242]. Dabei ist insbesondere der Bereich des Himmels mehrstufig durchstrukturiert[243]. In diesen Texten begegnet auch die typisch hellenistisch-dualistische Vorstellung über die Trennung der Seele vom Leibe nach dem Tode. Ein direkter Bezug dieser Texte zu *Joh* 14,2 ist zwar unwahrscheinlich, doch steht im Hintergrund dieselbe Vorstellungswelt, in der die jüdischen und hellenistischen Jenseitsvorstellungen vermischt werden. Eher ist denkbar, dass das johanneische Bild der Wohnungen und die jüdisch-apokalyptischen Texte einen gemeinsamen Hintergrund haben, wie das besonders für die Henochvisionen gilt[244].

---

[236] Vgl. *Jub* 23,25-30; *PsSal* 17,28-31; *Sib* 4,188ff.; *äthHen* 89,36.40.50; 90,24-34; 91,13-16 usw.

[237] Vgl. z.B. *AssMos* 10,9-10; *slHen* 65,6-10; *syrBar* 48,6; 61,8-10; *ApkEl* 10,1-2.6; *TestAbr* 20A usw.

[238] Hauptsächlich in *äthHen* 71,16.

[239] Vgl. dazu ältere alttestamentliche Verheissungen und Hoffnungen wie *Ez* 37,24-27; 4,13-17; *Sach* 9,14 usw.

[240] Vgl. vor allem das äthiopische Henochbuch, das oft über die Wohnungen der Gerechten und die Ruhestätten der Heiligen spricht: 39,4-7; 53,6; vgl. *slHen* 61,2f. usw.

[241] *TestAd* 3,8; *Jub* 36,1 (ewiges Haus = Grabesruhe: vgl. dazu *Pred* 12,5); *äthHen* 22,1-14; *4Esr* 4,35.41; 7,32; *syrBar* 7,85.101; 21,23; 30,2; usw.

[242] Hellenistisch-dualistische Vorstellungen spiegeln besonders *TestJob* 52,10; *ApkEsr* 7,3; *TestIsaak* 1,5; 10,10 und *TestAbr* 20A.

[243] Vgl. die gute tabellarische Übersicht von den 10 Himmeln im jüdischen Schrifttum bei: Bernhard STADE – Alfred BERTHOLET, *Biblische Theologie des Alten Testaments* II, GThW II/2, Tübingen [1-2]1911, S. 404-405.

[244] Vgl. H. BIETENHARD, *Die himmlische Welt im Urchristentum und Spätjudentum*, S. 175-176; G. FISCHER, *Die himmlischen Wohnungen*, S. 175.

Die Vorstellung über die Wohnungen im Himmel in *Joh* 14,2 kann nach Paul VOLZ[245] mit ähnlichen Vorstellungen der rabbinischen Theologie von den „guten Häusern" zusammenhängen[246], diese wiederum mit den verschiedenen Seligkeitsstufen und Himmel(steile)n[247]. Auch Philo von Alexandrien bietet Parallelen und spricht, obwohl er die Vorstellung von den Wohnungen bei Gott nicht kennt, über die Rückkehr der Seele in den Himmel[248], ihr Vaterland/Vaterhaus und ihre Mutterstadt[249], wo er auch die Wohnstätte der Unsterblichen lokalisiert[250]. Die Schwierigkeit dabei ist aber, dass Philo die Bilder mischt und stark spiritualisiert.

Eine weitere Variante, den Hintergrund der von Jesus/Johannes behandelten Wohnungsbilder zu erschliessen, bilden die in der Forschung diskutierten gnosisnahen Vorstellungen der mandäischen Literatur über die himmlischen Wohnungen[251]. Zwar kennen diese Schriften die himmlischen Wohnungen[252], aber sie sind mit dem johanneischen Text nur formal ähnlich.

Nach unserer Überzeugung weist das Bild auf hellenistischen Hintergrund. Die johanneische Gemeinde verdankt diese Vorstellungen jüdisch-hellenistischen Kreisen oder erhielt sie durch direkte Kenntnisse, die sie z.B. durch Lektüre der Inschriften auf den Friedhöfen gewinnen konnte[253]. Die antiken griechischen Jenseitsvorstellungen kennen das Bild über die Wohnungen im Jenseits in drei Varianten.

1. Nach der homerisch/hesiodischen Mythologie hatten Götter und Gottheiten ihre Paläste, Versammlungshallen und Wohnungen im Himmel oder auf dem Olymp. Homer bezeichnet sie mit Worten wie δόμος/-οι,

---

[245] P. VOLZ, *Die Eschatologie der jüdischen Gemeinde im neutestamentlichen Zeitalter*, S. 405-406.

[246] Vgl. *äthHen* 41,2; *slHen* 61,2-3.

[247] P. VOLZ, *Die Eschatologie der jüdischen Gemeinde im neutestamentlichen Zeitalter*, S. 406.

[248] *Cher* 115; *Plant* 44; *Deus Imm.* 150; *Agric* 25.65; *Som* 1,122.139 usw.

[249] *Conf Ling* 78; *Som* 1,256; *Som* 1,181;

[250] *Hum* 73; *Som* 1,135.

[251] G. FISCHER, *Die himmlischen Wohnungen*, S. 236-290.

[252] Vgl. die Wohnung (Škina) als „Haus des Lebens", was Rudolf BULTMANN in Beziehung zu *Joh* 14,2f. sieht: *Die Bedeutung der neuerschlossenen mandäischen und manichäischen Quellen für das Verständnis des Johannesevangeliums*, in: ZNW 24 (1925), S. 104f.

[253] Es ist schade, dass in der neueren Forschung, z.B. bei G. FISCHER, *Die himmlischen Wohnungen*, auf den hellenistischen Hintergrund kaum hingewiesen wird. Auch der *Neue Wettstein* zum Johannesevangelium (Band I/2, Hrsg. U. SCHNELLE, Berlin 2001) enthält zu unserem Text nur ein Grabepigramm (SEG 35, n° 630) mit dem „Ort der Frommen" (χῶρος εὐσεβέων).

δῶ/δῶμα/δώματα, οἰκία, μέγαρον/-α[254]. Genauere Beschreibungen geben die Dichter aber keine[255]. Die archaische griechische Literatur über diese Götterhäuser bemerkt, dass Hephaistos sie gebaut und mit Glanz ausgeschmückt habe[256]. So können alle Götter je ihren Palast haben[257], unter denen natürlich die des Zeus die grössten und schönsten, die goldprächtigsten sind[258].

2. Gleichermassen – wie die olympischen Götter und andere Gottheiten – haben auch die neun Musen ihre Wohnsitze, und zwar nicht nur an ihren ursprünglichen Stätten auf dem Gipfel des Berges Helikon[259], sondern auch auf dem Olymp, weil sie „die Seele des Olympischen Zeusreiches"[260] sind und sie dort – folgt man Hesiod und Homer – auch ihre Ὀλύμπια δώματ' haben[261].

3. Mit diesen Vorstellungen hängt schliesslich zusammen, dass die nach dem Tode vom Leibe „freigelassene" menschliche Seele[262] ein Haus im Jenseits benötigt. Die „positive" griechische Eschatologie lokalisiert die Wohnungen der Seelen in den oberen Sphären[263], im Äther, im Himmel, auf den Sternen oder auf dem Olymp. Dort wohnen die Götter in ihren Palästen, und dort werden auch die frommen Seelen ihre Wohnungen erhalten. Die Beschreibungen der himmlischen Wohnungen sind verschieden.

---

[254] Vgl. den Überblick bei M. O. KNOX, ‚House' and ‚Palace' in Homer, in: JHS 90 (1970), S. 117-120.

[255] Auch Walter R. OTTO beschwert sich (Die Götter Griechenlands, S. 130), dass die Bilder keine klare und zusammenhängende Anschauung geben.

[256] Hephaistos war nach den griechischen Mythen ein „Haushalter" oder ein allseitiger „Meister" des Götterhofes. „Gewöhnlich sind seine Werke Metallarbeiten, Waffen, Schmucksachen, Geräthe, ganze Häuser, wie Hephästos mit solchem Arbeiten nicht blos den ganzen Olymp, sondern auch die meisten Heroen ausstattet": L. PRELLER, Griechische Mythologie, S. 122-123.

[257] Vgl. z.B. Homer, Il. 1,606; 11,76f.; Hesiod, Theog. 40.43.63.114.128-130.285. 373.401.783.804.963.999.1015; Sappho 1,7 D; Fr. 154 usw.

[258] H. SCHRADE, Götter und Menschen Homers, S. 26.

[259] Z.B. Hesiod, Theog. 1-4. Über die Lokalisation der Musen vgl. L. PRELLER, Griechische Mythologie I, S. 279ff. (dort auch weitere Belege z.B. aus Strabon, Pausanias usw.); M. P. NILSSON, Geschichte der griechischen Religion I, S. 254; H. J. ROSE, Griechische Mythologie, S. 167f.; U. v. WILAMOWITZ-MOELLENDORFF, Der Glaube der Hellenen I, S. 245. Die dichterische Tradition hat später diese „Spannung" aufgehoben und auch den Berg Helikon in den Himmel versetzt (Antoninus Liberalis, Metamporph. 9; vgl. H. J. ROSE, Griechische Mythologie, S. 371, Anm. 35).

[260] W. F. OTTO, Die Musen, S. 27.29.

[261] Hesiod, Theog. 75; 114; Homer, Il. 2,484; 11,218; 14,508; 16,112.

[262] Vgl. die Vorstellung über das Schema σῶμα – σῆμα, z.B. G. ZUNTZ, Persephone, S. 405ff.

[263] Zu diesem Bereich gehören Ort/Haus/Wohnung/Wohnstätte der Frommen (τόπος/δόμος εὐσεβῶν), auf den Inseln der Seligen oder im Elysium. Vgl. M. P. NILSSON, Geschichte der griechischen Religion I, S. 324ff., besonders S. 325, Anm. 3.

Damit vermittelten die Grabinschriften den Toten die Hoffnung, dass sie auch im Jenseits ein Haus oder eine Wohnung haben würden. Für die Jenseitswohnungen verwenden die Grabinschriften Ausdrücke wie αὐλή/-αί, δόμος/-οι, δῶμα/-τα, θάλαμος/-οι, θῶκος, οἰκία, ἕδος usw. Diese Wohnungen können die Verstorbenen zusammen mit den Göttern bewohnen[264]. Die Wohnungen kommen im Singular und Plural vor. In einer Basisinschrift aus Smyrna (2. Jh. n. Chr.) dient δόμος als Wohnungsbezeichnung der seligen Götter und die οὐράνιοι δόμοι als Bezeichnung für die „menschlichen" Seelen im Himmel[265]. Die wichtigsten Verben, mit denen das Leben in den himmlischen Wohnräumen ausgedrückt wird, sind ναίω, οἰκέω, μένω, ζάω. Ein Beispiel gibt eine Grabplatteninschrift aus Korkyra (2.-3. Jh. n. Chr.): ἀθάνατος ψυχὴ τὰ μὲν οἰκία τῶν ἐν ᾿Ολύμπῳ | ναίω (*Meine unsterbliche Seele wohnt im Palast der Götter auf dem Olymp*)[266].

Konnten Johannes und seine Gemeinde solche Vorstellungen kennen, und können auch andere, ähnliche Hinweise im Neuen Testament,[267] z.B. *Lk* 16,9 (αἰώνιοι σκηναί) oder *Jud* 6 (οἰκητήριον ἀγγέλων)[268] von hier aus verstanden werden? Das scheint weder sicher beweisbar noch auszuschliessen zu sein. Die folgende Grabinschrift auf einer Marmor-Platte aus Rom (2. Jh. n. Chr.) kann aber den johanneischen Gedanken aus paganer Perspektive erläutern:

οὐκ ἔ|φυγον Μοίρας· ζήσα|σα καλῶς ἀνέλυ|σα
εἰς οἶκον, ὅπου | μοι τόπος εὐσεβί|ης ἀπέκειτο.[269]

Ich bin den Moiren nicht entkommen. Nach einem guten Leben ging ich in das Haus, wo mir ein Platz der Frömmigkeit bereit stand.
(Übersetzung: H.-G. NESSELRATH – I. PERES)

---

[264] Mehr über die Gemeinschaft und das Zusammenleben mit Göttern s. im Kapitel IV.6.1.

[265] CIG n° 3398 = KAIBEL n° 312; PEEK GV n° 1765; GG n° 391; PETZL, IK 23, n° 539; R. MERKELBACH – J. STAUBER, *Steinepigramme* I, n° 05/01/64; P. HOFFMANN, *Die Toten in Christus*, S. 50.

[266] PEEK GG n° 465 = GV n° 1978; KAIBEL n° 261; IG IX₁ n° 882-883. Zu den Z. 9-10 vgl. J. H. MOULTON – G. MILLIGAN, *The Vocabulary of the Greek Testament*, S. 252.

[267] Jörg FREY (*Die johanneische Eschatologie* III, S. 144-145) betont, dass in *1Joh* 3,2 kohärente Vorstellungen zu einem einheitlichen Vorstellungshintergrund zusammenkommen; im Frühchristentum hingen diese auch mit der Erwartung der Parusie zusammen. Eine schöne Parallele dazu ist *1Thess* 4,13-17.

[268] In *Jud* 6 befindet sich das Bild der Häuser der Engel, und die himmlischen Wohnungen sind als οἰκητήριον (ἀγγέλων) bezeichnet; vgl. *äthHen* 15,7; 47,2; 61,6.12; 69,13 über die Wohnungen der Engel/Himmelsgeister.

[269] L. MORETTI, *Inscriptiones Graecae Urbis Romae* III, n° 1240 = PEEK, GV n° 1940.

Das Bild ist klar und der Vorstellung aus *Joh* 14,2 sehr ähnlich: Die Römerin Julia hat gut und fromm gelebt und ist deswegen in die ewige Wohnung (οἶκος) eingegangen – an den Platz (τόπος), den die Frommen, die gut (καλῶς) gelebt haben, bewohnen und der für sie bereit steht[270]. Das griechische Verb ἀναλύω kann im Grabstättenkontext den Gang zum Hades[271] oder die Rückkehr zu den Göttern bedeuten[272].

Wie das Bild der himmlischen Wohnungen, ist bei den Griechen auch das Motiv über den *Weg ins Jenseits* oder *nach oben* gut bekannt[273]. Ihre Grabinschriften kennen auch den Weg (ὁδός)[274], der zu den Inseln der Seligen, den Orten der Frommen, auf den himmlischen Olymp oder zu den Göttern führt. Ein Grabepigramm aus Rom (3. Jh. n. Chr.) betont, dass die Seele des jungen Kalokairos *den Weg zu Gott hineilte, hinter sich lassend die Sorgen des bitteren Lebens, um in Reinheit aufzusteigen zum Himmel*[275] (σπεῦδεν ὁδὸν θείην γάρ ἀποπρολιποῦσα μερίμνας | πευκεδανοῖο βίου, ὡς ἀνίῃ καθαρή)[276]. Nach den Grabinschriften können die Verstorbenen diesen Weg zur jenseitigen Geborgenheit allein finden, weil sie so gut gelebt haben, wie auch Julia aus Rom ζήσασα καλῶς[277], oder einer der von den noch lebenden Verwandten im Gebet angerufenen unterirdischen Richter-, bzw. Hüter-Gestalten kann ihnen diesen „Weg nach rechts" zeigen. Nach Johannes ist allein Jesus der Weg (ὁδός) zum Vater. Für Johannes bedeutet also die Rede über das Haus des Vaters im Himmel, wo die

---

[270] ἀπόκειμαι = reservari.

[271] Vgl. Peek GV n° 1198: εἰς 'Αίδην μ' ἀναλῦσαι (Theben, Ägypten, 2. Jh. n. Chr.).

[272] Vgl. z.B. die Grabinschrift aus Rom bei L. Moretti, *Inscriptiones Graecae Urbis Romae* III, S. 450 und n° 1136 = ἀναλύσαντι εἰς θεούς; dazu auch Peek GV n° 961 = Kaibel n° 340: εἰς δὲ θεοὺς ἀνέλυσα καὶ ἀθανάτοισι μέτειμι (Mysien, 2.-3. Jh. n. Chr.).

[273] Dieser Gedanke steht z.B. auch bei Platon, der sagt: τῆς ἄνω ὁδοῦ ἀεὶ ἐξόμεθα (= *wir werden uns immer an dem nach oben führenden Wege halten*): *Resp.* 10,621 D.

[274] So z.B. nennen sie den Weg, der zu Gott führt (ὁδὸς θείη: Peek GG n° 296) oder zum Himmel (ὁδὸς οὐρανοῦ: Peek GV n° 1547 = GG n° 345) usw.

[275] Die Übersetzung stammt von W. Peek.

[276] Peek GG n° 296 = GV n° 590; IG XIV n° 1729; Kaibel n° 653. Nach dem Anker, der sich unter dem Epigramm befindet, ist es möglich, dass die Inschrift auch einem Christen gehören könnte (so W. Peek, *Die Griechischen Grabgedichte*, S. 311, Anm. 296).

[277] Die Grabinschriften und -reliefs enthalten auch ethische Warnungen mit Symbolik des Weges, wie z.B.: ὁδὸν καλὴν βάδιζε: E. Schwertheim, IK 18/1, n° 537 = F. W. Hasluck, *Unpublished Inscriptions from the Cyzicus Neighbourhood*, in: JHS 24 (1904), S. 29, n° 32; Vgl. auch Peek GV n° 307 = O. Kern, *Inschriften aus Milet*, in: AM 18 (1893), S. 269, n° 4.

Jünger mit Jesus zusammensein werden, „eine permanente Gemeinschaft des Lebens mit ihm und mit dem Vater"[278]. Das Bild von *Joh* 14,2 hat in der Kirche weitergelebt. So findet es sich in der christlichen Friedhofspoesie. Und eben diese Verwendung des Textes in den Epitaphen zeigt, wie die Alte Kirche Jesu Bild von *Joh* 14,2 verstanden hat. Eine Grabinschrift für Bischof Pientios aus Amorion (Phrygien, 3.-4. Jh. Chr.)[279], die sowohl die Vorstellung über einen himmlischen Bereich als auch diejenige über himmlische Wohnungen für die einzelnen Gläubigen enthält, nennt die οὐράνιαι αὐλαί (himmlischen Hallen), die auch Tore (ἔνδον πυλῶν) haben, ergänzt dazu aber, dass dies in geistlicher Weise (πνευματικῶς) zu verstehen sei, d.h. symbolisch und metaphorisch. Das war die Reaktion der Kirche zur Aussage von *Joh* 14,2.

Zusammenfassung: Die alttestamentlichen und jüdischen Quellen erklären die Vorstellung der himmlischen Wohnungen in *Joh* 14,2 nur unzureichend. Im Hintergrund des Textes steht die hellenistische Vorstellung[280] über die himmlischen Wohnungen, die schon vor der Entstehung des Christentums das Judentum beeinflusste. Das Bild der himmlischen Wohnungen im Haus des Vaters Jesu will Trost-Metapher für die von Jesu zurückgelassene johanneische Gemeinde sein, denn sie wird mit Jesus an einem gemeinsamen Ort, unter „einem Dach" und in der unzerstörten, „bleibenden, personalen und lokalen Gemeinschaft"[281] auch mit dem himmlischen Vater wieder zusammensein[282].

2.2.3 2Kor 5,1-10

Ein wichtiger Abschnitt des Neuen Testament, in den jüdische Eschatologie und sogenannte hellenistische Eschatologie zusammengebracht werden, ist zweifellos *2Kor* 5,1-10. Die Geschichte der Forschung und ihre

---

[278] J. Terence FORESTELL, *The Word of the Cross*. Salvation as Revelation in the Fourth Gospel, AB 57, Roma 1974, S. 93. Vgl. Theodor ZAHN, *Das Evangelium des Johannes*, Leipzig [5-6]1921, S. 553ff; F. HAUCK, μονή, in: ThWNT 4 (1942), S. 584.

[279] R. MERKELBACH – J. STAUBER, *Steinepigramme* III, n° 16/43/06 = SEG 45 (1995 = 1998), n° 1510; C. S. LIGHTFOOT – E. A. IVISON, *Inscription: Epitaph of Pientios*, in: AS 45 (1995), S. 135-136.

[280] Nach Nikolaus WALTER ist *Joh* 14,2 „ganz hellenistisch gedacht, aber insgesamt unterscheidet sich das ‚Weltbild' des Johannesevangeliums": „*Hellenistische Eschatologie" im Neuen Testament*, in: W. KRAUS – F. WILK (Hrsg.), *Praeparatio Evangelica. Studien zur Umwelt, Exegese und Hermeneutik des Neuen Testaments*, Tübingen 1997, S. 265-266.

[281] J. FREY, *Die johanneische Eschatologie* III, S. 147.

[282] Vgl. H. BIETENHARD, *Die himmlische Welt im Urchristentum und Spätjudentum*, S. 177.

Deutungen hat Christian WOLFF gut zusammengefasst[283]. Seine thesenarti-
gen Beobachtungen sollen hier in Kürze widergegeben werden; folgt man
ihm, gibt es für den Abschnitt von *2Kor* 5,1-10 folgende Interpretations-
vorschläge:

1. Es geht um sofortige Überkleidung nach dem Tode – mit einem individuellen Gericht, ohne den Gedanken an die Parusie und endzeitliche
   Auferstehung.
2. Es geht um die Verwandlung der Toten bei der Parusie und die Furcht
   vor dem Nacktsein im Zustand „zwischen" dem vorzeitigen Tod und
   dem ewigen Haus im Himmel.
3. Es geht beim „Bau" nicht um den individuellen Auferstehungsleib,
   sondern um den kollektiven Christusleib: das Haus (das Zelt) soll die
   Kirche oder die Gemeinde sein.
4. Die Furcht vor der Nacktheit bezieht sich auf eine endgültige Leiblo-
   sigkeit und nicht auf den Zwischenzustand; damit liegt eine Opposition
   gegen eine gnostische Anschauung vor, weshalb der Abschnitt diesen
   polemischen Ton trägt.
5. Schliesslich wird die Meinung vertreten, es gehe nicht um die eschatologische Zukunft, sondern um die Gegenwart der Gnadengaben. Die
   Nacktheit ist eigentlich kein eschatologischer Zustand, sondern der Zustand der Entfremdung von Gott, hier und jetzt.

Diese verschiedenen Meinungen sollen hier nicht analysiert und weiter
ausgeführt werden. Für mich ist allein die Frage wichtig, was man aus der
Perspektive der griechischen Grabinschriften in diesem Text sehen kann.

Nach Kapitel 4,16-18 und der bereits im hellenistischen Judentum gut
bekannten Gegenüberstellung des äusseren und inneren Menschen, entwik-
keln sich die Gedanken über die himmlischen „Wohnungen", die anstelle
des irdischen Leibes im Himmel zu erwarten sind. Der Gedankengang unseres Abschnitts ist folgender:

Paulus orientiert über den irdischen Leib, der als Hütte (οἰκία
τοῦ σκήνους) vergänglich ist, weil er von der Erde (ἐπίγειος) stammt.
Paulus hat aber eine ganz sichere Hoffnung (οἴδαμεν) darauf, dass es auch
ein himmlisches Haus, einen himmlischen Leib gibt (οἰκία αἰώνιος ἐν
τοῖς οὐρανοῖς), von Gott erbaut. Es kommt die Zeit, da diese irdische
Hütte, durch den Tod zerstört (καταλυθῇ) werden wird. Damit kommt auch
die Zeit, in der das himmlische Haus ergriffen werden kann. Zwischen diesen beiden Prozessen gibt es vielleicht eine „Station" oder „Pause"; dann
muss die Seele ohne Leib bleiben. Es wird für die Seele Nacktheit

---

[283] Ch. WOLFF, *Der zweite Brief Paulus an die Korinther*, S. 101-105. Einen reicheren
Überblick gibt P. HOFFMANN, *Die Toten in Christus*, S. 254-267.

(γυμνός) geben[284], nämlich in der Zeit zwischen Tod und „Bekleidung".
Am Schluss soll Christus kommen, um Gericht zu halten, weil die Vollendung nur nach dem Gericht aller kommen kann, nachdem alle (πάντας ἡμᾶς) vor dem Richterstuhl Christi (βῆμα τοῦ Χριστοῦ) gestanden haben und das Gute (ἀγαθόν) oder Böse (κακόν) vergolten wird.

Diese Gedanken finden sich nicht nur bei Paulus. Er wurde damit nach dem Streit mit den Gegnern in der korinthischen Gemeinde, die seine bisherige Tätigkeit und Lehre kritisiert und seine Apostolizität in Frage gestellt hatten, direkt konfrontiert. Dies nutzte Paulus, um den Angriff der Gegner abzuwehren, daneben aber auch, um noch weitere Fragen über Tod und himmlische Zukunft der Christusgläubigen zu beantworten. Unser Abschnitt erlaubt auch einen Einblick in die Hoffnung und Wünsche des Apostels, darüber, was er von der kosmischen und himmlischen Zukunft weiss. Paulus wollte nicht sterben. Er wollte nicht, dass seine Seele nackt bleiben und ohne „Bekleidung" auf die Parusie warten müsste. Er wollte ohne Tod eine schnelle Transformation oder Überkleidung erleben. Paulus gibt in *2Kor* 5,1-10 kein vollständiges Bild seiner Eschatologie. Es fehlen hier eschatologische Motive, die für Paulus anderswo wichtig sind, wie das von der Auferstehung oder der Entrückung. Er spricht hier über den *Zwischenzustand*, mit der Aussicht auf die himmlischen Wohnungen und das Gericht.

1. Das *Problem des irdischen und himmlischen Leibes* ist von Paulus mit einem Bedingungssatz eingefügt: ὅτι ἐάν... Die Bedingung fordert eine Realität als Voraussetzung: Für die irdische Existenz ist die Voraussetzung ein irdischer Leib. Diesen Leib nennt Paulus metaphorisch „irdisches Haus"[285] oder „irdisches Zelt" (οἰκία τοῦ σκήνους). Es wird durch den Tod aufgelöst werden. Diese Metaphorik überträgt Paulus auf die himmlische Sphäre: Das Leben der Christen geschieht auch im Himmel in einem „Haus" oder „Zelt", aber die „Materie" dieses Hauses ist eine andere. Auf der Erde ist der Leib „irdisch" (ἐπίγειος); das irdische σῶμα als οἰκία τοῦ σκήνους kommt im Tode zu seinem Ende; es wird aufgelöst (καταλῦσαι)[286]. Das neue Haus (οἰκοδομή und οἰκία) ist im Himmel von Gott und nicht von Menschenhand geschaffen (ἀχειροποίητος); es ist ewig (αἰώνιος)[287]. Diesen Gedanken hat Paulus bereits bei der Erklärung der irdischen und himmlischen Körper, besonders des pneumatischen Lei-

---

[284] Vgl. O. CULLMANN, *Unsterblichkeit der Seele oder Auferstehung der Toten?*, S. 56ff.

[285] Dieses Bild kennt auch das Alte Testament (*Hiob* 4,19; *Jes* 38,12) und Qumran: *1QH* 7,4.

[286] Vgl. *Mt* 26,61; 27,40; *Mk* 14,58; 19,29; *Apg* 6,14; auch im zeitlichen Sinne: *Gal* 2,18; *Röm* 14,20.

[287] Der Singular der himmlischen Wohnung hat wahrscheinlich keine Bedeutung; es geht nicht darum, dass im Himmel für alle nur eine gemeinsame οἰκία wäre.

bes (σῶμα πνευματικόν) in 1Kor 15,40ff. ausgeführt. In unserem Text
aber nähert er sich stärker dem hellenistischen Dualismus.

Ein ähnlicher Dualismus findet sich auch in den griechischen Grabinschriften. Auch griechische Grabgedichte können den Leib als σκῆνος bezeichnen. Eine Sarkophaginschrift aus Sidyma (Lykien, 1.-2. Jh. n. Chr.)
ist getragen von der Überzeugung, dass *der Leib auch dann noch daure, wenn
er zu Staub geworden ist*, ὄφρα μένῃ σκῆνος, κἄν κόνις οὖσα τύχῃ[288]. Eine
andere Sarkophaginschrift aus Thessaloniki (2.-3. Jh. n. Chr.) spricht darüber, dass die Göttin Dike[289] die Leiber vernichtete (κατέλυσε)[290]; die unsterbliche Seele indes blieb ganz und hört alles frei umherschwebend:
σώματα γὰρ κατέλυσε Δίκη, ψυχὴ δὲ πρόπασα | ἀθάνατος δι' ὅλου
πωτωμένη παντ' ἐπακούει[291]. Auch dass das σῶμα im Grab bleibt, ist eine
häufige Vorstellung. Die Seele dagegen überlässt den Leib seinem Schicksal, sie fliegt zum Äther oder zu den Göttern, um dort z.B. in den Höfen
des Zeus zu wohnen. So denkt es jedenfalls schön ein Grabgedicht auf einem Sarkophag aus Nikosia (Kypros, 2.-3. Jh. n. Chr.): τὸ δὲ σῶμα
καλύπτει | γαῖα, λαβοῦσα γέρας τοῦθ' ὃ δέδωκε, πάλιν. | Βῆ γάρ μοι
ψυχὴ μὲν ἐς αἰθέρα καὶ Διὸς αὐλάς[292]. Die Überzeugung, dass die himmlischen Wohnungen unvergänglich oder „unsterblich" (ἀθάνατος) sind,
findet sich auf einer Grabaltarinschrift aus Rom (wohl 2. Jh. n. Chr.):
αἰθέρος ὥστε μένειν ἀθανάτοισι δόμοις[293]. Eine andere ähnliche griechische Vorstellung, die zum metaphorischen Bild des Hauses führen kann,
versteht den Leib nicht als Haus, sondern als Bekleidung. Eine orphisch-
platonische Grabinschrift aus Sabini (1.-2. Jh. n. Chr.) erklärt das mit folgenden Worten: σῶμα χιτὼν ψυχῆς[294]. Natürlich kann die Seele im
himmlischen Bereich nach den griechischen Vorstellungen keinen weiteren
Leib mehr bekommen, sie ist dort frei vom Leib, weshalb sie in den Wohnungen der Frommen oder der Götter haust. So folgt die paulinische Aussage den hellenistichen Vorstellungen nur in groben Zügen. Ein grosser

---

[288] PEEK GV n° 280 = GG n° 261; TAM II₁, n° 203.

[289] Es kann die Göttin oder einfach nur die personifizierte Strafe oder die Rache gemeint sein.

[290] Zu weiteren Belegen zu καταλύω (im Sinne: löschen, verlöschen) siehe noch H.
BECKBY, *Anthologia Graeca* VII, n° 598.

[291] PEEK GV n° 1979 = KAIBEL n° 522; J. H. MORDTMANN, *Inschriften aus Salonik
und Thessalien*, in: AM 14 (1889), S. 192ff., n° 1.

[292] CIG n° 2647 = LE BAS – WADDINGTON n° 2771; KAIBEL n° 288; PEEK GV n°
1325.

[293] PEEK GG n° 351 = GV n° 1595; IG XIV n° 2040; KAIBEL n° 570; GEFFCKEN n°
361.

[294] PEEK GG n° 353 = GV n° 1763; IG XIV n° 2241; KAIBEL n° 651; E. COUGNY,
Anthologia Palatina III, 2, n° 536; P. HOFFMANN, *Die Toten in Christus*, S. 55. Vgl. auch
G. ZUNTZ, *Persephone*, S. 405ff.

Unterschied besteht auch bezüglich der Bedeutung des Bildes vom „Haus":
Die Grabepigramme sprechen über die himmlischen Häuser und Paläste,
die räumlich und territorial verstanden werden sollen; Paulus hingegen
verbindet mit dem Wort himmlisches „Haus" eine eschatologisch-
anthropologische Vorstellung über den himmlischen Leib.

2. Ein weiterer paulinischer Gedanke berührt die *Situation des Men-*
schen im sogenannten „Zwischenzustand". Dieser bezieht sich auf die, die
inzwischen gestorben sind und die Parusie ohne Leib, d.h. nackt erwarten
müssen. Für sie ist der Zwischenzustand viel peinlicher und schmerzlicher.
Auch Paulus wollte nicht den Leib als Zelt (σκῆνος) ausziehen (οὐ
θέλομεν ἐκδύσασθαι), weshalb er in dieser Situation im Leib seufzt (ἐν
τούτῳ στενάζομεν). Er wollte vom Leben zum Leben gehen. Diese Transformation möchte er bei der Parusie in seinem irdischen Leib erleben, damit das Sterbliche vom Leben verschlungen werde (ἵνα καταποθῇ τὸ
θνητὸν ὑπὸ τῆς ζωῆς); V. 4. Hier ist nicht ganz klar, was im Tode „nackt"
(γυμνός) heisst: Der irdische Leib im Grab? Die Psyche ohne Leib? Die
menschliche Persönlichkeit in ihrer ganzen Identität, wie sie vor Gott
steht? Warum schadet der Tod den Menschen im Blick auf die Parusie?
Bringt er sie dann in eine nachteilige Position gegenüber den Lebendigen?
Und für wen sind die himmlischen Wohnungen vorbereitet – für die Seele
(die nackt wäre ohne Leib), um dort zu wohnen bzw., sich wieder zu be-
kleiden? Denkt Paulus hier griechisch und dualistisch? Woher hat er diese
Gedanken? Eine Antwort darauf gibt er hier gerade nicht. Wahrscheinlich
ist aber, dass die Vorstellungen über die Nacktheit nach dem Tode bei
Paulus nicht aus dem jüdischen, wohl aber aus dem hellenistischen Milieu[295] stammen. Dem Juden Paulus sind solche Vorstellungen wohl nicht
unbekannt, aber vielleicht doch eher fremd[296].

Auch die griechischen Grabinschriften sprechen mitunter davon, dass
die Seele oder der Mensch nach dem Tode so etwas wie einen Leib besitzt.
Einen Beleg dafür gibt eine Steleninschrift aus Kyzikos (Edessa, 1.-2. Jh.
n. Chr.), wonach die Seele (ψυχή) der jungen Frau bei den Frommen
(εὐσεβέες) in den elysischen Gefilden wohnt und im Kreise der Seligen
(μετ' εὐσεβέεσσι), und *die gewalttätige Zeit die Unvergänglichkeit ihres Lei-*
bes nicht niedertreten konnte (ἀμβροσίην δέ | σώματος ὑβριστὴς οὐκ
ἐπάτησε χρόνος)[297]. Ein anderes Grabepigramm aus Neoklaudiopolis

---

[295] Darüber spricht z.B. Lukian (*Verae historiae* 2,12), dass die Seele der Frommen
nackt auf die Inseln der Seligen fliegt. Vgl. auch Philo, *Leg. All.* 2,59; *Virt.* 76.

[296] Nach *äthHen* 22,3-14 wohnen nur die Geister bzw. Seelen der Verstorbenen in den
Hohlräumen der Unterwelt; sie sind „nackt". Nach *syrBar* 50 dagegen leben die Toten
mit ihren Seelen in der Erde, werden auferstehen wie sie waren und erst nachher verwandelt.

[297] PEEK GG n° 354 = GV n° 1764; J. H. MORDTMANN, *Metrische Inschriften*, in: AM
4 (1879), S. 17, n° 2; KAIBEL n° 338.

(Pontos, 2.-3. Jh. n. Chr.) sagt von einer gewissen Frau Domnina, die zu den unsterblichen Göttern (ἀθάνατοι) in das himmlichen Elysium entrückt worden ist, dass sie ihren Leib bei den himmlischen Sternen gereinigt habe (ἀστράσιν οὐρανίοις σῶμα καθηραμένη)[298] und ihn nun im Bereich des Sternenhimmels weiter benutzen, also das Elysium ganzheitlich geniessen kann ('Ηλυσίοις ἐπιτέρπεο). Der Bereich der Erde und der des Himmels sind zwei verschiedene Zonen, die mit einem irdischen, vergänglichen Leib nicht überbrückt werden können; der Bereich des Himmels benötigt einen anderen, „gereinigten" Leib. Das vorzubereiten aber übersteigt die menschlichen Möglichkeiten. Paulus sagt, dass Gott diesen himmlischen Leib/Haus – οἰκία – errichtet hat: ἐκ θεοῦ ἔχομεν (V. 1). In einem homerischen Hymnus[299] ist die Rede davon, dass die Göttin Demeter aus Demophon, dem Sohn des Keleos, einen jungen und unsterblichen Gott für die olympische Gemeinschaft machen wollte, der lebendig auf den Olymp kommen könnte. Deshalb steckte sie ihn jede Nacht in kräftiges Feuer, salbte ihn oft mit Ambrosia und blies ihm süss ins Gesicht:

> *„Wenn sie auch heftig staunten, wie frühreif täglich er zunahm,*
> *Grad wie ein Gott. Nun hätte Demeter unsterblich und ewig*
> *Jung ihn gemacht. "*[300]

Das Ende der Geschichte war, dass die Mutter des Kindes die Vergöttlichung verunmöglicht hat, indem sie es der Demeter entriss. Die göttliche Behandlung des Leibes des Kindes (durch Feuer, die Ambrosia und den göttlichen Atem/Hauch) hätte seinen Leib unsterblich (ἀθάνατος) und ewig jung (ἀγήρως: unvergänglich) machen können, d.h. tauglich und fähig für das göttliche Klima der olympischen Welt. Andererseits wechseln auch die Götter, welche die Grenzen der Welten überschreiten, die Gestalt. Sie haben also diese Fähigkeit. Für Menschen ist dies nicht möglich; sie müssen einen anderen Weg gehen, um in den Himmel emporzusteigen. Paulus weiss, dass mit der Parusie, bei der Begegnung der himmlischen und irdischen Welt, die noch Lebenden ihre Gestalt verwandeln werden; d.h. eine neue „Bekleidung" erhalten (ἐκδύσασθαι – ἐπενδύσασθαι). Für die schon Toten aber ist dies schrecklich: Sie sind im Zwischenzustand

---

[298] R. MERKELBACH – J. STAUBER, *Steinepigramme* II, n° 09/05/14 = PEEK GV n° 1946; S. ŞAHIN, IK 9, n° 195; W. PEEK, *Griechische Versinschriften aus Kleinasien*, S. 38, n° 21a; G. H. HORSLEY, *New Documents Illustrating Early Christianity* IV, S. 25, n° 6; A. M. SCHNEIDER, *Die römischen und byzantinischen Denkmäler von Nikaia*, in: IF 16 (1943), S. 26, n° 15.

[299] *Hymnus an Demeter*, 231ff.

[300] *Hymnus an Demeter*, 240-244. Übersetzung von A. WEIHER, *Homerische Hymnen*, München/Zürich 1989, S. 21.

„nackt" (γυμνοί)[301]. Die griechischen Grabinschriften wissen, dass der Tote nackt ins Grab sinkt oder nackt im Grab liegt. Dies zeigt als Beispiel für viele andere ein Epigramm von Antiphilos: Γυμνὸς ὑπὲρ γαίης νέκυς[302]. Andererseits aber wissen wir davon, dass auch die Toten nackt in den Hades sinken. So sagt es ein Epigramm des Dichters Palladas: κατέβης δόμον ᾽Αϊδος εἴσω γυμνός[303]. Das Nackt-Sein der Seele, die in den Hades geht, ist für die Griechen verständlich. Sie muss zuerst vor den Richterstuhl der Hadesrichter gehen[304], die die Nackte überprüfen[305], ob sie nicht irgendwelche Flecken und Narben oder Sündenspuren hat, wie das aus Platon[306] und den Goldblättchen der Orphiker[307] hervorgeht. Natürlich hoffen auch zahlreiche Grabinschriften, dass ihre Verwandten die Prozedur vor den Richtern so schnell wie möglich durchlaufen und den Weg nach rechts finden und ins Elysium oder zu den Göttern gelangen[308]. Zum Gericht konnten auch noch die Totenbücher gehören[309], deren ursprüngliche Form aus Ägypten stammt[310]. Das griechische Bild vom Totengericht war wahrscheinlich auch dem Paulus bekannt. Ein Hinweis auf das Buch des Lebens findet sich auch bei ihm.[311]

Aufgrund unserer Analyse und der hellenistischen Belege kann man die paulinische Argumentation in *2Kor* 5,1-10 hoffentlich besser verstehen. Seine korinthischen Gegner verstanden das Leben im Himmel wahrscheinlich wie die Grabinschriften, als ob nur die menschliche Seele Zukunft hätte, und der Leib für das ewige Leben nicht wichtig wäre. Der Leib wurde negiert und das ewige Leben spiritualisiert. Paulus argumentiert – wie

---

[301] Vgl. P. HOFFMANN, *Die Toten in Christus*, S. 277 (auch S. 250ff.).

[302] H. BECKBY, *Anthologia Graeca* VII, n° 176. Vgl. auch z.B. PEEK GV n° 660 = H. BECKBY, *Anthologia Graeca* VII, n° 497 (von Meleager): Kenotaph, Steininschrift; 3. Jh. n. Chr.

[303] H. BECKBY, *Anthologia Graeca* VII, n° 468.

[304] Es sind Minos, Rhadamanthys und Aiakos: z.B. Platon, *Phaed.* 107 D; *Phaedr.* 249 A; *Gorg.* 523 E; vgl. L. RADERMACHER, *Das Jenseits im Mythos der Hellenen*, S. 103-105.

[305] R. FOSS, *Griechische Jenseitsvorstellungen*, S. 78.

[306] Platon, *Gorg.* 523 E-526 D. Weitere Stellen bei Platon über die Nacktheit der Seele sind: *Crat.* 403 B und *Phaed.* 67 C-E.

[307] Vgl. F. GRAF, *Eleusis und die orphische Dichtung*, S. 121-126.

[308] Vgl. H. BECKBY, *Anthologia Graeca* VII, n° 545.

[309] F. GRAF, *Eleusis und die orphische Dichtung*, S. 125; vgl. A. DIETERICH, *Nekyia*, S. 126ff.

[310] R. GRIESHAMMER, *Das Jenseitsgericht in den Sargtexten*, S. 11ff.; S. MORENZ, *Gott und Mensch im alten Ägypten*, S. 68ff.

[311] Vgl. *Phil* 4,3. Zu den apokalyptischen Büchern beim Gericht vgl. *Dan* 7,10; *Offb* 20,12.14; ferner *Ex* 32,32-33; *Ps* 69,29; *Mal* 3,16; *Lk* 10,20; *Hebr* 12,23; *Offb* 3,5; 17,8; 21,27.

oft – mit ihren hellenistischen Gedanken, aber er füllt sie mit neuem Sinn: Für das Leben im Himmel braucht man den Leib, der aber unvergänglich, himmlisch und von Gott geschaffen wird. Der Prozess der Überkleidung kommt bei der Parusie: die Toten werden bis dann „nackt sein", aber bei der Parusie werden sie mit den Lebendigen bekleidet bzw. überkleidet werden. Zum Prozess der Parusie gehört auch die Situation des Gerichts, vor dem alle stehen und zur Verantwortung gezogen werden. Danach bekommen sie ihre „Wohnungen" im Himmel. In seiner Argumenation formuliert Paulus sehr persönlich: Er hat eine grosse Sehnsucht, die Parusie und damit auch die Überkleidung noch in seinem irdischen Leben zu erreichen. Aber er beruhigt sich damit, dass er als Glaubender – daheim oder in der Fremde – seinen Weg zur Ehre Christi geht. Als direktes Thema fehlt hier das Motiv der Auferstehung, die aber Paulus bereits in seinem bekannten eschatologischen Abschnitt *1Kor* 15,51-54 als „Umgestaltung" (ἀλλάσσω – ἀλλαγησόμεθα) erklärt hat. Auch mit der in *1Thess* 4,15.17 erwähnten Entrückung berührt sich das.

Am Ende können wir unsere Beobachtungen kurz *zusammenfassen*. Paulus kommuniziert mit seinen Gegnern in ihren Verständnisformen. Daher entsteht der Eindruck, dass Paulus hier sehr dualistisch und hellenistisch argumentiert. Seine Argumentation bestätigt das und zeigt, dass Paulus den grabinschriftlichen Texten ganz nahe steht. Die irdischen und himmlischen Wohnungen, sowie die Nacktheit und Bekleidung stehen auch bei ihm in Gegensatz zueinander. Diesen Dualismus aber hat Paulus in neuem eschatologisch-anthropologischen Sinn benutzt. Es ergänzt seine eschatologische Lehre, aber was er sagt, passt zu ihrer ganzen Konzeption.

3. Der Auferstehungsglaube

Der griechische Glaube kennt ursprünglich kein leibliches Fortleben im Jenseits. Solch eine Vorstellung war für den klassischen griechischen Glauben undenkbar. Einige Gedanken darüber finden sich sogar in den Grabinschriften. Natürlich sind diese negativ und müssen polemisch verstanden werden.

In den Grabinschriften lassen sich im Zusammenhang mit der Auferstehung mehrere Ansatzpunkte finden, gegen die sich die alte griechische Meinung zur Wehr setzt. Es sieht so aus, als ob die Verharmlosung oder direkte Negierung einer Auferstehungsmöglichkeit aus dem Grab sowohl eine bewusste als auch eine unbewusste Sache sein kann, denn der grösste Teil der Grabtextaussagen sah wahrscheinlich einfach keine menschliche Voraussetzung dafür, an die Auferstehung zu denken. Es gilt zu unterscheiden zwischen Bildern und Metaphern, die nur auf eine Auferweckung aus dem (Todes)Schlaf oder auf die Wiederkehr ins Leben (= auf das Licht) hinweisen, und solchen, die eine bewusste Polemik gegen die Auferstehung enthalten.

In manchen Grabepigrammen findet sich eine offene Polemik gegen das Fortleben im Jenseits (im allgemeinen oder im eschatologischen Sinn), ausgedrückt oftmals mit dem Wort ταῦτα oder τοσαῦτα. Sie wendet sich gegen alles, was nach dem Tod erwartet werden könnte. Eine andere Stossrichtung der Polemik wendet sich gegen die Rückkehr in eine helle Welt; eine solche sei nicht möglich; der Schlaf im Dunkel dauert ewig[312]. Eine indirekte Polemik gegen eine körperliche Auferstehung bilden die Aussagen über den Leib, den Körper (σῶμα, σάρξ), die Knochen und Gebeine (ὀστέον, ὀστέα)[313], die der Tote im Jenseits nicht brauchen wird. Die stärkste Polemik bleibt die offene Verneinung der Auferstehung, der Ausdrücke ἀνάστασις oder ἐγείρειν. Diese Polemik hat einen eindeutig antijüdischen oder antichristlichen Hintergrund. Am Ende dieses Kapitels sollen zwei Belege analysiert werden, die etwas vom leiblichen Fortleben oder vom leiblichen Übergang ins Jenseits erahnen lassen.

3.1 Das Problem der Auferstehung in griechischen Grabinschriften

Weder kann gesagt werden, die Verfasser der griechischen Grabinschriften hätten kein Interesse an der Welt jenseits des Grabes gehabt, noch, dass ein Leben nach dem Tod nicht erwartet worden wäre. Die Jenseitserwartung bezog sich jedoch ausschliesslich auf die Seele, ohne den Leib. Für das Leben nach dem Tod ist auf der Grabinschrift einer Marmortafel aus Rom (2.-3. Jh. n. Chr.) : Σῶμα νέρθεν πνεῦμα καὶ ψυχὴ μένει = *der Leib ist unten, der Geist und die Seele bleiben*[314]. Der Leib muss also sterben und ins Grab, in die Erde oder in den Hades gehen, die Seele[315] aber fliegt befreit vom Leib zu den Gefilden der Glückseligen.

Dieses Ideal eines jenseitigen Lebens benötigt keinen Leib; ein Grieche wollte von ihm befreit sein. Der christliche Auferstehungsgedanke war

---

[312] R. LATTIMORE, *Themes in Greek and Latin Epitaphs*, S. 78.

[313] L. MORETTI, *Inscriptiones Graecae Urbis Romae* III, n° 1329 = PEEK GV n° 1146; IG XIV n° 2002; vgl. auch KAIBEL n° 646a (S. 529); E. COUGNY, *Anthologia Palatina* III, 2, n° 695; E. BICKEL, *De epitaphio Senecae*, in: RhM 63 (1908), S. 404; CIL VI n° 26251 und CIL VI n° 26282.

[314] L. MORETTI, *Inscriptiones Graecae Urbis Romae* III, n° 1369 = PEEK GV n° 1770; IG XIV n° 1720; CIG n° 6723; Giovanni B. VERMIGLIOLI, *Antiche iscrizioni Perugine*, Perugia ²1834, S. 568, n° 9 (= ¹1804-1805, S. 430, n° 9).

[315] Hie und da sprechen die Grabinschriften über das Herz (κέαρ oder κῆρ), das Synonym zur Seele ist und auch zum Äther (πρὸς αἰθέρα) fliegt (vgl. z.B. E. COUGNY, *Anthologia Palatina* III, 2, n° 712) oder zu den Göttern (ἐς μακάρων) geht: PEEK GG n° 353 = GV n° 1763; KAIBEL n° 651; IG XIV n° 2241; E. C. COUGNY, *Anthologia Palatina* III, 2, n° 536; P. HOFFMANN, *Die Toten in Christus*, S. 55. Zur ganzen Seele-Problematik siehe Jan BREMMER, *The Early Greek Concept of the Soul*, Princeton 1983.

deshalb für die antiken Griechen völlig unvorstellbar. Es ist, als wollten die Grabinschriften vor allem sagen, dass eine Wiederkehr oder Auferstehung unmöglich sei. Diese Konfrontation schlägt sich auf unterschiedliche Weise auch in den Grabinschriften nieder: In früher Zeit kann es eine anti*jüdische* Haltung sein[316], in der Zeit des Christentums eine anti*christliche*[317].

Als unausgesprochene Verneinung der Auferstehung kann die Überzeugung angesehen werden, dass mit dem Tode das *ganze* Leben vorbei ist: Der Tod ist das Ende und danach kommt nichts mehr – weder Wiederkehr ist denkbar, noch Erwartung eines weiteren Geschehens. Eine Grabinschrift aus Bostra (Syrien, 2.-3. Jh. n. Chr.) sieht mit dem Tod das definitive Ende, τέλος, kommen. Falls eine Möglichkeit zur Wiederkehr bestünde, so wäre sie nur durch die Erde möglich ἀπὸ χθονὸς εἰς χθόνα:

Πάντα χθὼν φύει καὶ ἔμπαλιν ἀμφικαλύπτει· |
τοὔνεκα μὴ στονάχοι τις ἀπο | χθονὸς εἰς χθόνα δύνων. |
῟Οταν κάμῃς, τοῦτο τὸ τέλος.[318]

Alles lässt die Erde wachsen und alles umhüllt sie wieder;
Deshalb möge einer nicht stöhnen, wenn er von der Erde zur Erde versinkt.
Wenn du stirbst, dann ist das das Ende.

(Übersetzung: G. PFOHL)

In diesem Grabepigramm ist von völliger Begrenzung des Menschenlebens auf das irdische Leben die Rede. Eine eschatologische Auferstehung, auch in pneumatischem Sinn ist folglich undenkbar. Daher auch die nachdrückliche Betonung, dass mit dem Tode alles zuende sei: ῟Οταν κάμῃς, τοῦτο τὸ τέλος. Nach dem Tode kann gar nichts erwartet werden. Haben wir hier bereits eine – bewusste oder unbewusste – Negation jenseitigen Fortlebens oder gar des christlichen Auferstehungsglaubens[319]? Derselben Kategorie kann auch die folgende Grabinschrift aus Rom (2.-3. Jh. n. Chr.) zugeordnet werden, die besagt, dass, wenn jemand nicht war (οὐκ ἤμην), sondern geworden ist (γενόμην), er nach dem Leben wieder ein Nichts werden müsse; das ist alles (τοσαῦτα). Weiteres darf der Mensch nicht erwarten,

---

[316] Vgl. dazu z.B. W. M. RAMSAY, *Cities and Bishoprics of Phrygia*, S. 386-388, n° 232; P. W. v. d. HORST, *Ancient Jewish Epitaphs*, S. 120; J. S. PARK, *Conceptions of Afterlife in Jewish Inscriptions*, S. 165.

[317] R. LATTIMORE, *Themes in Greek and Latin Epitaphs*, S. 74.

[318] G. PFOHL, *Griechische Inschriften*, S. 20, n° 14 = PEEK GV n° 1661; GG n° 370; KAIBEL n° 438; CIG IV n° 9145.

[319] Weil diese Grabinschrift aus dem 2.-3. Jh. n. Chr. aus Syrien stammt, wo das Christentum schon ziemlich gut verbreitet war, kann man sich vorstellen, dass diese starke Zustimmung zum alten Glauben eine Form der impliziten Polemik sein will.

denn er wird nicht mehr sein (οὐκ ἔσομαι)[320]. Es überrascht nicht, wenn die griechischen Grabinschriften das Leben auf das irdische beschränken und keine Hoffnung auf ein Fortleben haben. Deshalb begrenzen sie das Leben mit den Worten ταῦτα und τοσαῦτα oder auch ὁ βίος ταῦτα[321] ausschliesslich auf die Ebene der Erde – eine Form der Resignation[322]. Etwa eine Erwartung neuen Lebens nach dem Tod, eine Transformation des Lebens lässt das nicht zu.

In einer Grabinschrift auf einer Marmortafel aus Rom (3. Jh. n. Chr.) spricht Philetos aus Lymira (in Lykien) davon, dass er belehrt wurde, und die Geheimnisse des Kosmos lehrte und den Kindern göttliche Tugenden der Unsterblichen zeigte. Er drückt damit aus, dass er „berechtigt" sei, über das Fortleben nach dem Tode zu sprechen. Mit einem Spruch, der den volkstümlichen und philosophischen „Weisheitssprüchen" ähnlich ist, will er ein früheres Leben und Leben nach dem Tod negieren. Die Inschrift stammt aus dem 3. Jh. n. Chr. und wendet sich gegen die Möglichkeit einer Reinkarnation[323].

> [5] ἦλθον, ἀπῆλθον ἄμεμπτος, ἃ μὴ θέμις οὐκ ἐδόκευσα,
>   εἴτ' ἤμην πρότερον, εἴτε χρόνοις ἔσομαι.[324]

Ich ging, wie ich kam, unbescholten; was dem Menschen versagt ist,
*   suchte ich nicht zu ergründen:*
ob ich vordem schon gelebt habe, ob ich später wieder leben werde.
(Übersetzung: W. PEEK)

Manche Grabinschriften beschäftigen sich mit der Frage, ob eine allfällige Wiederkehr in irdisches Leben möglich sei. Obwohl dies eigentlich ausgeschlossen ist, kann man doch etwas von der Sehnsucht spüren, einen Weg zurück zum Leben und zum Licht zu finden. Andererseits zeugen solche

---

[320] G. PFOHL, *Griechische Inschriften*, n° 31 = PEEK GG n° 453; GV n° 1959; IG XIV n° 1201; KAIBEL n° 1117. Vgl. oben, III.2.2.1., über die Negation der Nachexistenz.

[321] IG XIV, n° 2190; P. HOFFMANN, *Die Toten in Christus*, S. 45.

[322] G. PFOHL, *Griechische Inschriften*, S. 34.

[323] Das Reinkarnationsproblem kommt in den griechischen Grabgedichten auch vor. Vgl. dazu z.B. eine Grabinschrift aus Ephesos (nach Merkelbach – Stauber etwa zwischen 90 und 130 n. Chr.): R. MERKELBACH – J. STAUBER, *Steineepigramme* I, n° 03/02/29 = IK 17/2, n° 3901; SEG 32, n° 257 und 31, n° 951; D. F. McCABE, *Ephesos*, n° 2066; J. NOLLÉ, *Ofelius Laetus, Platonischer Philosoph*, in: ZPE 41 (1981), S. 197-206; J. und L. ROBERT, in: Bull.ép. 94 (1981), S. 447-449, n° 481; G. W. BOWERSOCK, *Greek Roman and Byzantine Studies* 23 (1982), S. 257-279.

[324] L. MORETTI, *Inscriptiones Graecae Urbis Romae* III, n° 1351 = PEEK GG n° 311; GV n° 1113; KAIBEL n° 615; IG XIV n° 2068; CIG n° 6309 b; R. CAGNAT, IGR I, n° 361; F. Th. WELCKER, *Epigrammatum Graecorum* III, in: RhM 6 (1848), S. 97, n° 19; E. COUGNY, *Anthologia Palatina* III, 2, n° 426.

Gedanken von Zweifeln an den Jenseitsmythen, die für die einfachen Menschen kaum einen Ausweg aus dem Totenreich kennen. Mit dieser Frage ringt auch eine Grabsteleninschrift aus Pherai (Thessalien, 3. Jh. v. Chr.), welche die Wiederkehr und Wiederbelebung mit den Worten ἀνάγειν und πάλιν ἐλθεῖν εἰς φῶς umschreibt und den Zweifel daran durch den Irrealis ausdrückt[325]:

σωφροσύνης ἀρετῆς μνημεῖον τοῦτ' ἀνάκειται
Πύρρῳ 'Αγασικλέος παιδὶ καταφθιμένῳ·
εἰ δ' ἦν τοὺς ἀγαθοὺς ἀνάγειν, πάλιν ἦλθες ἂν εἰς φῶς,
ἐκπρολιπὼν ἀδύτους Φερσεφόνης θαλάμους.[326]

Dieses Mal ist dem toten Pyrrhost errichtet, des Agasikles Sohn,
seiner tüchtigen Verständigkeit zum Gedächtnis.
Wenn es möglich wäre, die Guten zurückzuholen,
Du würdest wiederkehren zum Licht
aus der Persephone unbetretbarer Kammer.

(Übersetzung nach W. PEEK)

Während in diesem Grabtext die Möglichkeit der Rückkehr aus der Kammer der Persephone eine schiere Unmöglichkeit bedeutet, wird sie in der folgenden kategorisch verworfen. Eine Grabsteleninschrift aus Syrien (2.-3. Jh. n. Chr.) formuliert: Ἐλθεῖν οὐ θέμις ἐστίν.

⁵ πνεῦμα τὸ σὸν ζητῶν Μοιρῶν ταγαῖς ἀπελασθέν
ἔρχομ' ἐκεῖ ποτε δή· σὲ γὰρ ἐλθεῖν οὐ θέμις ἐστίν·
τήρει μοι τὸ φίλανδρον ἐκεῖ, ὡς ὧδ' ἐφύλαξας.[327]

Deinen Geist suchend, den der Moira Befehle ausgetrieben,
komme auch ich einmal dorthin; denn dass du wiederkehrst, ist ja nicht Recht.
Bewahre mir deine Gattenliebe dort, wie du sie hier gehegt hast.

(Übersetzung nach W. PEEK)

Eine andere Möglichkeit, diese negative Glaubenswirklichkeit auszudrükken, ist das Bild vom ἀδίαυλος χῶρος, einem Ort, von dem aus für die Toten keine Möglichkeit der Rückkehr besteht. Eine Grabsteleninschrift aus Pantikapaion (2.-1. Jh. v. Chr.) formuliert:

---

[325] Vgl. K. M. WOSCHITZ, *Elpis-Hoffnung*, S. 179.
[326] PEEK GG n° 122 = GV n° 99; IG IX₂, n° 429.
[327] PEEK GG n° 381 = GV n° 727; W. K. PRENTICE, *Greek and Latin Inscriptions*, S. 139.

⁹ παρθένε Θειοφίλα σε μὲν οὐ γάμος, ἀλλ' ἀδίαυλος
χῶρος ἔχει...³²⁸

Jungfrau Theiophila, nicht die Hochzeit wurde dein Teil, sondern die Stätte,
von der es keine Wiederkehr gibt...

(Übersetzung: W. PEEK)

Den Gedanken vom ἀδίαυλος χῶρος enthält auch eine griechische Grabinschrift auf einer bemalten Stele aus Demetrias (3.-2. Jh. v. Chr.)³²⁹, die den
Weg ins Haus des Hades und der Persephone als ἀδίαυλος
ὁδός beschreibt: Wo dieser Weg hinführt, von dort gibt es kaum ein Wiederkommen. Eine Steleninschrift aus dem ägyptischen Herakleopolis (2.
Hälfte 2. Jh. v. Chr.)³³⁰ drückt dies fast zynisch aus: 'Ανεπίστροφα πρὸς
φάος ἠοῦς ταῦτα, was nach PEEKS Übersetzung heisst: *keine Wiederkehr*
gibt es von dort zum Licht. Denselben Gedanken, aber mit einer astralen Orientierung, formuliert der Dichter Catull in einem Lied:

Qui nunc it per iter tenebricosum
Illuc, unde negant redire quemquam.³³¹

Und nun wandelt es auf der finstern Strasse
Hin, von wo, wie man sagt, niemand zurückkehrt.

(Übersetzung: R. HELM)

Eine andere Form, den Glauben, dass es keine Wiederkehr gebe, auszu-
drücken ist die Überzeugung, dass die Verstorbenen in der Zeit nach dem
Tod für das Weiterleben der Seele keinen Leib und keine Knochen mehr
benötigen. Deshalb sei es nur gut, wenn der Leib schon vernichtet ist: So
kann die Seele endlich die Freiheit erlangen, um im Olymp ein göttliches
Leben zu geniessen. Das bezeugt eine Grabaltarinschrift aus (3. Jh. n.
Chr.?):

σῶμα μὲν εἰς αἰῶνα | λυθέν, ψυχὴ δὲ ἐς Ὄλυ[μ]|ῑπον
ἀρτιτελὴς ἀνορο[ῦσα] | λίπεν πόθον οἰκειοῖσιν |
Λουκίου ...³³²

---

³²⁸ PEEK GG n° 460 = GV n° 1989; Basilius LATYSCHEV, in: IAK 14 (1905), S.
124ff., n° 47.
³²⁹ PEEK GV n° 1694 = GG n° 210; Th. A. ARVANITOPULU, Δώδεκα Θεσσαλικὰ
ἐπιγράμματα, in: Πολέμων 2 (1934-38), S. 28ff., n° 3; W. PEEK, *Mnemosynone Th.*
Wiegand, S. 40ff., n° 5 und in: Gnomon 14 (1938), S. 473. 475.
³³⁰ PEEK GG n° 437 = GV n° 1873.
³³¹ Catull, *Carmen* 3,11f. Vgl. auch J. LEIPOLDT – W. GRUNDMANN, *Umwelt des*
Urchristentums II, S. 66-67, n° 83.

Der Leib ist für immer vernichtet, die eben eingeweihte Seele
ist aber auf den Olymp hinaufgesprungen. Trauer hat sie den Verwandten
des Loukios hinterlassen ...

(Übersetzung: I. PERES)

Die zitierte Grabaltarinschrift enthält die geheime Freude darüber, dass die Seele εἰς αἰῶνα vom Leibe frei ist. Von diesem griechischen „Eschaton ohne Leib und Knochen", im Olymp bei den Göttern, ohne Werden und Vergehen und frei vom σῶμα, gibt auch eine Grabinschrift auf einer Marmortafel aus Rom (2.-3. Jh. n. Chr.) eine Vorstellung, die der Seele eine nichtleibliche Zukunft sichern möchte. Über den Leib heisst es hier kategorisch, dass er λυθὲν ἐξεπόθη wurde und darum keine Zukunft habe:

ψυχὴ μὲν πρὸς ᾿Ολυμπον ἀνήλλατο, σῶμα δέ πρὸ[ς γῆν]
καὶ λυθὲν ἐξεπόθη καὶ οὐδὲν ἔχω πλέον ὀστῶ[ν].[333]

Die Seele sprang hinauf zum Olymp, der Leib aber zur Erde,
und aufgelöst wurde er verschlungen; und ich habe nichts mehr als die Knochen.

(Übersetzung: H.-G. NESSELRATH – I. PERES)

Im Zusammenhang mit der Freiheit der Seele vom Leib (σάρξ) erfahren wir aus den Grabinschriften auch, dass der Leib dem Feuer (πῦρ) zum Opfer fällt, die Knochen (ὀστέα) in der Erde verborgen werden, die Seele aber nach dem Tod schnell auf der Strasse gemeinsam mit anderen Gottheiten in die Welt der Toten weggeht. Eine Grabsteleninschrift aus Rom (2. Jh. n. Chr.) nähert sich diesem Gedanken folgendermassen an:

[10] σάρκας μὲν πῦρ νῶ[ιν ἐδαί]σατο, |[20] ὀστὰ δὲ κεύθ[ει] |
ἥδε χθὼν πάμφορβο[ς], ἀτὰρ | ψυχαὶ θεόπεμπτοι |
οἴχεσθον κατὰ γῆς ἐνὶ δαίμονι | ξυνὰ κέλευθα |.[334]

---

[332] PEEK GV n° 1773 = W. PEEK, *Griechische Epigramme* III, in: AM 66 (1941), S. 68ff., n° 16. Vgl. auch L. MORETTI, *Inscriptiones Graecae Urbis Romae* III, S. 184, n° 1329.

[333] L. MORETTI, *Inscriptiones Graecae Urbis Romae* III, n° 1329 = PEEK GV n° 1146; IG XIV n° 2002; KAIBEL n° 646a (S. 529); E. COUGNY, *Anthologia Palatina* III, 2, n° 695; Johann L. USSING, *Oversigt over d. K. Dansk Selsk Forhandl.*, (Havniae 1866), S. 204. Vgl. E. BICKEL, *De epitaphio Senecae*, in: RhM 63 (1908), S. 404. Vgl. auch CIL VI n° 26251 und CIL VI n° 26282.

[334] L. MORETTI, *Inscriptiones Graecae Urbis Romae* III, n° 1204 = PEEK GV n° 1885; G. PATRIARCA, *Epigramma sepolcrale del cimitero della via Ostiense*, in: BullCom 62 (1934), S. 151-155.

Unseren Leib hat wahrlich das Feuer verbrannt. Die Knochen verbirgt aber
hier die alles ernährende Erde. Die gottgesandten Seelen
gehen dagegen unter der Erde mit einer Gottheit auf den Strassen,
die für jeden Dämon dieselben sind, weg.
(Übersetzung: I. PERES)

In den bisherigen Zitaten zeigte sich keine ausdrückliche Negierung der
Auferstehung. Es ging bisher nur um die Unmöglichkeit einer Rückkehr
aus dem Totenreich. Aber das Ausschlagen der Möglichkeit eines Auswe-
ges aus der Unterwelt lässt die Frage offen, ob nicht möglicherweise bewusst eine Wiederbelebung oder eine zukünftige Auferstehung abgelehnt
wird. In vielen Grabtexten können wir eine solche Möglichkeit nicht aus-
schliessen[335].

Der Gegensatz zwischen dem griechischen Aberglauben und der biblischen
eschatologischen Auferstehung kommt in den Grabtexten, welche als Begriffe ἐγείρειν und ἀνάστασις enthalten, deutlich zur Geltung. Das griechische ἐγείρειν ist in den Grabinschriften oft zweideutig: Es kann vor-
dergründig Aufwecken bedeuten (z.B. aus dem Schlaf), aber auch die
Bedeutung von Auferstehung haben, die zu einem neuen Leben aus/nach
dem Tod führt. Die griechischen Grabepigramme schliessen dann beide
Möglichkeiten umgehend aus. Als Beispiel diene eine Grabinschrift aus
Chersonesos (1.-2. Jh. n. Chr.), welche diese direkte Negation der Auferweckung bezeugt und mit dem doppeldeutigen Terminus ἐγείρειν operiert,
der beide Möglichkeiten (d.h. Auferweckung und Auferstehung) negiert:

> ... οὐδὲ σ' ἐγείρει
> ἀενάες κελάδημα [φ]ίλης ὀπός, ᾧτέ σε μήτηρ
> ὄρνις ὅπως γεγό[η]κε, [σ]ὺ δὲ λίθος οὐδὲν ἀκούεις[336].

> *... Und nicht erweckt dich*
> *der ständige Klang der lieben Stimme, mit welcher dich die Mutter*
> *wie ein Vogel beweint, du aber, wie ein Stein, hörst gar nichts.*
> (Übersetzung: H.-G. NESSELRATH – I. PERES)

---

[335] Wir wissen, dass auch eine biblische Tradition die Auferstehung als ein Herauskommen aus den Gräbern versteht (*Dan* 12,2-3.12) und dafür das Verb ἐκπορεύομαι gebraucht: vgl. *Joh* 5,28-29.

[336] PEEK GG n° 390 = GV n° 1684; IPE I² 519; U. v. WILAMOWITZ-MOELLENDORFF,
Lesefrüchte, in: Hermes 63 (1928), S. 384ff., n° CCXLVI; G. v. KIESERITZKY – C. WAT-
ZINGER, *Griechische Grabreliefs aus Südrussland*, S. 55ff., n° 319; R. LATTIMORE, *Themes in Greek and Latin Epitaphs*, S. 77; Basilius LATYSCHEV, *Incriptiones orae septen-
trionalis Ponti Euxini* IV., St. Petersburg 1888, n° 136[7-9].

Die Formulierung des Epigramms hat ihre Logik: die Tote ist leblos wie ein Stein und hört nichts – auch keine liebe Stimme (ὄψ), die sie zu neuem Leben erwecken (ἐγείρειν) würde. Die Inschrift bildet einen Gegensatz zum neutestamentlichen Auferstehungstext in *1Thess* 4,16[337], wo die Toten die Stimme (φωνή) des Befehls des Erzengels und der Posaune Gottes hören[338] und auferstehen (ἀναστήσονται).

Eine andere Grabinschrift mit einem Relief aus Larissa (Thessalien, 3. Jh. n. Chr.[?]) argumentiert ebenso gegen die Auferstehung, hier mit der Verschärfung, dass nach dem Tod wirklich *gar nichts* kommt. Es gibt keine Möglichkeit (οὐδέν) auferweckt zu werden (ἐγείρειν):

> [8] οὐδὲν γὰρ πλέον ἐστί (θανόντα γὰρ οὐδὲν ἐγείρει)
> ἢ τείρει ψυχὴν ζώντων μόνον· ἄλλο γὰρ οὐδέν.[339]

Denn zu nichts ist solches nütze – einen Toten weckt ja nichts wieder auf –,
es reibt nur die Seele der Lebenden auf, weiter wirklich nichts.
(Übersetzung: W. Peek)

Der Verfasser einer Grabinschrift auf einer Platte aus Rom (2.-3. Jh. n. Chr.) stellt sich den Gegensatz zwischen dem irdischen Leben und einem möglichen neuen Leben nach dem Tode so vor, dass alles Positive für das jetzige, irdische, Leben spricht, die jenseitige Existenz aber eher schlecht aussieht:

> φρόντιζ᾽, ἕως ζῆς, πῶς καλῶς ταφήσεαι,
> καὶ ζῆσον, ὡς ζήσοις· κάτω γὰρ οὐκ ἔχεις
> οὐ πῦρ ἀνάψαι, οὐδὲ δειπνῆσαι καλῶς.
> ἐγὼ λέγω σοι ταῦτα πάντα πειράσας·
> ἐντεῦθεν οὐθεὶς ἀποθανὼν ἐγείρεται[340].

---

[337] Neben *1Thess* 4,16 ist auch *Mt 24,31* und *1Kor 15,52* zu vergleichen. Vgl. dazu I. Peres, *Hlas nebeských trúb a zmŕtvychvstanie* (Die Stimme der himmlischen Posaune und die Auferstehung), in: Teologický zborník = FS K. Gábriš, UBS, Banská Bystrica 1995, S. 69-84.

[338] Ganz Ähnliches sagt auch das Johannesevangelium: οἱ νεκροὶ ἀκούσουσιν τῆς φωνῆς τοῦ υἱοῦ τοῦ θεοῦ καὶ οἱ ἀκούσαντες ζήσουσιν (5,25). Vgl. auch *Joh* 5,28-29, wo Jesus über die οἱ ἐν τοῖς μνημείοις spricht, die ἀκούσουσιν τῆς φωνῆς αὐτοῦ καὶ ἐκπορεύσονται ... εἰς ἀνάστασιν.

[339] Peek GG n° 389 = GV n° 965; IG IX₂ n° 640.

[340] Peek GV n° 1367 = GG n° 480; IG XIV n° 2130; Kaibel, S. XV, n° 646a; E. Cougny, *Anthologia Palatina* III, 2, n° 424; L. Moretti, *Inscriptiones Graecae Urbis Romae* III, n° 1406.

Sorg, solange du lebst, dafür, dass man dich schön begrabe.
Und lebe so, wie du leben möchtest. Denn hier unten kannst du
kein Feuer anzünden und keine schöne Mahlzeit halten.
Ich sage dir das, der ich das alles an mir erfahren habe:
kein Toter wird von hier zu neuem Leben aufgeweckt.
(Übersetzung: W. PEEK)

In dieser Grabinschrift ist die Ablehnung einer Auferstehungshoffnung
sehr deutlich und offen formuliert. Noch drastischer kommt sie in einem
Grabepigramm aus Eumeneia zum Ausdruck[341], wo sich neben den bereits
ausgeführten Motiven der ausschliesslichen Orientierung auf das irdische
Leben und den Hades auch eine beleidigende Kritik der ἀνάστασις-
Erwartenden zeigt:

σπεύδετε, τὴν ψυχὴν εὐφραίνετε πάντοτε, [θ]νη[τοί,
   ὡς ἡδὺς βίοτος, καὶ μέτρον ἐστὶ ζοῆς.
ταῦτα, φίλοι· μετὰ ταῦτα τί γὰρ πλέον; οὐκέτι ταῦτα.
   στήλλη ταῦτα λαλεῖ καὶ λίθος, οὐ γὰρ ἐγώ.
θύραι μὲν ἔνθα καὶ πρὸς "Αιδαν ὁδοὶ
   ἀνεξόδευτοί δ' εἰσιν ἐς φάος τρίβοι.
ο]ἳ δὴ δ[είλ]αιοι πάντ[ες] εἰς ἀ[νά]στασιν . . .[342]

Eilt, Sterbliche, und erfreut stets euere Seele,
weil das Leben süss ist und die Lebensdauer ein Mass hat.
Das ist alles, Freunde. Was kann nach diesem noch mehr sein?
                                              Dieses nicht mehr.
Die Stele und der Grabstein sagt das, also nicht ich.
Hier sind die Türen und Wege zum Hades,
Pfade jedoch, die nicht wieder ins Licht führen.
Die Elenden alle aber hin zur Auferstehung . . .
(Übersetzung: H.-G. NESSELRATH – I. PERES)

Der Terminus δείλαιος, der hier benutzt wird, ist eine unschöne Bezeichnung, sehr wahrscheinlich für Christen[343]. Das Epigramm ist möglicher-

---

[341] Die Inschrift ist leider nicht datierbar.
[342] R. LATTIMORE, *Themes in Greek and Latin Epitaphs*, S. 74; W. M. RAMSAY, *Cities and Bishoprics of Phrygia*, S. 386, n° 232, Z. 19-25.
[343] W. M. RAMSAY (*Cities and Bishoprics of Phrygia*, S. 387-388) denkt, dass diese
Bezeichnung hauptsächlich für die (spät)hellenistischen Juden dienen sollte, die schon an
die Auferstehung glaubten, wie das auch ihre Grabinschriften eben mit dem Worte
ἀνάστασις bestätigen; vgl. dazu z.B. P. W. v. d. HORST, *Ancient Jewish Epitaphs*, S.
120; J. S. PARK, *Conceptions of Afterlife in Jewish Inscriptions*, S. 165.

weise eine offene antichristliche Polemik[344]. Der Schreiber der Grabinschrift oder sein Kreis musste schon den christlichen Terminus für die
Auferweckung (ἀνάστασις) und den eschatologischen Glauben der Christen an eine Auferstehung nach dem Tod[345] kennen. Deswegen verachtet er
sie und bezeichnet sie als δείλαιοι, als elend oder als Bedauernswerte. Er
dagegen orientiert sich nur an einem irdischen Leben und dem maximalen
Genuss. Ähnlich verspotteten auch die Athener den Paulus, als er von der
Auferstehung der Toten (ἀνάστασις νεκρῶν) sprach (*Apg* 17,32).

Diese Formulierung stellt gewiss eine Extremposition dar. Selten begegnen uns auch Aussagen, die mit dem Gedanken einer Auferstehung in
der Form eines leiblichen ewigen Lebens sympathisieren.

Eine Grabinschrift[346] aus Kyzikos (1.-2. Jh. n. Chr.) bezeugt die Vorstellung, dass auch der Leib (σῶμα) nach dem Tod in einer Form der Unvergänglichkeit bleibt. Wenn die Seele bei den Frommen in den elysischen
Gefilden wohnt, benutzt sie auch den Leib, den die Zeit nicht vernichten
kann (ἀμβροσίη[ν] | δέ σώματος ὑβριστὴς οὐκ ἐπάτησε | χρόνος)[347]. Die
junge Frau sitzt (κάθηται) im Kreis der anderen seligen jungen Mädchen
und erinnert sich an alles Gute mit ihrem Mann. Im Hintergrund steht die
Vorstellung, dass die Seele zum wirklich guten Leben und Genuss im Jenseits auch den Leib braucht[348], weil das Leben dort nur dann vollkommen
sein kann. Diese Vorstellung schliesst den Gedanken an leibliche Auferstehung oder mindestens einer Transformation des Leibes in der Welt jenseits des Grabes ein.

Ein ähnliches Bild vom Leben im Elysium, das irgendwo im Luftraum
lokalisiert ist, enthält auch ein Grabepigramm aus Neoklaudiopolis (Pontos, 2.-3. Jh. n. Chr.)[349] Es spricht von einer toten Frau, die zu den Göttern
erhöht wurde und das Elysium zusammen mit ihrem Leib (σῶμα) geniesst,

---

[344] R. LATTIMORE, *Themes in Greek and Latin Epitaphs*, S. 75.

[345] Über das griechische ἀνάστασις sprechen auch die christlichen Grabinschriften,
die an den Glauben an den Tag des Herrn anknüpfen: vgl. z.B. Michael DONDERER, *Die
Architekten der späten römischen Republik und der Kaiserzeit*, EF 69, Erlangen 1996, S.
108-109, n° A 19; T. C. KAOUKCHISCHVILI, *Inscriptions Grecques de Géorgie*, Tiflis
1951, S. 253ff., n° 10; J. und L. ROBERT, in: Bull. ép. 71 (1958), S. 345, n° 516.

[346] Die ganze Inschrift ist in Kapitel IV.6.1 „Das Zusammensein mit den Göttern" zitiert, S. 226f.

[347] R. MERKELBACH – J. STAUBER, *Steinepigramme* II, n° 08/01/50 = G. PERROT,
Deux inscriptions de Cyzique, in: RA 31 (1876), S. 353-355, n° 2; J. H. MORDTMANN,
Metrische Inschriften, in: AM 4 (1879), S. 17, n° 2; J. SCHMIDT, *Aus Constantinopel und
Kleinasien*, in: AM 6 (1881), S. 137, n° 10; KAIBEL n° 338; PEEK GV n° 1764; PEEK GG
n° 354; SCHWERTHEIM, IK 18, n° 524; J. STAUBER, PHI 7 *Mysien*, n° 1703. Zu Z. 1-2
vgl. auch J. S. PARK, *Conceptions of Afterlife in Jewish Inscriptions*, S. 168.

[348] Schon am Anfang betont das Epigramm, dass im Grab nur der Name der Gestor-
benen ist: Μίκκης οὔνομα μοῦνον ἔχει | τάφος.

[349] Siehe mehr darüber im Kapitel III.2.4.3.

der im Himmel bei den Sternen gereinigt worden ist: ἀστράσιν οὐρανίοις σῶμα καθηραμένη[350]. Schade ist nur, dass die Grabinschrift darüber schweigt, wie dies vor sich ging. Es ist also deutlich, dass in der Zeit, die wir hier untersuchen, vereinzelt auch die Meinung von der Benutzung des Leibes in der Sphäre des seligen Lebens vertreten wird, ein Gedanke, der der Auferstehung sehr nahe steht.

3.2 Die neutestamentlichen Auferstehungstexte

3.2.1 Vorbemerkungen

Im Neuen Testament befinden sich viele prägnante Texte über die Auferstehung der Toten. Aber wir möchten hier die Texte, die vom Thema der Auferstehung Jesu als heilsgeschichtlicher Tat Gottes reden und die evangelischen Auferstehungsberichte nicht behandeln, denn sie stehen in einem anderen Licht. Die wichtigsten Texte, die über *die allgemeine Auferstehung der Toten* sprechen, sind *Apg* 17,16-34; *1Kor* 15 und *1Thess* 4,13-18[351]. Die ausgewählten Texte haben ihre Unterschiede und auch ihre Gemeinsamkeiten. Gemeinsam ist, dass alle drei Städte, zu denen sie gehören (Athen, Korinth, Thessaloniki), typisch griechische Städte waren, in denen die homerische Religion stark wirkte. In diesen drei Städten musste der Gedanke der allgemeinen Totenauferstehung notgedrungen sehr fremd sein. Gemeinsam ist auch, dass alle drei Texte von der Konfrontation eines Mannes, d.h. des Apostels Paulus, mit seiner Umwelt berichten. Natürlich unterscheidet sich die Beschreibung der paulinischen Predigt auf dem Areopag im Konzept der lukanischen Theologie von der eschatologischen Konzeption der paulinischen Gemeinden in Korinth und in Thessaloniki. Ebenso unterscheidet sich auch die paulinische Reflexion über die allgemeine Auferstehung der Toten im jeweiligen Kontext von Korinth und Thessaloniki. Sie hängt von der je eigenen Situation dieser Gemeinden in ihrer hellenistischen Umwelt ab. Die Fragen sind aber gemeinsame: Wie und warum kommt in diesen Texten die Frage der Auferstehung vor? Wer opponiert gegen Paulus? Was ist die konkrete Meinung der Gegner der Auferstehung in der konkreten Gemeinde- und Textsituation? Wie argu-

---

[350] R. MERKELBACH – J. STAUBER, *Steinepigramme* II, n° 11/03/02 = SEG 4, n° 727; Franz CUMONT u.a., *Recueil des inscriptions grecques et latines du Pont et l'Arménie*, SP III (Bruxelles 1903ff.), S. 102f., n° 86; H. W. PLEKET, *Epigraphica* II, S. 38, n° 26; A. WILHELM, *Abh. und Beiträge* I, S. 694-698 (vgl. auch: ders., *Ärzte und Ärztinnen in Pontos, Lykien und Ägypten*, in: ÖJh 27 [1931, Beibl., Sp. 75ff., n° 3); J. ZINGERLE, *Zu griechischen Grabgedichten*, in: ÖJh 23 (1926), Beibl. S. 361ff., n° 1; PEEK, GV n° 1486. Datum: Kaiserzeit (nach Merkelbach – Stauber); 2./3. Jh. n. Chr. (nach Peek).

[351] Aus unserer Untersuchung fallen auch Texte, wie *2Kor* 5,1-10 oder zahlreiche Stellen aus der *Offb.* heraus, weil sie über die Auferstehung nicht direkt sprechen, obwohl sie die Thematik berühren.

mentiert Paulus und wie berührt seine Argumentation evtl. die Themen, die
aus den griechischen Grabtexten bekannt sind?

3.2.2 Apg 17,22-31

Im Text *Apg* 17,22-31 kommt eine Aussage über die Auferstehung erst am
Schluss. Lukas erzählt, dass Paulus von den athenischen Philosophen auf
den Areopag mitgenommen und über die Neuheit seiner Lehre befragt
wurde. Ihre Reaktion auf seine Erwähnung der Auferstehung Jesu war negativ. Sie verspotteten ihn, dennoch wollen andere später mehr darüber hören. Paulus bleibt für sie nur ein σπερμολόγος, ein „Schwätzer"[352] (V. 18),
der nach der Meinung vieler Kommentatoren zwei neue fremde Gottheiten
verkündet, nämlich Jesus und die Anastasis[353]. In V. 32 scheinen sie Paulus allerdings richtiger zu verstehen. Die Auferweckung Jesu ist ein Beispiel für die absurde Vorstellung der Totenauferstehung. Warum spotteten
die Athener und warum war für sie die Auferstehung der Toten unvorstellbar?

Die Athener waren „Philosophen", die nichts lieber taten, als interessante Neuigkeiten zu erzählen oder zu hören (V. 21). Lukas betont, dass
die Hörer des Paulus hauptsächlich Epikureer und Stoiker waren, Leute,
die sich materialistisch und praktisch-atheistisch orientierten und deren
philosophische Schule ursprünglich in Athen zu Hause war. Des Paulus
Lehre musste in ihren Ohren provokativ klingen: das Leben nach dem Tod,
eine Auferstehung an einem bestimmten Tag der Geschichte, wenn alles
sich verändert, das jüngste Gericht, der neue Leib usw. Diese eschatologische Perspektive des Paulus war für die dualistisch denkenden Griechen
inakzeptabel, ja lächerlich[354]. So trieben sie mit Paulus ihren Spott, obwohl
er auch ein Zitat aus ihrer stoischen Philosophie benutzt hatte (V. 28)[355].
Die Stoiker und Epikureer waren allerdings nicht überall so populär – auch
nicht im Kreis der anderen Philosophen. Es gibt griechische Grabinschriften, die den Epikureismus und hauptsächlich seinen Begründer stark kriti-
sieren. Eine Grabinschrift eines Tragödiendichters und Philosophen aus
Milet (2. Jh. v. Chr.) drückt dies folgendermassen aus:

οὐχὶ κεναῖς δόξαις ἐζηκότα τόνδε δέδεκται
    τύμβος ὅδ᾽ ἐκ προγόνων, ταῖς δ᾽ ἀπὸ τᾶς σοφίας

---

[352] Belege bei Jacob JERVELL, *Die Apostelgeschichte*, KEK III, Göttingen 1998, S.
443, Anm. 12.

[353] Belege z.B. bei Ernst HÄNCHEN, *Die Apostelgeschichte*, KEK III, Göttingen
⁷1977, S. 497; Gerhard SCHNEIDER, *Die Apostelgeschichte*, HThK V 2, Freiburg 1982, S.
236.

[354] R. PESCH, *Die Apostelgeschichte* II, S. 140.

[355] J. JERVELL, a.a.O. (*Die Apostelgeschichte*), S. 449.

ταῖς ἀπὸ Σωκράτεω πινυταῖς μάλα τοῦ τε Πλάτωνος
κοὐκ Ἐπικουρήοις ἡδονικαῖς ἀθέοις...

κούφη γαῖα χυθεῖσ' ὁσίως κρύπτοις σὺ τὸν ἄνδρα
βαίνοντ' εὐσεβέων τοὺς ἱεροὺς θαλάμους.[356]

Dieses Familiengrab (von den Vorfahren) hat einen Mann aufgenommen,
der nicht nach leeren Meinung gelebt hat, sondern nach denen der klugen
(Meinungen),
die von Sokrates und Platon kommen,
und nicht von denen des Epikur, den gottlosen...

Erde, die du in frommer Weise über den Mann gestreut bist,
mögest du ihn als leichte
bergen, wenn er zu den heiligen Gemächern der Frommen geht
(Übersetzung: R. MERKELBACH – J. STAUBER)

Daneben gibt es – auch aus Athen – zahlreiche Grabinschriften, die uns
bereits bekannten allgemein verbreiteten hellenistischen Vorstellungen bezeugen[357]. Mit diesen war Paulus bei seiner Mission konfrontiert. Lukas
wird eine zu seiner Zeit verbreitete Erfahrung der christlichen Verkünder
wiedergeben, wenn er betont, dass vor allem die Verkündigung der Auferstehung von den Toten für intellektuelle Griechen lächerlich und nicht ak-
zeptierbar war. Aus Athen sind aber auch christliche Grabinschriften bekannt, die das eschatologische Werk Jesu bezeugen. Ein Beispiel ist die
folgende Inschrift aus christlicher Zeit: Κ(ύρι)ε νίκα [σω]τήρ[358]. Auch ein
solcher eschatologischer „Schrei" auf einem altchristlichen athenischen
Grab zeigt, dass Paulus in Athen nicht kapitulieren musste und dass seine
Predigt dort Wirkung hatte. Dies können auch zahlreiche andere christliche
Gräber in Athen bestätigen.

3.2.3 1Kor 15

Im grossen Kapitel über die Auferstehung (*1Kor 15*) reagiert Paulus auf
Fragen, die wahrscheinlich eine unspezifische Gruppe oder Partei (ἐν ὑμῖν

---

[356] R. MERKELBACH – J. STAUBER, *Steinepigramme* I, n° 01/20/25 = KAIBEL S. X, n°
222b; PEEK GV n° 2018 n°; PEEK GG n° 470; L. ROBERT, *Inscriptions de Didymes et de
Milet*, in: Hellenica XI (1960), S. 484-486; D. F. McCABE, *Miletos* I, n° 463.
[357] Vgl. z.B. Donald W. BRADEEN, *Inscriptions: the Funerary Monuments*, AthA 17,
Princeton 1974, n° 1-1059; W. PEEK, *Attische Grabinschriften* II: Unedierte Grabinschriften aus Athen und Attika, Berlin 1953 usw.
[358] D. W. BRADEEN, *Inscriptions: the Funerary Monuments*, S. 194, n° 1095 = J.
CREAGHAN – A. RAUBITSCHEK, *Early Christian Epitaphs from Athens*, in: Hesperia 16
(1947), S. 49-50, n° 33.

τινϵς)[359] aufgeworfen hat[360]: Gibt es irgendeine Auferstehung vom Tode? Und gibt es wirklich „leibliche" Auferstehung, oder soll sie nur geistlich (vgl. *2Tim* 2,8) verstanden werden? Was für einen Leib erhält man bei der Auferstehung? Wir wissen über diese Auferstehungsleugner nur aus der paulinischen Formulierung Bescheid. Sie sagen: ἀνάστασις νϵκρῶν οὐκ ἔστιν (15,12)[361]. Was steht hinter dieser Meinung? Jürgen BECKER nennt drei mögliche Hypothesen über die Meinung der Gegner: Es gibt keine Auferstehung der Toten, sondern 1. nur die Teilnahme der Lebenden an der Parusie Jesu; 2. nur ein diesseitiges Leben und 3. nur eine Auferstehung im jetzigen Leben[362]. Eine sichere Entscheidung ist leider nicht möglich. Besonders die zweite und die dritte Hypothese bezeugen wiederum die grosse Schwierigkeit der Bewohner einer griechischen Stadt, die typisch jüdische Hoffnung auf die Totenauferstehung überhaupt zu verstehen.

In der Analyse des Problems und der Formulierung der Antwort arbeitet Paulus mit einer Tradition aus der urchristlichen Theologie. Die Auferstehung der Toten hängt von der Auferstehung Jesu ab und sie ist auch ihre Voraussetzung. Die Auferstehung der Toten soll nicht geistlich[363], sondern wörtlich verstanden werden. Die Toten sind nicht verloren (V. 18)[364]: Bei der Parusie Jesu werden die Toten nach ihrer Ordnung auferstehen und alle werden in den neuen pneumatischen Leib verwandelt werden[365]. Damit hat der Tod keine Macht mehr, er wird vernichtet werden. Das wird der endgültige eschatologische Sieg durch Jesus Christus sein.

Paulus berührt sich bis in diesem grossen Kapitel mehrmals mit den Grabinschriften, weil eben seine Gegner einen resignativen Skeptizismus vertreten, der „auf den Grabinschriften der Zeit" gut belegt ist[366]. Er spricht vom Stachel des Todes (V. 55), weist auf die Taufe für die Toten (V. 29) hin; er spricht über den astralen Glanz des neuen, nicht einfach materiell zu verstehenden pneumatischen Leibes (V. 40-41), über die skeptische, diesseitig und materialistisch orientierte „Lebensmoral" (V. 32), die auch auf Grabinschriften bezeugt ist[367]. So lässt dieses Kapitel

---

[359] J. BECKER, *Auferstehung der Toten im Urchristentum*, S. 69ff.

[360] So W. SCHMITHALS, *Die Gnosis in Korinth*, S. 149; Erhardt GÜTTGEMANNS, *Der leidende Apostel und sein Herr*, FRLANT 90, Göttingen 1966, S. 63ff.

[361] Vgl. U. LUZ, *Das Geschichtsverständnis des Paulus*, S. 337; P. HOFFMANN, *Die Toten in Christus*, S. 240.

[362] J. BECKER, *Auferstehung der Toten im Urchristentum*, S. 71-76.

[363] Vgl. *2Tim* 2,18.

[364] Vgl. Ch. WOLFF, *Der erste Brief Paulus an die Korinther* II, S. 212.

[365] So streitet Palus auch gegen die dualistisch-eschatologische Anthropologie, ohne eine materialistische Variante der ganzheitlichen jüdischen Anthropologie zu vertreten.

[366] J. BECKER, *Auferstehung der Toten im Urchristentum*, S. 73.

[367] Vgl. z.B. eine Grabinschrift aus Kios (Th. CORSTEN, IK 29, S. 138, n° 78):

vermuten, dass Paulus die hellenistische Sicht des Todes und der Auferstehung in Korinth gut kennt, und sein Streit in *1Kor* 15 auch ein solcher mit der hellenistisch-griechischen Religiosität[368] und der griechischen Meinung über die Unsterblichkeit der Seele und den griechischen Jenseitsvorstellungen[369] ist.

3.2.4 *1Thess 4,13-18*

In der Gemeinde von Thessaloniki tauchte die Frage auf: Was mit denen ist, die schon gestorben sind? Was wird aus ihnen bei der Parusie Jesu? Es gab in Thessaloniki Menschen, die die Auferstehung der Toten nicht kannten oder sie negierten. Paulus stellt sie den λοιποί gleich, den Menschen ohne positive Jenseitshoffnung, die nicht zur Gemeinde in Thessaloniki gehörten[370] und die das „heidnische Umfeld der Gemeinde" repräsentieren[371]. Ihre Haltung korrespondiert dem Pessimismus der hellenistischen Grabinschriften, die jenseits der Gräber keine Hoffnung sehen. Ein Schreiber eines griechischen Grabtextes klagt etwa: τὴν πᾶσαν εἰς γῆν ἐλπίδων κρύψας χαράν (*alle Freude und Hoffnung hatte er in der Erde geborgen*)[372].

Πίε, φάγε, τρύφησον, ἀφροδισίασον,	*Trinke, esse, schwelge, liebe;*
τὰ δὲ ὧδε κάτω σκότος.	*Hier unten ist Finsternis!*
χαίρετε, παροδῖται.	*Freut euch, Vorherziehende!*

(Übersetzung: U. Luz)

Thomas Corsten (IK 29, S. 139-139) fügt hinzu: „Der Tote empfiehlt also aus der freudlosen, dunklen Unterwelt heraus dem Vorübergehenden, sein Leben zu geniessen, da es in der Unterwelt keine Vergnügungen gibt und das irdische Dasein nur kurz ist. Diese Aufforderung ist in allen Zeiten und Landschaften in Inschriften häufig anzutreffen." Vgl. auch LE BAS – WADDINGTON n° 977. PEEK GG n° 479 = GV n° 1368. TAM II n° 355 = L. ROBERT, *Les gladiateurs*, S. 145, n° 106. TAM IV₁, n° 109. W. AMELING, *ΦΑΓΩΜΕΝ ΚΑΙ ΠΙΩΜΕΝ. Griechische Parallelen zu zwei Stellen aus dem Neuen Testament*, in: ZPE 60 (1985), S. 35-43. Ähnliche literarische Belege z.B. bei Euripides, *Alkestis* 788-791; Athenaios 8,336 D; Herodot, *Hist.* 2,78; Catull, *Carmen* 5,1.5-6 usw.

[368] August STROBEL, *Der erste Brief an die Korinther*, ZBK NT 6/1, Zürich 1989, S. 241.

[369] Ch. WOLFF, *Der erste Brief Paulus an die Korinther* II, S. 213.

[370] Traugott HOLTZ, *Der Erste Brief an die Thessalonicher*, EKK XIII, Neukirchen 1986, S. 223; Christoph von BROCKE, *Thessaloniki – Stadt des Kassander und Gemeinde des Paulus*, WUNT II/125, 2001, S. 170.

[371] Ch. v. BROCKE, a.a.O. (*Thessaloniki*), S. 170.

[372] Inschrift auf dem Grabaltar für Asklepiodotos aus Kios (Bithynien, 3.-2. Jh. v. Chr.?): R. MERKELBACH – J. STAUBER, *Steinepigramme* II, n° 09/01/03 = PEEK GV n° 661; GG n° 231; KAIBEL n° 246; LE BAS – WADDINGTON n° 1145; A.-M. VÉRILHAC, *Παῖδες ἄωροι* I, n° 164; CORSTEN, IK 29, S. 140, n° 79. Übersetzung: R. MERKELBACH – J. STAUBER nach W. PEEK. Vgl. eine schon zitierte Grabinschrift aus Rom (2.-3. Jh n. Chr.): ἐντεῦθεν οὐδεὶς ἀποθανὼν ἐγείρεται = *kein Toter wird von hier zu neuem Leben auferstanden*: PEEK GV n° 1367 = GG n° 480; IG XIV n° 2130; KAIBEL S. XV, n° 646a; E.

Solche pessimistische Inschriften gibt es auch in grosser Zahl aus Thessaloniki[373]. Im Gegensatz zu ihnen stehen die zahlreichen späteren christlichen und jüdischen Grabtexte, wie z.B. der folgende aus dem 2.-3. Jh. n. Chr., der ganz einfach im Grab (κοιμητήριον) das Warten ἕως ἀναστάσεως sieht[374]. Eine andere altchristliche Grabinschrift aus Euchatia (Pontus, 3.-4. Jh. n. Chr.) betont, dass eine gewisse tote Sophokleia in ihrem Grab bis zur Auferstehung schläft (κοιμῶμαι):

οὔνομά μοι Σοφοκ[λεία] | λάτρις δὲ θεοῦ ζῶντο[ς]
ἐνθάδε κοιμῶμε μέ|χρις ἀναστάσεω[ς] | τόπῳ χάριτι.
εἰρήνη[ν | π]αροδεῖτα προσευ[ξά|μ]ενος μιμνήσ[κου] |
[Τα]υριανὸς τῇ γ[λυκυτάτῃ | ἀδελ]φῇ μνήμ[ης χάριν].[375]

Mein Name ist Sophokleia. Eine Dienerin des lebenden Gottes
schlafe ich hier bis zur Auferstehung an diesem Ort der Gunst.
Wanderer, bete für mich um Frieden und gedenke mein.
Taurianos hat dieses Denkmal seiner süssesten Schwester zur Erinnerung gesetzt.
(Übersetzung: R. MERKELBACH – J. STAUBER)

Die Argumentation des Paulus geht davon aus, dass die, die als Brüder gestorben sind, schlafen (κοιμώμενοι). Der Schlaf ist ein Äquivalent für den Tod, aus dem es aber nach der Überzeugung des Paulus bei der Parusie eine Auferstehung gibt. Über die heidnischen λοιποί spricht Paulus hier nicht. Das Bild des Todes als Schlaf ist gut bekannt aus der hellenistischen Jenseitsterminologie, ebenso aus der alttestamentlichen Eschatologie, aus der jüdischen[376] und auch der altchristlichen[377] Grabkunst. Die hellenisti-

---

COUGNY; *Anthologia Palatina* III, 2, n° 424; L. MORETTI, *Inscriptiones Graecae Urbis Romae* III, n° 1406.

[373] Vgl. z.B. CIG n° 1951ff.; IG X₁ (= *Inscriptiones Graecae*, Pars II, Fasciculus I: *Inscriptiones Thessalonicae et Viciniae*, ed. C. EDSON, Berlin 1972); IG X₂ (= *Inscriptiones Graecae*, Pars II, Fasciculus II, Sectio Prima: *Inscriptiones Lyncestidis, Heracleae, Pelagoniae, Derriopi, Lychnidi*, ed. F. PAPAZOGLU/M. MILIN/K. HALLOF, Berlin 1999); Denis FEISSEL, *Recueil des inscriptions chrétiennes de Macédoine*, BCH Suppl. 8, Paris 1983, n° 81-206 usw.

[374] IG X₁ n° 440 = CIG n° 9439; C. M. KAUFMANN, *Handbuch der altchristlichen Epigraphik*, S. 63; D. FEISSEL, a.a.O. (*Recueil des inscriptions chrétiennes de Macédoine*), S. 115-117, n° 119; vgl. auch IG X₁ n° 351.

[375] R. MERKELBACH – J. STAUBER, *Steinepigramme* II, n° 11/10/03 = F. MILTNER, *Epigraphische Nachlese in Ankara* II, in: ÖJh 30 (1937), Beiblatt, Sp. 33-35, n° 38.

[376] Für die jüdischen Grabinschriftern sind charakteristisch 1. ἐν εἰρήνη ἡ κοίμησις αὐτοῦ: E. DIEHL, *Inscriptiones latinae christianae veteres*, n° 4886.4897.4912. 4928.4971-4977 usw., 2. שלום: z.B. Frey, CIJ n° 604; A. STUIBER, *Refrigerium interim*, S. 118.

schen Vorstellungen stehen aber im Gegensatz zu dieser Eschatologie. Die Formulierung ὕπνος θανάτοιο bedeutet Schlaf, aus welchem es keine Auferweckung gibt. Es kann bestenfalls ein „süsser Schlaf" (ὕπνος ἡδύς) sein[378], der aber ewig dauert (αἰώνιος ὕπνος)[379]. Paulus berührt dieses Bild, weil in Thessaloniki eine Gefahr bestand, dass sich auch die Brüder in der Gemeinde in ihrem Glauben vom Pessimismus beeinflussen lassen und ohne Hoffnung bleiben. Er musste sie trösten und in ihrer eschatologischen Hoffnung unterstützen. Im Streit in Thessaloniki geht es um die Auferstehung der Toten und gegen die Skepsis der hellenistisch orientierten thessalonischen λοιποί.

3.2.5 Folgerungen

Die Auferstehungsfrage ist eine Kardinalfrage der neutestamentlichen Theologie. Obwohl die Auferstehung als solche wahrscheinlich schon im alten Ägypten[380], in der iranischen[381] und in anderen altorientalischen Religionen[382] bekannt war und eindeutig im Alten Testament bezeugt ist[383], war sie für die Griechen ein Stein des Anstosses. Die Inschriften lassen uns dies besser verstehen.

Für Lukas und Paulus ist wichtig, dass die Auferstehung Jesu eine unbestreitbare historische Tatsache ist; für Paulus ist Jesus ein „Prototyp eschatologischer Existenz"[384]. Aus dieser folgt die gemeinsame Auferstehung der Toten als reale Hoffnung. Die Auferstehung der Toten hängt mit Parusie/Entrückung/Endgericht zusammen und wird in der eschatologischen Zukunft erwartet, die ein neues kosmisches Geschehen bedeuten wird.

---

[377] Die christlichen Grabinschriften beginnen oft mit ἐνθάδε κοιμᾶται (+ ἐν εἰρήνῃ usw.): C. WESSEL, *Inscriptiones graecae christianae veteris occidentis*, n° 761-774. Vgl. auch A. STUIBER, *Refrigerium interim*, S. 141-143.

[378] Vgl. z.B. PEEK GV n° 647 = H. BECKBY, *Anthologia Graeca* VII-VIII, S. 594, Anm. 594; R. LATTIMORE, *Themes in Greek and Latin Epitaphs*, S. 164.

[379] Vgl. R. MERKELBACH – J. STAUBER, *Steinepigramme* I, n° 05/01/63 = PEEK GV n° 1133; KAIBEL n° 304; G. PETZL, IK 23, n° 557; D. F. McCABE, *Smyrna*, n° 278.

[380] Vgl. z.B. M. GÖRG, *Ein Haus im Totenreich*, S. 85-88.

[381] F. KÖNIG, *Zarathustras Jenseitsvorstellungen und das Alte Testament*, S. 121ff.

[382] Friedrich NÖTSCHER bearbeitet in seinem Buch *Altorientalischer und alttestamentlicher Auferstehungsglaube* (Darmstadt 1970 = Würzburg 1926) ausser der ägyptischen und persischen Auferstehungsvorstellung auch die babylonische, kanaanäische, alttestamentlich-jüdische und griechische.

[383] Vgl. etwa *Hi* 19,25f.; *Ps* 17,15; *Hos* 6,1-2; *Ez* 37; *Jes* 24-27; 53; *Dan* 12; F. NÖTSCHER, (s. Anm. 382), S. 117-261; K. SPRONG, *Beatific Afterlife in Ancient Israel and in the Ancient Near East*, S. 338-343; J. GUILLET, *Die Auferstehung des Fleisches nach den Aussagen des Alten Testaments*, in: BiLi 36 (1962-63), S. 7-17; S. KWAME ABOA, *Die Entstehung der Auferstehungshoffnung im Alten Testament*, Hamburg 1966 usw.

[384] C. WOLFF, *Der erste Brief des Paulus an die Korinther* II, S. 216.

Dagegen stehen die hellenistischen Jenseitsvorstellungen der Grabinschriften, nach denen keine Auferstehung/Auferweckung aus dem Tode
geglaubt wird. Der Weg zum Grab/Hades ist ein ἀδίαυλος ὁδός[385]. Die
Trennung des Leibes von der Seele im Tod wird als definitiv angesehen.
Die Zukunft der Toten findet ohne Leib statt. Die so häufige Entrückung
ist nur für die Seele und geschieht sofort nach dem Tod. Die, die auf die
Auferstehung hoffen (d.h. Juden[386] oder Christen), konnten als δείλαιοι,
als „Elende" bezeichnet werden[387].

Die Spannung zwischen der paulinischen und der griechischen Vorstellung war hier das Grundlegende und es war für Paulus sehr schwer, sie zu
überbrücken; im Grunde genommen wollte er das eigentlich auch nicht.
Paulus will seine theologisch-eschatologischen Akzente mit den griechischen resignativ-skeptischen Jenseitsvorstellungen nicht verschmelzen[388].
Er will seine Auferstehungshoffnung seinen Hörern (in Athen) und seinen
Lesern (in Thessaloniki und Korinth) in Kenntnis der hellenistischen Kultur, ihrer Bilder und ihrer Terminologie nahebringen. Dabei berührt er
auch Motive und Formulierungen, die für den Bereich der hellenistischen
Grabtexte charakteristisch sind[389]. Der eigentliche Durchbruch der aposto-
lischen Mission blieb in dieser Umgebung ein Wunder. Die schon zitierte
Grabinschrift aus Athen drückt sie als Gebetswunsch aus:
Κ(ύρι)ε νίκα [σω]τήρ[390].

4. Die Entrückungsterminologie

In den Grabinschriften spielt der *obere Luftraum* eine ganz wichtige Rolle,
der als Ort der postmortalen Geborgenheit die Phantasie der antiken Griechen angeregt hat. Wie wir schon in Kapitel VI.1 ausgeführt haben, sind
dort der Äther, der Himmel, die Sterne und der Olymp als Orte des seligen
Lebens lokalisiert. Andere Orte eines seligen Lebens sind die Inseln der
Seligen, das Elysium oder Orte, die sich oben im Luftraum, *am Rand der*

---

[385] Vgl. PEEK GV n° 1694 = GG n° 210.

[386] Zur jüdischen zeitgenössischen Hoffnung auf Auferstehung, die in den Grabin-
schriften hauptsächlich mit ἀνάστασις, ἐγείρειν und ζωποιῆσαι ausgedrückt ist, vgl. J.
S. PARK, *Conceptions of Afterlife in Jewish Inscriptions*, S.164-170; vgl. auch P. W. v. d.
HORST, *Ancient Jewish Epitaphs*, S. 115-126 und 137f.

[387] Vgl. R. LATTIMORE, *Themes in Greek and Latin Epitaphs*, S. 74 = W. M. RAM-
SAY, *Cities and Bishoprics of Phrygia*, S. 386, n° 232, Z. 25.

[388] Vgl. J. BECKER, *Auferstehung der Toten im Urchristentum*, S. 73.

[389] K. BERGER, *Hellenistische Gattungen im Neuen Testament*, in: ANRW II, 25.2, S.
1200.

[390] Vgl. S. 175, Anm. 836 und auch *1Kor* 15,54-57.

Erde oder auch *im Hades* befinden. Zu diesen Orten zogen die Seelen nach dem Tod.

Der eigentliche Prozess des Übergangs ist mit mehreren Verben in aktiver oder (medio)passiver Form ausgedrückt worden, wie z.b. τρέχω, βαίνω, πτάομαι, ἁρπάζω, λαμβάνω, κομίζω. Im Prinzip können wir zwei Gruppen unterscheiden: Im ersten Fall, in dem die Seele die Reise zu den Jenseitsorten selbst absolviert und keine aussenstehende Macht oder göttliche Gestalt beteiligt ist, definieren wir den Vorgang als *Erhöhung*, in welcher die Seele in ihrer Bewegung zur Glückseligkeit selbständig handelt. Wenn aber die Götter die Seele geraubt und beim Übergang der Seelen zu den Jenseitsorten „geholfen" haben[391], sprechen wir von *Entrückung*[392].

4.1 Die Entrückung und Erhöhung bei den Griechen

Die meisten Griechen verstanden den Tod als ein Entfliehen der Seele aus dem Leib. Weil die Seele eine ätherische oder luftige „Materie" ist und weil es nur fliegend möglich ist, zum Himmel emporzusteigen, fliegt die Seele zum Äther oder zum Himmel, wo die Götter wohnen und wo sie ihnen nahe sein kann. So einfach beschreibt dies eine Grabinschrift auf einer Platte aus Korkyra (2.-3. Jh. n. Chr.), in welcher die Seele im Auffliegen als ἀποπταθεῖσα bezeichnet ist:

> [17] τοῦτ' Εὔοδος βροτοῖς πᾶσι παραινῶ·
> τῇ ψυχῇ μετάδος καλῶν· τί ἔχθεις;
> καὶ τὸν βίον τρυφῇ παρηγόρησον
> εἰδώς, ἢν καταβῇς ἐς πῶμα Λήθης,
> [21] οὐδὲν τῶν ἐπάνω κάτω ποτ' ὄψει
> ψυχῆς ἐκ μελέων ἀποπταθείσης.[393]

Solche Lehre erteile ich, Euodos, allen Sterblichen:
Gönne dir von allem Guten. Was sträubst du dich?
Geniesse und lass dich so des Lebens getrösten.
Denn das wisse wohl: bist du erst niedergestiegen zum Tranke der Lethe,
so wirst du von dem da oben hier unten nichts mehr sehen,
wenn die Seele erst einmal aufgeflogen ist aus deinem Leibe.

(Übersetzung: W. PEEK)

---

[391] In diesem Sinne ist oft auch der eigentliche Tod als Entrückung oder Raub der Seele verstanden worden.

[392] Es gibt auch Grabinschriften, die beide Möglichkeiten kombinieren: Die Seele fuhr in einer Nebelwolke empor, aber Hermes hat sie (danach?) in den Himmel geführt (z.B. PEEK GG n° 391 und par.).

[393] PEEK GG n° 465 = GV n° 1978; KAIBEL n° 261; IG IX₁ n° 882-883. Zu den Z. 9-10 vgl. J. H. MOULTON – G. MILLIGAN, *The Vocabulary of the Greek Testament*, S. 252.

Dieselbe Vorstellung von der Erhöhung der Seele, da sie den Leib verlässt
und in die Luft fliegt, kennt auch eine Grabinschrift aus Smyrna (1.-2. Jh.
n. Chr.), wo die Seele, ähnlich dem Luftzug, schnell aus dem Herzen
(κραδίη) in den Äther emporfährt:

ψυχὴ δ' ἐ‹κ› κραδίης δράμ' ἐς αἴθερον εἴκελος αὔρηι
κοῦφον ἐπαιωροῦσα δρόμωι πτερὸν ἠέρι πολλῶι.³⁹⁴

Aber meine Seele fuhr aus meinem Herzen wie ein Luftzug in den Äther empor,
indem sie den leichten Flügel in dichter Nebelwolke im Laufen emporhob.
(Übersetzung: R. MERKELBACH – J. STAUBER)

Diesem Bild entspricht auch ein anderes Grabepigramm über die Bewegung der Seele nach oben, in dem sie diese „Reise" πρὸς αἰθέρα gleichfalls nach dem Tode macht. Es benutzt die Metapher κλίμαξ, die eine (aus
dem Grab!) nach oben führende Treppe oder Leiter bedeutet. Die eigentliche Erhebung der Seele ist durch die Partizipialkonstruktion βαίνων und
den Aorist ἔδραμες ausgedrückt:

Ὁ τύμβος οὗτος σοί, Πολύευκτε, κλίμαξ,
ἐφ' ἧς σὺ βαίνων ἔδραμες πρὸς αἰθέρα.³⁹⁵

Dies Grab war Polyeuktos, eine Leiter dir,
Auf der du aufwärts steigend rasch zum Äther kamst.
(Übersetzung: H. BECKBY)

In einer Grabinschrift aus Athen (1. Hälfte des 3. Jh. n. Chr.) ist bei der
Erhöhung der Seele als „Träger" der Äther genannt, der die Seele ursprünglich dem Leib gegeben hat und sie jetzt wieder von ihm zurück-
nimmt. Diese Argumentation ist wahrscheinlich eher logisch als mythologisch:

Γαῖα μὲν εἰς φάος ἦρε, Σιβύρτιε, γαῖα δὲ κεύθει
σῶμα, πνοὴν δὲ αἰθὴρ ἔλαβεν πάλιν, ὅσπερ ἔδωκεν.³⁹⁶

---

³⁹⁴ CIG n° 3398 = KAIBEL n° 312; PEEK GV n° 1765 und GG n° 391; G. PETZL, IK
23, n° 539; D. F. McCABE, *Smyrna*, n° 277; R. MERKELBACH – J. STAUBER, *Steinepi-*
gramme I, n° 05/01/64; P. HOFFMANN, *Die Toten in Christus*, S. 50.
³⁹⁵ H. BECKBY, *Anthologia Graeca* VII, S. 610, Anm. 748.
³⁹⁶ PEEK GV n° 1759 = IG II/III² n° 12599; KAIBEL n° 156; E. HOFFMANN, *Sylloge*
epigrammatum Graecorum, n° 115.

Die Erde hat deinen Leib, Sibyrtios, ans Licht gehoben, die Erde verbirgt ihn;
Die Seele[397] *aber hat der Äther wieder genommen, der sie auch gab.*
(Übersetzung: H.-G. NESSELRATH – I. PERES)

Die griechischen Grabinschriften interpretieren den Abflug der Seele aus dem Leibe nach dem Tod oftmals als Tat der Götter. Sie stützen sich dabei darauf, dass Zeus, Hermes oder andere Gottheiten die Seele entrücken oder richtiggehend rauben. In diesem Fall steht das Verb ἁρπάζω (raffen, ergreifen, rauben, entführen, wegnehmen); es wird im positiven (nach oben, in den Himmel, zu den Göttern) wie auch im negativen Sinn (in den Hades) benutzt. Eine Grabinschrift aus Albanum (Latium, Anfang des 3. Jh. n. Chr.) belegt diese Vorstellung in dem Sinne, dass nach dem Tod der Adler des Zeus die Seele raubte (ἁρπάζω):

Εὔτυχος Εὐτυχέους ἔτι νήπιος οὐρανὸν ἦλθεν,
οὐ κακὸν οὐδὲ ἀγαθὸν γνούς, βίος ὅττι φέρει

7 οὐ γὰρ ὑποχθόνιος κατὰ γῆς Ἀιδης με κέκευθε,
ἀλλὰ Διὸς πάρεδρος ἀετὸς ἥρπασέ με.[398]

Eutychos, des Eutyches Sohn, kam schon als kleines Kind in den Himmel
und hat von dem, was das Leben bringt, weder Schlechtes
noch Gutes erfahren.

Denn nicht Hades in der Unterwelt birgt mich unter der Erde,
sondern des Zeus Genosse, sein Adler, hat mich geraubt.
(Übersetzung: W. PEEK)

In einer Grabinschrift aus Thyatira in Lydien,[399] die auf zwei Seiten einer Basis steht, kann man lesen, dass Zeus die Seele mit dem Blitz zuerst unsterblich gemacht und danach in den Himmel versetzt hatte:

[α]ὐτὸς Ζεὺς Κρονίδης ὑψίζυγος αἰθέρι ναίων
[σ]ῶμα πυρὶ φλέξας στέρνων ἐξείλετο θυμόν·
οὐκ ἤμ[ην] βροτός· [ἰ]θὺ παρέστ[ην] [μ]ητέρι σεμνῆ
4 νυκτὶ μελαινοτάτῃ ἑρμηνε[ύ]ουσα τάδ᾽ οὕτως·

---

[397] Wörtlich: den Atem.
[398] PEEK GV n° 861= A. GALIETTI, *L'epitaffio greco del fanciullo Eutico*, in: RM 58 (1943), S. 70ff.; J. KEIL, *Zur Grabstele des Eutyches aus Albano Laziale*, in: ÖJh 35 (1943), Beibl. S. 25; W. SESTON, *Scripta Varia*, CEFR 43 (1980), S. 540ff. (= CL II [1949], S. 313ff.); PEEK GG n° 310.
[399] CIG 3847; das Datum ist unbestimmt; nach Peek 1. oder 2. Jh. n. Chr.

"μῆτη[ρ] Μελιτίνη, θρῆνον λίπε, παῦε γόοιο,
ψυχῆς μνησ[α]μένη, ἥν μοι Ζεὺς τερπικ[έρ]αυνος
τεύξας ἀθάνατον καὶ ἀγήραον ἥματα [π]άντα
⁸ ἁρπάξας ἐκόμι[σσ'] εἰς οὐρανὸν ἀστερό[εν]τα."⁴⁰⁰

Zeus der Kronossohn selbst, der hochthronende, im Äther Wohnende,
hat meinen Leib im Feuer verbrannt und das Leben
                        aus der Brust genommen.
(Aber) ich war nicht sterblich; sogleich bin ich
               meiner ehrwürdigen Mutter erschienen
und sprach zu ihr in dunkelster Nacht Folgendes:
„Mutter Melitine, lass die Klage, höre auf mit dem Trauern,
erinnere dich an (meine) Seele, welche der blitzfrohe Zeus
unsterblich und alterslos auf alle Tage gemacht
und hinweggerafft und an den gestirnten Himmel versetzt hat. "
                     (Übersetzung: R. MERKELBACH – J. STAUBER)

Eine Grabinschrift aus Smyrna (1.-2. Jh. n. Chr.) stellt sich die Entrückung
eines Knaben zu Zeus und zu den anderen Göttern in den Olymp so vor,
dass Hermes als ψυχοπομπός ihn an seinen Händen zum sternenbesetzten
Himmel und in die himmlischen Paläste der seligen Götter führte (ἤγαγε);
dies alles ist mit der Seele des Knaben geschehen, die *aus dem Herzen zum*
Äther eilte, gleich einem Windhauch, in eiliger Fahrt ihre leichten Schwingen re-
*gend im dichten Luftmeer.*⁴⁰¹ Die griechischen Grabinschriften kennen auch
eine Antwort darauf, wann oder bis wann dieser ganze Prozess der Entrük-
kung stattfindet: Er dauert sehr kurz und die Entrückung der Seele nach
dem Tode geschieht umgehend: αὐτίκα.

ψυχὴ δ' ἐ‹κ› κραδίης δράμ' ἐς αἴθερον εἴκελος αὔρηι
κοῦφον ἐπαιωροῦσα δρόμωι πτερὸν ἠέρι πολλῶι.
τειμὴ δ' ἐκ Διός ἐστι σὺν ἀθανάτοισι θεοῖσι
Ἑρμείαο λόγοις· ὅς μ' οὐρανὸν ἤγαγε χειρῶν
αὐτίκα τειμήσας καί μοι κλέος ἐσθλὸν ἔδωκεν
οἰκεῖν ἐν μακάρεσσι κατ' οὐρανὸν ἀστερόεντα,
χρυσείοισι θρόνοισι παρήμενον ἐς φιλότητα⁴⁰²

---

⁴⁰⁰ CIG II, n° 3511 = KAIBEL n° 320; PEEK GV n° 1993; TAM V² n° 1108; R. MER-
KELBACH – J. STAUBER, *Steinepigramme* I, n° 04/05/07.
⁴⁰¹ Diese Übersetzung ist von Georg PETZL, IK 23, n° 539.
⁴⁰² CIG n° 3398 = KAIBEL n° 312; PEEK GV n° 1765 und GG n° 391; G. PETZL, IK
23, n° 539; D. F. McCABE, *Smyrna*, n° 277; J. MERKELBACH – J. STAUBER, *Steinepi-*
gramme I, n° 05/01/64; P. HOFFMANN, *Die Toten in Christus*, S. 50.

Aber meine Seele fuhr aus meinem Herzen wie ein Luftzug in den Äther empor,
indem sie den leichten Flügel in dichter Nebelwolke im Laufen emporhob.
Ich habe Ehre von Zeus her, zusammen mit den unsterblichen Göttern,
Durch die Worte des Hermes, denn er hat mich an der Hand gefasst
und in den Himmel geführt,
indem er mir gleich Ehre erwies und mir edlen Ruhm gab,
dass ich bei den Seligen am gestirnten Himmel wohnen sollte,
bei ihnen in Freundschaft auf goldenen Thronen sitzend.
(Übersetzung: R. MERKELBACH – J. STAUBER)

Hermes als Psychopompos wird auch in einer weiteren Grabinschrift aus Milet (2. Jh. n. Chr.) erwähnt. Sie erzählt den überraschenden Tod des achtjährigen Kindes Hermaios so, dass Hermes mit seinen schönen Knöcheln (εὔσφυρος) es bei der Hand genommen und zum Olymp emporgetragen hat. Das Partizip σ᾽ ἔχων wird in der Übersetzung von Werner Peek als „bei der Hand nehmen" interpretiert, und das Hinaufführen ist mit dem Verb ἀνάγω ausgedrückt.

οὐ Λήθης ῾Ερμα[ῖέ σε κοίμισε νήγρετος ὕπνος],
οὐδέ σ᾽ ἔκρυπτε τάφος, στυγνῆς δῶμα τύχης,
ἀλλά σ᾽ ἔχων ἐς ῎Ολυμπον ἀνήγαγεν εὔσφυρος ῾Ερμῆς,
ἐκ χαλεποῦ μερόπων ῥυσάμενος βιότου.[403]

Nicht Lethes Schlaf, von dem es kein Erwachen gibt,
hat dich zur Ruhe gebettet, Hermaios,
nicht das Grab hat dich geborgen, verhassten Geschickes Wohnung,
sondern der schönknöchelige Hermes hat dich bei der Hand genommen
und zum Olymp emporgeführt,
dich rettend aus der Menschen mühevollem Leben.
(Übersetzung: W. PEEK)

Ausser Hermes entrücken auch andere Götter und Gottheiten die Seelen der Toten in den Himmel, zu den Göttern, wie im Mythos den lebenden Ganymed[404]. Das Schicksal der geraubten Seelen war im Moment des Todes hauptsächlich für die Familie schmerzlich, aber „eschatologisch" glückselig, weil sie zu den Göttern kamen.

---

[403] PEEK GG n° 343 = GV n° 1829; E. ZIEBARTH, *Zum griechischen Schulwesen*, in: ÖJh 13 (1910), S. 112, n° 4; MERKELBACH – STAUBER, *Steinepigramme* I, n° 01/20/29; W. PEEK, *Milesische Versinschriften*, in: ZPE 7 (1971), S. 218-220.
[404] Vgl. z.B. Homer, *Il.* 5,265-266; 20,232-235. Vgl. auch W. BURKERT, *Griechische Religion*, S. 204.

Eine Grabinschrift aus Megalopolis (Arkadien, 2.-3. Jh. n. Chr.) erzählt
sehr nett die Geschichte der Entrückung der schönen Priesterin Dionysia,
die als Dienerin der Isis während ihrer Gebete von der Göttin vom Altar
weg zu den Sternen entrückt worden ist und so zu den Halbgöttern einging:

$$^{12} \; \beta\omega\mu\grave{o}\nu \; \delta' \; \dot{\omega}\varsigma \; \pi\rho\sigma\iota\sigma\hat{\upsilon}\sigma' \; \epsilon\grave{\upsilon}\chi\alpha\varsigma \; \theta\acute{\epsilon}\tau\sigma, \; \sigma\epsilon\mu\nu\grave{\eta} \; \ddot{\alpha}\pi\alpha\sigma\iota\nu$$
$$\ddot{\alpha}\sigma\tau\rho' \; \ddot{\epsilon}\beta\alpha, \; \dot{\omega}\varsigma \; \dot{\alpha}\nu\acute{o}\sigma\omega\varsigma \; \ddot{\omega}\chi\epsilon\tau' \; \dot{\epsilon}\varsigma \; \dot{\eta}\mu\iota\theta\acute{\epsilon}\sigma\upsilon\varsigma.^{405}$$

> *Als sie zum Altar schritt und ihre Gebete darbrachte,*
> > *ging die von allen Verehrte*
> *zu den Sternen: ohne Krankheit ging sie zu den Halbgöttern ein.*
> (Übersetzung nach W. PEEK)

Die passive Entrückung oder Erhebung der Seele zum Himmel bzw. zum
Olymp ist also häufig belegt. Nicht ausgeschlossen ist, dass die mythische
Geschichte von dem zu Zeus entrückten Ganymed[406] die Epigrammschrei-
ber beeinflusst hat; Ganymed ist „ein gern gewähltes Symbol für Reliefs
auf Sarkophagen gewesen"[407].

4.2 Die Entrückung im Neuen Testament

4.2.1 Vorbemerkungen

Die Entrückung der Seele in/nach dem Tode ist zweifellos das häufigste
Jenseitsmotiv in den griechischen Grabtexten. Nach einer klassischen und
klaren Formulierung ist die Entrückung „eine Ortsveränderung, die dem
Menschen durch eine übermenschliche Kraft zuteil wird"[408]. Die Grabin-
schriften machen aber oft keinen Unterschied zwischen Entrückung und
Erhöhung, Aufnahme, Emporsteigen, Himmelreise usw. Die Grabinschrif-
ten und überhaupt die Volksfrömmigkeit ist hier also nicht konsequent; die
Metaphern sind breit und mehrdeutig.
    Wie in den Grabinschriften, kommt das Thema der Entrückung auch im
Neuen Testament vor. Wir können die verschiedenen Entrückungsaussagen
auf drei Grundkategorien verteilen[409]:
    1. Die Entrückung der Lebenden an einen anderen Ort der Erde. Dazu
gehört z.B. die lukanische Beschreibung der Entrückung des Philippos
(*Apg* 8,39-40).

---

[405] IG V² n° 472 = PEEK GV n° 1163; GG n° 317.
[406] Vgl. dazu z.B. R. MERKELBACH, *Ganymeds Verstirnung und die Gründung von
Sebaste in Phrygien*, in: EA 28 (1997), S. 140-144.
[407] F. KURTS, *Handbuch der Mythologie*, S. 100.
[408] Georg STRECKER, *Entrückung*, in: RAC 5 (1962), Sp. 461.
[409] Überblick bei Gerhard LOHFINK, *Die Himmelfahrt Jesu. Untersuchungen zu den
Himmelfahrts- und Erhöhungstexten bei Lukas*, SANT 26, München 1971, S. 32ff.

2. Die Entrückung von Lebenden in den Himmel[410]. Beispiel dafür sind die alttestamentlichen Gestalten Henoch (*Gen* 5,24; vgl. *Hebr* 11,5) und Elia (*2Kön* 2,11) oder im griechischen Bereich Ganymed[411]. Im Neuen Testament gehört die Entrückung bei der Parusie (*1Thess* 4,17) teilweise in diese Kategorie[412]. In gewisser Weise gehören auch die lukanischen Himmelfahrtsberichte (*Lk* 24,51f.; *Apg* 1,9-11) hierher, weil Lukas Auferstehung und Himmelfahrt Jesu auseinanderlegt und Jesus vor seiner Himmelfahrt auf der Erde seinen Jüngern als Lebenden erscheinen lässt (*Lk* 24,13-43).

3. Die Entrückung von Verstorbenen nach ihrem Tod in den Himmel oder in den Hades.

Im folgenden berücksichtigen wir nur Texte, welche zur dritten Kategorie gehören. Es sind vor allem zwei, nämlich das Gleichnis über die Entrückung des armen Lazarus und des reichen Prassers (*Lk* 16,22-26) und die Verheissung Jesu an den guten Schächer über die Entrückung ins Paradies (*Lk* 23,43). Beide Beispiele stammen aus dem Evangelium nach Lukas. Warum steht diese Art der Entrückung dem theologischen Denken des Lukas so nahe? Denkt Lukas hier jüdisch oder hellenistisch? Berührt er wirklich die Jenseitsvorstellungen der Hellenen?

4.2.2 Lk 16,22

Das beste Beispiel für eine neutestamentliche Entrückung, die den Entrückungsvorstellungen der griechischen Schriften entspricht, ist die Entrückung des Lazarus von *Lk* 16,22-26. Den literarischen Rahmen des Abschnittes und den Ursprung des Gleichnisses haben wir bereits oben besprochen[413]. Jetzt geht es nur um das Motiv der Entrückung.

In der lukanischen Geschichte stehen sich zwei Hauptfiguren gegenüber, der reiche Prasser und der arme Lazarus. Der Weggang des Reichen ist mit den Wörtern ἀπέθανεν und ἐτάφη umschrieben. Der Prasser ist trotz seiner Pracht und seines Reichtums sterblich, und wenn die Zeit des Todes kommt, muss auch er gehen. Die hellenistischen (und auch die

---

[410] Vgl. dazu z.B. A. SCHMITT, *Entrückung – Aufnahme – Himmelfahrt*, S. 47ff.

[411] Ganymed war so populär, dass die Zeugnisse der Grabinschriften ihn mehrfach als Vorbild der Entrückung und himmlischen Behausung bei den Göttern nennen. Vgl. z.B. eine Grabinschrift aus Aizanoi (Phrygien, etwa 247/8 n. Chr.): *Zeus (hat mich entrückt), einen neuen phrygischen Ganymed*; (R. MERKELBACH – J. STAUBER, *Steinepigramme* III, n° 16/23/06 = CIG III, n° 3846, S. 1078; LE BAS – WADDINGTON II, S. 252, n° 966; KAIBEL n° 380; PEEK GV n° 1318).

[412] In diesem Text geht es um die Entrückung von Lebenden *und* Toten.

[413] Vgl. Kapitel IV.1.2.2, S. 123ff.

christlichen und jüdischen)[414] Grabinschriften betonen sehr oft, dass alle Menschen sterben müssen und *niemand unsterblich ist*: οὐδεὶς ἀθάνατος. Das gilt auch für „göttliche" Menschen und Heroen, wie z.b. für einen gewissen Midon aus Rom, auf dessen Grab steht: Εὐψύχι Μίδων. Οὐδεὶς ἀθάνατος· καὶ ὁ Ἡρακλῆς ἀπέθανε[415]. *Ruhe sanft, Midon. Niemand ist unsterblich. Herakles ist auch gestorben*[416]. Dass der Reiche begraben wurde, bestätigt handgreiflich, dass er gestorben ist. Seine Seele kann in den Hades gehen, weil das Grab seinen Leib birgt. Die griechischen Grabinschriften beschreiben oft, dass die Verwandten dem Gestorbenen das Grab stiften, damit der Leichnam im Grab ruhen kann. Der Leib ist in der Erde, die Seele geht ins Jenseits, z.B. auf den Olymp: Σῶμ᾽ ὑπὸ γῆς κεῖται, ψυχὴ δ᾽ ἐν Ὀλύμπωι[417]. Hier kommt Lukas in grosse Nähe zu den hellenistischen Vorstellungen.

Die Entrückung des armen Lazarus wird so beschrieben, dass ihn die Engel in den Schoss Abrahams getragen haben: Ἀπενεχθῆναι αὐτὸν ὑπὸ τῶν ἀγγέλων εἰς τὸν κόλπον Ἀβραάμ. Im Hintergrund steht auch hier die Vorstellung, dass der Mensch in/nach seinem Tode sofort in die Jenseitswelt entrückt wird.

Auch die Entrückung des Lazarus findet nach seinem (körperlichen) Tod statt. Die Übertragung vollziehen die *Engel,* die im Dienst des Vaters Abraham stehen. „Abrahams Schoss" ist ein Ort der Seligkeit im Jenseitsbereich. Ἀποφέρω bedeutet eigentlich etwas Mechanisches, wozu man die Hände braucht. Lukas, der oft von Engeln spricht, zeigt sie als Gestalten, die sprechen, singen, warnen, kommen und gehen, Türen öffnen, wecken, schlagen usw[418]. Sie entrücken nach Lukas den ganzen Lazarus. Hier denkt Lukas jüdisch. Die Identität der Gestorbenen besteht beim Reichen und bei Lazarus fort: Sie haben die Fähigkeit alles zu wissen, zu erleben und auch

[414] Zu den christlichen Aussagen siehe z.B. J.-P. REY-COQUAIS, *Inscriptions de la Nécropole* I, S. 20, n° 27 usw. Zur jüdischen Formulierung οὐδεὶς ἀθάνατος siehe hauptsächlich: J. S. PARK, *Conceptions of Afterlife in Jewish Inscriptions*, S. 48-63; P. W. v. d. HORST, *Ancient Jewish Epitaphs*, S. 121ff.

[415] L. MORETTI, *Inscriptiones Graecae Urbis Romae* II, n° 743 = CIG n° 6438; CIL VI n° 21278; IG XIV n° 1806; J. S. PARK, *Conceptions of Afterlife in Jewish Inscriptions*, S. 48; Vgl. auch IG XII₂ 384.

[416] Über den Tod des Herakles vgl. Homer, *Il.* 18,117; Marcel SIMON, *Hercule et le christianisme*, Strasbourg 1955 (London 1958), S. 159. Seine Grabinschrift enthält PEEK GV n° 1249 = R. LATTIMORE, *Themes in Greek and Latin Epitaphs*, S. 253; vgl. PEEK GV n° 2028a.

[417] PEEK GV n° 595 = IG II/III² n° 13104-5; KAIBEL n° 159; E. HOFFMANN, *Sylloge epigrammatum Graecorum*, n° 102.

[418] Zur lukanischen Angelologie vgl. *Lk* 2,9f.; 22,43; *Apg* 5,19; 8,26; 10,3; 12,8.15.23; 18,9; 27,23f. usw.

etwas selbständig zu tun[419]. Dies alles setzt voraus, dass sie im Jenseits auch nach dem Tode eine komplette Persönlichkeit haben. Die anthropologische Ganzheit des Menschen ist auch im Tode unzerstörbar. Lukas benutzt eine jüdisch-monistische anthropologische Anschauung.

Bei der Entrückung haben Seelengeleiter (ψυχοπομποί) eine Funktion, welche sowohl bei den Griechen als auch in *Lk* 16,22 ähnlich ist:

1. Sie bringen den Toten an das Jenseitsufer. Ihre Aufgabe ist, die Seele der Verstorbenen oder die Toten zu den Göttern zu befördern oder ins Haus des Hades zu bringen.

2. Die Begleiter stehen im Dienst ihrer Auftraggeber, von denen sie „Macht" bekamen[420]. In diesem Sinne sterben die Menschen nicht freiwillig, sondern nur, wenn die Begleiter als κῆρες θανάτοιο (Boten des Todes) schon unterwegs sind.

3. Sie bringen den Toten zu den Göttern, weil er allein den Weg nicht kennt, oder weil er nicht dahin gehen wollte, wohin er gehen soll, z.B. zu den unterirdischen Richtern oder zum Ort, der für ihn vorbereitet ist. Hier spielt das Motiv des Weges eine wichtige Rolle.

Wenn das glückselige Leben noch im Bereich der Erde positioniert wurde, benutzen die Griechen entsprechende Gestalten, die die Seele dahin entrücken oder tragen. So kennen die Grabinschriften und Sarkophagdarstellungen Delphine, die die Seelen der Verstorbenen über den Styx oder über das grosse Wasser zu den Inseln der Seligen oder ins Elysium führen[421]. Sie sitzen in einem Schiff, welches die Delphine mit einem Seil im Mund ziehen[422]. Diese Seelenbegleiter sind in der hellenistischen wie in der christlichen Kunst bekannt, wo sie die Seelen ins Paradies führen[423]. Auch Charon ist ursprünglich einer der Verantwortlichen, die die Seele ins Jenseits geleiten[424], obwohl er in späterer Zeit nur die Seelen, die ihm

---

[419] Der Reiche im Hades erinnert sich an das irdische Leben, er fühlt das Leid und den Durst, er spricht, er hat einen eigenen Willen, und nach ihm hätte auch Lazarus Möglichkeit etwas zu tun, Wasser zu bringen, den Lebendigen eine Nachricht zu sagen usw. Der Reiche argumentiert, kann Kontakt mit anderen in der Jenseitswelt haben usw.

[420] Vgl. *Offb* 6,8: ἐδόθη αὐτῷ (1611.1854.2329.2351 usw.) / αὐτοῖς ἐξουσία ... (über ὁ θάνατος und ὁ ᾅδης). In einem anderem Fall können die Keren des Todes ihre Opfer tausendfach drohend umringen: ἔμπης γὰρ κῆρες ἐφεστᾶσιν θανάτοιο | μυρίαι (Homer, *Il.* 12,325-326). Vgl. W. C. GREENE, *Moira*, S. 25.

[421] E. DIEZ, *Delphin*, in: RAC 3 (1957), Sp. 675. Vgl. G. W. ELDERKIN, *Schild and Mandorla*, in: AJA 42 (1938), S. 229-231; vgl. auch J. J. BACHOFEN, *Die Unsterblichkeitslehre der orphischen Theologie*, S. 15ff. und 134, wo die Delphine die Seele auch in die astralen Sphären begleiten.

[422] F. X. KRAUS – Th. MÜNZ, *Delphin*, in: REChA I, S. 351. Vgl. F. PIPER, *Mythologie und Symbolik I*, S. 222.

[423] F. X. KRAUS – Th. MÜNZ, *Delphin*, in: REChA I, S. 351-352.

[424] Vgl.z.B. PEEK GG n° 269 = GV n° 1587; H.BECKBY, *Anthologia Graeca* VII, n° 671. Vgl. R. MERKELBACH – J. STAUBER, *Steinepigramme* III, S. 43, n° 13/07/04 = H.

Hermes bringt, mit dem Schiff über die Unterweltflüsse hinüberführt[425] und zum Hadestor bringt[426]. Die Hydrien, die nach dem Zeugnis der Grabmalerei auch in den eschatologischen Entführungszenen tätig sind[427], rauben die Seelen in den Hades. Ähnlich hatten auch die Harpyien die Kraft, die Seelen mittels des Windes zu entrücken[428]. Der θάνατος oder seine DienerInnen (κῆρες θανάτοιο) haben Tausende von Möglichkeiten[429], z.B. auch die, mit einem „Stachel" (κέντρον) ihre Opfer zu entführen[430]. Die Moiren handeln in dem Augenblick schnell, wenn *sie ihre Fäden spannen*: λίνα Μοῖραι ἔκλωσαν; niemand kann ihrem Willen entfliehen, wie das oftmal die Grabinschriften mit der Wende Μοιρῶν οὐκ ἔφυγεν τρισσῶν μίτον aussagen. Auch Nemesis macht ihre Entrückung rasch: φθιμένων ὠκυτάτη Νέμεσις = *gar schnell ist die Rache(göttin) der Toten.* Hades und Persephone rauben und entrücken die Seele genauso schnell und überraschend, und nehmen sie in die Unterwelt mit[431]. Der Moment der Entrückung, die mit dem Tod zusammenfällt, ist verhasst, und wenn die Grabinschriften über die Entrückung (ἁρπάζω) sprechen, drücken sie oft Schmerzen, Hass oder Protest aus. Deswegen gelten auch die Seelenbegleiter, die die Toten ergreifen, als neidisch, gefühllos (ἀστεμφής)[432], gierig[433], böse (βάσκανος)[434], verderblich (ὀλοός)[435], arg (ἀνιγρός)[436] usw., und werden nur selten positiv dargestellt.

GRÉGOIRE, *Voyage dans le Pont et en Cappadoce*, in: BCH 33 (1909), S. 142-143, n° 113; PEEK GV n° 1588; IK 55, S. 263-64, n° 103.

[425] Vgl. L. RADERMACHER, *Das Jenseits im Mythos der Hellenen*, S. 90ff. Vgl. auch ein Relief aus Miletupolis (Phrygien, 2. Jh. n. Chr.): *Schnell holte mein Lebensschiff die Anker ein zur Fahrt an das andere Ufer*: PEEK GG n° 287 = GV n° 718; W. PEEK, *Griechische Epigramme* III, in: AM 66 (1941), S. 81f., n° 24 (vgl. auch Anm. 1.); A. BESSET, *Inscriptions d'Asie Mineure*, in: BCH 25 (1901), S. 327f., n° 6. Vgl. auch KAIBEL n° 67.

[426] H. HUNGER, *Lexikon*, S. 75.

[427] H. LOHMANN, *Grabmäler auf unteritalischen Vasen*, S. 72 und die Beschreibung der Abbildungen n° A 90; A 211 und A 212; Konrad SCHAUENBURG, in: FS Hans Jantzen, Berlin 1969, S. 135.

[428] G. STRECKER, a.a.O. (*Entrückung*), Sp. 465f.

[429] Vgl. W. C. GREENE, *Moira*, S. 25; U. v. WILAMOWITZ-MOELLENDORFF, *Der Glaube der Hellenen* I, S. 264-266; vgl. noch: Homer, *Il.* 12,326-328.

[430] Vgl. z.B. *1Kor* 15,55 und dazu die Textvarianten im kritischen Apparat. Vgl. PEEK GG n° 342 = GV n° 1479; KAIBEL n° 534: ψυχῆς κέντρον ἄπαυστον ἔχων.

[431] Im Fall des Hades steht im Hintergrund die Vorstellung, dass er – wie die Persephone – auch andere weibliche Verstorbene in den Hades raubt. Der Persephoneraub kommt auf den Grabinschtiften vor.

[432] PEEK GG n° 228 = GV n° 1512.

[433] PEEK GG n° 269 = GV n° 1587; H.BECKBY, *Anthologia Graeca* VII, n° 671.

[434] PEEK GG n° 279 = GV n° 683; ICr II, S. 79f., n° 50; F. V. MENXEL, *ἐλπίς*, S. 154.

[435] PEEK GG n° 299 = GV n° 1010; KAIBEL n° 192; IG XII₃ n° 868.

[436] PEEK GG n° 347 = GV n° 1678; KAIBEL n° 562; IG XIV n° 2123.

Zum postmortalen seligen Leben im Himmelsbereich gehören besonders „Entrückungsgestalten", welche die Fähigkeit haben, die Seelen dahin zu entrücken. So macht es Zeus durch den Adler, der auf den Grabbildern einen Fisch in seinen Krallen trägt, welcher die in den Äther schwebende Seele symbolisiert[437]. Daneben kann Zeus auch direkt die auserwählte und ihm liebe Seele ergreifen, z.b. durch seine Blitze. Hermes[438], der „Meister der Entrückung", vollbringt die Entrückung oder Entführung der Seele – zum Hades oder zum Himmel – mit den Händen, auf seinen schnellen Füssen mit den schönen Knöcheln (εὔσφυρος), und mit Hilfe eines goldenen Stockes[439]. Teilweise vollziehen die Götter selbst die Entrückung.

Den Lazarus haben die Engel entrückt und zum Ort der Geborgenheit gebracht. Das lukanische Bild der Engel bestätigt, dass die Entrückung in die Höhe, in die himmlische Sphäre stattfindet. Das betont auch das Verb für die Entrückung (ἀποφέρω) und auch die Situation des reichen Mannes, der unten im Hades ist und zu Abraham und zum Seligkeitsort des Lazarus nach oben sehen muss. So ist Abrahams Schoss nach Lukas oben, im himmlischen Bereich positioniert.

4.2.3 Lk 23,43

Eine indirekte Andeutung einer Entrückung kann man auch in *Lk* 23,43 sehen. Den Kontext bildet der Abschnitt *Lk* 23,33-43 mit dem Bericht von Jesu Kreuzigung, wo die Verse 39-43 nach Gerd PETZKE[440] einen besonderen Abschnitt bilden. Lukas erweitert hier die ursprünglich kürzere markinische Tradition (*Mk* 15,27). Er lässt Jesus mit einem Amen-Wort dem Schächer den sofortigen (σήμερον) Eintritt ins Paradies versprechen. Die Wendung ἀμήν σοι λέγω zeigt nach Joachim JEREMIAS[441], dass in diesem Vers eine vorlukanische Tradition zur Sprache kommt. Auch der Ausdruck σήμερον „mit eschatologischem Beiklang zur Bezeichnung der Gegenwart des Heils"[442] weist auf vorlukanische Tradition.

---

[437] Der Adler benutzt zur Entrückung seine Krallen und die Flügel: F. J. DÖLGER, *Ichthys* V, S. 321. Vgl. ders., *Ichthys* IV, Tafel 165, Abb. 1-3 = CIL III, n° 4575.

[438] Vgl. M. WAGNER, *Hermes*, S. 36ff.

[439] Vgl. z.B. PEEK GG n° 391 = GV n° 765; KAIBEL n° 312; CIG II n° 3398. Oder: PEEK GG n° 343 = GV n° 1829 usw.

[440] Siehe G. PETZKE, *Sondergut*, S. 191ff.

[441] Joachim JEREMIAS, *Die Sprache des Lukasevangeliums*. Redaktion und Tradition im Nicht-Markusstoff des dritten Evangeliums, KEK Sonderband, Göttingen 1980, S. 307. Vgl. dazu auch S. 81.

[442] J. JEREMIAS a.a.O. (*Sprache*), S. 81 betont zu *Lk* 2,11, dass σήμερον im ganzen Neuen Testament im Sinne der eschatologischen Vergegenwärtigung des Heils – ausser bei der Übertragung der Septuagintazitate in *Apg*, *Hebr* und in *Mt* 6,11 – nur bei Lukas so verstanden wird (vgl. 2,11; 4,21; 5,26; 19,5.9 und unsere Stelle 23,43).

In *Lk* 23,39-43 befinden sich verwandte Motive[443]: Das eine ist die Verheissung Jesu, die das Leben im Paradies verspricht. Es berührt die Frage nach *Ort und Raum der Seligkeit*. Das zweite Motiv ist die Nähe des Reiches Jesu (V. 42), das ebenso auf eine sehr starke „vertikale" hellenistische Komponente der lukanischen Eschatologie verweist. Damit ist die *Frage nach der Zeit* des Übergangs in die Himmelswelt angeschnitten. Beide Vorstellungen implizieren als drittes *eine Art Entrückung* oder Himmelfahrt. Diesen drei Motiven wollen wir im Folgenden nachgehen:

1. Das erste Motiv ist eine Vorstellung, welche vermutlich mit einer Matryriums-theologie zusammenhängt, die sich wahrscheinlich in der makkabäischen Zeit im Judentum entwickelte und die auch für das Urchristentum wichtig wurde[444]. Auch hinter Phil 1,23 steht der Gedanke ans Martyrium. Nach *Offb* 7,9ff. sind die christlichen Märtyrer bereits jetzt im Himmel beim Thron des Lammes. Diese Vorstellung enthält die Hoffnung, dass das Martyrium – in unserem Fall das Sterben zusammen mit Christus und der Glaube an ihn – in das *himmlische Reich* Gottes aufnimmt. In der lukanischen eschatologisch-theologischen Konzeption hat diese Vorstellung Platz, weil Lukas auch sonst eine räumliche Eschatologie kennt[445], die den hellenistischen Jenseitsvorstellungen entspricht. Nach diesen muss der Verstorbene ins Jenseits entrückt werden und dort das Leben weiterführen. Die Frage bleibt aber, wie Jesus nach Lukas das Paradies (παράδεισος) und das „mein Reich"[446] gedacht hat. Sind beide nur Varianten derselben Sache, oder ist an verschiedene Orte der Entrückung zu denken? Nach Walter SCHMITHALS „bleibt in der Schwebe"[447], ob diese zwei Orte identisch sind. Die Formulierung μετ' ἐμοῦ deutet aber eher in die zweite Richtung.

Wahrscheinlich ist, dass Lukas an ein Reich denkt, in dem Jesus die herrschende Person ist und wo es Vergebung, Gnade und Liebe für die Schwachen und Ausgelieferten gibt. Es steht dann im Gegensatz zur Ordnung des Imperiums, das ihr Leben mit dem Tode bestraft, sie gleichsam menschlich vernichtet. Lukas und seine Gemeinde sieht Jesus als den, der

---

[443] W. SCHMITHALS, *Das Evangelium nach Lukas*, S. 226.

[444] W. SCHMITHALS, *Das Evangelium nach Lukas*, S. 226. Vgl. *2Makk* 7,36; *äthHen* 89,52.

[445] Vgl. auch andere lukanischen Aussagen, die in Beziehung mit dieser vertikalen eschatologischen Anschauung stehen: 16,22ff.; 20,27-40; 22,16.

[446] In negativem Sinne kennen auch die Grabinschriften den Ausdruck „Königreich", und die königliche Wohnung des Hades in der Unterwelt: βασίλειον 'Αίδαο (Rhamnus, Attica: ca. 350 v. Chr. ?): CEG II, n° 597 = SEG 30, n° 218; PEEK GV n° 1251; W. PEEK, *Attische Epigramme*, in: Mnemosyne III, 4 (1936-37), S. 6-8, n° 4; IG II/III² n° 859 und n° 13102a; E. HOFFMANN, *Sylloge epigrammatum Graecorum*, n° 154.

[447] W. SCHMITHALS, *Das Evangelium nach Lukas*, S. 227.

mit seinem Tod die Tore dieser neuen Welt öffnen kann. Lukas hat wohl zwei traditionelle Jenseitsgebiete verschmolzen, d.h. das Reich Jesu als Paradies verstanden.

Über eine postapostolische und altchristliche Tradition, die mit unserem Problem direkt und auf interessante Weise zusammenhängt, unterrichten uns die christlichen Grabinschriften. Eine unter ihnen weiss, dass Jesus ein grosser himmlischer König/Kaiser ist (βασιλεὺς μέγας/μέγιστος), dessen Reich/Legion (λεγεών) sich *oben* befindet, (ἄνω θεμένων), der auch die Verstorbene *zu sich aufnehmen* (παραληψόμενος) und *bei sich haben wird* (ἕξει παρ' ἀτῷ). So drückt das eine altchristliche Grabinschrift aus Laodikeia in Lykaonien aus[448]. Nach dieser ist der Ort der Seligkeit oben (ἄνω) und die Entrückung wird mit dem Verb παραλαμβάνω ausgedrückt. Ein anderes altchristliches Grabepigramm aus Gdanmaua (Lykaonien)[449] erzählt von der Hoffnung auf die Entrückung ins Paradies und auf Unsterblichkeit im jungen Alter, wobei möglicherweise der Text *Lk* 23,43 nachwirkt:

> ... Χρισ|τοῦ φίλος, ὃν Θεὸς αὐτός
> ἥρπα|σε πρὶν κακίῃ κόσμου φρένας ἐξα|πάτησε
> θῆσιν ἀθάνατον καὶ ἀγήρα|ον ἐν Παραδίσσῳ.[450]

> *... ein Freund Christi, den Gott selbst,*
> *bevor er seinen Sinn in der Schlechtigkeit der Welt verdarb, entrückt hat,*
> *um ihn im Paradies unsterblich und nicht-alternd zu machen.*
> (Überzetzung: R. MERKELBACH – J. STAUBER)

In diesem Grabgedicht nennt ein Vater, der das Grabmal mit eigenen Händen errichtet und wahrscheinlich auch das Epigramm geschrieben hat, den gestorbenen Diomedes Freund Christi (Χριστοῦ φίλος) und drückt die Überzeugung aus, dass Gott seinen Sohn ins Paradies (παράδεισος) entrückt hat (ἥρπασε)[451]. Hier steht diese Welt (κόσμος) mit ihrer Schlechtheit in einem dualistischen Gegensatz zum Paradies mit dem immerwäh-

---

[448] SEG 6, n° 299 = R. MERKELBACH – J. STAUBER, *Steinepigramme* III, n° 14/06/16; MAMA I, S. 94-95, n° 176. Die Zeit ist nach SEG wahrscheinlich das 4. Jh. n. Chr., aber weil die Situation des Martyriums vorausgesetzt ist (vgl. dazu z.B. *MartPol* 21), muss die Grabinschrift noch aus der vorkonstantinischen Zeit stammen (vgl. die Hinweise von R. MERKELBACH – J. STAUBER, *Steinepigramme*, S. 91).

[449] Die Zeit ist unbestimmt, wahrscheinlich 2.-3. Jh. n. Chr.

[450] R. MERKELBACH – J. STAUBER, *Steinepigramme* III, n° 14/02/04 = MAMA VII, S. 118, n° 560; W. M. CALDER, in: AJA 36 (1932), S. 460, n° 18.

[451] Die griechischen Grabinschriften nennen auch dieses Moment der Entrückung und vergleichen sie ausdrücklich mit der Entrückung des Ganymed durch Zeus; vgl. R. MERKELBACH – J. STAUBER, *Steinepigramme* III, n° 16/01/01; n° 16/46/01 usw.

renden Leben in ihm[452]. Die zwei Welten sind räumlich weit voneinander entfernt; ähnlich wie in *Lk* 16,26 drückt der räumliche Abstand die durch den Tod geschaffene unübersteigbare Grenze aus.

2. Das zweite Motiv stellt uns vor das Problem der *Zeit*. Will Lukas sagen, dass das Sterben mit Christus den Bekenner Jesu sofort, d.h. noch im Moment des Todes (σήμερον) in sein Reich führt? Die Formulierung in *Lk* 23,42 ὅταν ἔλθῃς εἰς τὴν βασιλείαν σου lässt die Frage nach dem Zeitpunkt offen; man könnte auch an die Parusie denken.

Jesus aber bestimmt den Zeitpunkt als „heute", also schon in ein paar Stunden. So fällt bei Lukas ein längerer Zeitraum bis zur Entrückung und dem Übergang in das Reich Jesu aus. Das Futurum ἔσῃ bezieht sich auf das Ende desselben Tages, wenn auch der mitgekreuzigte Verbrecher stirbt. Auch für die hellenistische Eschatologie spielt die Zeit keine Rolle. Und eben das ist bei Lukas interessant: Sein Zeit-Verständnis können wir einfach als „gleichzeitiges Futurum" definieren.

Das Zeitmoment „heute" war für die griechisch-antiken Menschen wichtig. Alles Gute, was zum Leben gehört, wollten sie „heute" haben: *„Heut noch will ich geniessen; das Morgen ist jedem verborgen"* (σήμερον ἐσθλὰ πάθω, τὸ γὰρ αὔριον οὐδενὶ δῆλον)[453]. Oder wie eine andere Illustration aus den literarischen Inschriften zeigt, steht das „Heute" in der Zeit, die die Götter in ihrer Macht haben: Der Dichter Lucilius (Rom, um 60 n. Chr.) schreibt in einem Epigramm, dass ein gewisser Markus in seinem Tod *heute* von Zeus entführt wird: σήμερον ἐκφέρεται[454]. In diesem Sinne war es also bei den antiken Menschen üblich, nach dem Tod sofort entrückt zu werden. Die Grabinschriften betonen auch, dass der Prozess der Entrückung ganz schnell stattfindet. Das bezeugt eine Basisinschrift aus Smyrna (1.-2. Jh. n. Chr.)[455], in welcher Hermes die Seele der Verstorbenen nach dem Tode sofort (αὐτίκα) entrückt und alsbald mit dem Ruhm (κλέος) der Himmlischen versehen hat. In diesem Grabepigramm geschieht die Entrückung und auch die Verehrung im Himmel, die Behausung und das Platznehmen auf goldenen Thronen ganz rasch nach dem Tod. Wie es aussieht, steht im griechischen Denken die Zeit zwischen Tod und Entrük-

---

[452] Vgl. dazu ein ähnliches Bild von Homer, *Od.* 5,136 (ἀθάνατος καὶ ἀγήραος).

[453] Das Zitat ist vom Dichter Palladas aus Alexandria, die Übersetzung von H. BECK-BY, *Anthologia Graeca* V, n° 72 (71). Ähnliche Gedanken kann man oft in den griechischen Epigrammen finden. Vgl. weiter z.B. H. BECKBY, *Anthologia Graeca* XI, n° 79 (von Palladas); n°47 (Anakreon) usw.

[454] H. BECKBY, *Anthologia Graeca* XI, n° 113. Die griechische Fassung wurde von Ausonius ins Lateinische übersetzt, *Ep.* 81 P. Vgl. Martial, *Epigr.* 1,47.

[455] PEEK GG n° 391 = GV n° 1765; CIG n° 3398; KAIBEL n° 312; G. PETZL, IK 23, n° 539; J. MERKELBACH – J. STAUBER, *Steinepigramme* I, n° 05/01/64; P. HOFFMANN, *Die Toten in Christus*, S. 50.

kung ganz nahe beieinander, und es ist vorstellbar, dass der Prozess des Sterbens und der Entrückung in ein und demselben Moment stattfindet. Lukas denkt hier also hellenistisch.

3. Zur Art der Entrückung in die Jenseitswelt: Lukas benutzt für den Übergang das Verb ἔρχομαι: ὅταν ἔλθῃς εἰς τὴν βασιλείαν σου (V. 42). Das ist eine symbolische Rede, die die Wirklichkeit der ins Jenseits führenden Entrückung bildlich ausdrücken will. Das Verb kann Verschiedenes beinhalten, unter anderem, dass Jesus gerade in sein Reich geht und dazu keinen „Helfer", keinen himmlischen „Begleiter" oder „Psychopompos" braucht. Er kann allein zu seinem himmlischen Thron gehen[456]. Der Schächer drückt als Wunsch aus, dass Jesus seiner gedenke[457]. Jesus verspricht ihm, dass er ihn (als sein „Begleiter") in „seine Welt" einführt und dass beide diese Entrückung noch heute erleben werden.

In den griechischen Grabinschriften ist das Verb ἔρχομαι eine Metapher für den Tod, wie: ἦλθον, ἀπῆλθον (*ich ging, wie ich kam*)[458], oder auch in einem altchristlichen Text: ἐπεδήμησα καλῶς, ἦλθα καλῶς καὶ κῖμε καλῶς (*ich lebte gut, ich ging gut weg und liege gut*)[459]. Es gibt aber auch den Fall, dass damit etwas Weiteres ausgedrückt wird, nämlich die Reise in die Unterwelt, oder den Übergang in den Hades. Eine Grabinschrift aus Rom erzählt, dass Hermione in den Hades gegangen ist: ἤλυθον εἰς Ἀΐδην[460]. Oder eine Steleninschrift aus Rom (1.-2. Jh. n. Chr.) sagt: *Ich ging in die erschreckende Stadt des Hades* (ἤλυθα τὴν φρικτὴν εἰς Ἀΐδαο πόλιν)[461]. Eine andere Grabinschrift wollte mit dem Verb ἦλθεν zwei Wirklichkeiten zusammenbringen, und zwar dass *der Leib in den Hades kam, die Seele zum Olymp entschwebte* (ἦλθεν δ' εἰς Ἀΐδαο δέμας, ψυχὴ δ' ἐς Ὄλυμπον)[462]. Eine Reliefinschrift aus Albanum (Latium, Beginn 3. Jh. n. Chr.) weiss,

---

[456] Vgl. *Hebr* 4,14: διέρχομαι τοὺς οὐρανούς!

[457] Einen ähnlichen Wunsch, bei Jesus zu bleiben, hatten auch mehrere Menschen, die Jesus geheilt hat.

[458] PEEK GG n° 311 = GV n° 1113; IG XIV n° 2068; IGR I, n° 361; E. COUGNY, *Anthologia Palatina* III, 2, n° 426; CIG n° 6309b; L. MORETTI, *Inscriptiones Graecae Urbis Romae* III, n° 1351; KAIBEL n° 615 (Marmortafel aus Rom, 3. Jh. n. Chr.).

[459] M. C. KAUFMANN, *Epigraphik*, S. 71 = CIG IV, n° 9151a; W. K. PRENTICE, *Greek and Latin Inscriptions*, n° 265.

[460] L. MORETTI, *Inscriptiones Graece Urbis Romae* III, n° 1205 = W. PEEK, in: Maia, 27 (1975), S. 296.

[461] L. MORETTI, *Inscriptiones Graece Urbis Romae* III, n° 1318 = PEEK, GG n° 303; GV n° 1021; IG XIV n° 1971; CIG n° 6278; KAIBEL n° 565; E. COUGNY, *Anthologia Palatina* III, 2, n° 690.

[462] R. LATTIMORE, *Themes in Greek and Latin Epitaphs*, S. 28 = H. BECKBY, *Anthologia Graeca* VII, n° 362. Vgl. E. BICKEL, *De epitaphio Senecae*, in: RhM 63 (1908), S. 405. Das Grabepigramm kann von Philippos von Thessalonike (um 40 n. Chr.), oder vom Rhetor Aietios Pastor, der in den Jahren 13 v. - 17 n. Chr. in Rom lebte, stammen.

dass ihr Toter in den Himmel ging: οὐρανὸν ἦλθεν[463]. Diese Beispiele setzen voraus, dass die Toten entrückt wurden. Daran zeigt sich, dass das griechische Verb ἔρχομαι in den griechischen Grabinschriften eine besondere Dynamik hat und dass Lukas die Entrückung hellenistisch ausdrückt.

4.2.4 Weitere Perspektiven

In unserer Analyse konnte gezeigt werden, dass Lukas in seiner theologischen Anschauung der hellenistischen Eschatologie sehr nahe steht. Er spricht von der Entrückung in den Hades und in die himmlische Sphäre, in den Schoss Abrahams. Mit den Worten Jesu am Kreuz stellt er seinen Lesern die Hoffnung vor Augen, nach dem Tode im Paradies zu sein. Ähnlich bezeugen das auch die Grabinschriften, häufig mit dem Bild vom Elysium, den Inseln der Seligen oder mit Worten über die himmlisch-olympische Gemeinschaft mit den Göttern und anderen Frommen und Gerechten.

Lukas denkt an den besprochenen Stellen individuell. Er formt eine Eschatologie mit individuellen Akzenten und interessiert sich für das Schicksal der Einzelpersonen. Auch Paulus kann ähnlich sprechen, wenn er über seine eigene Zukunft nach dem Tod Aussagen macht (*Phil* 1,23)[464]. Das tönt völlig hellenistisch, wie in den Grabinschriften. Aber bei Paulus wissen wir, dass er eher eine monistische Anthropologie vertritt und die Vorstellung der Entrückung mit der Auferstehung der Toten verbindet (*1Thess* 4,16f.). Ähnlich ist es bei Lukas. Auch er kennt die endzeitliche Auferstehung von den Toten neben der sofortigen Entrückung in den Himmel. Er denkt sowohl griechisch als auch jüdisch und entwirft keinen klaren weltanschaulichen Rahmen für seine verschiedenen Aussagen. So zeigt er seinem Leser auch die schönste Möglichkeit, nach oben zu gehen – in der Himmelfahrt Jesu (*Apg* 1,9ff. und *Lk* 24,50ff.). Lukas benutzt die hellenistische Hoffnung auf eine Entrückung nach dem Tod, um sie in den Rahmen einer positiven Eschatologie zu stellen.

5. Die Vergöttlichung

Die Sehnsucht nach der Vergottung wurzelt im Gedanken, dass die Seele von den Göttern kommt und nach dem Tode zu den Göttern zurückkehrt. So betont es eine römische Grabinschrift[465] auf einer Tafel (vielleicht 2. Jh. n. Chr.) vom Tod des Kindes Theodotos, die seine Mutter Theodote

---

[463] PEEK GG n° 310 = GV n° 861; A. GALIETTI, *L'epitaffio greco del fanciullo Eutico*, in: RM 58 (1943), S. 70ff.

[464] Vgl. K. ERLEMANN, *Naherwartung und Parusieverzögerung im Neuen Testament*, S. 8.

[465] L. MORETTI, *Inscriptiones Graecae Urbis Romae* II, n° 1136.

schreiben liess: ἀναλύσαντι εἰς θεούς. Das griechische ἀναλύω soll nicht nur die allgemeine Wirklichkeit beschreiben, dass Theodotos schon gestorben ist, sondern auch den himmlisch-göttlichen Hintergrund: Woher die Seele kam, dorthin kehrt sie nun zurück, „nach Hause" zu den Göttern[466]. Der Schreiber einer anderen Grabinschrift[467] auf einer Basis aus dem Tal des Makestos (Mysien, 2.-3. Jh. n. Chr.) stellt es sich ähnlich vor, wenn er über das Leben nach dem Tod nachdenkt, εἰς δὲ θεοὺς ἀνέλυσα καὶ ἀθανάτοισι μέτειμι = *zu den Göttern bin ich zurückgegangen und ich kehre zu den Unsterblichen zurück.*

5.1 Die griechische Sehnsucht nach der Vergöttlichung

Dass die antiken Griechen sich nach der Vergöttlichung sehnten, zeigen Grabinschriften, in denen sie ihre Grabgebäude mit Tempeln vergleichen.

Dies trifft auf ein Grabepigramm aus Halikarnassos zu, wo auf einem wahrscheinlich bedeutenden (königlichen) Familiengrab zu lesen war: μνῆμ᾽ ἴκελον ναοῖσι θε[ῶν] = *ein Grab, ähnlich den Tempeln der Götter*[468]. Die Sehnsucht, den Himmel und die Götter zumindest auf diese Weise zu erreichen, belegt auch das Grabepigramm eines Priesters Sacerdos und seiner Frau Severa auf der grossen Obelisk-Pyramide in Nikaia (ca. 130 n. Chr.):

> αὔχησον, Νίκαια, τὸν οὐρανομάκεα τύμβον
> καὶ τὰν ἀελίῳ γείτονα πυραμίδα,
> ἃ τὸν ἐνὶ ζῳοῖς βεβοαμένον ἱεροφάνταν
> κρύπτει ἀμετρήτῳ σάματι θαπτόμενον.

---

[466] Das Verb ἀναλύω kommt auch in anderen Inschriften vor, z.B. auf einem Epigramm auf einer Marmor-Platte aus Rom (2.-3. Jhr. n. Chr.): ζήσα|σα καλῶς ἀνέλυ|σα εἰς οἶκον, ὅπου | μοι τόπος εὐσεβί|ης ἀπέκειτο | = *nach einem guten Leben bin ich nach Haus gekommen, wo mir ein Platz für die Frömmigkeit versichert wurde:* L. MORETTI, *Inscriptiones Graecae Urbis Romae* III, n° 1240 = PEEK GV n° 1940.

[467] PEEK GV n° 961 = J. W. HAMILTON, *Researches in Asia Minor* II, S. 465, n° 325; LE BAS –WADDINGTON n° 1771; KAIBEL n° 340; J. A. R. MUNRO, *Inscriptions from Mysia*, in: JHS 17 (1897), S. 291, n° 69; SCHWERTHEIM, IK 18, n° 498; J. STAUBER, PHI 7 Mysien, n° 2524; R. MERKELBACH – J. STAUBER, *Steinepigramme* II, n° 085/06/09; vgl. noch G. KAIBEL, *Sententiarum liber primus*, in: Hermes 15 (1880), S. 463; Th. WIEGAND, *Reisen in Mysien*, in: AM 29 (1904), S. 314; L. ROBERT, *Épitaphes et acclamations byzantines à Corinthe*, in: Hellenica XI (1960), S. 36; R. LATTIMORE, *Themes in Greek and Latin Epitaphs*, S. 49; J. S. PARK, *Conceptions of Afterlife in Jewish Inscriptions*, S. 155.

[468] R. MERKELBACH – J. STAUBER, *Steinepigramme* I, n° 01/12/13; sie datieren es späthellenistisch oder kaiserzeitlich.

ἔστι Σακέρδωτος τόσον ἠρίον, ἔστι Σεουήρας
μνᾶμα τόδ᾿, ὦ γείτων οὐρανός, οὐκ ᾿Αίδας.[469]

Sei stolz, Nikaia, über das zum Himmel emporragende Grab
und die Pyramide, welche dem Helios nahe ist,
welche den die heiligen Gegenstände zeigenden Priester,
der unter den Lebenden berühmt war,
birgt, der begraben ist in einem unermesslichen Grab.
Dieses gewaltige Grab ist das des Sacerdos, ist das der Severa;
ihm benachbart ist der Himmel, nicht der Hades.

(Übersetzung nach R. MERKELBACH – J. STAUBER)

Dieser Beleg macht deutlich, dass das Streben zum Himmel und zu den Göttern – im Gegensatz zum Hades – unter den Griechen eine ziemlich verbreitete Sehnsucht war. Denn „mit dem als Grab erbauten Obelisken hat man zweifellos Hoffnungen auf eine astrale Unsterblichkeit verbunden"[470].

Eine andere Vorstellung, wie ein Mensch nach dem Tod zu den Göttern gelangen konnte war, dass die Seele nach dem Tod zu den Sternen und in den Himmel und damit zu den Göttern, die dort wohnen, emporsteigt. Wer dorthin kommt, darf hoffen, in der oberen Sphäre die Voraussetzungen für ein göttliches Leben und die Gemeinschaft mit den Himmlischen zu finden.

Eine Steleninschrift (?) aus Thyatira (Lydien) sagt dies prägnant so:

πατρὸς μὲν | ᾿Αρτέμωνός | ἰμι Λυκιδέως |
καὶ μητρὸς | ᾿Αμμίοιο | οὔνομ᾿ ᾿Αρτέμων· |
Θάψεν δ᾿ ἀδελφὸς | ᾿Αρχέλαος | σῶμ᾿ ἐμόν, |
ψυχὰ δ᾿ ἐμεῦ | πρὸς ἄστρα | καὶ θεοὺς ἔβα.[471]

Ich stamme ab von Vater Artemon, dem Sohn des Lykideus,
und der Mutter Ammion. Mein name ist Artemon.
Mein Bruder Archelaos hat meinen Leib begraben,
aber meine Seele ist zu den Sternen und den Göttern gegangen.

(Übersetzung nach R. MERKELBACH – J. STAUBER)

---

[469] R. MERKELBACH – J. STAUBER, *Steinepigramme* II, n° 09/05/04 = H. BECKBY, *Anthologia Graeca* XV, n° 4; PEEK GV n° 1999; S. SAHIN, IK 10/I, S. 301-310, n° 89 (= Nachtrag zu IK 9); K. V. HARTIGAN, *The Poets and the Cities*, S. 86.

[470] R. MERKELBACH – J. STAUBER, *Steinepigramme* II, S. 159, n° 09/05/04.

[471] G. RADET, *Insriptions de Lydie*, in: BCH 11 (1887), S. 461f., n° 24 = PEEK GV n° 1065; TAM V² n° 1069; R. MERKELBACH – J. STAUBER, *Steinepigramme* I, n° 04/05/04. Nach Reinhold MERKELBACH und Josef STAUBER ist die Zeit unbestimmt, nach Werner PEEK das 2. Jh. nach Chr.

In einer Steleninschrift aus Apollonopolis Magna (Ägypten, 2. Jh. n. Chr.) kommt die Vorstellung zum Ausdruck, dass Ruhm oder gesellschaftlicher Rang (δόξα) den Weg zu den Göttern im Himmel öffnet:

> οὔνομά μοί 'στ', ὦ ξεῖν', 'Αφροδισία, ἣν Πτολεμαῖος
> γῆμεν ὁ καὶ βουλᾷ καὶ δορὶ θαρσαλέος
> 9 καὶ στρατιᾷ Φοίβου δεικνὺς σέλας αἰὲν ἄμωμον
> συγγενικῆς τε φορῶν δόξαν ἰσουρανίαν[472].

> *Mein Name ist Aphrodisia, o Fremdling. Ptolemaios hat mich gefreit,*
> *ein Mann kühn in Rat und kriegerischer Tat,*
> *der dem Heer immer des Phoibos untadliges Feuer vorweist*
> *und den ruhmvollen Titel eines ‚Verwandten' führt, ein Rang,*
> *der zu den Göttern erhebt.*
> (Übersetzung: W. PEEK)

Offen bleibt die Frage, wie viel diese irdische Ehre bei den Göttern im Himmel gilt und was für einen Rang sich Verstorbene dadurch sichern können. Das wichtigste aber ist, dass sie ein Leben unter den Seligen und mit den Göttern führen dürfen.

Das Bestreben, den Göttern ganz nahe zu sein, kommt in verschiedenen Formen zum Ausdruck, ganz materiell und sichtbar, aber auch geistig. Dies zeigt eine Grabinschrift aus Sabini (1.-2. Jn. n. Chr.), die auch anthropologisch sehr interessant ist, denn das Herz des Aelianus wird als unsterblicher Teil des Menschen (ἀθάνατον κέαρ) bezeichnet, der zu den seligen Göttern auffuhr (ἐς μακάρων ἀνόρουσε). Die Seele hat natürlicherweise ihren Platz bei den Göttern und ist von ihnen herabgestiegen (θεόφιν κατέβη) und kehrt nach dem Tod wieder dorthin. Der Mensch trägt folglich einen göttlichen Teil in sich:

> Αἰλιανῷ τόδε σῆμα πατὴρ ἀγαθῷ πινυτῷ τε,
> θνητὸν κηδεύσας σῶμα· τὸ δ' ἀθάνατον
> ἐς μακάρων ἀνόρουσε κέαρ· ψυχὴ γὰρ ἀείζως,
> ἣ τὸ ζῆν παρέχει καὶ θεόφιν κατέβη.
> 5 ἴσχεο δὴ στεναχῶν, πάτερ, ἴσχε δὲ μητέρ', ἀδελφούς·
> σῶμα χιτὼν ψυχῆς· τὸν δὲ θεὸν σέβε μου.[473]

---

[472] PEEK GG n° 164 = GV n° 1150; GEFFCKEN n° 222; P. JOUGUET, *Inscriptions grecques d'Egypte*, in: BCH 20 (1896), S. 191ff; U. v. WILAMOWITZ-MOELLENDORFF, in: APF 1 (1900), S. 219ff. (= *Kleine Schriften* II, Berlin 1941, S. 121ff.).

[473] IG XIV n° 2241 = PEEK GV n° 1763; PEEK GG n° 353; KAIBEL n° 651; E. COUGNY, *Anthologia Palatina* III, 2, n° 536; P. HOFFMANN, *Die Toten in Christus*, S. 55.

Dem braven und verständigen Aelianus setzte der Vater diesen Stein,
  als er seinen sterblichen Leib begraben hatte; doch sein unsterbliches
Herz fuhr auf zu den Seligen, denn die Seele ist ewig,
  die das Leben gibt und von der Gottheit niederstieg.
Halt ein denn mit deinem Stöhnen, Vater, lass die Mutter einhalten
                                              und die Brüder:
  der Körper ist nur der Seele Kleid, achte mein göttliches Teil.
                                    (Übersetzung: W. PEEK)

Diese Inschrift spricht nicht von einer Transformation der Seele, um nach
ihrem irdischen Leben endlich göttlich zu werden, sondern von der *Befreiung* der Seele vom Leib und von ihrer *Rückkehr* zu den Göttern. Auch dies
ist in der alten griechischen Mythologie ein Weg[474], die Götter zu erreichen.

Vom sterblichen Leib frei zu sein und damit der Sippe (γένεθλον) der
himmlischen Götter anzugehören oder zumindest den unsterblichen Heroen
ähnlich zu werden, wird in einer Grabinschrift mit Relief und vier Kränzen
aus Smyrna (1. Jh. n. Chr.) in folgender Weise beschrieben:

  [7]ὀκτωκαιδεχέτη, καλεπὸν τροφέεσσι λιπόν[τα]
  ἄλγος, ἰσουρανίων δ' ἀψάμενο<ν> γενεθλῶν·
  θνητὸν γὰρ προλιπὼν ζωῆς μέρος ἀθανάτοισι
  ἔσθ' ἴσος ἥρωσιν, τα(ὐ)τὸν ἔχων τέμενος.[475]

der (Dionysios) achtzehnjährig seinen Eltern schlimmen Schmerz
hinterlassen hat; der gelangt ist zu der Sippe der Göttergleichen.
Denn indem er den sterblichen Teil des Lebens verlassen hat,
                              ist er den unsterblichen
Heroen gleich, und hat das selbe Temenos.
                                    (Übersetzung nach S. SCHMIDT)

Dieser Gedanke schliesst natürlich die irdische Realität des Todes nicht
aus. Auch die Menschen, die die Sehnsucht nach den Göttern im Herzen
tragen, müssen sterben. Der Tod war für die Griechen ein feststehendes
Schicksal und zugleich der Weg zum Himmel. So war es auch im Fall der

---

[474] Vgl. Empedokles, *Fr.* 126; Platon, *Crat.* 400 B-C usw., also schon im 5. Jh. vor
Chr. bekannt. Vgl. auch z.B. G. ZUNTZ, *Persephone*, S. 405ff.; I. G. KALOGERAKOS,
Seele und Unsterblichkeit, S. 297ff. und unser Kapitel III.1.
[475] S. SCHMIDT, *Hellenistische Grabreliefs*, S. 142 = E. PFUHL – H. MÖBIUS, *Die ostgriechischen Grabreliefs*, n° 640; PEEK GV n° 768; A. WILHELM, *Griechische Epigramme*, S. 49f., n° 63; H. W. PLEKET, *Epigraphica* II, n° 49; G. PETZL, IK 23/I, S. XII, Anm.
51; F. GRAF, *Nordionische Kulte*, S. 130, Anm. 75.

Kinder der Götter, wie eine volkstümliche Steleninschrift aus Thisbe (Böotien, 2.-3. Jh. n. Chr.) betont:

... καὶ μακάρων παῖδας ἔκρυψε κόνις.[476]

... Deckt doch auch Kinder der seligen Götter der Staub.
(Übersetzung: W. PEEK)

Dazu passt die ganz ähnliche Vorstellung vom Weg der „*Göttersöhne*" (ἀθανάτων τέκνα), die genauso den Weg des schmerzlichen Schicksals gehen müssen, und dennoch die Söhne der unsterblichen Götter sind – oder es werden können – und in den elysischen Gefilden der Seligen wohnen werden. Eine Grabinschrift aus Alexandria (wohl aus dem 2. Jh. n. Chr.), die uns davon berichtet, besagt auch, dass Hermes mit den anderen Göttersöhnen (παισὶ θεῶν) die Seelen dorthin entrückt:

<blockquote>
⁵ νῦν δ' Ἀβυδηναίου τὸν Ὀσίριδος ἀμφιπολεύω
    θῶκον καὶ φθιμένων οὐκ ἐπάτησα δόμους.
    ἀθανάτων καὶ τέκνα μεμορμένον οἶτον ἐπέσπεν,
    ἀλλ' οἰκεῖ μακάρων Ἠλύσιον πεδίον·
⁹ ἔνθ' ἅμα παισὶ θεῶν με φέρων Κυλλήνιος Ἑρμῆς
    ἵδρυσε καὶ Λήθης οὐκ ἔπιον λιβάδα.[477]
</blockquote>

Jetzt versehe ich den Dienst am Thron des Osiris von Abydos,
    und der Toten Wohnung habe ich nie betreten.
Auch der Unsterblichen Kinder müssen den Weg des Schicksals gehen,
    aber sie wohnen in der Seligen elysischen Gefilde.
Dorthin hat mich mit den Göttersöhnen der kyllenische Hermes entrückt,
    und den Strom der Lethe habe ich nicht gekostet.
(Übersetzung nach W. PEEK)

In unserem Zusammenhang ist wichtig, dass einige geglaubt – oder es mindestens in metaphorischen Reden so ausgedrückt – haben, dass Menschen Göttersöhne ἀθανάτων τέκνα oder παῖδες θεῶν sind[478], und dass es die Möglichkeit eines seligen Lebens auch für die Menschen nach dem Tod gibt. Der Weg dorthin führt allerdings durch das Grab. Gleichsam als

---

[476] PEEK GG n° 451 = GV n° 1941; W. PEEK, *Ge theos*, in: ZKG 61 (1942), S. 27-32.

[477] PEEK GG n° 306 = CIG III, n° 4708; Wilhelm FROEHNER, *Les Inscriptions Grecques* (Mus. Imp. du Louvre, Paris 1865), S. 261ff., n° 161; KAIBEL n° 414; PEEK GV n° 1090; E. COUGNY, *Anthologia Palatina* III, 2, n° 282.

[478] In unserem Fall berührt die Grabinschrift auch die ägyptische Vorstellung über die Söhne der Götter, und es ist nicht augeschlossen, dass die griechische Vorstellung auch von dieser beeinflusst wurde.

Versicherung für das selige Leben bei den Göttern und als Brücke zu den
Göttern konnte die Einweihung in Mysterien und die Praktizierung ihrer
Riten dienen. Dies trifft wahrscheinlich auch für den Fall des Perseus aus
Nikaia (Bithynien) zu, dem seine Eltern einen Grabaltar mit folgender In-
schrift errichtet haben:

['E]πικράτης σ[ὺν γα]‖μετῇ 'Απφῇ τὸν | βωμὸν ἀνέστη|σαν τέκνῳ
Περσῖ |
εὐχαῖς καὶ τελε|ταῖς ὁσίαις παρὰ | Ζηνὶ φανέντα.[479]

Epikrates mit seiner Gattin Apphe errichten diesen Altar ihrem Kind Perseus,
der mit Gelübden und frommen Riten bei Zeus erschienen ist.

(Übersetzung: R. MERKELBACH – J. STAUBER)

In unserem Epigramm haben Gelübde und fromme (Mysterien-)Riten
(τελεταί) Perseus zu den Göttern erhöht, damit er bei Zeus als dessen
Liebling erscheine. „Wahrscheinlich hat man sich mit der Vorstellung ge-
tröstet, der Knabe sei wie Ganymed zu Zeus entrückt worden"[480].

Das Zusammensein mit den Göttern kann auch in so einfacher Form
zum Ausdruck kommen, dass der Tote aus der Sicht der hinterbliebenen
Verwandten einfach unter den Göttern (παρὰ θεοῖς) ist. So ist es im Fall
einer Grabinschrift aus Rom (Zeit unbestimmt) zu lesen:

Χαῖρε
παρὰ θεοῖς
τέκνον Μεττία
Σατουρνῖνα[481]

Mettia Saturnina, Kind, freue dich unter den Göttern.

(Übersetzung: I. PERES – U. LUZ)

Mettia Saturnina, die als 34-jährige Frau von ihren Eltern begraben worden
ist, gehört nach ihrem Tod zu den Göttern und erfreut sich dort der Gemeinschaft mit ihnen[482].

---

[479] R. MERKELBACH – J. STAUBER, *Steinepigramme* II, n° 09/05/40. Fundort: Nikaia
(Bithynien), Datum: unbestimmt. Auf einem (Grab?)altar.

[480] R. MERKELBACH – J. STAUBER, *Steinepigramme* II, n° 09/05/40, S. 190.

[481] L. MORETTI, *Inscriptiones Graecae Urbis Romae* II, n° 790 = CIG n° 6620; IG
XIV n° 1856.

[482] Das griechische χαῖρε παρὰ θεοῖς klingt ganz wie ein fester Ausdruck, ist aber in
den Grabinschriften sonst nicht belegt.

Eng mit der besonderen Stellung bei den Göttern und mit der Gottessohn-schaft hängt auch die Frage nach der Vergöttlichung zusammen. Eine auf-gemalte Inschrift eines Grabbaus in Hermopolis Magna (Ägypten, 2. Jh. n. Chr.) weisst darauf hin, dass Isidora im Jenseits eine Nymphe, also eine niedrige irdische Gottheit geworden ist:

> ὄντως αἱ Νύμφαι σοι ἐτεκτήναντ᾽, Ἰσιδώρα,
> Νύμφαι τῶν ὑδάτων θυγατέρες, θάλαμον·
>
> οὐκέτι σοι μέλλω θύειν, θύγατερ, μετὰ κλαυθμοῦ,
> ἐξ οὗ δὴ ἔγνων, ὡς θεὸς ἐξεγένου.
> [13] λοιβαῖς εὐφημεῖτε καὶ εὐχωλαῖς Ἰσιδώραν,
> ἢ Νύμφη Νυμφῶν ἁρπαγίμη γέγονεν.[483]

> *Wirklich, die Nymphen haben dir deine Kammer gebaut, Isidora,*
> *die Nymphen, der Gewässer Töchter.*

> *Nicht länger will ich dir mit Klagen opfern, Tochter,*
> *seit ich erkannte, dass du eine Göttin geworden bist.*
> *Mit Spendegüssen und Gebeten naht euch Isidora,*
> *die, von Nymphen geraubt, eine Nymphe geworden ist.*
> (Übersetzung nach W. PEEK)

Ein weiteres Inschriftenfragment aus Hadrianeia (wohl 3. Jh. n. Chr.) bie-tet möglicherweise eine Variante dazu. Die Familie hat den Grabaltar ih-rem Sohn und Bruder als einem Gottähnlichen (ὡς θεῷ) errichtet:

> [δακρύ]οις κορέσσαντες
> Σέμνη συ|ναίμῳ ὡς θεῷ μνή|μης χάριν.[484]

> *- - - haben (den Grabaltar) mit Tränen gesättigt,*
> *und Semne für ihren Bruder als einem Gott[485], zum Gedächtnis.*
> (Übersetzung nach R. MERKELBACH – J. STAUBER)

---

[483] PEEK GG n° 450 = GV n° 1897; SEG 8, n° 473-4; S. EITREM, in: ARW 34 (1937), S. 313ff.; Friedrich PREISIGKE – Friedrich BILABEL, *Sammelbuch Griechischer Urkunden aus Ägypten*, Wiesbaden 1915ff, n° 7540-7541. Aufgemalte Inschrift eines Grabbaus aus Hermopolis Magna (Ägypten), 2. Jh. n. Chr.

[484] R. MERKELBACH – J. STAUBER, *Steinepigramme* II, n° 08/07/12 = E. SCHWERTHEIM, IK 33, n° 179; P. HERRMANN, *Epigraphische Notizen* 9, in: EA 20 (1992), S. 72f., n° 9; STAUBER, PHI 7 *Mysien*, n° 2642. Fundort Hadrianeia und Umge-bung, Datum: wohl 3. Jh. n. Chr.

[485] Zur Problematik ὡς θεῷ in den Inschriften vgl. z.B. J. u. L. ROBERT, *Corse*, in: Bull. ép. 77 (1964), S. 251, n° 596 und P. HERRMANN, *Epigraphische Notizen* 9, in: EA 20 (1992), S. 72-73.

Von diesem Glauben war es nicht mehr weit zur Vorstellung, dass die Verstorbenen wirklich zu Göttern werden. Wer ein Gott geworden ist, kann kein sterblicher Mensch mehr sein: ein Gott zu werden bedeutet zugleich die Erlangung der Unsterblichkeit. Dies bestätigt sich in einem Epigramm aus der Anthologia Graeca, das als alter Weisheitsspruch gilt und wohl pythagoreische Gedanken birgt[486]:

Ἢν δ' ἀπολείψας σῶμα ἐς αἰθέρ' ἐλεύθερον ἔλθῃς,
ἔσσεαι ἀθάνατος θεὸς ἄμβροτος, οὐκέτι θνητός.[487]

Trennst du vom Körper dich dann und schwebst in den luftigen Äther,
wirst unvergänglich du sein, ein Gott, kein sterblicher Mensch mehr.
(Übersetzung: H. BECKBY)

Die Negierung des Todes wegen des erwarteten göttlichen Lebens danach belegen auch mehrere griechische Grabinschriften. Eine davon aus Iuliupolis (Galatien, Kaiserzeit)[488], sagt vom verstorbenen Sarpedon kurz: οὐκ ἔθανες. Trotz des körperlichen Todes ist er nicht gestorben, sondern lebt weiter, z.B. im Elysium[489], wo er als göttlicher Seliger (μάκαρ) weilt.

Unsere wichtigste Quelle für Vergöttlichung sind die orphischen Texte, in welchen der Vergöttlichungsprozess auf dem Wege durch den Hades stattfindet: Der Verstorbene und die „begnadete" Seele, die das Passwort kennt[490], bekommen dort den Kranz und werden glücklich (ὄλβιος), selig (μακαριστός) und als Gott (θεός) tituliert. Diese Aussage findet sich unter vielen anderen auch auf einem Goldblättchen aus Thurioi (4.-3. Jh. vor Chr.):

ἔρχομαι ἐκ κοθαρῶ⟨ν⟩, κοθαρὰ χθονί⟨ων⟩ βα|σίλεια,
Εὐκλῆς Εὐβο⟨υ⟩λεύς τε καὶ ἀ|θάνατοι θεοὶ ἄλλοι·
καὶ γὰρ ἐγὼν | ὑμῶν γένος ὄλβιον εὔχομαι | εἶμεν,
ἀλ⟨λ⟩ά με Μο⟨ῖ⟩ρ[α] ἐδάμασσε | καὶ ἀθάνατοι θεοὶ ἄλλοι
5 - ⌣ ⌣ - ⌣ ⌣ - ⌣ καὶ ἀσ|τεροβλῆτα κεραυνόν.

---

[486] Ps.-Pythagoras, *Carmen aureum* 70.
[487] H. BECKBY, *Anthologia Graeca* X, S. 828, Anm. 88.
[488] R. MERKELBACH – J. STAUBER, *Steinepigramme* II, n° 09/12/06 = J. G. C. ANDERSON, *Exploration in Galatia cis Halym* II, in: JHS 19 (1899), S. 74-75, § 2, n° 28; PEEK GV n° 795; Stephen MITCHELL, *The Ankara district*, Oxford 1982, S. 79-80, n° 73.
[489] Vgl. die erzählende Ergänzung von R. MERKELBACH – J. STAUBER, *Steinepigramme* II, n° 09/12/06, S. 267.
[490] Vgl. unser Kapitel III.2.2.3.3.

κύκλο⟨υ⟩ | δ' ἐξέπταν βαρυπενθέος ἀργα|λέοιο,
ἱμερτο⟨ῦ⟩ δ' ἐπέβαν στεφά|νο⟨υ⟩ ποσὶ καρπαλίμοισι
Δεσσ|ποίνας δ[ὲ] ὑπὸ κόλπον ἔδυν χθονί|ας βασιλείας·
ἱμερτο⟨ῦ⟩ δ' ἀπέβαν | στεφάνο⟨υ⟩ ποσὶ καρπαλίμοι|σι
10 "ὄλβιε καὶ μακαριστέ, θεὸς δ' ἔ|σηι ἀντὶ βροτοῖο".
ἔριφος ἐς γάλ' ἔπετο|ν.⁴⁹¹

Rein komm ich her von den Reinen, gebietende Göttin des Hades,
Eukles, Eubuleus und ihr andern unsterblichen Götter.
Denn ich rühme mich gleichfalls ein Spross eueres glücklichen Stammes.
Aber die Moira bezwang mich und andere unsterbliche Götter
- - - - - - und der schleudert den Blitz und den Donner.

Glücklich bin ich entflogen dem Kreise schwerlastenden Kummers,
Und zu der Sehnsucht Kranz bin ich hurtigen Fusses gegangen.
Unter taucht' ich im Schosse Despoinas, die herrschet im Hades;
Ja, zu der Sehnsucht Kranz gelange ich hurtigen Fusses.
„Glücklich bist du und selig und wirst aus dem Menschen zu Gotte."
Als Zicklein bin ich in die Milch gefallen.

(Übersetzung: M. P. Nɪʟssoɴ)

Wir können aber annehmen, dass die Vergöttlichung als solche in die späteren Phasen der „olympischen Religion"⁴⁹² gehört, da der Olymp in der
homerischen Zeit nur den echten Göttern sicher war⁴⁹³. Etwa seit der Zeit
Pindars und später in der Zeit des Hellenismus wurde der Olymp immer
mehr geöffnet für neue religiöse Strömungen, die ihn nicht nur für legen-
där-mythische Götter, sondern auch für den sterblichen Menschen zugänglich machten. So ist der Olymp in eben der Zeit, die wir untersuchen, von
zahlreichen neuen Gestalten und Gottheiten bewohnt, wie eine Grabinschrift auf einer Platte aus Korkyra⁴⁹⁴ (2.-3. Jh. n. Chr.) bestätigt:
Δαίμονες ἀθάνατοι πολλοὶ κατ' 'Ολύμπιον ἔδρην, | ἀλλὰ θεὸς τούτων
ἐστὶ πατὴρ ὁ μέγας = *Unsterbliche Gottheiten gibt es viele an des Olympos*
*Sitze, doch ihrer aller Vater ist der grosse Gott*⁴⁹⁵.

---

⁴⁹¹ O. Kᴇʀɴ, *Orphicorum fragmenta*, S. 106-107, n° 32c; IG XIV n° 641,1; H. Dɪᴇʟs,
Fragmente II, S. 176, n° 18. Vgl. P. M. Nɪʟssoɴ, *Die Religion der Griechen*, S. 52, n°
106,2.
⁴⁹² Zum Begriff vgl. z.B. J. Scʜᴍɪᴅᴛ, *Olymp*, in: RE 35 (1939), S. 272-310; E. Pᴇᴛᴇ-
ʀɪcʜ, *Theologie der Hellenen*, S. 64f.; 71ff.; 101ff.
⁴⁹³ W. Bᴜʀᴋᴇʀᴛ, *Griechische Religion*, S. 310-311.
⁴⁹⁴ Pᴇᴇᴋ GG n° 465 = GV n° 1978; IG IX₁ n° 882/3; Kᴀɪʙᴇʟ n° 261.
⁴⁹⁵ Übersetzung von Werner Pᴇᴇᴋ.

Eine Grabinschrift aus Assos (Mysien) drückt die Gewissheit aus, dass
Timokleie nach dem Tode in den Himmel empor gestiegen ist, um dort eine Olympierin zu werden:

> [ἐνθάδε σῆμ' ἐσορᾷς, παροδοιπόρε, Τιμοκλείης,]
> [ἣ κακὰ] μυρ[ί]α [μὲν καὶ ἄλγος μυ]ρίον ἔτλην.
> [ἐκ] καμάτο[ι]ο [βίου νῦν δ' ἤδη με] ἥρπασ[ε Μοῖρα].
> 4 κεῖτε δ' ἐνθάδε σῶμα τάφῳ ἐμῷ, αὐτὰρ ἐμή τοι
> ψυχὴ [ἐς] οὐρανὸν εἰσα[ν]έβη, [ὅ]θ' Ὀλύμπι[ο]ς ἐών.[496]

Hier schaust du, Wanderer, auf das Grab der Timokleie,
die ich unzähliges Übel und unzähliges Leid ertrug.
Aus der Mühsal des Lebens hat mich nun endlich die Moira weggerafft.
Es liegt hier (nur) der Leib in meinem Grab, jedoch meine
*Seele trat in den Himmel ein, wo *ein Olympier seiend*[497].*

(Übersetzung: H.-G. NESSELRATH – I. PERES)

Wie auch immer man rekonstruieren mag, die hinter dem Text stehende
Wirklichkeit ist deutlich: Der auf dem Olymp angekommenen Seele widerfährt dort Vergöttlichung und sie kann nun als Gott (θεός), Götterkind
(παῖς θεῶν), Daimon (δαίμων), Gottheit (θεῖον, θειότης), Halbgott
(ἡμίθεος), gottähnlich (ὡς θεός) oder göttlich (θεῖος) klassifiziert werden.
Eine gemeinsame Bezeichnung für diese alle kann wohl „glückselig"
(μάκαρ) sein.

Zu diesen Vorstellungen passt ein weiterer Text. Eine Grabinschrift aus
Rom (3. Jh. n. Chr.) formuliert die alte Vorstellung vom doppelten Schicksal des Leibes und der Seele. Der Leib beendet im Tode seine Tätigkeit
und beschliesst damit seine Mühe (ἀνέπαυσε πόνων),[498] die Seele hinge-

---

[496] W. PEEK, *Griechische Versinschriften aus Kleinasien*, S. 9-10, n° 2 = SEG 30, n°
1398; LE BAS – WADDINGTON, n° 1034b; R. MERKELBACH, IK 4, n° 74a; R. MERKEL-
BACH – J. STAUBER, *Steinepigramme* I, n° 07/02/02.

[497] Die richtige Ergänzung und Übersetzung für das ὅθ' Ὀλύμπιος ἐών macht
Schwierigkeiten. Das Problem der Rekonstruktion ist nicht klein, und es gibt mehrere
Versuche, die meist an der Metrik scheitern. Wäre es möglich, ἐών als αἰών zu rekon-
struieren, könnte man das Ende des Verses [ὅ]θ' Ὀλύμπι[ο]ς αἰών als *wo olympische
Ewigkeit herrscht* übersetzen. Dieser Vorschlag ist aber kaum wahrscheinlich. Weitere
Vorschläge bei W. PEEK (*Griechische Versinschriften aus Kleinasien*, S. 9-10, n° 2) oder
in der Sammlung SEG 30, n° 1398.

[498] In den christlichen Grabinschriften beschliesst der Kyrios die Tätigkeit und beruhigt die Menschen im Tode: οὓς ὁ Κύριος ἀναπαύσι (z.B. E. SCHWERTHEIM, IK 26/2,
n° 132 oder vgl. auch n° 120 usw.).

gen fliegt in den göttlichen Luftraum, um dort Teilhaberin der Göttergemeinschaft zu werden:

Θ(εοῖς) κ(αταχθονίοις).
Μνῆμ' ἀρετῆς, Μοίρης τὸ τέλος, φίλον οὔνομα Χρήστη,
σωφροσύνης ἱερᾶς ἥτις μέγαν ἔσχεν ἔπαινον,
ἐνθάδε νῦν κατὰ γῆς σῶμ' ἀνέπαυσε πόνων,
τὴν συνετὸν ψυχὴν μακάρων εἰς ἀέρα δοῦσα
5 πρόσθεν μὲν θνητή, νῦν δὲ θεῶν μέτοχος,
ἀίμνηστος ἅπασι φίλοισί τε καὶ τεκέεσσι.
τόν δὲ τάφον σοφίης ἔνεκεν κυδ⟨ρ⟩ῆ παρακοίτι
τεῦξ' Ἐ⟨πα⟩φρᾶς συνόμευνος Ἀ⟨λ⟩εξάνδροιο πολείτης.
Ἀγέντι, εὐψύχι· κἀμὲ μένει τὸ θανεῖν.[499]

Den Unterirdischen Göttern
Ein Denkmal der Tugend – das Ende ihrer Moira -, der liebe Name Chreste,
die grosses Lob für ihre heilige Sittlichkeit erhalten hat.
Hier unter der Erde hat sie nun ihren Leib von den Mühen ausruhen lassen.
Ihre verständige Seele gab sie dem Luftraum der Glückseligen
und war vorher eine Sterbliche, jetzt aber ist sie Teilhaberin der Götter.
Ewig im Andenken bleibt sie allen Freunden und Kindern.
Dieses Grab hat seiner ruhmvollen Ehefrau wegen ihrer Klugheit
ihr Mann Epaphras errichtet, ein Bürger von Alexandria. –
Agentis, lebe wohl; auch mich erwartet das Sterben.

(Übersetzung: H.-G. NESSELRATH – I. PERES)

Die Menschen waren also von der Hoffnung erfüllt, nach dem Tod eine neue göttliche Lebensrealität für ihre Seele erwarten zu dürfen. Diese Hoffnung erlaubte ihnen, auch im Angesicht des Grabes eine positive Einstellung gegenüber dem Leben.

5.2 „Vergöttlichung" in neutestamentlichen Texten

5.2.1 Vorbemerkungen

Es ist eine ernsthafte Frage, ob man im Kontext des Neuen Testaments überhaupt von Vergöttlichung der Christen sprechen kann. Die pagane Umwelt kannte den Gedanken der Vergöttlichung hauptsächlich aus der

---

[499] L. MORETTI, *Inscriptiones Graecae Urbis Romae* III, n° 1358 = PEEK GV n° 743; IG XIV n° 2117; KAIBEL n° 654; CIG n° 6301; E. COUGNY, *Anthologia Palatina* III, 2, n° 620.

Mythologie[500], wo die Helden des Volkes postmortal zu Heroen oder zu Göttern erhoben wurden[501]. Es gibt Apotheosen[502] von Kaisern, Herrschern, bedeutenden historischen Personen[503] und Vergöttlichung in den Mysterien. Allmählich verbreitete sich die Vorstellung, Gott bzw. vergöttlicht zu werden, oder im Jenseits mit den Göttern zusammenzuleben, auch unter den Frommen des Volkes, wie gerade die Grabinschriften zeigen. Am Zeugnis der griechischen Grabtexte lässt sich feststellen, dass viele einfache griechische Menschen neben anderen Arten der Unsterblichkeitshoffnung auch die Vergöttlichung kannten und suchten.

Wir möchten zeigen, dass sich die neutestamentliche Eschatologie vor allem der griechischen Vorstellung von der Gemeinschaft mit den Göttern und am Rande der Vorstellung von der Gottähnlichkeit nähert[504]. Der griechischen Vorstellung von der Vergöttlichung kommen Texte *2Petr 1,4* und *1Joh 3,1-2* am nächsten. Der Zweite Petrusbrief führt uns in die hellenistische Vorstellungswelt. Er zeigt, wie die Christen eine Teilhabe an der göttlichen Natur erreichen können. Kennt das Neue Testament „eine Lehre von der Vergöttlichung" der Christen? Ist Jesu Gottessohnschaft und die Gotteskindschaft der Mitglieder der Kirche dasselbe?

5.2.2 2Petr 1,4

Der hellenistische Gedanke der Vergöttlichung steht nirgendwo im Neuen Testament so stark im Vordergrund wie in *2Petr 1,4*.

Der Autor dieses Briefes erzählt und argumentiert gegenüber seinen Lesern in einem Stil, der in seiner literarischen und theologischen Argumentation weitgehend der hellenistischen Frömmigkeit entspricht. *2Petr 1,3ff.* „sind gesättigt mit Begriffen und Wendungen typisch hellenistischer Religiosität"[505]; der Autor benützt mehrere spezielle griechisch-theologische

---

[500] Vgl. z.B. Dietrich ROLOFF, *Gottähnlichkeit, Vergöttlichung und Erhöhung zu seligem Leben. Untersuchungen zur Herkunft der platonischen Angleichung an Gott*, UALG 4, Berlin 1970.

[501] Vgl. z.B. Friedrich PFISTER, *Der Reliquienkult im Altertum*, Giessen 1909 (Berlin 1974); M. HADAS – M. SMITH, *Heroes and Gods*, S. 10ff.

[502] Vgl. dazu z.B. Gerhard DOBESCH, *Caesars Apotheose zu Lebzeiten und sein Ringen um den Königstitel*, Wien 1966; Peter HERZ, *Der römische Kaiser und der Kaiserkult. Gott oder primus inter pares?*, in: Dieter ZELLER (Hrsg.), *Menschwerdung Gottes – Vergöttlichung von Menschen*, NTOA 7, Göttingen 1988, S. 115-140.

[503] Zu diesem ganzen Problem siehe z.B. Auguste BOUCHE-LECLERCQ, *Histoire de la Divination dans l'Antiquité*, Band I-IV., Paris 1880 = Reprint: New York 1975 (danach auch Aalen 1978).

[504] Für den Gedanken der Vergottung des Menschen gibt es im Neuen Testament keinen Platz.

[505] Anton VÖGTLE, *Der Judasbrief / Der 2. Petrusbrief*, EKK XXII, Neukirchen 1994, S. 137; vgl. S. 140.

Ausdrücke, auch solche, die für die Grabinschriften charakteristisch sind[506].

Der Verfasser betont im grösseren Abschnitt 1,3-11, der auch ein Proömium zum ganzen Brief ist, etwa sieben ethische Forderungen[507] (V. 5-9), die am Anfang (V. 3-4) und Ende (V. 10-11) des Abschnittes in einen eschatologischen Rahmen gestellt sind. Er „bezieht sich grundsätzlich auf die frühchristliche Paränese, ihre theologische Begründung und eschatologische Pespektive"[508]. Die eigentliche eschatologische Hoffnung stützt sich in V. 3-4 auf die kostbaren Verheissungen (τίμια ἐπαγγέλματα), die für die Christen als die „grössten" (μέγιστα) gelten. Diese als Geschenk von Gott gegebenen „grössten Verheissungen" unterteilt der Verfasser in zwei zusammengehörige Kategorien: 1. aus der vergänglichen Begierde, die in der Welt herrscht, zu entfliehen und 2. an der göttlichen Natur Anteil zu erhalten.

Der hinter dem Namen „Petrus" stehende Apostel spricht in überzeugter Gewissheit davon, dass die Christen an der göttlichen Natur teilhaben werden: γένησθε θείας κοινωνοὶ φύσεως. Diese Überzeugung bedeutete für hellenistische Christen keine besondere Überraschung. Für Christen mit einem stärkeren alttestamentlichen Hintergrund hingegen waren solche Vorstellungen befremdend[509]: Die Majestät Gottes war für sie von einer solch unberührbaren Hoheit, dass sie keine menschliche Vergottung oder Teilhabe an Gottes Sein hätten zulassen können. Das alttestamentliche Israel formulierte seinen Glauben an ein Leben nach dem Tod deswegen sehr vorsichtig[510]; das gilt auch für die Entrückungen von Henoch und Elia[511]. Auch die „Jenseitshoffnungen" des Predigers, die hellenistisch-dualistische Vorstellungen enthalten, bedeuten nicht ohne Weiteres „Gemeinschaft" mit Gott, sobald die Seele nach dem Tod zu ihm zurückkehrt[512]. Das sich hellenisierende Judentum formulierte seine Hoffnung auf die Auferstehung

---

[506] Dazu gehören z.B. εὐσέβεια, ἀρετή, δόξα, und hauptsächlich θεῖος, was die griechischen Grabinschriften häufig benutzen. Vgl. VÖGTLE a.a.O. (2. Petrusbrief), S. 137ff.

[507] Er führt sie mit der Wendung „so wendet alle Mühe daran" (σπουδὴν πᾶσαν παρεισενέγκαντες) ein und bildet dann eine Katene der Forderungen, die aus der πίστις erwachsen: 1. ἀρετή; 2. γνῶσις; 3. ἐγκράτεια; 4. ὑπομονή; 5. εὐσέβεια; 6. φιλαδελφία und 7. ἀγάπη. Vgl. dazu z.B. M. GUARDUCCI, Epigrafia Greca III, S. 151f., wo die Autorin die häufigsten menschlichen Tugenden der Grabinschriften darlegt.

[508] Henning PAULSEN, Der Zweite Petrusbrief und der Judasbrief, KEK XII/2, Göttingen 1992, S. 107.

[509] Vgl. z.B. Philo, Decal. 104; All. 1,38; Josephus, Ant. 8,4,2; Ap. 1,26.

[510] K. SPRONG, Beatific Afterlife in Ancient Israel and in the Ancient Near East, S. 306f.

[511] „Der Fall einer vorübergehenden Entrückung zu Gott lässt sich im AT nicht nachweisen; dies ist bedingt durch den grossen Abstand, der zwischen Gott und Mensch besteht": A. SCHMITT, Entrückung – Aufnahme – Himmelfahrt, S. 310.

[512] Vgl. z. B. Pred 12,7.

des Leibes und auf die Möglichkeit einer neuen leiblichen Existenz jenseits dieser Welt immer deutlicher. Nach Manfred GÖRG lebte hier das alte Credo über die Erschaffung des Menschen aus dem Staub auf, weil Gott dem Menschen auch einen neuen Leib schaffen kann[513]. Einige Texte bezeugen die Hoffnung auf eine feurige Existenz[514], wie sie für Gott charakteristisch ist (*Dtn* 4,24). Andere jüdische Quellen kennen die Vorstellung, dass die jenseitige Existenz der Heilsgenossen den Engeln gleich ist und einer Art Verklärung entspricht[515]. Die Seligen im Himmel können den Strahlen oder den Sternen ähnlich sein, eine Lichtnatur (φῶς-Gestalt) haben und strahlen Licht aus; ihre Gestalt ist eine δόξα-Gestalt; ihr Herrlichkeitskleid entspricht dem Ort ihrer Wohnung und dem himmlischen Leben im Neuen Jerusalem, das auch eine Stadt des Lichtglanzes ist[516].

Es bestätigt sich also die Vermutung, dass der Verfasser seinen Brief hellenistisch geprägten Christen schreibt. Wie die Grabinschriften zeigen, war für die antiken Griechen die Sehnsucht, Vergöttlichung oder Gottähnlichkeit zu erreichen, wichtig. Obwohl die „Leiter" der Vergöttlichung mehrere Stufen kannte[517], ist der „Hunger" nach dem göttlichen Leben gerade im 1.-2. Jahrhundert n. Chr. sehr verbreitet. Einen eindeutigen Hinweis auf diese Sehnsucht gibt die grabinschriftliche Bezeichnung θεῶν μέτοχος = Teilhaber der Götter, die in dieser Zeit in jüdischer Form auch Kreise des hellenistischen Judentums kannten[518]. Die Grabinschriften stellen diese Bezeichnung gerne in Gegensatz zur irdischen und vergänglichen Existenz: πρόσθεν μὲν θνητοὶ, νῦν δὲ θεῶν μέτοχοι = *vorher waren sie Sterbliche, jetzt aber sind sie Teilhaber der Götter*[519]. Es gibt ähnliche Grabinschriften, welche die irdische Trauer gegenüber der neuen hoffnungsvollen Existenz im Himmel oder auf dem Olymp in der Gemeinschaft der Götter genauso dualistisch ausdrücken[520]. Ein Grabepigramm aus Larissa sagt, dass dieses irdische Leben trotz dem Tode eine neue unsterbliche/göttliche φύσις oder dergleichen tragen kann:

---

[513] M. GÖRG, *Das Haus im Totenreich*, S. 161.

[514] *Pesiq* R 11 (46b). Vgl. H. L. STRACK – P. BILLERBECK, *Kommentar zum Neuen Testament aus Talmud und Midrasch* III, S. 777.

[515] Z.B. *Dan* 7,15ff.; 8,13; *äthHen* 38,4; 39,1; 51,4. Vgl. P. VOLZ, *Eschatologie der jüdischen Gemeinde*, S. 396f.

[516] Viele Belege bei P. VOLZ, *Eschatologie der jüdischen Gemeinde*, S. 397-401.

[517] Vgl. o. S. 201ff. und D. ROLOFF, *Gottähnlichkeit, Vergöttlichung und Erhöhung zu seligem Leben*, S. 83ff.

[518] Vgl. z.B. Philo, *Quaest. in Ex* 2,29; *Decal.* 104; *Leg.* 1,38; *Abr.* 107; Josephus, *Ap.* 1,232; A. VÖGTLE, a.a.O. (*Der 2. Petrusbrief*), S. 141.

[519] E. COUGNY, *Anthologia Palatina* III, 2, n° 87. Übersetzung: H.-G. NESSELRATH - I. PERES.

[520] Vgl. z.B. PEEK GV n° 743 = IG XIV n° 2117; KAIBEL n° 654; CIG n° 6301; E. COUGNY, *Anthologia Palatina* III, 2, n° 620.

εἰ καὶ τόνδε Κάσανδρον ἔχει σορὸς ἥδε θανόντα,
ἄνθρωπον φύσεως ἄξιον ἀθανάτου.[521]

Sieh, auch Kassandros umschliesst im Tode der Sarg hier,
Einen Menschen, der unsterblicher Natur würdig war
(Übersetzung nach H. BECKY)

Das klingt ähnlich wie unsere Stelle aus dem 2. Petrusbrief: „Teilhabe an der göttlichen Natur" contra verderbliche Begierde dieser Welt. Der Gegensatz ist typisch hellenistisch.

Der christliche Autor formuliert seinen Gedanken natürlich nicht so ungeschützt wie die hellenistischen Grabinschriften. Aber „wenn 2Petr an solche Theologie anknüpft, lässt sich die Singularität des Textes im frühen Christentum an der neutrischen Färbung der Aussage erkennen: die Vergottung des Menschen gründet in der Teilhabe an der göttlichen Natur."[522] Φύσις kann dabei verschieden verstanden werden, z.B. als „Natur", „Fähigkeit", „Wesen", „Eigenschaft", „Beschaffenheit" oder „Körperbildung"; jedenfalls ist φύσις etwas Lebendiges, Dynamisches. Φύσις kann auch ein Prinzip des körperlichen Wesens sein, jedenfalls aber ist sie hier etwas Neues, Göttliches, weil die bisherige Existenz in der Welt von der Vergänglichkeit (φθορά) abhing. Es geht um denselben Akt der Partizipation am neuen Leben wie bei der Auferstehung, wenn nach Paulus die Auferstandenen einen neuen pneumatischen Leib bekommen, der himmlische Kraft und Glanz ausstrahlt[523] oder wenn bei Lukas die Söhne der Auferstehung „engelgleich" und Söhne Gottes sein werden (*Lk* 20,36). Dasselbe sagt „Petrus" in *2Petr* 1,4 auf eine hellenistische Weise.

5.2.3 1Joh 3,(1-)2

1Joh 3,2 ist ein weiterer neutestamentlicher Text, der die Frage der Vergöttlichung berührt, sie aber zugleich in eine Beziehung zu Gott hineinstellt und mit Jesus verbindet.

Der Verfasser nennt seine Leser „Geliebte" (ἀγαπητοί), die Gott mit seiner grossen Liebe (ἀγάπη) beschenkte, damit sie τέκνα θεοῦ werden und er für sie πατήρ. Diesen neuen Status der Gotteskindschaft versteht der Autor schon präsentisch, aber seine wirkliche Vollendung geschieht erst in der Zukunft, wenn die Kinder Gottes ihren Vater sehen werden, ja noch mehr, ihm ähnlich sein werden.

---

[521] H. BECKBY, *Anthologia Graeca* VII, n° 327 = PEEK GV n° 1954.
[522] H. PAULSEN, a.a.O. (*Der Judasbrief*), S. 108. Vgl. Rudolf KNOPF, *Die Briefe Petri und Judä*, KEK 12, Göttingen [7]1912, S. 265.
[523] Vgl. *1Kor* 15,40-44; *Phil* 3,10.21.

Im Bereich der Vergöttlichung unterscheidet der Autor konsequent zwischen zwei Kategorien: Eine sehr enge „Verwandtschaft" mit Gott bezeichnet der Ausdruck υἱὸς θεοῦ[524]. Dieser wird aber nur für Jesus gebraucht[525]. Er ist göttlich, weil er nach der johanneischen Christologie Gott war[526]. Die Christen können aber nicht erwarten, die Kategorie der „Sohnschaft Gottes" zu erreichen. Jesus ist nämlich der eingeborene (μονογενής)[527] Sohn Gottes[528]. Der erste Johannesbrief macht einen klaren Unterschied zwischen der Gottessohnschaft Jesu und derjenigen der Mitglieder der Kirche[529]. Sie haben das grosse Vorrecht, τέκνα θεοῦ zu sein[530]. Dies gilt für die Glaubenden schon in der Gegenwart. Damit zeigt er einen präsentischen Horizont dieses eschatologischen Seins. Aber der Verfasser denkt auch in einem futurisch-eschatologischen Glauben, wenn alles zur Vollendung kommt und offenbar werden wird (ἐὰν φανερωθῇ); und eben in *1Joh* 3,2 verbindet er diese beiden Pole. Wahrscheinlich verbinden sich in seinem Verständnis der Gotteskindschaft zwei Linien[531]: das synoptisch-jesuanische eschatologische Verständnis der Sohnschaft Gottes[532] und ihre gegenwärtige pneumatische Realität bei Paulus[533]. Beides war wohl schon in der Gemeindeüberlieferung bekannt.

Der Ausdruck τέκνα θεοῦ lässt verschiedenes anklingen: Τέκνα θεοῦ setzt eine Art der „Vergöttlichung" für die voraus, die aus Gott gezeugt sind. Sie werden Gott ähnlich sein. Was heisst ὅμοιος? Deutsch kann man mehrfach übersetzen: gleich, gleichartig, ähnlich. Das Johannesevangelium kennt auch das Wort ἴσος (*Joh* 5,18): das Wort ὅμοιος braucht es im Sinn von „ähnlich" (8,55; 9,9). Diese Übersetzung dürfte auch hier richtig sein. Sicher ist, dass unsere künftige Ähnlichkeit (ὅμοιος) und Gottgleichheit (ἴσος) nicht dasselbe ist: Jesu Gottgleichheit, hinter der der Präexistenzgedanke steht[534], ist auf die Menschen nicht allgemein übertragbar[535]. Infol-

---

[524] *1Joh* 3,8; 4,10.14-15; 5,5.9-13.20; *2Joh* 3.9.

[525] Vgl. Georg STRECKER, *Die Johannesbriefe*, KEK 14, Göttingen 1989, S. 151; Hans-Josef KLAUCK, *Der erste Johannesbrief*, EKK XXIII/1, Neukirchen etc. 1991, S. 180.

[526] Vgl. *Joh* 1,1. und *1Joh* 5,20.

[527] Vgl. *Joh* 1,14; 3,16 und *1Joh* 4,9.

[528] Vgl. *1Joh* 1,7; vgl. auch die einzigartige Beziehung Jesu mit dem Vater: *1Joh* 2,22-24.

[529] R. SCHNACKENBURG, a.a.O. (*Die Johannesbriefe*), S. 168f.

[530] *Joh* 1,12; 11,52; *1Joh* 3,1.10 und 5,2. Vgl. F. VOUGA, *Die Johannesbriefe*, S. 51.

[531] R. SCHNACKENBURG, a.a.O. (*Die Johannesbriefe*), S. 168, Anm. 2; S. 170.

[532] Vgl. *Mt* 5,9 und *Lk* 20,36.

[533] Vgl. *Röm* 8,16f.; *Gal* 4,5f.

[534] D. RUSAM, *Die Gemeinschaft der Kinder Gottes*, S. 83.

[535] Auch Philon, der die mit dem Logos identische Bezeichnung „der älteste und erstgeborene Sohn" vielfältig variiert, ist „bei der Übertragung der Bezeichnung ‚Sohn Got-

gedessen kann man bei Jesus von Gottgleichheit, bei den Menschen aber nur von Gottähnlichkeit sprechen.

Die griechischen Grabinschriften kennen auch eine Distanz zwischen dem Vater Zeus und eventuell anderen Göttern, und den Verstorbenen. Die Hellenen wissen, dass die Götter ihre eigenen „Söhne" und ihre „offizielle" Familie haben. Ihre Gestalten sind nicht zu verwechseln. Die griechischen Grabinschriften kennen verschiedene Weisen der Möglichkeit, gottähnlich oder gottgleich zu werden, die wir in zwei grössere Kategorien einteilen können: Ich gebe einen kurzen Überblick, wobei ich in „absteigender" Reihenfolge ordne:

1. Kategorie: aktive und lebendige Gottähnlichkeit, die man geniessen kann:

a) Eine direkte Art der Vergöttlichung liegt vor, wenn der Gestorbene in der orphischen Jenseitsdichtung nach einer unterirdischen „Zeremonie" wörtlich als θεός[536], bzw. als „Gottgewordener"[537] bezeichnet wird. Zu dieser Kategorie könnte auch ein Text gehören, in dem die Seele der Verstorbenen „Olympier" (Ὀλύμπιος) genannt wird[538]. Mit dem himmlisch-olympischen Dasein korrespondiert auch die Bezeichnung μάκαρ, die eigentlich nur die Götter tragen, die hie und da aber auch für die zu den Göttern gekommenen Verstorbenen gebraucht wird.

b) Die Vergöttlichung war auch als himmlisch-olympische Gemeinschaft (κοινωνία) mit den Göttern vorstellbar, wenn die Götter und die Verstorbenen an den Orten der Seligkeit zusammen essen, wohnen und leben (ναίω, μένω, οἰκέω), auf ihrem goldenen Thron sitzen (σύνθρονος θεῶν) und einander anlächeln (μειδιάω) usw. Ein solches Leben ist den Göttern ganz nahe (θειότερος)[539].

---

tes' auf Menschen ausserordentlich zurückhaltend": M. HENGEL, a.a.O. (*Der Sohn Gottes*), S. 84; vgl. D. RUSAM, *Die Gemeinschaft der Kinder Gottes*, S. 21.

[536] Diese Hoffnung ist für den orphischen Kreis charakteristisch. Vgl. z.B. O. KERN, *Orphicorum fragmenta*, S. 106-107, n° 32c = IG XIV n° 641,1; DIELS II, S.176, n° 18. Ausserdem wären hier die Apotheosen im engeren Sinn (z.B. der Kaiser) einzureihen.

[537] Vgl. O. KERN, *Orphicorum Fragmenta*, S. 106ff., n° 32c-e = G. ZUNTZ, *Persephone*, S. 300 ff., n° A1-A3; Vgl. F. GRAF, *Eleusis und die orphische Dichtung Athens*, S. 100.

[538] Schade, dass der einzige Beleg dafür nur fragmentarisch erhalten ist: SEG 30, n° 1398 = W. PEEK, *Griechische Versinschriften aus Kleinasien*, S. 9-10, n° 2.

[539] Vgl. J. MERKELBACH – J. STAUBER, *Steinepigramme* I, n° 06/02/32 = KAIBEL n° 243; PEEK GV n° 2040; E. COUGNY, *Anthologia Palatina* III, 2, n° 188.

c) Das Heros-Werden, das eine spezifische Art des Polis-Kultes ist, ist auch eine Hoffnung auf eine Vorstufe der Vergöttlichung[540]. Die Verstorbenen vergleichen sich mit den Heroen: ἀθανάτοισι ἴσος ἥρωσιν[541].

d) Die Vergöttlichung oder Gottähnlichkeit geschieht durch die Schau (βλέπω, εἰσοράω) der Götter, ihres Lebens oder ihrer Wohnungen (δόμοι).

e) Eine andere Art der Vergöttlichung geschieht durch den himmlisch-göttlichen Licht/Glanz (φῶς), durch die göttliche Ehre (τιμή)[542], durch Ruhm (κλέος) oder himmlische Anerkennung, himmlischen Rang (δόξα).

f) Die Gottähnlichkeit ist schliesslich erreichbar durch Gottgeliebt-heit[543] (φίλος θεῶν, δίφιλοι), eine besondere Art der Beziehung zu den Göttern[544]. Sie ist aus den Grabepigrammen und aus der Mythologie bekannt[545].

2. Kategorie: eher passive Vergöttlichung oder Gottähnlichkeit:

a) Diese Art der Vergöttlichung geschieht durch die Elemente, die als Gottheiten verstanden werden, wie etwa die Erde (γῆ) oder die Sterne (ἀστήρ). Der Tote wird vergöttlicht, indem er zu einem dieser Elemente wird.

b) Dazu gehört auch die ältere Vorstellung von der Vergöttlichung durch die Rückkehr der göttlichen Seele in den Bereich des göttlichen Wesens, z.B. bei Empedokles.

Die Vergöttlichung bezeichnet in den Grabinschriften für die menschlichen Seelen also oft eine Position, die niedriger ist als die der Götter. Dies gilt besonders, wenn die Grabinschriften ihre Toten als ἥρως, παῖς θεῶν, τέκνον ἀθανάτων oder als ὡς θεός bezeichnen. In diesem Sinne bilden die Grabinschriften eine neue Kategorie, die man „menschliche Gottähnlichkeit" nennen könnte. Damit verlieren die Götter nichts von ihrer Göttlichkeit, aber für die Menschen sind sie so doch zugänglich. Trotzdem setzt

---

[540] Zu dieser Kategorie kann man auch Stufen der Vergöttlichung rechnen, welche die Verstorbenen als ἡμίθεος (Halbgott) oder ἄναξ (Herr, Herrscher, göttliche Gestalt, „Gott") bezeichnen.

[541] S. SCHMIDT, *Hellenistische Grabreliefs*, S. 142 = PEEK GV n° 768; A. WILHELM, *Griechische Epigramme*, S. 49f., n° 63; G. PETZL, IK 23/I, S. XII, Anm. 51; F. GRAF, *Nordionische Kulte*, S. 130, Anm. 75.

[542] Vgl. die inschriftliche Metapher τειμὴ σὺν ἀθανάτοισι θεοῖσι: CIG n° 3398 = KAIBEL n° 312; PEEK GV n° 1765; GG n° 391; G. PETZL, IK 23, n° 539; R. MERKELBACH – J. STAUBER, *Steinepigramme* I, n° 05/01/64.

[543] D. ROLOFF, *Gottähnlichkeit, Vergöttlichung und Erhöhung zu seligem Leben*, S. 74ff.

[544] Diese beliebten φίλοι θεῶν sind früh gestorben oder die Götter haben sie entrückt. Vgl. L. MORETTI, *Inscriptiones Graecae Urbis Romae* III, n° 1382 = PEEK GV n° 1646.

[545] Vgl. über Achilleus: Homer, *Il.* 1,74; 16,168-9; 18,203; 22,216; 24,472. Über Hektor: Homer, *Il.* 6,318; 8,496; 10,49; 13,674.

das Zusammenleben im Jenseits voraus, dass die Menschen, die in der Nähe der Götter leben werden, ihnen irgendwie in ihrem Leben gleichen müssen.

Die Gottähnlichkeit in *1.Joh* 3,2 unterscheidet sich von allen hellenistischen Aussagen dadurch, dass sie an Jesus anknüpft. Dies deutet V. 3 an: καθὼς ἐκεῖνος ἁγνός ἐστιν.

Sehr viel deutlicher ist dieser christologische Bezug in der paulinischen Tradition. Paulus versteht die künftige „Vergöttlichung" als ein Christus-Gleichgestaltetwerden: συμμόρφοι τῆς εἰκόνος τοῦ υἱοῦ αὐτοῦ (*Röm* 8,29).

Dazu gehört als letzte Stufe die Verherrlichung (*Röm* 8,30): ἐδόξασεν. Obwohl Paulus hier im Aorist schreibt, denkt er sich die Vollendung erst in der eschatologischen Zukunft. Genauso zukünftig gemeint ist auch die paulinische Aussage in *Phil* 3,21 darüber, dass der Herr Jesus Christus als aus dem Himmel kommender Soter den Leib unserer Niedrigkeit (σῶμα τῆς ταπεινώσεως ἡμῶν) mit seiner Kraft (ἐνέργεια) verwandeln wird (μετασχηματίσει), um ihn dem Leib seiner Herrlichkeit (τῷ σώματι τῆς δόξης αὐτοῦ) gleichgestaltig (σύμμορφος) zu machen. Als Modell dient ihm natürlich Christus und seine himmlische Existenz, sein Leib der Herrlichkeit. Das erinnert an einen anderen paulinischen Gedanken aus *1Kor* 15,49: „Wie wir das Abbild des Erdhaften (εἰκών τοῦ χοϊκοῦ = Adam) trugen, werden wir auch das Abbild des Himmlischen (εἰκών τοῦ ἐπουρανίου = Christus) tragen"[546].

Die paulinischen und johanneischen Christen können also in der eschatologischen Hoffnung leben, nach der sie eine neue himmlische Gestalt erwarten, die der des Christus ähnlich ist.[547] Der Grund für diese Hoffnung und Erwartung ist die schon präsentische Zugehörigkeit zum Herrn und das Schauen (κατοπτρίζω) seiner Herrlichkeit, das sie schon jetzt durch den Geist in sein eigenes Bild verwandelt (μεταμορφούμεθα)[548]. Das Sehen/Schauen der Herrlichkeit Jesu setzt in der Gegenwart eine sehr intensive, innerliche Verbindung mit ihm voraus. So ermöglicht sie dieses Sehen, das zu einer Verwandlung oder Verklärung führt.

Die jüdischen Quellen kennen eine Gottesschau und Gottesnähe[549], aus

---

[546] In der Übersetzung der Jerusalemer Bibel (Herder 1965).

[547] J. FREY, *Die johanneische Eschatologie* III, S. 92.

[548] *2Kor* 3,18.

[549] Vgl. dazu H. L. STRACK – P. BILLERBECK, *Kommentar zum Neuen Testament aus Talmud und Midrasch* I, S. 206-215, zur eschatologischen Schau P. VOLZ *Die Eschatologie der jüdischen Gemeinde*, S. 196 (*2Makk* 2,8; *TestSebul* 9; *Sib* 5,624f.; *Jub* 1,28; *Abr* 29; *Esdr* 7,91; *Bar* 51,11). Interessante Belege bringt dazu aus dem jüdischen und hellenistischen Bereich D. AUNE, *Revelation 17-22*, S.1179-81.

der eine Art der Angleichung an Gott folgen kann[550]. Aber auch bei den griechischen Autoren[551] und in den hellenistischen Grabinschriften ist die Hoffnung verankert, dass Verstorbene die Götter, das aufstrahlende Licht ihrer Paläste oder direkt das Licht des Olymps schauen werden (βλέπω, ὁράω)[552]. Auch mit dieser Schau ist wohl eine Art der Vergöttlichung verbunden; auch für sie gilt, dass „die Schau Gottes seinem Sein gleich macht"[553].

5.2.4 Zusammenfassung

Die beiden neutestamentlichen Verfasser sprechen über die Gottähnlichkeit unter zwei verschiedenen Aspekten: „Petrus" (*2Petr* 1,4) weist auf eine substantielle Gottähnlichkeit hin, die in der göttlichen φύσις wurzelt. „Johannes" (*1Joh* 3,2) zeigt die Hoffnung, ὅμοιος αὐτῷ zu werden. Beide weisen auf frühere Tradition zurück: Paulus spricht von der gegenwärtigen pneumatischen Realität der Gotteskindschaft (*Röm* 8,16f.; *Gal* 4,5f.), die Gott in der zukünftigen Auferstehung durch die Erschaffung eines neuen, pneumatischen Leibes vollenden wird (*1Kor* 15,44-49; vgl. *Phil* 3,21).

Vergleicht man die neutestamentlichen Aussagen mit den verschiedenen Stufen der Vergöttlichung, die wir in den griechischen Grabinschriften festgestellt haben[554], so kann man auch im Neuen Testament zwei verschiedene Stufen feststellen: Eine Stufe, die höhere, ist die Ähnlichkeit mit Gott (*2Petr* 1,4; *1Joh* 3,2); die zweite, die niedrigere, ist die Ähnlichkeit mit den Engeln[555] (*Lk* 20,36).

Man muss aber auch die Differenzen zwischen den griechischen Grabinschriften und den neutestamentlichen Aussagen vor Augen haben: Die evangelische Tradition betont die Zukunft der eschatologischen Gottessohnschaft durch die endzeitliche Auferstehung und die Erwartung des Jüngsten Tages. Besonders für Paulus und Johannes ist charakteristisch, dass die Gotteskindschaft der Christen an Christus anknüpft,[556] der als Gottessohn und als unser Soter im Zentrum des eschatologischen Geschehens steht. Die Theologie der griechischen Grabinschriften ist natürlich anders orientiert: Sie erwartet keinen Wendepunkt der Geschichte am Jüngsten Tag und keine Auferstehung. Sie kennt aber die Vergöttlichung direkt durch den Tod. Die Grabinschriften zeigen uns eine Sehnsucht nach

---

[550] Vgl. *SapSal* 3,9; 5,5; 5,15-16; 6,19; *4Makk* 9,8; *syrApkBar* 51,8ff; *grHen* 22,8ff.

[551] Vgl. z.B. Plutarch, *De Iside* 78; *Metam.* 11,24.

[552] Vgl. z.B. die folgende Grabepigramm: καὶ μετὰ πότμον ὁρῶ φάος Οὐλύμποιο = *ich sehe auch im Tode das Licht des Olympos*: H. BECKBY, *Anthologia Graeca* VII, n° 678 = PEEK GV n° 449; A. WIFSTRAND, *Studien zur griechischen Anthologie*, S. 162.

[553] G. SCHUNACK, a.a.O. (*Die Briefe des Johannes*), S. 54.

[554] Vgl. o. S. 197ff. und 211ff.

[555] Diese Vorstellung könnte der griechischen Heroisierung entsprechen.

[556] J. FREY, *Die johanneische Eschatologie* III, S. 93.

Vergöttlichung in der zeitgenössischen griechischen Kulturwelt und ihrer immer mehr zu den Göttern hingezogenen Religiosität. Im Wortrepertoire gibt es manche Übereinstimmungen zu neutestamentlichen Texten. Das konnte für spätere Christinnen und Christen eine Versuchung bedeuten, die christliche „Vergöttlichung" hellenistisch und direkt zu verstehen. Die Theologen der Alten Kirche hatten hier wachsam zu sein[557]. Die griechischen Grabinschriften zeigen so auch, wie die Eschatologie des Neuen Testaments rezipiert werden konnte.

6. Das Leben bei den Göttern

6.1 Das Zusammensein mit den Göttern

Der Gedanke, dass der Himmel und die Tür zum Olymp auch den Menschen offen stehen, wirkte auf die antiken Griechen anziehend. Dieser Hoffnung haben sie auf ganz unterschiedliche Weise Ausdruck gegeben.

Eine sehr einfache Formulierung der Vorstellung, dass die Toten zu den Göttern gelangt sind, begegnet uns auf einer Columbarium-Tafel aus Marmor aus Rom (2.-3. Jh. n. Chr.). Sie zeigt, dass die einfachen Leute ihren Glauben entsprechend einfach ausgedrückt haben. Dort lesen wir, dass Artemo nach dem Tode *aber jetzt zu den Göttern (gekommen ist)* (ἀλλὰ νῦν εἰς τοὺς θεούς)[558].

Von dieser schlichten Vorstellung positiver griechischer Eschatologie gibt es mehrere Varianten, oft mit der Aussage kombiniert, dass die Seele der Toten rasch zu den Göttern gelangt, während der Leib stirbt. So drückt es auch ein Grabtextfragment aus Marmor aus Rom (wohl 2.-3. Jh. n. Chr.) aus, welches das Verlassen des Leibes und den Aufstieg der Seele zu den Unsterblichen mit dem Verb τρέχειν (schnell gehen/laufen, rennen, dringen, sich schnell bewegen) ausdrückt:

5   ἦ γάρ σο⟨υ⟩ τύμβος μ[ὲν ἐδέξατο σῶμα θανόντος],
      ψυχὴ σεῖο, μάκαρ, ⟨δ᾿⟩ ἔτ[ρεχ᾿ ἐς ἀθανάτους].[559]

---

[557] Dass der Gedanke der „Vergöttlichung" und Gotteskindschaft in der alten Kirche populär war, zeigen z.B. auch Grabinschriften, die am Ende der Schrift folgende Abkürzung enthalten: ΘΟ · ΤΚΝ = θεοῦ τέκνον = das „*Gotteskind*" (C. M. KAUFMANN, *Epigraphik*, S. 122). Ähnlich vgl. βαιὰ ἐκ τῶν τοῦ θεοῦ = *die Kleine von den Kindern Gottes*: C. M. KAUFMANN, *Epigraphik*, S. 70-71; vgl. auch G. JOHNSON, *Anatolia*, n° 4.16.

[558] L. MORETTI, *Incriptiones Graecae Urbis Romae* III, n° 1161 = PEEK GV n° 613; IG XIV n° 1420; R. CAGNAT, IGR I, n° 202.

[559] L. MORETTI, *Incriptiones Graecae Urbis Romae* III, n° 1143 = O. MARUCCHI, *Roma sotterranea cristiana*, S. 32.

Wahrlich das Grab hat nach deinem Tod den Leib empfangen,
deine Seele aber, Glückseliger, ging schnell zu den unsterblichen Göttern.

(Übersetzung: H.-G. NESSELRATH – I. PERES)

Es ist sehr wahrscheinlich – zahlreiche Grabinschriften belegen dies –,
dass bei den antiken Griechen die Vorstellung vorherrschte, dass nur die
guten und tüchtigen Menschen zu den Göttern gelangen können (obwohl
die olympischen Götter gerade nicht gut waren!). Auf einer Grabsäulenin-
schrift aus Kaisareia-Hadrianopolis (152 n. Chr.) ist zu lesen, dass der tote
Dionysios sein Privat- und Gesellschaftsleben in bester Ordnung geführt
hatte[560]. Er wurde von den Göttern und den Menschen gelobt, zu Lebzeiten
wurde ihm ein Grabmal errichtet und er sowie seine Frau hatten gute Voraussetzungen, einen Platz unter den seligen Göttern einzunehmen:

[ζ]ωγραφίας δ' ἐποί|ησ' Ἐπιθέρσης φίλτατος | ἀνδρῶν· |
ἐνθάδε κεῖται ἀνήρ, πολ|λῶν φίλος ἠδ' ὑπολήπτωρ |
ἀφ⟨ν⟩ειός τ' ἀγαθός τε καὶ εὐγνώ|μων, Διονύσιος,
τειμαῖς ἔκ τε | θεῶν πεπλησμένος ἐκ τ' ἀν|θρώπων,
εὐκόσμως ζήσας σὺν | ἀμωμήτοιο γυναικός
Ἄκκας σε|μνοτάτης βίον ὄλβιον ἐκτελέ|{υ}σαντες·
καὶ ζῶντες ποῖσαν μέ|γα ἠρίον, ὡς ἐπέοικεν,
ἀνφο|τέρω ἀρετῆς χῶρον ἔχειν | μακάρων[561].

Die Reliefs hat mein lieber Freund Epitherses gefertigt.
Hier liegt ein Mann, der vielen Freund und Helfer war,
Dionysios; er war reich und tüchtig und von klarem Verstand,
mit Ehren überhäuft von Göttern und Menschen.
Er hat mit seiner tadellosen allerehrwürdigsten Frau Akka
in bester Ordnung gelebt, während sie ihr glückliches Leben vollendeten;
und sie haben zu Lebzeiten ein grosses Grabmal errichtet, da es sich gebührt,
dass beide einen Platz unter den Seligen haben.

(Übersetzung: R. MERKELBACH – J. STAUBER)

Von den Seelen der Guten (ψυχαὶ ἀγαθῶν), die aufgrund ihrer Tugend
oder Sittlichkeit Anrecht auf die Inseln der seligen Götter haben, spricht
eine Grabinschrift auf einer Statuenbasis aus Kalkstein aus Patara (wohl 1.
Jh. n. Chr.). Weil der Tote Philumenos diese Voraussetzung erfüllt und

---

[560] Nach der Inschrift war er ἀφνειός, ἀγαθός, εὐγνώμων und εὐκόσμως ζήσας βίον
ὄλβιον.
[561] R. MERKELBACH – J. STAUBER, *Steinepigramme* II, n° 10/02/11 = SEG 43, n° 913;
Ch. MAREK, *Stadt, Ära und Territorium*, S. 206, n° 78.

sein Leben gut war, kann er zuversichtlich sein, im Jenseits unter den Seligen zu weilen:

θρέπτρά τοι, ὦ μέγα πιστὲ Φιλουμενέ, ταῦτα δίδωσιν
υἱὸς ἐμὸς Ζήνων τόν συ λίπες τριέτη·
εἰ δ' ἐτεὸν μακάρων νήσους ἀγαθῶν κατέχουσιν
ψυχαί, καὶ τὴν σὴν νῆσος ἔχει μακάρων.[562]

Du allerzuverlässigster Philumenos, dir gibt diesen Dank für die Erziehung
mein Sohn Zenon, den du nach drei Jahren verlassen hast.
Wenn aber die Seelen der Guten die Insel der Seligen wirklich in Besitz halten,
dann besitzt die Insel der Seligen auch die deinige.

(Übersetzung nach S. ŞAHIN)

Nach einer Inschrift aus Bithynien[563] taucht (δύω) die gute Seele (ἀγαθὴ ψυχή) in den Himmel ein:

παῖξον καὶ γέλασον, ἐφ' ὅσον ζῆς, ὧδε γὰρ ἐλθών
οὐδὲν ἔχεις καθιδεῖν ἢ νύκτα μακρὰν μετὰ σειγῆς·
οὐ βαιούλου ψόφος ἔνθ', οὐ βαλλίζων τις ὁρᾶται,
¹² ἀλλὰ νέκυν με Δαφνοῦς κατέχει εἰς αἰώνιον οἶκον,
ἡ δ' ἀγαθὴ ψυχὴ εἰς οὐρανὸν αὐτὸν ἔδυνεν.[564]

Lache du und spiele, solange du lebst; denn wenn du hierher gekommen bist,
wirst du nichts anderes mehr sehen können als lange Nacht und Schweigen.
Hier gibt es keinen Lärm von Lastträgern, man sieht niemand herumspringen,
sondern der Lorbeerhain hält mich fest als ewiges Haus,
aber meine gute Seele ist im Himmel eingetaucht.

(Übersetzung: R. MERKELBACH – J. STAUBER)

Ein anderes Epigramm aus Bithynien (wohl späthellenistisch)[565] erzählt die Geschichte des Priesters Meniketes, der als Zeugnis für seine Unschuld und sein gutes Leben einen bedeutungsvollen Zuruf der Isisverehrer be-

---

[562] S. ŞAHIN, *Epigraphische Mitteilungen aus Antalya I: Inschriften aus Pamphylien und Lykien*, in: EA 31 (1999), S. 49-50, n° 16.

[563] Längere Sarkophaginschrift, Fundort: Prusias am Hypios (Bithynien), nach W. Peek auf das 2. Jh. n. Chr. datiert, nach R. Merkelbach – J. Stauber auf das 3. Jh. n. Chr.

[564] R. MERKELBACH – J. STAUBER, *Steinepigramme* II, n° 09/08/04 = F. K. DÖRNER, *Bericht über eine Reise in Bithynien*, S. 22-23, n° 22; J. und L. ROBERT, *Bithynie*, in: REG 66 (1953), S. 173-174, n° 193; PEEK GV n° 1112; W. AMELING, IK 27, n° 72.

[565] Das Datum ist unsicher: vielleicht späthellenistisch oder frühkaiserzeitlich (nach Corsten, Merkelbach und Stauber).

kommen hat und damit auch die Gewissheit, bei Osiris aufgenommen zu werden[566]:

οὐ δνοφερὰν ᾿Αχέροντος ἔβαν νεκυο|στόλον οἷμον
Μηνικέτης, μακάρων | δ᾿ ἔδραμον εἰς λιμένας·
δέμνια γὰρ λινόπε|πλα θεᾶς ἄρρητα βεβήλοις
᾿Αιγύπτου τρα|φεροῖς δώμασιν ἁρμοσάμαν·
τιμήεις δὲ βρο|τοῖσι θανών, ξένε, τὰν ἐπίσαμον
φάμαν ᾿Ισια|κῶν μάρτυρ᾿ ἐπεσπασάμαν·
πατρὶ δὲ κῦδος | ἔθηκα Μενεσθέϊ, τρισσὰ λελοιπὼς
τέκνα· | τὺ δὲ στείχοις τάνδε ὁδὸν ἀβλαβέως[567].

Nicht ging ich den dunklen Weg des Acheron, der zu den Toten führt,
ich Meniketes, sondern ich lief in den Hafen der Seligen ein.
Ich habe die leinenbezogenen Liegen der Göttin,
die den Ungeweihten geheim sind,
für das reiche Haus Ägyptens (einen Kultbau) erbaut.
Geehrt bei den Menschen sterbend, Fremdling, gewann ich
den bedeutungsvollen Zuruf
der Isisverehrer als Zeugnis (meiner Unschuld).
Für den Vater Menestheus habe ich Ruhm erworben und
drei Kinder hinterlassen.
Du aber mögest auf diesem Weg ohne Schaden weitergehen.
(Übersetzung: R. MERKELBACH – J. STAUBER)

Eine Grabinschrift aus Smyrna (1.-2. Jh. n. Chr.) situiert die verstorbene Areskusa, die früher als Tempelwärterin diente, im Olymp, wo sie nach ihrem Tod Genossin (πάρεδρος) der Athene und/oder Gesellschafterin (θεράπνη) der Artemis geworden ist:

⁷ οὔ κέν τις ψεύσαιτο πρὸς Οὔλυμπόν [μιν ἀεῖραι]
Κύπριδι νηοπόλον ἀθανάτους μ[υχίαν]

---

[566] „Es handelt sich um die zeremonielle ägyptische Bestattung, wie sie Diodor I 92 schildert, bei welcher das Totengericht zeremoniell durchgespielt und der Tote für gerechtfertigt erklärt wurde; Osiris selber (in Gestalt eines Priesters) erklärte, dass er den Toten bei sich aufnehme. Meniketes war vielleicht ein Schreiner, der das ,Bet' für die Isis-Osiris-Zeremonien hergestellt hat." So R. MERKELBACH – J. STAUBER, *Steinepigramme aus dem griechischen Osten* II, S. 270-271.

[567] R. MERKELBACH – J. STAUBER, *Steinepigramme* II, n° 09/14/01 = SEG 28, n° 1585; J. und L. ROBERT, in: Bull. ép. 92 (1979), S. 470, n° 362; G. H. R. HORSLEY, *New Documents Illustrating Early Christianity* III, S. 45; S. ŞAHIN, *Hommages à M. J. Vermaseren* (EP 68,3) III, S. 997f., n° 1; CORSTEN, IK 40, n° 1028. Vgl. R. MERKELBACH, *Isis Regina*, S. 62-63.

⁹ ἢ καὶ 'Αθηναίης πάρεδρον θέμεν ἠὲ [θεράπνην]
'Αρτέμιδος καλῆς τοξοφόρου λοχίης,
¹¹ παντοίης ἀρετῆς καὶ εἴδεος εἴνεκ' ἐραστοῦ
καὶ πινυτῆς ἐρατῆς καὶ φρενὸς ἠγαθέης.⁵⁶⁸

Wer meint, die Götter hätten sie (d.h. Areskusa) als Tempelwärterin
der Kypris in den Olymp erhoben, geht gewiss nicht fehl;
sie mögen sie auch wohl Athena zur Genossin gegeben haben oder der schönen
Artemis, der bogenbewehrten Göttin der Kindbetterinnen,
zur Gesellschafterin,
wegen ihrer vielfachen Tugend und ihrer lieblichen Gestalt,
ihrer sympathischen Verständigkeit und ihrer göttlichen Klugheit.
(Übersetzung: W. PEEK)

Eine Kenotaphinschrift für Podaleirios und Machaon, die beiden Söhne des Asklepios⁵⁶⁹ aus Trikke (wohl Kaiserzeit), vertritt die Ansicht, dass sie nach ihrem Tode zu den Göttern gelangt sind und deren Gemeinschaft geniessen⁵⁷⁰:

Οἵδ' 'Ασκληπιάδαι Ποδαλείριος ἠδὲ Μαχάων,
πρόσθεν μὲν θνητοί, νῦν δὲ θεῶν μέτοχοι.⁵⁷¹

Diese hier sind Podaleirios und Machaon, die Söhne des Asklepios;
vorher waren sie Sterbliche, jetzt aber sind sie Teilhaber der Götter.
(Übersetzung: H.-G. NESSELRATH – I. PERES)

Μέτοχος kann im Griechischen mehrere Bedeutungen haben, z.B. Gefährte, Genosse, Teilhaber/Mitinhaber, Sozius oder Gesellschafter. Wahrscheinlich handelt es sich hier mindestens um eine Form der „Partnerschaft", in der die Seelen mit den Göttern in deren Reich verbunden sind. Es besteht also eine Möglichkeit des göttlichen und himmlischen Zusammenlebens. Interessant ist in dieser Grabinschrift nicht nur der *Status* der Verstorbenen (θεῶν μέτοχοι), sondern auch *der Zeitpunkt*, ab dem sie in „Gesellschaft" oder „Gemeinschaft" mit den Göttern weilen: Νῦν bedeutet, dass die Jenseitswelt und ihre Eschatologie für die Seelen der Verstorbe-

---

⁵⁶⁸ PEEK GG n° 318 = GV n° 924; IG V¹ n° 960.

⁵⁶⁹ Ihre Kenotaphe als kultische Gedächtnismale konnten sich auch an anderen Orten befinden: vgl. dazu z.B. E. ROHDE, *Psyche* II, S. 185.

⁵⁷⁰ Beide sind natürlich Heroen, aber die zu ihrer Ehre gebauten Kenotaphe zeigen, dass das Volk ihr Vorbild liebte. Πρόσθεν θνητοί zeigt, dass sie damals auch Tote waren und jetzt bei den Göttern sind.

⁵⁷¹ E. COUGNY, *Anthologia Palatina* III, 2, n° 87. Zu den zwei Söhnen des Asklepios vgl. Homer, *Il.* 2,729–732.

nen schon in der Gegenwart besteht. Denselben Gedanken enthält eine Grabinschrift aus Rom (3. Jh. n. Chr.)[572], welche das eschatologische νῦν ebenso stark betont und wo die entrückte Seele wieder θεῶν μέτοχος ist.

In beiden Inschriften geschieht dieselbe Wende von der früheren Sterblichkeit zur jetzigen Vergottung: πρόσθεν μὲν θνητοί, νῦν δὲ θεῶν μέτοχοι. Dieser festgefügte Gedanke des Lebens vor und nach dem Tod muss einen konkreten kultischen oder philosophisch-religiösen Hintergrund haben, was auch der Wortgebrauch widerspiegelt.

Eine Sarkophaginschrift aus Rom (2.-3. Jh. n. Chr.) weist auch auf das zukünftige Leben mit den Göttern hin: Es spielt sich auf den Inseln der Glückseligen ab, wo die Seele nach dem Tod mit den Göttern verkehrt:

Θ(εοῖς) Κ(αταχθονίοις)
Δημώ[δης ὅδε] μῦθος | ἐπὶ στομά[τεσσι βέ]βηκεν, |
   θᾶσσον ἀπο[θνήσκε]ιν οὓς φι[5] λέουσι θεοί·
ἀλλὰ μό[νον τὸ ζῆν] | τόδε κάλλιπες ἠδὲ γ' ἑτ[αίρους]
   [εὔω]]ρος προλιπὼν ἠελίου [τὸ φάος]· |
[5] εἶτα σὺ μὲν μακάρεσσ[ιν ὁμιλεῖς]· | οὐδὲ γὰρ εἰκὸς
   ψυχὴν [εἰς 'Αίδην] μὴ |[10] κατεληλυθέναι·
νήσο[υς εἰς μακά]]ρων πωλεύεα[ι ἠδὲ μερίμνας]
   [κάλλι]]πες ὠκυμόρω[ν θυμοβόρους μερόπων].[573]

Den Unterirdischen Göttern
Im Volk verbreitet ist folgendes Wort in aller Munde,
   dass diejenigen schneller sterben, die die Götter lieben.
Aber du liessest hier nur dieses Leben und die Gefährten,
   als du in voller Blüte das Licht der Sonne verliessest.
Und nachher verkehrst du mit den Glückseligen; denn es ist nicht anzunehmen,
   dass deine Seele in den Hades hinabgestiegen ist.
Zu den Inseln der Seligen gehst du und liessest die herznagenden Sorgen
   der schnellvergänglichen Sterblichen hinter dir.
(Übersetzung: H.-G. NESSELRATH – I. PERES)

Diese Grabinschrift, die – obwohl leider nur fragmentarisch erhalten und von den Epigraphikern ergänzt – das leidvolle irdische Schicksal und den Weg zur Freiheit der Seele in der Glückseligkeit sehr schön beschreibt,

---

[572] PEEK GV n° 743 = IG XIV n° 2117; KAIBEL n° 654; CIG n° 6301; E. COUGNY, *Anthologia Palatina* III, 2, n° 620.
[573] L. MORETTI, *Inscriptiones Graecae Urbis Romae* III, n° 1382 = PEEK GV n° 1646; George M. A. HANFMANN, *The Season Sarcophagus in Dumbarton Oaks* I, Cambridge/London 1951, S. 214ff. und 222ff.

versteht die Gemeinschaft mit den Göttern als ein Verkehren mit ihnen. Das griechische ὁμιλεῖν bedeutet aber mehr als einen bloss zeitweiligen Umgang; es hat den Sinn von „verweilen", „zusammen reden", „sich abgeben", „Umgang haben", „hineingeraten", „in Unterhandlung treten" usw. Es handelt sich also um eine enge und aktive Form des Zusammenlebens, das die jungen Seelen bei den Göttern erwartet.

Nach einer anderen, ebenso wichtigen Aussage lieben die Götter hauptsächlich *junge Leute*, die zu ihnen θᾶσσον, also früh und schnell, entrückt werden. Diese Ansicht war wahrscheinlich weit verbreitet, wie eine Basisinschrift aus Mysien (2.-3. Jh. n. Chr.) zeigt: ὅσσους γὰρ φιλέουσιν (sc. θεοί), νέοι θνῄσκουσιν ἅπαντες = *die (die Götter) lieben, sterben alle jung*[574]. Damit stehen der Olymp und der Himmel nicht nur den alten frommen Menschen offen, sondern auch den schönen Jungen. Dem entspricht der in der griechischen Philosophie und Literatur verbreitete Gedanke, dass die Götter ihre Lieblinge unter den Jungen haben, die sie so rasch wie möglich zu sich entrücken – und zwar nicht nur durch den Tod, sondern auch schon im Leben[575].

Eine Grabaltarinschrift aus Rom (2.-3. Jh. n. Chr.) versteht die Seele nach dem Tod als σύνεδρος der Götter:

Θ(εοῖς) Κ(αταχθονίοις)
5 Σῶμα μὲν | ἥδε κόνις κεύθει θεομήστ‖ορος ἀνδρός,
Ναρ|κισσίωνος ‹π›ινυκτ›οῦ, ψυχὴ δὲ σύνεδ|ρος
10 ἀθανάτων· | βωμὸν δ' ἄρ' ἐδω‖μήσαντο ταλάφ|ρων
μήτηρ Σαλβ|ία Ματρῶνα Σω|τᾶς τε ἀδελφός. |[576]

Den Unterirdischen Göttern
Dieser Staub verbirgt den Leib eines Mannes, der den Göttern gleich im Rat war,

[574] PEEK GV n° 961 = F. Th. WELCKER, *Spicilegium Epigrammatum Graecorum*, in: RhM 3 (1845), S. 250, n° 26; J. W. HAMILTON, *Researches in Asia Minor* II, S. 465, n° 324-325; LE BAS – WADDINGTON n° 1771; KAIBEL n° 340; J. A. R. MUNRO, *Inscriptions from Mysia*, in: JHS 17 (1897), S. 291, n° 69. SCHWERTHEIM, IK 18, n° 498; J. STAUBER, PHI 7 *Mysien*, n° 2524; R. MERKELBACH – J. STAUBER, *Steinepigramme* II, n° 08/06/09. Vgl. noch G. KAIBEL, *Sententiarum liber primus*, in: Hermes 15 (1880), S. 463; Th. WIEGAND, *Reisen in Mysien*, in: AM 29 (1904), S. 313; L. ROBERT, *Épitaphes et acclamations byzantines à Corinthe*, in: Hellenica XI (1960), S. 36; R. LATTIMORE, *Themes in Greek and Latin Epitaphs*, S. 49; J. S. PARK, *Conceptions of Afterlife in Jewish Inscriptions*, S. 155.
[575] M. P. NILSSON, *Geschichte der griechischen Religion* I, S. 325-326.
[576] L. MORETTI, *Inscriptiones Graecae Urbis Romae* III, n° 1280 = PEEK GV n° 1768; IG XIV n° 1868; CIG n° 6264; F. H. MARSCHAL, IBM IV, S. 214, n° 1095; KAIBEL n° 652; E. COUGNY, *Anthologia Palatina* III, 2, n° 697.

*des verständigen Narkission, seine Seele aber ist Beisitzerin
der Götter. Den Altar haben mit duldendem Herzen
seine Mutter Salvia Matrona und sein Bruder Sotas errichtet.*
(Übersetzung: H.-G. NESSELRATH – I. PERES)

Das in der Inschrift benutzte σύνεδρος lässt uns vermuten, dass die Seele als Beisitzerin oder Mitglied der Götterversammlung an ihrer Herrschaft oder zumindest an ihren Beratungen teilnimmt. Diese Vorstellung steht in enger Verbindung nicht nur mit dem ägyptischen mythologisch-kultischen Hintergrund, wo z.B. aus einer Inschrift ein συνθρόνος τῶν ἐν Αἰγύπτῳ θεῶν bekannt ist[577], sondern auch mit dem urchristlichen Glauben und dessen Annahme, dass die treuen Jesus-Nachfolger mit ihm in seinem zukünftigen Reich herrschen werden[578].

Eine Grabinschrift aus Rom, wahrscheinlich aus der Kaiserzeit, als Zirkusspiele durchgeführt wurden, zeigt einen ausgeprägten Dualismus zwischen dem Leben auf der Erde – wo sich die verstorbene Kleine nur als Staub der Erde oder Sand der Rennbahn in der Arena (ἄμμος) gefühlt hat[579] – und dem Leben nach dem Tod, von dem sie sicher ist, dass sie trotz ihrer irdischen Bedeutungslosigkeit in den Augen der Mitmenschen zu den Göttern gelangen kann:

’Ενθα με τὴν Κλείν[ην] | ἐκάλυψεν γαῖα πελώρη
ναίω δ’ ἐς μακάρων | ἡ πρὶν βροτὸς ἄμμου [ἀριθμός].[580]

*Hier hat mich, Kleine, die ungeheure Erde bedeckt;
ich wohne aber (jetzt) unter den Glückseligen, ich,
die vormals als Sterbliche (nur) zum Staub zählte.*
(Übersetzung: H.-G. NESSELRATH – I. PERES)

Die Überzeugung dieser römischen Frau ist in mehrfacher Hinsicht, sowohl theologisch wie auch sozialgeschichtlich, interessant. Sie belegt, dass in der Gesellschaft der römischen Kaiserzeit auch die Frauen der niedrigen Schichten darauf hofften, nach dem Tod zu den Göttern zu gelangen. Andererseits macht der Dualismus dieser Inschrift deutlich, dass Frauen aus

---

[577] Die Bezeichnung συνθρόνος gilt auch für eine „Funktion" im Kult von Isis und Sarapis: L. MORETTI, *Inscriptiones Graecae Urbis Romae* I, n° 98 = CIG n° 6007; IG XIV n° 961; IGR I n° 32.

[578] Vgl. *Mk* 10,37; *Lk* 22,28-30; *Mt* 19,28.

[579] So übersetzt L. MORETTI: „Nunc apud Beatorum (sedes) vivo, quae prius, tamquam mortalis, harenae granulus eram" (Ibid., S. 113).

[580] A. FERRUA, ICUR n° 8630 und Add. S. 408; L. MORETTI, *Inscriptiones Graecae Urbis Romae* III, n° 1252.

niedrigen sozialen Schichten ihr Leben und ihre niedrige Position auf der Erde nicht als endgültig betrachtet haben, sondern erwarten durften, dass sie im Leben nach dem Tod unter den Göttern wohnen würden (ναίω ἐς μακάρων), was ihrem gebeugten Leben Sinn und Hoffnung geben konnte. Das griechische Verb ναίω muss nicht nur die allgemeine Bedeutung haben, dass die Seelen nach dem Tode „leben" und in irgendeiner Weise „sind"; es lässt auch an eine nähere Gemeinschaft (κοινωνία) mit den Teilnehmern am göttlichen Leben, mit den Heroen (σύνθρονος ἡρώων)[581] oder den Glückseligen denken.

Es gibt auch Grabepigramme, die sich mit der himmlischen Tätigkeit der Kinder beschäftigen. Eine Reliefinschrift aus dem phrygischen Miletupolis (2. Jh. n. Chr.) beschreibt in einer schönen Metapher das Schicksal des Knaben Asklepiades, der in der frühen Jugendzeit „schnell" (ὠκύμορος) gestorben ist, um danach unter den Kindern der unsterblichen Götter zu sitzen, den παῖδες ἀθανάτων, und vom Sohn des Apollon zu lernen (διδασκόμενος):

> Μιλητουπόλιος κεῖμαι νέκυς, 'Αττικὸν αἷμα,
> ὠκυμόροιο τύχης πείσματα λυσάμενος,
> ἰητροῦ πατρὸς ὢν 'Ασκληπιάδης, ἐλεεινά
> μητρὶ κασιγνήτῳ τε ἄλγεα λειπόμενος·
> 5 ἀλλ' οἱ μὲν κλαίουσιν, ἐγὼ δ' ἐνὶ παισὶ κάθημαι
> ἀθανάτων, Φοίβου παιδὶ διδασκόμενος.[582]

Aus Miletupolis bin ich, der hier tot liegt, attisches Blut.
Schnell holte mein Lebensschiff die Anker ein zur Fahrt an das andere Ufer.
Asklepiades heisse ich, und Arzt war auch mein Vater. Mitleidwürdiges
Leid lasse ich Mutter und Bruder zurück.
Doch während sie nun weinen, sitze ich unter den Kindern
der Unsterblichen und lerne vom Sohne Apollons.

(Übersetzung: W. PEEK)

Zu diesem himmlischen „Schulunterricht" passt eine andere, ähnliche Vorstellung vom Leben der frommen Kinder im Himmel, die abgesehen davon, dass sie zur Gemeinschaft der Götter gehören, die Aufgabe einer Art

---

[581] PEEK GV n° 1162 = GG n° 316; IG XII₈ n° 38; KAIBEL n° 151. Vgl. P. HOFFMANN, *Die Toten in Christus*, S. 52.

[582] PEEK GG n° 287 = GV n° 718; IK 26/2, n° 64; A. BESSET, *Inscriptions d'Asie Mineure*, in: BCH 25 (1901), S. 327f., n° 6; F. W. HASLUCK, *Cyzicus*, S. 279, n° 56; E. SCHWERTHEIM, IK 26/1: *Kyzikos* I, n° 499; W. PEEK, *Griechische Epigramme* III, in: AM 66 (1941), S. 81f., n° 24.

Helfer für die weiteren[583], wahrscheinlich noch kleineren Knaben haben. So erklärt es jedenfalls eine Grabinschrift aus Milet (2. Jh. n. Chr.); der achtjährige Hermaios ist im Olymp unter den Sternen in der Palästra als Helfer (ἐπαρωγός) der anderen Knaben tätig:

5 αἰθέρα δ᾽ ὀκταέτης κατιδὼν ἄστροις ἅμα λάμπεις,
πὰρ κέρας ὠλενίης αἰγὸς ἀνερχόμενος,
παισί τε νῦν ἐπαρωγὸς ἐνὶ σθεναραῖσι παλαίστραις
φαίνῃ, σοὶ μακάρων τοῦτο χαριζομένων.[584]

Den Äther hast du erblickt, ein achtjähriger Knabe, und leuchtest nun
unter den Sternen,
neben dem Horn der Ziege (Capella) im Ellbogen
des Wagenlenkers (Auriga) aufgehend,
und erscheinst jetzt den Knaben in der kraftstählenden Palästra als Helfer;
denn solche Gnade erwiesen dir die Seligen.
(Übersetzung: W. PEEK)

Zu den Vorstellungen über die „Lebensformen" und Stellungen der Verstorbenen im Jenseits gehört auch, dass die glücklichen Seelen der Toten in der Gemeinschaft der Frommen leben und sich möglicherweise – weil sie nicht aus dem Fluss Lethe getrunken haben – an ihr irdisches Leben erinnern. Der Gedanke begegnet uns in einer Grabinschrift, die aus Kyzikos (1.-2. Jh. n. Chr.) stammt und insgeheim schon eine Form von leiblicher Auferstehung oder zumindest ein leibliches Fortleben im Jenseits voraussetzen könnte[585]:

Μίκκης οὔνομα μοῦνον ἔχει | τάφος, εὐσεβέες δέ
ψύχην καὶ πε|δίων τέρμονες Ἠλυσίων·
τοῦτο σα|οφροσύνης ἔλαχεν γέρας, ἀμβροσίη[ν] | δέ
σώματος ὑβριστὴς οὐκ ἐπάτησε | χρόνος,

---

[583] Vgl. dazu W. SPEYER, *Die Hilfe und Epiphanie einer Gottheit, eines Heroen und eines Heiligen in der Schlacht*, in: ders., *Frühes Christentum im antiken Strahlungsfeld*, WUNT 50, Tübingen 1989, 274-283 = in: *Pietas*, FS B. Kötting, JAC, Erg.-Bd. 8, Münster 1980, S. 60-69.

[584] PEEK GG n° 343 = GV n° 1829; B. HAUSSOULLIER, *ΑΣΤΗΡ*, in: RevPhil 33 (1909) 6-7; E. ZIEBARTH, *Zum griechischen Schulwesen*, in: ÖJh 13 (1910), S. 112, n° 4; R. MERKELBACH – J. STAUBER, *Steinepigramme* I, n° 01/20/29; W. PEEK, *Milesische Versinschriften*, in: ZPE 7 (1971), S. 218-220; I. PERES, *Aspekty výchovy a vzdelávania*, S. 76f.

[585] Mehr darüber in Kapitel IV.3.1.

⁵ ἀλλὰ νέη νύμφῃσι μετ᾽ εὐσε‖[βέ]εσ‹σ›ι κάθηται,
  ἀνέρος ἐν μνήμῃ | [πάν]τα φυλασσομένη.⁵⁸⁶

Nur den Namen Mikkes hat das Grab, ihre Seele haben die Frommen
Und die Grenzen der elysischen Gefilde
Slcher Lohn wurde ihrer Trefflichkeit, und die Unvergänglichkeit
  ihres Leibes hat die gewalttätige Zeit nicht niedertreten können,
sondern als junge Frau sitzt sie unter den frommen jungen Mädchen,
  und immer bewahrt sie im Gedächtnis, was sie von ihrem Manne empfing.
                                        (Übersetzung nach W. PEEK)

In diesem Zusammenhang ist auch die Inschrift auf einer Grabsäule aus
Kratia Flaviopolis (Bithynien), wohl aus der späten Kaiserzeit, interessant,
die über eine jung verstorbene Frau als ἠϊθέη (= unverheiratet) spricht⁵⁸⁷.
Die Herausgeberin der Inschrift, Christina KOKKINIA, weist mit dem Ver-
weis auf andere Inschriften darauf hin, dass mit ἠίθεοι auch Unterweltgei-
ster⁵⁸⁸ gemeint seien, die nach dem Tod eine besondere „Gemeinschaft"
bilden. So findet es sich auf einer Grabinschrift aus Mysien: [ἀλλ᾽ αὐτὴν
δαίμ]ω[ν] / πέμψεν ἐς ἠϊθέους⁵⁸⁹. Wie Chr. KOKKINIA über die Zeilen 5-6
ausführt, „wurde das Mädchen nach seinem Tod zu einer Gruppe von Verstorbenen ‚geschickt', die ἠίθεοι genannt werden"⁵⁹⁰ und wahrscheinlich
im Zusammenhang mit Unterweltgottheiten stehen (παρὰ τοῖς ἠϊθέοις)⁵⁹¹.

Einen weiteren interessanten Beleg enthält eine Grabinschrift aus Nikaia
(Bithynien, 2.-3. Jh. n. Chr.). In ihr wird der „Protagonist" Secundus (nach
dem Weg zurück in den Hades) im göttlichen Äther plaziert, wo er seinen

---

⁵⁸⁶ R. MERKELBACH – J. STAUBER, *Steinepigramme* II, n° 08/01/50 = G. PERROT,
Deux inscriptions de Cyzique, in: RA 31 (1876), S. 353-355, n° 2; J. H. MORDTMANN,
Metrische Inschriften, in: AM 4 (1879), S. 17, n° 2 (zu Z. 5); KAIBEL n° 338; PEEK GV
n° 1764; PEEK GG n° 354; E. SCHWERTHEIM, IK 18, n° 524; J. STAUBER, PHI 7 *Mysien*,
n° 1703. Fundort: Kyzikos, Datum: 1.-2. Jh. n. Chr. Zu Z. 1.-2. vgl. auch J. S. PARK,
Conceptions of Afterlife in Jewish Inscriptions, S. 168. Über die Elysischen Gefilde vgl.
noch CIL VI, n° 33960.

⁵⁸⁷ Ch. KOKKINIA, *Ein neues Grabepigramm aus Bithynien*, in: EA 31 (1999), S. 167-
170, Tafel 10.

⁵⁸⁸ Vgl. auch z.B. SEG 43, n° 916 = Chr. MAREK, *Stadt, Ära und Territorium*, S. 210,
n° 91; Chr. KOKKINIA, a.a.O., S. 168.

⁵⁸⁹ SEG 19, n° 726 = Chr. KOKKINIA, a.a.O., S. 169.

⁵⁹⁰ Chr. KOKKINIA, a.a.O., S. 169.

⁵⁹¹ A. AUDOLLENT (ed.), *Defixionum Tabellae quotquot innotuerunt*, Paris 1904, S. 52
= Chr. KOKKINIA, a.a.O., S. 168, Anm. 4. Über „göttliches" παρά oder πρός vgl. auch
W. PEEK, *Inschriften, Ostraka, Fluchtafeln*, Kerameikos 3, 1941 (=1974), C 3, S. 91-93:
παρὰ Φερσεφόνεια καὶ Ἑρμεῖ und πρὸς τὸν Ἑρμῆν.

Dienst fortsetzt. Der griechische Ausdruck στρατεύομαι weist darauf hin, dass Secundus im irdischen Leben Soldat[592] war:

[Ζε]κοῦνδος ἐσθλὸς χερσὶ κηδευθεὶς πατρός
[ἐ]νθάδε κατοικῶ, νέος ὑπάρχων καὶ καλός.
οὐκ ἔστ' ἐν ἀνθρώποισι πλησμονὴ βίου,
4 ἀλλ' ὅταν ἐπέλθῃ τοῦ βίου τὸ λείψανον,
δεῖ κατθανεῖν σε· τοῦτο γὰρ Μοιρῶν μίτος
ἐπέκλωσεν ἡμεῖν, πάλι μολεῖν πρὸς ᾽Αΐδαν.
εἰκοσαετὴς γὰρ ὢν ἐγὼ θνήσκω ταχύ
8 καὶ τοῦ πόλου τὸ λαμπρὸν ἡλίου σέλας
λιπὼν εἰς αἴθραν ἀλλαχοῦ στρατεύομαι.[593]

Hier wohne ich, der edle Secundus, bestattet von den Händen des Vaters;
jung war ich und schön.
Aber es gibt für die Menschen keine volle Lebenszeit;
sondern wenn der Rest des Lebens auf einen zukommt,
musst du sterben; denn dies hat der Faden der Schicksalsgöttinnen
uns zugesponnen, wir müssen wieder zum Hades gehen.
Ich bin 21jährig rasch gestorben
und habe das am Himmelsgewölbe strahlende Licht des Helios
verlassen und tue nun Dienst anderswo im Äther.
(Übersetzung: R. MERKELBACH – J. STAUBER)

Trotz dieser Pflichten ist aber das Leben im Jenseits, d.h. im Kreis der Frommen und in der Gemeinschaft der Götter, *schön* und *genussvoll*. Dies entspricht einem verbreiteten religionsgeschichtlichen Topos der positiven Jenseitswelt. Dass das Leben bei den himmlischen Sternen, den unsterblichen Göttern und im Elysium ein Genuss ist, besagt z.B. ein Grabepigramm aus Neoklaudiopolis (Pontos, 2.-3. Jh. n. Chr.) mit dem Aufruf „Geniesse das Elysium" (᾽Ηλυσίοις ἐπιτέρπεο). Dorthin ist die tote Domnina gegangen und hat auch ihren Leib (σῶμα) mitgenommen und ihn bei den himmlischen Sternen gereinigt (καθηραμένη). Somit wäre sie nicht gestorben, sondern von den Göttern leiblich weggerafft worden:

---

[592] Als 21jähriger ist er rasch gestorben, vielleicht im Krieg(?).
[593] R. MERKELBACH – J. STAUBER, *Steinepigramme* II, n° 09/05/14 = PEEK GV n° 1946; A. M. SCHNEIDER, *Die römischen und byzantinischen Denkmäler von Nikaia*, in: IF 16 (1943), S. 26, n° 15; S. ŞAHIN, IK 9, n° 195; G. H. R. HORSLEY, *New Documents Illustrating Early Christianity* IV, S. 25, n° 6. Vgl. W. PEEK, *Griechische Versinschriften aus Kleinasien*, S. 38, n° 21a.

σπεῦ[σας] | ἐς ἀθα[νά]|τους, Δο[μνεῖν'], | ἀνδρὸς δ' ἀμέ|λησας,
ἀστράσιν | οὐρανίοις σῶ|μα καθηραμέ|νη·
οὔ τις ἐρῖ με|ρόπων, ὅτι δὴ | θάνες, ἀλλ' ὅ|τι πάτρην
ῥυ|ομένην νούσων ἄρπασαν | ἀθάνατοι.
χαῖ|ρε καὶ 'Ηλυσίοις | ἐπιτέρπεο, σοῖς | δ' ἄρ' ἑταίροις |
λύπας καὶ θρή|νους κάλλιπες ἀϊδ⟨ί⟩ους|.[594]

Hinaufgeeilt bis du, Do[mnina], zu den Unsterblichen,
den Ehemann vernachlässigend,
und hast deinen Leib bei den himmlischen Sternen gereinigt;
keiner der Menschen wird sagen, dass du gestorben seiest,
sondern dass die Unsterblichen
dich weggerafft haben, als du die Vaterstadt vor den Krankheiten
retten wolltest.
Sei gegrüsst und geniesse das Elysium; aber deinen Gefährten
hast du hinterlassen Trauer und ewige Klagen.
(Übersetzung: R. MERKELBACH – J. STAUBER)

Das Zusammenleben im Himmel bedingt auch die Tischgemeinschaft mit den Göttern, die als früheres irdisches heiliges Mahl im Glauben der Griechen eine sehr wichtige Rolle spielte. Die himmlische Tischgemeinschaft mit den Göttern war wahrscheinlich die höchste Glaubenserwartung der Griechen, weshalb sie natürlich die Gemeinschaft im Himmel und im Olymp mit grosser Sehnsucht erwarteten. Eine Grabinschrift aus Milet (vielleicht aus dem 2. Jh. n. Chr.) gibt die Hoffnung wieder, dass der Verstorbene im Olymp am Tisch der Götter einen Ehrenplatz hat und als ihr Tischgenosse (ὁμέστιος) in der Halle der unsterblichen Götter grosse Ehre geniesst:

⁶ βλέ[πε]ις δὲ 'Ολύμπου τας ἀ[...]δάλτους πύλας
ὁμέ[στ]ιον θεοῖσιν εἰληχὼς [γ]έρας·
αὐτή σε γὰρ Τρει[τ]ωνὶς εἰς θεηδόχους
[ἤν]ενκεν αὐλὰς ἀφθίτοις [τε] ὁμέστιον
τειμὴν [λέ]λοιχες μὴ πιὼν Λήθης ὕδωρ.[595]

---

[594] R. MERKELBACH – J. STAUBER, *Steinepigramme* II, n° 11/03/02 = SEG 4, n° 727; F. CUMONT, *Studia Pontica* III, S. 102f., n° 86; H. W. PLEKET, *Epigraphica* II, S. 38, n° 26; A. WILHELM, *Abhandlungen und Beiträge* I, S. 694-698 (vgl. auch: ders., *Ärzte und Ärztinnen in Pontos, Lykien und Ägypten*, in: ÖJh 27 [1931], Beibl., Sp. 75ff., n° 3); J. ZINGERLE, *Zu griechischen Grabgedichten*, in: ÖJh 23 (1926), Beibl., Sp. 361ff., n° 1; PEEK GV n° 1486. Datum: Kaiserzeit (nach R. Merkelbach und J. Stauber); 2.-3. Jh. n. Chr. (nach W. Peek).

[595] R. MERKELBACH – J. STAUBER, *Steinepigramme* I, n° 01/20/27, Milet; nach P. Hermann vielleicht aus dem 2. Jh. n. Chr.

Du blickst auf die ... Pforten des Olymp
und hast einen Ehrenplatz inne als Tischgenosse der Götter,
denn Tritonis (Athena) selbst hat dich in die Halle geführt, welche die
　　　　　　　　　　　　　　　　Götter empfängt,
und du hast die Ehre des gemeinsamen Herdes
mit den Unsterblichen erlangt, denn du hast das Wasser der Lethe
　　　　　　　　　　　　　　　　nicht getrunken.
(Übersetzung: R. MERKELBACH – J. STAUBER)

Die Ehrerbietung beim Essen, die Sitzordnung und die Tische ähneln der antiken irdischen Mahlsordnung, allerdings mit mythologischer Färbung: Auf den Tischen stehen Ambrosia und Nektar, die Götter tragen auf ihrem Haupt Kränze, die Atmosphäre ist freundlich, und das Essen wird von Lachen begleitet. Im Olymp, am Tisch der Götter (τράπεζα ἀμβροσίη) zu sein ist also eine grosse Freude und Glückseligkeit. Eine Grabinschrift aus Smyrna (1.-2. Jh. n. Chr.) beschreibt dies sehr schön, wenn sie den in den Olymp emporgestiegenen Verstorbenen als Freund der Götter (φίλος) darstellt:

καί με παρὰ τριπόδεσσι καὶ ἀμβποσίῃσι τραπέζαι[ς]
ἡδόμενον κατὰ δαῖτα θεοὶ φίλον εἰσορόωσιν,
κρατὸς ἀπ᾽ ἀθανάτοιο πα{τ}ρη⟨ά⟩σι μειδιόωντες
¹⁶ [νέκταρ ὅτ᾽ ἐν] προχοαῖσιν ἐπισπένδω μακάρεσσι.⁵⁹⁶

Und nun blicken die Götter mich als Freund an, der ich
bei den Dreifusstischen und den ambrosischen Tischen froh sitze;
sie lächeln mich mit ihren Wangen aus ihrem unsterblichen Haupt an,
wenn ich den Seligen bei dem Einleitungs-Trankopfer einschenke.
(Übersetzung: R. MERKELBACH – J. STAUBER)

Das Leben im Olymp ist also erfüllt und freundlich. Die Seele kann auch zu den Musen gehören, wie die des Herodes, der nach einer Grabinschrift aus Thespiai (vielleicht 2. Jh. n. Chr.) als zehnter zu ihnen zählen möchte:

Τὴν ἱερὰν κεφαλὴν Ἡρῴδου γαῖα καλύπτει·
ψυχὴ δ᾽ ἐν Μούσαις τάξιν ἔχει δεκάτην⁵⁹⁷.

---

⁵⁹⁶ CIG n° 3398 = KAIBEL n° 312; PEEK GV n° 1765 und GG n° 391; PETZ, IK 23, n° 539; McGABE, *Smyrna*, n° 277; R. MERKELBACH – J. STAUBER, *Steinepigramme* I, n° 05/01/64; P. HOFFMANN, *Die Toten in Christus*, S. 50. Fundort: Smyrna. Nach W. Peek 1.-2. Jh.
⁵⁹⁷ PEEK, GG n° 252 = GV n° 1767; L. BIZARD, *Inscriptions de Béotie*, in: BCH 29 (1905), S. 103, n° 6.

Des Herodes heiliges Haupt birgt die Erde;
seine Seele ist bei den Musen und zählt dort als deren zehnte.
(Übersetzung: W. PEEK)

Ebenfalls eine Art der Gemeinschaft mit den Musen drückt eine Grabinschrift in Rom (2.-3. Jh. n. Chr.) aus, die Nikokrates, ein μουσικὸς ἀνήρ, in seinen Marmorsarkophag mit Relief gravieren liess. In dieser Sarkophaginschrift ist ausser der musikalischen Hoffnung selbst im Tode auch der Ausdruck πνεῦμα interessant, als Bezeichnung für das Leben oder die seelische Substanz des Menschen. Noch im Tod beherrschen die Musen den Leib: καὶ μετὰ τὸν θάνατον Μοῦσαί μου τὸ σῶμα κρατοῦσιν[598].

Die Freude bei den Glückseligen im Himmel wird von einigen Griechen auch dadurch ausgedrückt, dass sie nach ihrem Tod bei Zeus mit der grossen Ehre bedacht werden, unter den Göttern auf goldenen Thronen zu sitzen. So liest man auf einer Grabinschrift aus Smyrna (2. Jh. n. Chr.):

8   τειμὴ δ᾽ ἐκ Διός ἐστι σὺν ἀθανάτοισι θεοῖσι
    Ἑρμείαο λόγοις· ὅς μ᾽ οὐρανὸν ἤγαγε χειρῶν
    αὐτίκα τειμήσας καί μοι κλέος ἐσθλὸν ἔδωκεν
    οἰκεῖν ἐν μακάρεσσι κατ᾽ οὐρανὸν ἀστερόεντα,
12 χρυσείοισι θρόνοισι παρήμενον ἐς φιλότητα·[599]

Ich habe die Ehre von Zeus, zusammen mit den unsterblichen Göttern,
Auf Grund der Rede des Hermes, denn er hat mich an der Hand gefasst
                                und in den Himmel geführt,
indem er mir gleich Ehre erwies und mir edlen Ruhm gab,
dass ich bei den Seligen am gestirnten Himmel wohnen sollte,
bei ihnen in Freundschaft auf goldenen Thronen sitzend.
(Übersetzung nach R. MERKELBACH – J. STAUBER)

Zum Schluss können wir noch ein Grabepigramm aus Rom (Anfang 1. Jh. n. Chr.?) zitieren, welches das Leben nach dem Tod im Kreise des Zeus und seiner Seligen als glücklich und freundlich empfindet:

---

[598] L. MORETTI, *Inscriptiones Graecae Urbis Romae* III, n° 1326. Vgl. auch z.B. A. STUIBER, *Refrigerium interim*, S. 190f.
[599] CIG n° 3398 = KAIBEL n° 312; PEEK GV n° 1765 und GG n° 391; PETZ, IK 23, n° 539; D. F. McCABE, *Smyrna*, n° 277; R. MERKELBACH – J. STAUBER, *Steinepigramme I*, n° 05/01/64; P. HOFFMANN, *Die Toten in Christus*, S. 50. Fundort: Smyrna. Nach W. Peek 1.-2. Jh. n. Chr.; nach R. MERKELBACH – J. STAUBER 3. Jh. n. Chr.

'Ενθάδε τὴν ἱερὴν κεφαλὴν σορὸς ἥδε κέκευθεν
'Αετίου χρηστοῦ, ῥήτορος εὐπρεπέος.
ἦλθεν δ' εἰς 'Αίδαο δέμας, ψυχὴ δ' ἐς "Ολυμπον·
[τέρπεθ' ἅμα Ζενὶ καὶ ἄλλοισιν μακάρεσσιν.]
. . . . ἀθάνατον δέ
οὔτε λόγος ποιεῖν οὔτε θεὸς δύναται⁶⁰⁰.

Der Sarkophag hier umschliesst das heilige Haupt des Aëtios,
   der, ein trefflicher Mensch, herrlich als Redner geglänzt.
Kam in den Hades sein Leib, zum Olymp entschwebte die Seele,
   <wo er im Kreise des Zeus und seiner Seligen nun
glücklicher Tage sich freut. Doch auf Erden> unsterblich zu weilen,
   kann keine Redegewalt und keine Gottheit verleihn.
(Übersetzung: H. BECKBY)

Die Beschreibungen des Zusammenseins mit den Göttern und des Lebens in ihrem Bereich wurde von sehr vielfältigen Vorstellungen genährt, die im Volksglauben bunt ausgemalt wurden. Die Belege zeigen, dass der Weg zu den Göttern in der hellenistischen Epoche und in der frühen Kaiserzeit immer freier zugänglich wurde und dann auch der Volksglaube diesen Weg zu gehen versuchte. Die Belege für dieses positive eschatologische Modell sind indes zahlenmässig bedeutend geringer als solche, die das Leben nach dem Tod pessimistisch betrachten.

6.2 Himmlisches Zusammenleben mit Christus

6.2.1 Vorbemerkungen

Die Grabinschriften zeigen viele Arten des seligen Lebens bei den Göttern. Diese Sehnsucht war schon in hellenistischer Zeit sehr deutlich, noch mehr jedoch in der nachhellenistischen im 1.-3. Jh. n. Chr.⁶⁰¹ Auch die neutestamentliche Eschatologie zeigt auf vielfache Weise die neue Situation der seligen Christen im himmlischen Gebiet Gottes. Die biblischen eschatologischen Aussagen sind fast durchweg christologisch orientiert. Wir wählen im folgenden einige Texte und Aussagenkomplexe aus, die den Vorstellungen der Grabinschriften verwandt sind. Als Grundtexte dienen *Lk* 22,30 (Teilhabe an Mahl und Richterherrschaft Christi), *Offb* 22,1-2 (das Leben im himmlischen Paradiese) und von den paulinischen Texten die, die von

---

⁶⁰⁰ PEEK GV n° 770 = H. BECKBY, *Anthologia Graeca* VII, n° 362. Vgl. E. BICKEL, *De epitaphio Senecae*, in: RhM 63 (1908), S. 405. Der Rhetor Aietios Pastor lebte 13 vor bis 17 n. Chr. in Rom (Vgl. H.BECKBY, *Anthologia Graeca* VII, S. 589, Anm. 362).
⁶⁰¹ Hauptsächlich nach dem 1. Jh. n. Chr. ist diese Sehnsucht sehr verbreit: F. CUMONT, *Die orientalischen Religionen im römischen Heidentum*, S. 273.

einem „Mit Christus" nach dem Tod sprechen, *Phil* 1,23 (vgl. *1 Thess* 4,17).

Es ist auffällig, dass die ausgewählten Texte auf die Grundaussagen der neutestamentlichen Eschatologie, wie z.B. Entrückung, Auferstehung, Parusie usw., kaum hinweisen. Es stellt sich hier sodann als weitere Frage: Wie rezipieren die neutestamenlichen Texte die griechische Vorstellung vom Leben bei den Göttern und evtl. den verbreiteten religionsgeschichtlichen Topos vom Paradies? Und wie hellenisierten die neutestamentlichen Autoren die eschatologischen Elemente des Evangeliums, das für ihre Kulturwelt und die hellenistische Religiosität galt? Weitere Detailfragen begegnen unten in den Unterabschnitten.

6.2.2 Sitzen auf den Thronen und Mahlzeit im Gottesreich (Lk 22,30 par.)

Für das Motiv der *„Tischgemeinschaft mit den Göttern"* ist wohl der geeignetste neutestamentliche Text *Lk* 22,30: „Ihr sollt essen und trinken an meinem Tisch in meinem Reich und auf Thronen sitzen, die zwölf Stämme Israels zu richten."

Der Kern dieses lukanischen Textes stammt aus *Q*, wo er kürzer war[602]. Lukas hat die matthäische Version (*Mt* 19,28) leicht verändert und in drei Punkten hellenisiert:

1. *Lk* 22,30 unterscheidet sich von *Mt* 19,28 in der Zahl der Throne. Bei Matthäus sind es zwölf, weil nur zwölf (jüdische!) Jünger die Thronrechte bekommen[603]. Lukas öffnet die Möglichkeit, mit Jesus in seinem Reich auf Thronen zu sitzen, auch für die nicht-zeitgenössischen Jünger und die Nicht-Israeliten[604]. Es gilt, wenn Jesus in V. 28 nur über die damaligen Jünger spricht und ihnen Sonderrechte verheisst. In V. 30 öffnet Jesus die Verheissung für die Welt.

2. Lukas benutzt nicht das matthäische Bild vom „Thron der Herrlichkeit" (θρόνος δόξης αὐτοῦ), der als Thron Gottes[605] nach Matthäus dem υἱὸς τοῦ ἀνθρώπου gehört[606].

---

[602] *Q* 22,30 könnte folgendermassen aussehen: ... καθήσεσθε ἐπὶ θρόν[ους] κρίνοντες τὰς δώδεκα φυλὰς τοῦ Ἰσραήλ: Paul HOFFMANN u.a. [Hrsg.], *Documenta Q: Q 22:28,30. You Will Judge the Twelve Tribes of Israel*, Leuven 1998, S. 436; vgl. Christian RINIKER, *Die Gerichtsverkündigung Jesu*, EHS XXIII/653, Bern 1999, S. 352.

[603] Eine andere Erklärung wäre, dass Judas als der Zwölfte wegen seines Verrates aus dem Kreis der Jünger schon ausgefallen ist: vgl. z.B. Joseph A. FITZMYER, *The Gospel According to Luke (X-XXIV)*, Bd. II., AB 28A, New York 1985, S. 1419; ähnlich W. GRUNDMANN, a.a.O. (*Das Evangelium nach Lukas*), S. 405, Anm. 19. Dagegen spricht aber, dass der Jüngerkreis ganz bald nach dem Tode Jesu einen neuen Jünger, Matthias gewählt hat (*Apg* 1,26). So konnte der Kreis der Zwölf wieder komplett werden und Lukas hätte mit der Zahl „Zwölf" arbeiten können. Vgl. auch Ch. RINIKER, a.a.O. (*Die Gerichtsverkündigung Jesu*), S. 357, besonders Anm. 348.

[604] Vgl. W. GRUNDMANN, a.a.O. (*Das Evangelium nach Lukas*), S. 403.

[605] U. LUZ, *Das Evangelium nach Matthäus (18-25)* III, S. 129.

3. Die dritte lukanische Veränderung des ursprünglichen *Q*-Textes ist der Zusatz „ihr sollt essen und trinken an meinem Tisch in meinem Reich". Das Motiv der eschatologischen Tischgemeinschaft mit dem König in seinem Reich ist eine lukanische Ehrung, die Jesus den ihm Treuen in der Zukunft verheisst. Die Erwartung einer himmlischen Tischgemeinschaft ist jüdisch und jesuanisch[607]; die Verbindung von Thronen und Mahlzeit ist dagegen vor Lukas nicht zu belegen[608].

Der lukanische Text enthält also zwei verschiedene Motive: Thron und Tisch[609], oder – mit den Worten von Walter GRUNDMANN – „die Zusage der eschatologischen Mahlgemeinschaft und die der eschatologischen Herrschaft"[610]. Unter der βασιλεία ist der Bereich verstanden, in dem Jesus und seine Nachfolger herrschen und richten werden. Die Verheissung weist auf neue Verhältnisse in der neuen Welt hin und will eschatologisch verstanden werden.

1. Das erste Motiv ἐσθίειν καὶ πίνειν ἐπὶ τῆς τραπέζης Jesu in seinem Reich erinnert an die Tischgemeinschaft beim Abendmahl mit Essen und Trinken, an das gegenwärtige eucharistische Mahl, das auf das zukünftige im Reich Jesu hinweist[611]. Der Tisch des Freudenmahls ist nach Lukas der Tisch Jesu (ἐπὶ τῆς τραπέζης μου). Das Essen und Trinken bedeutet nicht nur, dass es im neuen Reich Jesu genug zu essen und zu trinken gibt und dass die Christen keinen Hunger und Durst mehr haben werden, sondern eine enge freundliche eschatologische Tischgemeinschaft mit dem Gastgeber Jesus, wie das auch das antike Symposion darbietet. Es gewährt Genuss und den Ruhm, mit Jesus am gemeinsamen Tisch zu sitzen und das Heil in seiner Nähe zu erleben. Wie beim irdischen eucharistischen Mahl, so werden die Nachfolger Jesu in der eschatologischen Zukunft eine noch herrlichere Zeit mit ihm haben.

Die griechischen Grabinschriften kennen das Bild vom himmlischen Gastmahl gut[612]. Sie sprechen davon, dass die Verstorbenen, die zu den Göttern entrückt werden, an ihren himmlisch-olympischen Tischen (παρὰ ἀμβροσίῃσι τραπέζαις) als ihre Tischgenossen sitzen (ὁμέστιος θεοῖσιν)

---

[606] Vgl. *Dan* 7,9-14.

[607] Vgl. *Mt* 8,11par.; *Mk* 14,25parr.; *Mt* 25,10.21.23; vgl. dazu auch *Offb* 19,7.9.

[608] Das bestätigt auch *Mt* 19,28, wo die Mahlverheissung fehlt; vgl. Volker HAMPEL, *Menschensohn und historischer Jesus*, Neukirchen-Vluyn 1990, S. 145; P. HOFFMANN u.a. (Hrsg.), a.a.O. (*Documenta Q*: Q 22:28,30), S. 270.

[609] J. BOLYKI, *Jesu Tischgemeinschaften*, S. 127.

[610] W. GRUNDMANN, a.a.O. (*Das Evangelium nach Lukas*), S. 403;

[611] J. ERNST, a.a.O. (*Das Evangelium nach Lukas*), S. 597.

[612] Vgl. z.B. eine Grabinschrift aus Smyrna (nach Peek 1.-2. Jh. n. Chr.): CIG II n° 3398 = KAIBEL n° 312; PEEK GV n° 1765 und GG n° 391; G. PETZL, IK 23, n° 539; D. McCABE, *Smyrna*, n° 277; R. MERKELBACH – J. STAUBER, *Steinepigramme* I, n° 05/01/64; P. HOFFMANN, *Die Toten in Christus*, S. 50.

und mit ihnen ihre Speise, Nektar und Ambrosia, geniessen werden. Damit
sind sie noch sicherer zur wirklichen Unsterblichkeit, nach der Art der
Götter „zum ewigen Gott" erhoben[613]. Es gibt auch Epigramme, die erzählen, dass die seligen Verstorbenen im Himmel die Speise und den Trank
als ein „Trankopfer" den Göttern darbringen (ἐπισπένδω) und dadurch
auch sich selbst ehren. Die Atmosphäre im Himmel und auf dem Olymp ist
sehr freundlich: Gemeinschaft und Freundschaftsessen (ἐς φιλότητα). Die
Götter lächeln (μειδιόωντες) ihre Tischgenossen an. Zu dieser Vorstellung
können auch noch die tanzenden[614] Musen gehören[615], die dabei singen.[616]
Es ist bekannt, dass auch die Götter und Zeus selbst auf dem Olymp gemeinsam den heiligen Reigen (χορός) getanzt haben[617]. Daneben gibt es
Grabepigramme, die traurig oder für uns schon fast humoristisch vom
Trinken bei den Göttern erzählen[618]. Im Ganzen geben die Texte vom
Gastmahl bei den Göttern eine deutliche Vorstellung von der griechischen
himmlisch-olympischen Tischgemeinschaft: Essen, Trinken, Lachen, Ge-
sang oder diesem lauschen und sich freuen. Es war wirklich ein schönes
hellenistisches Jenseitsbild, von dem Lukas in seiner eschatologischen
Verkündigung nicht absehen wollte.

2. Auch das zweite Motiv vom Sitzen auf den Thronen war ein für die
hellenistischen Leser des Lukas gut vorstellbares und beliebtes Motiv[619],
das auf eine Herrscherstellung hinweist[620]. Es ist eine grosse Ehre, die die
Nachfolger Jesu in seinem Reich erwarten können, welche die Jünger und
die Christen noch mehr an Jesus binden wird, weil καθῆσθαι ἐπὶ θρόνων
das Geschenk ist, das er ihnen gibt[621].

Die griechischen Grabinschriften kennen die Vorstellung, dass die Toten so enge Gemeinschaft mit den Göttern haben, dass sie auch „Beisitzer"

---

[613] E. ROHDE, *Psyche* I, S. 73f; Vgl. Aristoteles, *Metaphys.* 1000A,9-14.

[614] Vgl. den Tanz der Musen auf dem Helikon bei Hesiod, *Theog.* 3; U. WÖSSNER,
Zur Deutung des Göttertanzes, S. 90ff.

[615] Zum Bild des Tischmahls der Götter kommt in der Mythologie das Singen der
Musen hinzu, wovon auch die Grabinschriften sprechen: Der Verstorbene kann bei den
Musen (ἐν Μούσαις) sein, z.B. als die zehnte Muse, um zuerst den Zeus, dann auch die
Götter und die Beisitzer an ihren Tischen, also den ganzen Olymp, mit Gesang zu erfreu-
en (τέρπουσι); vgl. z.B. Hesiod, *Theog.* 37.67-70.916-917.1021-1022 usw.

[616] Über das Singen auf dem Olymp spricht Hesiod, *Theog.* 39-41.44.50.65-
67.69.70.75.104-106; vgl. auch W. F. OTTO, *Die Musen*, S. 29ff.

[617] U. WÖSSNER, *Zur Deutung des Göttertanzes*, S. 80ff.

[618] Z.B. Πῖνέ νυν ἐν Διὸς ὤν, ὦ Σώκρατες (H. BECKBY, *Anthologia Graeca* VII, n°
96).

[619] Vgl. schon *Mk* 10,35-40; *Mt* 20,20-24.

[620] J. ERNST, a.a.O. (*Das Evangelium nach Lukas*), S. 597.

[621] Das sollte aber nicht bedeuten, dass jetzt der Kirche ein Herrschen über Israel zukommt; vgl. Eduard SCHWEIZER, *Das Evangelium nach Lukas*, NTD 3, Göttingen ²1986,
S. 224.

werden können. Das drückt z.B. die Wendung σύνεδρος ἀθανάτων aus, die
an eine beratende Funktion in der himmlischen Gottesversammlung bzw.
im himmlischen „Senat" denkt, wozu auch bedeutende Plätze mit ihren
Sesseln („Thronen") gehören. Eine weitere Bezeichnung für diese höchste
himmlische Position war σύνθρονος[622]. Sie ist sowohl bei den Heroen
(σύνθρονος ἡρώων) als auch auf der höheren Stufe bei den Göttern
(σύνθρονος ἀθανάτων) zu belegen. Eine Grabinschrift aus Kyzikos (1.-2.
Jh. n. Chr.) spricht sogar von goldenen Thronen[623]: χρυσείοισι θρόνοισι
παρήμενος.[624] Die Ehre (τειμή) und der Ruhm (κλέος), auf den goldenen
Thronen bei den Göttern zu sitzen, ist den Verstorbenen ἐκ Διός durch die
Fürsprache des Hermes ('Ερμείαο λόγοις) gegeben.

　　Auf solche Vorstellungen konnte also Lukas auch bei seiner Neuformu-
lierung des Jesuswortes von den Thronen zurückgreifen. Auch spätere
Texte, z.B. in den altchristlichen Katakomben bestätigen[625], dass der Ausdruck σύνθρονος und die dahinter stehende Vorstellung in späterer Zeit
verbreitet war.

　　Mit dem Motiv vom Sitzen auf den Thronen verbindet Lukas auch den
Gedanken des κρίνειν. Κρίνειν wird oft als „herrschen" interpretiert, was
aber wohl trotz eines möglichen semitischen sprachlichen Hintergrundes
falsch ist: Κρίνειν hängt vielmehr fest mit dem Gericht zusammen; der
Gedanke geht wahrscheinlich auf Jesus zurück[626]. Dieses Motiv fehlt in
den Grabinschriften. Die griechischen Frommen hatten nicht den Ehrgeiz,
mit den Göttern auch Rechtsmacht zu erlangen und andere, die die Gemeinschaft der Götter suchten, zu richten. Auch die griechische Mythologie stellt dieses Recht den Verstorbenen nicht in Aussicht. In der Unterwelt haben drei unterirdische Richter (Aiakos, Minos und
Rhadamanthys)[627] eine Richterrolle. Im Himmel schützt Zeus[628] selbst als
Vater der Götter und der Menschen[629] das Recht. Im Prinzip entscheidet

---

[622] Die Übersetzung des σύνθρονος ist nur mit einer Umschreibung möglich, wie z.B.:
„Beisitzer auf dem Thron", „zur Seite (des Heros/Gottes) sitzen", „neben jemandem
thronen", usw.

[623] CIG n° 3398 = KAIBEL n° 312; PEEK GV n° 1765 und GG n° 391; G. PETZL, IK
23, n° 539; D. F. McCABE, Smyrna, n° 277; R. MERKELBACH – J. STAUBER, Steinepigramme I, n° 05/01/64; P. HOFFMANN, Die Toten in Christus, S. 50.

[624] Vgl. E. RISCH, θρόνος, θρόνα und die Komposita von Typus χρυσόθρονος, in:
ders., Kleine Schriften, Berlin/New York 1981, S. 354-362 = ders., Studii Clasice 14
(1972), S. 17-25.

[625] Vgl. z.B. eine altchristliche Sarkophaginschrift, ψυχαῖς ταῖς ἁγίες σύνθρονος (C.
WESSEL, Inscriptiones, S. 188, n° 797).

[626] Ch. RINIKER, a.a.O. (Die Gerichtsverkündigung Jesu), S. 357.

[627] R. GARLAND, The Greek Way of Death, S. 60.66; L. RADERMACHER, Das Jenseits
in Mythos der Hellenen, S. 98ff.

[628] Vgl. z.B. K. KERÉNYI, Zeus und Hera, S. 41ff.

[629] Vgl. Homer, Il. 1,544; Vergil, Aen 1,65; 2,648; Ennius, Annales 175.

das unterirdische Kollegium der drei Richter über das Schicksal der Seelen: sie brauchen dazu keine menschliche Hilfe. Das Recht zu Richten ist eine jüdische Vorstellung und Lukas rezipiert sie, weil es älteres überliefertes Material war. Das Bild aus *Mt* 19,28, wo von genau zwölf Thronen die Rede ist, entspricht der Vorstellung der Throne der „Fürsten Israels". Lukas erweitert diese Vorstellung „griechisch" und bildet zur überlieferten Tradition eine Variante, die für seine hellenistischen Leser leichter vorstellbar war.

Der lukanische Jesus öffnet seine eschatologische Tischgemeinschaft und macht sie auch für die nicht-jüdischen Frommen, die den χῶρος εὐσεβέων in der kommenden βασιλεία Jesu und seine himmlische τράπεζα suchen, erreichbar. Der erste Schritt auf dem Weg zu diesem himmlischen Heil war wahrscheinlich ihr Hinzukommen zur auch für sie offenen christlichen Tischgemeinschaft, wo sie in der christlichen Liebe die Atmosphäre der zukünftigen Mahlfeier erleben konnten. Damit weist der lukanische Jesus auf ein neues Gottesvolk, ein „neues Israel"[630]; die „Wiederherstellung Israels" bekommt nach Lukas gegenüber der traditionellen Erwartung eine ganz andere Richtung[631]. Die apostolische Tradition hat später dieses Motiv aufgegriffen und den Gedanken, das Schicksal Jesu im Leiden und im Herrschen zu teilen mit dem Verb συμβασιλεύειν weitergebildet[632], was traditionsgeschichtlich in einem Zusammenhang mit diesem Jesuswort stehen dürfte[633].

Die Gedanken des eschatologischen Mahles im Himmel wurden in der Alten Kirche weiter tradiert und hellenistisch variiert. Die Fresken der altchristlichen Katakomben zeigen, wie sich die Christen das himmlische Mahl mit Christus vorgestellt und was für Bilder sie benützt haben[634]. Diese Bilder zeigen am besten, dass das Christentum mit seiner Eschatologie sich auf die griechische Kultur bezog und sich von seiner hellenistischen Umwelt nicht isolieren konnte[635].

6.2.3 Das Motiv des Paradieses

Der Vision des gemeinsamen glücklichen Lebens im Jenseits entspricht am besten die Paradies-Vorstellung, die im Alten Testament ein kollektiver

---

[630] P. POKORNÝ, *Theologie der lukanischen Schriften*, S. 41.

[631] Alexandre PRIEUR, *Die Verkündigung der Gottesherrschaft*. Exegetische Studien zum lukanischen Verständnis von βασιλεία τοῦ θεοῦ, WUNT II/89, Tübingen 1996, S. 105.

[632] *2Tim* 2,12; vgl. auch *Röm* 5,17; 8,17; *1Kor* 4,8; 15,23f.; *Offb* 5,10; 20,4.6; 22,5 über die eschatologische Herrschaft der Christen.

[633] Vgl. Lorenz OBERLINER, *Die Pastoralbriefe*: Kommentar zum zweiten Timotheusbrief, HThKNT XI/2, 1995, S. 86 und Anm. 44.

[634] Vgl. L. v. SYBEL, *Christliche Antike* II, S. 197ff.

[635] Vgl. z.B., P. WENDLAND, *Die hellenistisch-römische Kultur*, S. 156.212ff.

Erwartungshorizont ist[636] und die auch das apokalyptische Judentum kennt[637], im Neuen Testament aber weiterbearbeitet, eschatologisiert und durch individuelle Heilserwartungen ergänzt wird[638]. Das Neue Testament nennt das Paradies direkt nur dreimal[639], aber die Vorstellung wird öfter berührt, ohne dass das Wort vorkommt. In eschatologischem Zusammenhang kommt das Wort in der Jesustradition (_Lk_ 23,43) individuell, im kollektiven Sinne am Schluss der ersten Sendschreiben der Johannesapokalypse vor (2,7). Beide Stelle sind als Verheissungen eng mit der Person Jesu verbunden. Eine reiche Beschreibung des Paradieses in der apokalyptisch-eschatologischen frühchristlichen Literatur ist _Offb_ 22,1-5. Das Paradiesbild aus _Offb_ 22,1-5 benutzt alte religionsgeschichtliche Topoi[640], die sich schon im Alten Testament finden und die in der neutestamentlichen Zeit durch Vorstellungen der jüdischen apokalyptischen Literatur[641] und hellenistisch-mythologischen Metaphern angereichert wurden[642]. Das Grundbild des Paradieses hat verschiedene biblische Wurzeln[643]. In _Offb_ ist es quasi ein urbanisiertes Paradies[644], das auch noch astrale Züge trägt[645]. Alle diese religionsgeschichtlich verschiedenen eschatologischen Elemente sind sorgfältig harmonisiert[646]. Im Rahmen der genau beschriebenen himmlischen Stadt, die viele griechisch-römische Hoffnungen auf eine ideale Stadt aufnimmt[647], kommt ein schöner grüner Garten vor. Die Stadt hat keinen Tempel, sondern eine Hauptstrasse

---

[636] Abgesehen vom biblischen „Urbild" in _Gen_ 2,4-3,24 vgl. dazu Texte wie _Ez_ 28; 31; 32,17ff.; _Jes_ 14,8; _Psalm_ 80,11; 104,16; _Jes_ 51,3; _Ez_ 47,1ff.

[637] Vgl. _äthHen_ 60,8.23; 70,3-4; _ApocAbr_ 21 usw.; siehe auch W. BOUSSET, _Die Religion des Judentums_, S. 282-285.

[638] F. STOLZ, _Paradies_, in: TRE 25 (1995), S. 710.

[639] Vgl. _Lk_ 23,43; _2Kor_ 12,4; _Offb_ 2,7.

[640] Vgl. W. F. J. KNIGHT, _Elysion_, S. 32ff.; F. STOLZ, _Paradies_, in: TRE 25 (1995), S. 705f.; Jan BREMMER, _Paradise: from Persia, via Greece, into the Septuagint_, in: Gerhard H. LUTTIKHUIZEN (Hrsg.), _Paradise Interpreted_, TBNJCT 2, Leiden 1999, S. 1-20.

[641] W. BOUSSET, _Die Religion des Judentums_, S. 282-285.

[642] Heinrich KRAFT sagt, dass sich hier „die Denkweisen der Apokalyptik und ihrer griechischen Umwelt" nähern: _Die Offenbarung des Johannes_, HNT 16A, Tübingen 1974, S. 59.

[643] H. KRAFT, a.a.O. (_Die Offenbarung des Johannes_), S. 274.

[644] Ernst LOHMEYER, _Die Offenbarung des Johannes_, HNT 16, Tübingen 1926, S. 172; Hubert RITT, _Offenbarung des Johannes_, NEB 21, Würzburg 1986, S. 113.

[645] Vgl. Franz BOLL, _Aus der Offenbarung Johannes_. Hellenistische Studien zum Weltbild der Apokalypse, Stoicheia 1, Leipzig/Berlin 1914, S. 40f.; Rudolf HALVER, _Der Mythos im letzten Buch der Bibel_. Eine Untersuchung der Bildersprache der Johannes-Apokalypse, ThF 32, Hamburg 1964, S. 113.

[646] Johannes BEHM, _Die Offenbarung des Johannes_, NTD 11, Göttingen [6]1953, S. 110f.

[647] Elisabeth SCHÜSSLER FIORENZA, _Das Buch der Offenbarung_. Vision einer gerechten Welt, Stuttgart 1994, S. 137.

(πλατεῖα)[648] mit einem Strom (ποταμός): das ist die Quelle des lebendigen Wassers[649], die aus dem Thron Gottes und des Lammes in der Mitte, also in der griechischen Stadt gleichsam dem Ort der Agora, des Forums[650], ausgeht. Vermutlich an beiden Ufern des Stromes steht eine Allee von Lebensbäumen (ξύλον ζωῆς) mit Früchten, die für alle erreichbar sind[651], und die mit ihren Blättern zur Heilung der Völker (εἰς θεραπείαν τῶν ἐθνῶν) dienen[652]. Die Diener Gottes und des Lammes werden ihre Throne sehen (ὁράω) und Gott anbeten. Dort wird keine Nacht (νύξ) und Todesschatten sein, weil der lebendige Gott mit lebendigem Licht (φῶς) ihnen leuchten wird (φωτίζω)[653]. Und sie werden ewig herrschen (βασιλεύω)[654].

Die ganze Vision bedeutet eine Abwendung vom Tempel, der im himmlischen Jerusalem fehlt[655], aber zugleich eine kleine Reminiszenz an das ursprünliche biblische Eden[656]. Das Bild enthält alle grundlegenden Elemente[657], die für das Paradieskonzept charakteristisch sind: Wasser, Bäume, immerfrische Früchte, Speise für Heilung (Unsterblichkeit),[658] Licht von Gott, Sorg-, Leid- und Todlosigkeit, für die Völker in der Nähe Gottes die Gottesschau[659]. Dazu kommt noch eine so nicht verbreitete Vorstellung über den Thron und die von der Jesustradition angestossene (*Mt*

---

[648] Es entspricht den hellenistischen Städten, deren Zentrum nicht um einem Tempel gebaut ist, sondern wo eine breite Hauptstrasse den „Hauptstrom des Lebens" bildet: für Prozessionen, Handel und offentlichen Diskurs: E. SCHÜSSLER FIORENZA, a.a.O. (*Das Buch der Offenbarung*), S. 137.

[649] Vgl. *Ez* 47,1ff; *Joel* 3,18; *Joh* 7,38.

[650] H. KRAFT, a.a.O. (*Die Offenbarung des Johannes*), S. 275.

[651] Eduard LOHSE, *Die Offenbarung des Johannes*, NTD 11, Göttingen 1983, S. 111. Im jüdisch-christlichen Bereich kann das Essen vom Baum des Lebens als Lohn der Seligen zählen, was speziell in der jüdischen Apokalyptik verbreitet ist: E. LOHMEYER, a.a.O. (*Die Offenbarung des Johannes*), S. 21. Vgl. weiter z.B. *TestLevi* 18; *äthHen* 24,4; 25,5-6; *4Esr* 7,36; 9,13; *ApkBar* 29,8; *VitaAdam* 28 usw.

[652] D.h., dass das eschatologische Heil durch die Erlösung Christi für alle Völker erreichbar wird, womit sich eine neue eschatologische Heilsgemeinschaft bilden wird: H. RITT, a.a.O. (*Offenbarung des Johannes*), S. 113.

[653] Vgl. *Jes* 60,1.19-20; *Num* 6,25.

[654] Vgl. *Offb* 1,6; 5,10.

[655] Vgl. *Joel* 4,18; *Ez* 47; *Sach* 14,8. „Nicht mehr der Tempel, sondern der Thron Gottes und des Lammes wird die Stätte göttlicher Gegenwart im neuen Jerusalem sein": E. LOHSE, a.a.O. (*Die Offennbarung des Johannes*), S. 111.

[656] J. BEHM, a.a.O. (*Die Offenbarung des Johannes*), S. 110.

[657] Die jüdischen Vorstellungen sind ausführlich beschrieben bei P. VOLZ, *Die Eschatologie der jüdischen Gemeinde*; vgl. speziell zum Wohnort der Seligen ebd. S. 417f.

[658] H. KRAFT, a.a.O. (*Die Offenbarung des Johannes*), S. 59.

[659] Vgl. *Ex* 33,20.23; *Ps* 17,15; 42,3; *Mt* 5,8; *1Kor* 13,12; *2Kor* 3,18; *1Joh* 3,2. Vgl. auch *TestSebul* 9,8; *4Esr* 7,98; *ApkAbr* 29,20; Plutarch, *De Is. et Os.* 79.

19,28!) Möglichkeit für die Seligen, zu herrschen. Ebenfalls spezifisch christlich ist die Heilsvollendung auf Grund der Gemeinschaft mit Gott und Jesus[660], die im Rahmen der Beschreibung des Thrones in der Mitte der Stadt stattfindet.

Die vergleichbaren griechischen Paradiesbeschreibungen, die auf sehr alte Tradition des seligen Lebens im Garten der Götter zurückweisen[661], sind nicht systematisierbar[662], obwohl die Vorstellungen über das Paradies, das Elysium, die Inseln der Seligen und den Olymp ziemlich ähnliche sind[663]. Die Grabtexte[664] beschreiben das Paradies im Allgemeinen so, wie es aus den Texten Homers und anderer griechischer Autoren bekannt ist[665]. Wir können uns den Paradies-Beschreibungen von zwei Seiten annähern:

1. Einerseits sprechen sie über die Umwelt und das Klima in diesem Bereich. Es ist sehr angenehm[666]: Dort gibt es weder Sturm, Regen, Schnee

---

[660] Jürgen ROLOFF, *Die Offenbarung des Johannes*, ZBK NT, Zürich 1984, S. 208. Die Gemeinschaft und Zugehörigkeit zu Gott und Jesus sollen auch die Namen bestätigen, die auf die Stirn der Seligen geschrieben sind: H. RITT, a.a.O. (*Offenbarung des Johannes*), S. 114.

[661] Vgl. z.B. G. LANCZKOWSKI, *Die Insel der Seligen und verwandte Vorstellungen*, S. 17ff; H. GRESSMANN, *der Ursprung der Israelitisch-jüdischen Eschatologie*, S.199.

[662] Vgl. dazu R. FOSS, *Griechische Jenseitsvorstellungen*, S. 32ff; W. C. GREENE, *Moira*, S. 50.80f.402, App. 2; vgl auch E. ROHDE, *Psyche* I, S. 68ff; G. LANCZKOWSKI, *Die Insel der Seligen und verwandte Vorstellungen*, S. 27-29; H. J. ROSE, *Griechische Mythologie*, S. 73f.; K. KERÉNYI, *Die Mythologie der Griechen*, S. 241f.; D. ROLOFF, *Gottähnlichkeit, Vergöttlichung und Erhöhung zu seligem Leben*, S. 93ff. usw.

[663] Sie finden sich z.B. auf Grabinschriften, und es ist klar, dass dies für die Schreiber ein- und denselben Bereich bedeutet: Vgl. z.B. eine Grabinschrift aus Rom (3. Jh. n. Chr.), die sozusagen in einem Atemzug über die Insel der Seligen spricht, sie danach Elysische Gefilde nennt und am Ende sagt, dass das alles ganz nahe beim Olymp ist.

[664] Vgl. z.B.: PEEK GG n° 399 = GV n° 1830; H. BECKBY, *Anthologia Graeca* VII, S. 591, Anm. 407; IG XIV n° 1973; CIG n° 6279; KAIBEL n° 649; P. HOFFMANN, *Die Toten in Christus*, S. 55. Vgl. I. FOERST-CRATO, *Ausblicke ins Paradies*, S. 74.

[665] Vgl. Homer, *Od.* 4,561-569; 6,42-46; 7,112-133; Plutarch, *Sertorius* 8; Vergil, *Aen.* 6,639.660-665. Zum Ursprung und zu der Entwicklung der griechischen Vorstellungen über das Elysium – Inseln der Seligen – Paradies siehe: SOURVINOU-INWOOD, ,*Reading' Greek Death*, S. 17-55; W. F. J. KNIGHT, *Elysion*, S. 46ff. Nach D. E. AUNE, (*Revelation 17-22*, S. 1192f.) lässt sich diese (utopische) griechische Vorstellung nach anderen Kriterien folgendermassen zu gruppieren: 1. Elysiumsland (Homer, *Od.* 4,561-569; 6,42-46), 2. Mythos vom goldenen Zeitalter/Geschlecht (Hesiod, *Opera* 111-120; Diodor 5,66.5), 3. Mythos vom leichten Leben unter der Herrschaft des Kronos, 4. Die Inseln der Seligen (Hesiod, *Opera* 161-173; *Theog.* 215-216; Pindar, *Olymp* 2,61-78), 5. Land der Hyperboreer (Pindar, *Olymp* 3,13-16.26-34), 6. Insel der Kalypso (Homer, *Od.* 5,55-74), 7. Garten des Alkinoos (Homer, *Od.* 7,112-132) und 8. Das Land der Phaiaken (Homer, *Od.* 6,262-272; 7,108-132).

[666] B. GATZ, *Weltalter, goldene Zeit und sinnverwandte Vorstellungen*, S. 46f; R. BICHLER, *Von der Insel der Seligen zu Platons Staat*, S. 21. Verwandt sind auch die Vorstellungen, die Platon in seiner Atlantis-Vision beschrieben hat: vgl. G. LANCZKOWSKI,

noch Sonnenglut; nichts, was das Leben peinvoll oder schmerzhaft machen könnte, so dass es dort wirklich bequem und ein genussvoll ist. Dazu helfen auch die schönen Blumenauen und der reine Glanz des Olymp[667], weil sich dieser glückselige Ort irgendwo „zwischen Himmel und Erde befindet"[668], wohin das Licht des Olympos strahlt.

2. Andererseits erhellen die Grabinschriften auch die Lage der Seligen und das Leben dort. Es ist ein Leben ohne Krankheit, Hunger, Durst, Qual und ohne Mangel[669]. Dieser Bereich ist nur für gute und fromme Menschen (εὐσεβεῖς) vorbereitet, die dahin entrückt worden sind und dort miteinander und mit den Gottheiten in Frieden und Freundschaft (ἐς φιλότητα) wohnen. Das Leben nach dem Tode ist dort also wirklich ein Genuss, wie das auch die Grabepigramme ihren Toten sagen: Ἠλυσίοις ἐπιτέρπεο *(geniesse das Elysium).*

Zusammenfassung: Die Ausführung bestätigt die Vermutung, dass die „Paradiesschilderung" von *Offb* 22,1-5 vorwiegend biblisch und jüdisch geprägt ist. Die theologische Dimension – der Thron Gottes und des Lammes und ihre Anbetung – ist hier zentral; Hoffnungen auf ein glückliches und angenehmes Leben treten zurück. Berührungen mit den Grabinschriften gibt es eher am Rande.

Kurze Zeit nach der Entstehung der Johannesapokalypse wurde eine andere christliche Apokalypse geschrieben: die *Petrusapokalypse.* Ihre Paradiesvorstellung klingt ganz hellenistisch:

„Und der Herr zeigte mir einen weit ausgedehnten Ort ausserhalb dieser Welt, ganz schimmernd im Lichte, und die Luft dort durchleuchtet von Sonnenstrahlen, und die Erde selbst sprossend von unverwelklichen Blumen und voll von Gewürzkräutern und von Pflanzen, welche prächtig blühen und nicht verwelken und ge-

---

Die Insel der Seligen und verwandte Vorstellungen, S. 31-33; Wilhelm NESTLE, *Platon.* Hauptwerke, Stuttgart 1941, S.290f. Zum Problem von Atlantis vgl. Wilhelm BRANDENSTEIN, *Atlantis – Grösse und Untergang eines geheimnisvollen Inselreiches,* Wien 1951.

[667] Die Grabinschriften lassen vermuten, dass dieses selige Land dem Olymp ganz nahe sein muss (Ὀλύμπου πλησίον), woher auch das Licht des Olymps leuchtet: Vgl. o. S. 216, Anm. 552.

[668] E. ROHDE, *Psyche* I, S. 73.

[669] Wahrscheinlich im Anschluss an Pindar (*Olymp.* 2,76ff.) gibt es auch inschriftliche Informationen darüber, dass die Inseln der Seligen von ozeanischen Lüften umwehet werden, die Blumen von Gold flammen, das lebendige Wasser die Einwohner nährt, die um die Arme Kettenzweige tragen und Kränze usw. Vgl. G. LANCZKOWSKI, *Die Insel der Seligen und verwandte Vorstellungen,* S. 28.

segnete Früchte tragen. So stark war der Blumenduft, dass er von dorther sogar bis zu uns herübergetragen wurde."[670]

Diese Schrift kennt viele wörtliche und bildliche Übereinstimmungen mit Homer[671] und anderen hellenistischen Texten[672]. Ebenso hellenistisch geprägt sind auch spätere altchristliche Texte[673] und auch die Bilder aus den altchristlichen Katakomben, die das himmlische Paradies und die dortige Seligkeit darstellen[674]. Die Hellenisierung ist also auch in diesem Bereich sehr deutlich, zeigt hellenistische Motive und wie ihre Gedankenwelt die altchrichtliche Eschatologie zunehmend beeinflusst hat[675].

6.2.4 Das Motiv der Gemeinschaft mit Christus

Schliesslich möchte ich auf die Interpretation der eschatologischen Hoffnung der Christen als Gemeinschaft mit Christus hinweisen, die mit dem Wörtchen σύν ausgedrückt ist. Hierüber möchte ich keine detaillierten Ausführungen machen, denn darüber gibt es andere Studien[676]. Für uns ist wichtig zu entdecken, welche Arten der *eschatologischen Sehnsucht vom Zusammensein mit Christus*[677] vorhanden sind, die eine Übereinstimmung mit den griechischen Grabinschriften und ihrer hellenistischen Eschatologie zeigen können.

Wendungen mit σύν, die eine nahe Verbindung mit Christus im Eschaton bezeichnen, kommen nur bei Paulus und in den deuteropaulinischen Schriften vor[678]. Sie sind ein bedeutendes Charakteristikum für Paulus und die paulinische Schule. Formulierungen mit σύν sind oft mit dem Titel Χριστός verbunden[679]; teilweise auch mit den Bezeichnungen υἱός[680],

---

[670] *ApkPt* 15-16. (Übersetzung nach W. SCHNEEMELCHER, *Neutestamentliche Apokryphen* II, S. 576-577).

[671] Vgl. z.B. Homer, *Od.* 6,41-46.

[672] A. RÜEGG, *Die Jeseitsvorstellungen* I, S. 239ff.

[673] Spätere altchristliche Apokalypsen mischen schon stark ursprünglich biblische, jüdische, hellenistische und christliche Traditionen, wie z.B. *ApkPls* 45; vgl. Antonius HILHORST, *A Visit to Paradise: Apokalypse of Paul 45 and Its Background,* in: Gerard H. LUTTIKHUIZEN (Hrsg.), *Paradise Interpreted,* TBNJCT 2, Leiden 1999, S. 128-139.

[674] Vgl. L. v. SYBEL, *Christliche Antike* II, S. 266ff.

[675] Vgl. z.B. die altchristliche Sehnsucht nach Apotheose, Gottesschau (visio beatifica) und Vereinigung mit Gott (= Vergöttlichung) in der altchristlichen Sarkophagkunst: A. STUIBER, *Refrigerium interim,* S. 144ff.; vgl. F. CUMONT, *Lux Perpetua,* S. 358f.

[676] Vgl. z.B. W. GRUNDMANN, Art. σύν κτλ., in: ThWNT 7 (1964), S. 766-798.

[677] *Gal* 2,19; *Röm* 6,4.5.6.8; 8,17.29; *Phil* 3,10.21.

[678] H.-H. SCHRADE, *Apokalyptische Christologie bei Paulus,* S. 144. Vgl. auch Herbert BRAUN, *Das Stirb und werde in der Antike und im Neuen Testament,* in: ders., *Gesammelte Studien zum Neuen Testament und seiner Umwelt,* Tübingen 1962, S. 136-158, hauptsächlich S. 152ff.

[679] *Röm* 6,8; *Phil* 1,23.

κύριος[681], Ἰησοῦς[682] und dem Personalpronomen αὐτός[683]. Manchmal steht σύν in der Verbindung mit Komposita, aber immer so, dass klar ist, dass von Christus gesprochen wird[684].

Die Voraussetzung dieser paulinischen Aussagen ist ein starkes Bewusstsein, dass der Apostel oder ein Christ mit Christus bereits im Diesseits eine aus dem lebendigen Glauben stammende Lebensgemeinschaft hält[685], was bereits die Taufe bestätigte[686]. Συν- bezeichnet eine totale existenzielle Verbindung mit Christus im Leben und im Tode mit der Hoffnung auf die Parusie, die Auferstehung und ein ewiges Dasein im Himmel mit ihm. Vielleicht war die Wendung mit eschatologischem Sinn schon aus der vorpaulinischen Christenheit bekannt[687].

Bei der Analyse der σὺν Χριστῷ-Aussagen kann man sehen, dass die eschatologische Hoffnung, mit Christus im Himmel zusammenzusein, verschiedene Aspekte hat. Die paulinischen Aussagen bilden zwei Gruppen:
1. Die eine drückt eine *individuelle Hoffnung* nach der himmlischen Gemeinschaft mit Christus aus (*Phil* 1,23), die andere eine *kollektive Hoffnung* nach Gemeinschaft mit dem himmlischen Herrn (z.B. *1Thess* 4,17). Wahrscheinlich sind beide Aussagen wichtig. Sie zeigen, dass das zukünftige Zusammenleben mit Christus eine Form der Gemeinschaft ist, worin auch der persönliche Kontakt wichtig bleibt. Ein Einzelner wird im Eschaton nicht mit der Masse der Seligen verschmelzen, und die eschatologische Gemeinde wird vom Einzelnen nicht an den Rand gedrückt.
2. Der Weg in die eschatologische Gemeinschaft mit Christus führt nur durch seinen Tod. Mit anderen Worten: durch das Mitsterben und Mitauferstehen mit ihm.
3. Jesus selbst bringt bei seiner Parusie die eschatologische Gemeinschaft mit ihm.
4. Die endzeitlichen Aussagen über die Gemeinschaft mit Christus sind oft mit dem Tod und der endzeitlichen Auferstehung verbunden.
5. In die eschatologische Gemeinschaft mit Chrisuts treten die Christen durch die Entrückung bei der Parusie ein. Die dann schon Toten oder noch Lebenden haben keine Vorrechte oder Nachteile.

---

[680] *Röm* 8,29.
[681] *1Thess* 4,17.
[682] *2Kor* 4,14.
[683] *Phil* 3,21; *1Thess* 4,14.17; 5,10.
[684] Vgl. z.B. *Röm* 6,4f.8; 8,17.29; *1Kor* 4,8; *Phil* 3,10.21; *Kol* 2,12; 3,1; *Eph* 2,4-6; *2Tim* 2,11f.
[685] Vgl. *2Kor* 13,4; *Röm* 8,17; *Phil* 3,10.
[686] Vgl. *Röm* 6,4.8.
[687] U. LUZ, *Geschichtsverständnis bei Paulus*, S. 306.

Die irdische Gemeinschaft mit Christus geht also in die eschatologische über. So werden wir immer mit Christus sein. „Paulinische Eschatologie ist durch und durch christologisch bestimmt"[688].

In der Umwelt des frühen Christentums und später der apostolischen Kirche gibt es Texte, die etwas ähnliches ausdrücken: Im Judentum ist die Verbindung der Gerechten und Heiligen mit dem Menschensohn zu nennen[689]. Im Neuen Testament ist ausser den paulinischen Aussagen auf die sonst mit μετά formulierten Aussagen über die eschatologische Gemeinschaft mit Christus zu verweisen (*Offb* 3,4.21; 14,1; 17,14; 20,4.6; 22,12).

Ein anderer Kreis von Aussagen stammt aus der hellenistischen Religion, wo man in den Kulten eine Analogie dazu finden kann[690]. Die griechischen Materialien nennen Jacques DUPONT[691] und hauptsächlich Ernst LOHMEYER[692]. Der Text *Phil* 1,23 zeigt nach der bisherigen Meinung der Forschung, dass das paulinische ἀναλῦσαι stark durch hellenistische Vorstellungen geprägt ist[693]. Der religionsgeschichtliche Hintergrund der neutestamentlichen Aussagen über die Gemeinschaft mit Christus wurde aber noch nicht zureichend und vollständig beschrieben: Dem bisher genannten Parallelenmaterial sind die Aussagen über die Gemeinschaft der Verstorbenen mit den Göttern hinzuzufügen. Die griechischen Grabinschriften kennen die Beziehung zwischen dem Verstorbenen und den Göttern als besondere Ehre. Die neue positive Gemeinschaft der Toten mit den Göttern ist in den grabinschriftlichen Materialien vielfältig beschrieben. Wir können die Aussagen auf vier ziemlich selbständige Kategorien verteilen:

1. Eine Gruppe von Ausdrücken bringt die Beziehung der Toten und der Götter, ihren Kontakt und ihre innerliche Zusammengehörigkeit zur Sprache:

πάρεδρος	*Genossin (der Athene)*
θεράπνη	*Gesellschafterin (der Artemis)*
μέτοχοι θεῶν	*Teilhaber der Götter*
ναίω ἐς μακάρων	*ich wohne bei den Göttern*
φίλος θεῶν	*Freund der Götter*

---

[688] U. LUZ, *Eschatologie und Friedenshandeln bei Paulus*, S. 156.

[689] Vgl. *äthHen* 39,6-7; 45,4; 62,13-14; 71,16 usw. Vgl. H.-H. SCHADE, *Apokalyptische Christologie bei Paulus*, S. 144.

[690] Z.B. im Isiskult (Apuleius, *Met.*, XI,23,8) oder im Osiriskult (Apuleius, *Met.* XI,27); vgl. H.-H. SCHRADE, *Apokalyptische Christologie bei Paulus*, S. 144-145.

[691] Jacques DUPONT, ΣΥΝ ΧΡΙΣΤΩΙ. *L'Union avec le Christ suivant Saint Paul*, Paris 1952, S.174ff.

[692] Ernst LOHMEYER, Σὺν Χριστῷ, in: FS A. DEISSMANN, Tübingen 1927, S. 218-257. Vgl. hauptsächlich S. 227.

[693] Vgl. A. T. LINCOLN, *Paradise Now and Yet*, S. 104.

2. Eine andere Gruppe von Grabepigrammen benutzt zur Bezeichnung der postmortalen Beziehung der Menschen mit den Göttern Verben mit Präpositionen, die eine Richtung angeben:

πρός   =   vgl. πρὸς ἄστρα καὶ θεοὺς βαίνω,
                     πρὸς Οὔλυμπον
ἐς, εἰς =   βαίνω ἐς ἀθανάτους
                     ἐς Ὄλυμπον ἀνάγω
                     εἰς θεοὺς ἀναλύω,
                     νήσους εἰς μακάρων πωλέομαι,
                     ἐς μακάρων ἀνορούω
                     ὀχέω ἐς ἡμιθέους

3. Eine dritte Gruppe der griechischen Grabtexte spricht über die Gemeinschaft mithilfe von Präpositionen, die eine Gemeinschaftsverbindung voraussetzen:

παρά   =   παρὰ Ζηνὶ φαίνομαι oder παρὰ θεοῖς,
                     χαίρω παρὰ θεοῖς,
                     παρὰ τοῖς ἠϊθέοις
ἐν, ἐνι =   ἐνὶ παισὶ κάθημαι ἀθανάτων,
                     ἐν Μούσαις τάξιν ἔχω,
                     ἐν Διὸς ἢ μακάρων δήω[694]
                     ἐν Διὸς εἶναι[695]

ἐς, εἰς =   ναίω ἐς μακάρων
ὑπό   =   ὑπὸ κόλπον δύω Δεσσποίνας
ἅμα   =   ἅμα Ζηνὶ καὶ ἄλλοισι μακάρεσσιν τέρπω

4. Die vierte Gruppe der Grabinschriften drückt die Möglichkeit, die Beziehung zu den Toten und Heroen oder Göttern mit der Hilfe der Präpositionen μετά und σύν aus:

μετά   =   μετ᾽ εὐσεβέσσι κάθηται
σύν   =   σὺν ἀθανάτοισι θεοῖσι[696]

---

[694] H. BECKBY, *Anthologia Graeca* VII, n° 370. Ziemlich dasselbe sagt auch ein literarisches Grabepigramm von Kallimachos: δήεις δ᾽ αὐτὸν ἐν εὐσεβέων = *du triffst ihn gewiss unter den Seligen an*: H. BECKBY, *Anthologia Graeca* VII, n° 520.
[695] H. BECKBY, *Anthologia Graeca* VII, n° 96.
[696] Vgl. S. 184 (Anm. 402); S. 231 (Anm. 599): CIG n° 3398 = KAIBEL n° 312; PEEK GV n° 1765 usw.

σύνθρονος μακάρων/ἡρώων[697]
σύνεδρος θεῶν
σύνθρηνος 'Αφροδίτῃ μακάρων[698]
συνέστιος μακάρεσσι[699]
σύλλεκτρος Κόρης[700]

Alle diese Materialien zeigen, dass die Griechen postmortale Gemeinschaft mit den Göttern suchten und auch vielfältig ausdrücken konnten. Zu diesen Ausdrucksmöglichkeiten passt auch das paulinische σὺν Χριστῷ. Diese Präposition konnte auch bei den Griechen eine eschatologische Dimension tragen und, wenn Paulus sie benutzte, konnten ihn seine hellenistischen Leser verstehen.

6.2.5 Zusammenfassung und Folgerungen

Die Ausführungen zu den ausgewählten biblischen Texten haben gezeigt, dass die Christen in der eschatologischen Zeit eine intensive (Wohn)Ort-, Heils-, Mahl- und Throngemeinschaft mit Christus (und z.T. auch mit Gott) erhofften.

Die griechischen Grabinschriften drücken auf ihre Weise etwas Ähnliches aus: Sie sprechen von einer hochangenehmen Gemeinschaft mit den Göttern in ihrem elysisch-paradiesischen oder himmlisch-olympischen Bereich. Die Sehnsucht nach diesem Leben und die Beschreibung dieser Hoffnung sind auf beiden Seiten ähnlich. Der Vergleich zeigt hie und da wörtliche Übereinstimmungen und oft reiche motivliche und sachliche Parallelen, die auf eine gemeinsame religiöse Bildersprache hinweisen, durch die das Frühe Christentum mit seiner hellenistischen Umwelt verbunden war.

Die entstehende neutestamentliche Eschatologie hat die benutzbaren religionsgeschichtlichen Topoi und Hoffnungsbilder rezipiert. Das gilt für den biblisch-jüdischen wie für den hellenistischen Bereich. Doch sind die neutestamentlichen Verfasser gerade auch im Motivkreis der himmlischen Gemeinschaft einzigartig: Für ihre Eschatologie ist *Jesus Christus* und die freudige Hoffnung, in der Zukunft mit *ihm* zusammenzusein, entscheidend. Die zu Christus gesammelten Seligen werden mit ihm in seinem Reich ein neues glückseliges Gottesvolk bilden. Lukas, Paulus oder der Visionär „Johannes" formulierten ihre Hoffnung teilweise in hellenistischen Bildern. So konnten auch die späteren hellenistischen Leser in ihrer eigenen

---

[697] PEEK GV n° 1162 = GG n° 316; IG XII₈ n° 38; KAIBEL n° 151.
[698] H. BECKBY, *Anthologia Graeca* VII, n° 407.
[699] H. BECKBY, *Anthologia Graeca* XIV, n° 89.
[700] PEEK GG n° 460 = GV n° 1989.

Gedankenwelt besser an sie anknüpfen und sich mit ihnen leichter identifizieren.

7. Ἐλπίς in den griechischen Grabinschriften und im Neuen Testament

Weil der Begriff ἐλπίς in den Grabinschriften und auch im Neuen Testament öfters vorkommt, ist es wichtig und interessant zu untersuchen, mit welchen Inhalten er dort gefüllt wird, wo er im Zusammenhang mit dem Tod vorkommt, und ob er im Blick auf die Welt des Jenseits etwas Positives enthält.

7.1 ἐλπίς in den griechischen Grabinschriften

7.1.1 Variationen der Hoffnung in der Krise

In den griechischen Grabtexten kann man immer wieder sehen, dass die menschliche ἐλπίς – im Gegensatz zu den positiven eschatologischen Motiven – sozusagen nicht auf den Himmel, auf das Jenseits hin, orientiert ist. Sie sucht etwas Realistischeres, Naheliegenderes und hier auf Erden Erreichbares, denn die griechischen Menschen sahen sich hauptsächlich mit *dieser* Welt und *diesem* Leben verbunden. Durch mehrere Fäden „festgehalten", hingen sie an diesem Leben, und wenn einer von ihnen riss, bedeutete dies für sie grossen Schmerz und Trostlosigkeit.

Wir können feststellen, dass die antiken Griechen im allgemeinen den Wunsch hatten, das irdische Leben zusammen mit ihren Kindern zu geniessen und dann nach dem Tod mit ihnen im gemeinsamen Grab zu ruhen.

Dieses Ideal bezeugen viele Grabtexte. Als Illustration diene uns hier eine Grabinschrift mit metrischen Blöcken aus Nikaia (kaiserzeitlich), welche die (noch jungen?) Eltern für sich selbst und ihre drei Kinder angefertigt hatten. Es fehlt jeder Hinweis darauf, ob sie eine positive ἐλπίς in Bezug auf das Jenseits hatten:

[τὸ]ν βίον ὡς ἔγνων, ὦ[ς]
[ὧ]δε κατὰ πάντα τέτε[υ]-
[κ]ται, νεός οἰκονόμο[ς]
[?”Εν]νις, εἰδων τε τὸ μ[ ] -
[ ]ν.εον οἰκοδόμησ[α]
[μ]όχθον ἅμ' οἶκον ἐα[υτῷ]
[κ]ὲ γαμετῇ 'Αρισταινέ[τῃ]
[τ]ὸν βίον ἐλπίζοντ[ες]
[ ]. ἰδίαις παλάμαις· [ ]

[γ]ράμματα ταῦτ' ἐχά[ρα]-
[ξα] κὲ τέκνα γλυκύτα[τα]
['Ε]ννις Γλύκων κὲ 'Εν[νία?]
['Ελ]πιδία κὲ νέος Γερ[μα]-
[νὸ]ς οἱ φιλάδελφοι.[701]

*Weil ich, der junge Verwalter Enni(u)s, erkannte, wie das Leben im
allgemeinen beschaffen ist und wusste, wie das - - - ist, baute ich
mir und meiner Gattin Aristainete mit Mühe ein Haus mit eigenen
Händen in der Hoffnung, das Leben noch zu geniessen (?), und
hieb diese Inschrift ein, mit unseren liebsten Kindern Enni(u)s Gly-
kon und Ennia Elpidia und dem jungen Germanos.*

(Übersetzung nach S. ŞAHIN)

Ein weiteres natürliches menschliches Verhalten war, dass die Eltern all
ihre elterliche Hoffnung (ἐλπὶς γονέων)[702] auf ihre Kinder richteten. Vom
Leben erwarteten sie, dass ihre Kinder für sie so etwas wie die „Kränze des
Lebens" würden, die sie im Alter versorgten und sie ruhig bestatteten. Der
plötzliche, vorzeitige Tod ihrer Kinder indes löschte all diese Erwartungen
aus (γονέων δ' ἐλπίδας ἐξέχεα)[703] und zerstörte sie (τὴν πολλὴν γονέων
ἐλπίδ' ἀπωσάμενος).[704] Ihrem Schmerz verliehen sie in der Klage über
den Verlust ihrer einzigen, nun verlorenen Hoffnung (ἐλπίδα τὰν
μούναν)[705] Ausdruck.

Von solcher oftmals sehr tragischen Hoffnungslosigkeit zeugen zahlreiche Grabverse. Eine Inschrift auf einer Kalksteinplatte aus Gadilonitis (2.-
3. Jh. n. Chr.) erzählt vom Verlust der grossen Hoffnungen eines Mannes
(wohl dem Tod seiner beiden Adoptivsöhne):

γηραιὸς [ἀμφοτέρους?] | τοὺς στεφάν[ους ὀ]λέσας· |
ταῦτα γὰρ ἥτε τέ[κνα] καλὰ | τρέφον, ἐ[λ]πίδας εἶχον |
πολλὰς καὶ μεγάλας, | ὤλεσα πάντας ὁμοῦ.[706]

---

[701] R. MERKELBACH – J. STAUBER, *Steinepigramme* II, n° 09/05/31 = S. ŞAHIN, IK
7/III, S. 57/58, n° 8 und IK 10/II, n° 1292; SEG 28, n° 1019.
[702] PEEK GV n° 1576 = KAIBEL n° 624; IG XIV n° 902; D. M. PIPPIDI, in: Reista cla-
sica 4-5 (1932-33), S. 51ff.
[703] PEEK GG n° 279 = GV n° 683; ICr II, S. 79-80, n° 50; F. V. MENXEL, *ἐλπίς*, S.
154.
[704] PEEK GG n° 472 = GV n° 2039; IG XII₂ n° 489.
[705] PEEK GG n° 154 = GV n° 842; F. V. MENXEL, *ἐλπίς*, S. 156-157.
[706] R. MERKELBACH – J. STAUBER, *Steinepigramme* III, n° 11/01/01 = F. CUMONT,
Studia Pontica III, S. 108, n° 93; PEEK GV n° 315.

- - Ich Alter habe meine beiden Kränze verloren.
Ich habe sie grossgezogen wie schöne (echtbürtige) Kinder und habe
viele und grosse Hoffnungen auf sie gesetzt; ich habe sie alle verloren.
(Übersetzung: R. MERKELBACH – J. STAUBER)

Eine Reliefplatte aus Kyzikos (1. Jh. n. Chr.) beschreibt den Schmerz einer Mutter über den Tod ihres Sohnes Posidonios. Ihre ganze Hoffnung landete auf dem Scheiterhaufen (πῦρ) und im Grab (τάφος)[707], da auch ihr Gatte Menander bereits verstorben war:[708]

παιδοκομησαμένη Ποσιδώνιον ἡ ταλαπενθής
ἤνδρως᾽ εἰς ᾽Αίδην Μόσχιον υἷα φίλον,
ἐλπίδας ἐνθεμένη πυρὶ καὶ τάφῳ· ἡ δ᾽ ἐπὶ τέκνῳ
ὑψηλὴ τὸ πάρος καὶ φρονέουσα μέγα
⁵νῦν ὀλίγη καὶ ἄπαις ἐνὶ πένθεσιν. ὦ βίε θνητῶν
ἄστατ᾽, ἐνὶ πτηνῇ κείμενε λυπρὲ τύχῃ.[709]

Die liebevolle Pflegerin ihres Kindes, die schwergeprüfte Moschion,
hat ihren lieben Sohn Posidonios nur für Hades grossgezogen.
Ihre Hoffnungen legte sie auf den Scheiterhaufen und ins Grab.
Die sich einst gross dünkte mit ihrem Kind und stolz war,
ist jetzt klein in ihrem Schmerz und ohne Kind. O Leben der Sterblichen,
trauriges Leben, wie schnell ist dein flüchtiges Glück dahin.
(Übersetzung nach W. PEEK)

Eng mit dieser Vorstellung hängt der Glaube zusammen, dass mit dem Tod eines Menschen auch die Hoffnungen und alles, was im Leben noch Freude bereiten könnte (πᾶσα ἐλπίδων χαρά), in der Erde begraben wird.[710]

---

[707] Vgl. dazu z.B. auch PEEK GG n° 319 = GV n° 1237; T. WIEGAND, *Reisen in Mysien*, in: AM 29 (1904), S. 312 und 30 (1905), S. 330; F. V. MENXEL, ἐλπίς, S. 154.

[708] Das Ende der Grabinschrift (21-22. Z.) lässt das sehr deutlich werden: ἦ ῥα Μένανδρος | ὄλβιος, ὃς τοίου πτῶτος ἔθνησκε τέκνου = *wahrlich glücklich ist Menander, dass er vor solchem Kinde starb*. Ein ähnlicher Text befindet sich noch in PEEK GG n° 148 (= GV n° 868) und n° 292 (= GV n° 739; IG XII₈ n° 93; KAIBEL n° 169).

[709] PEEK GG n° 447 = GV n° 1923; J. H. MORDTMANN, *Metrische Inschriften*, in: AM 4 (1879), S. 14-17, n° 2; E. PFUHL – H. MÖBIUS, *Die ostgriechischen Grabreliefs*, n° 1301; E. SCHWERTHEIM, IK 18, n° 518; J. STAUBER, PHI 7 *Mysien* n° 1693; R. MERKELBACH – J. STAUBER, *Steinepigramme* II, n° 08/01/51; F. V. MENXEL, ἐλπίς, S. 154.

[710] Etwas Ähnliches geht auch aus einer Steleninschrift aus Pantikapaion (2.-1. Jh. v. Chr.) hervor, nach welcher *die gottlose Moira die unerfüllt gebliebenen Hoffnungen in die Erde gesenkt habe*: τὰς δ᾽ ἀτελέστους ἐλπίδας οὐχ ὁσίη Μοῖρα κατεχθόνισεν: PEEK GG n° 460 = GV n° 1989; B. LATYSCHEV, Izv. Arch. Kom. 14 (1905), S. 124 ff., n° 47.

Dies beklagt eine Inschrift auf einem Grabaltar für Asklepiodotos aus Kios (Bithynien, etwa 3.-2. Jh. v. Chr.):

> ἐπ' ὠκυμοίρῳ τοῦτον 'Ασκληπιοδότῳ
> πατὴρ Νόητος χῶσεν εὐερκῆ τάφον,
> καὶ ξεστὸν οἰκτρ[ο]ῦ παιδὸς ἀνφὶ σήματι
> ἔθηκε βωμόν, πενταέτους τεⳇειλκὼ τέκνου
> κενὴν ὄνησιν ὀμμάτων χαράξατο,
> τὴν πᾶσαν εἰς γῆν ἐλπίδων κρύψας χαράν·
> μήτηρ δὲ ἐν οἴκοις, ἀ τάλαινα, ὀδύρεται
> νικῶσα θρήνοις πενθίμην ἀηδόνα.[711]

Über dem vor der Zeit verstorbenen Asklepiodotos
schüttete der Vater Noetos diesen schön eingehegten Hügel auf,
und vor des armen Sohnes Grabmal setzte er den fein geglätteten Altar
und liess des fünfjährigen Kindes Bild
darauf einmeisseln – leere Augenweide;
denn alle Freude und Hoffnungen hatte er in der Erde geborgen;
zu Haus aber jammert die Mutter
und übertrifft mit ihren Klageliedern die trauernde Nachtigall.

(Übersetzung: R. MERKELBACH – J. STAUBER nach W. PEEK)

In einer anderen Grabinschrift auf einem Marmorquader aus Knidos (2.-1. Jh. v. Chr.) können wir lesen, dass mit dem Tod seiner Frau im Hades auch die Hoffnungen des Lebens des Mannes vernichtet waren:

> 3
> ... ἄκριτε δαίμων.
> ἀμφοτέροις ἡμῖν ἔσβεσας ἠέλιον.
> 9
> ... σοὶ γὰρ ἐς "Αιδαν
> ἦλθον ὁμοῦ ζωᾶς ἐλπίδες ἀμετέρας.[712]

... Urteilsloser Dämon,
beiden hast du uns die Sonne ausgelöscht.
... Denn mit dir sind auch meines Lebens Hoffnungen
alle zum Hades gegangen.

(Übersetzung nach W. PEEK)

---

[711] R. MERKELBACH – J. STAUBER, *Steinepigramme* II, n° 09/01/03 = PEEK GV n° 661; GG n° 231; KAIBEL n° 246; LE BAS – WADDINGTON n° 1145; VÉRILHAC, *Παῖδες ἄωροι* I, n° 164; CORSTEN, IK 29, S. 140, n° 79.

[712] PEEK GG n° 438 = GV n° 1874; IBM IV, S. 31, n° 829; KAIBEL n° 204; GEFFCKEN n° 208; IK 41, n° 303.

Auf einen Marmor-Quader aus Milet (1. Jh. n. Chr.) wurde folgende Grabinschrift eingraviert: *Die Ziele des Lebens sind da nicht in Erfüllung gegangen, sondern alles ist im Feuer und im Hades; die Hoffnungen der Vielen sind in die Nichtigkeit geworfen* (τέρματα δ' οὐκ ἐτέλεσσε· τὰ δ' ἐν πυρὶ πάντα καὶ "Αιδη· | βέβληνται πολέων ἐλπίδες ἐς τὸ κενόν).[713]

Nach einem anderen Text lassen die Hoffnungen der sterblichen Menschen ins Ungewisse blicken (βλέπουσαι ἰς ἄδηλα) und sind trügerisch (ψευσάμεναι). Die ἄδηλα sind unsichere, unklare und verborgene Dinge, die am Ende ihren Trägern nur grosse Enttäuschung und Ernüchterung bereiten, weil – wie eine Inschrift auf dem Grabaltar mit Büste aus Rom (2. Jh. n. Chr.) schreibt – die Tyche im Dunkel die menschlichen Hoffnungen verbirgt (πάντα δ' ἄδηλα Τύχης). Es hilft auch nicht, wenn diese ἐλπίς früher im Leben einmal ἐσθλή (herrlich) war; die Menschen bleiben trotzdem unglücklich (ἄμμοροι ἄνθρωποι).[714]

Ähnlich schmerzlich und trostlos empfindet die Grabsteininschrift des Sosthenes, eines im 20. Lebensjahr verstorbenen Jungen aus Laodikeia am Lykos (154-155 n. Chr.) diese Hoffnung-(slosigkeit):

μητρὸς ἐόν|τα νέον με τὸν ἄθλιον ἥρπα|σε δαίμων,
    μητρὸς ἀπὸ σ|πλάγχνων καὶ πατρὸς - -
ἄστα|τοι ἐλπίδες εἰσὶ βροτῶν ἰς ἄ|δηλα βλέπουσαι·
    οὐκέτι | γὰρ γενόμην νύνφιος, ἀλλὰ | νέκυς·
πενθαλέους ἔλιπον | θαλάμους καὶ δάκρυα μητρί |
    δυστήνῳ, πάσαις ἐλπίσι | ψευσαμέναις. |[715]

Mich, den unglücklichen Jungen, der noch bei der Mutter war,
        hat der (Todes-)Dämon hinweggerafft,
vom Leib der Mutter und vom Vater.
Keinen Bestand haben die Hoffnungen der Menschen und blicken ins Ungewisse;
    ich bin nicht mehr Bräutigam geworden, sondern Toter.
Die Gemächer habe (ich) als traurige zurückgelassen und der
        unglücklichen Mutter
Tränen; alle Hoffnungen haben getrogen.

(Übersetzung: R. MERKELBACH – J. STAUBER)

---

[713] PEEK GV n° 2081.

[714] PEEK GG n° 449 = GV n° 1938; IG XIV n° 1942; KAIBEL n° 551; L. MORETTI, *Inscriptiones Graecae Urbis Romae* III, n° 1305; CIG n° 6261; IG XIV n° 1942; CIL VI n° 24042; G. COZZA-LUZI, in: BullCom 30 (1902), S. 264-280; ALTMANN, *Röm. Grabaltäre*, S. 212, n° 273.

[715] R. MERKELBACH – J. STAUBER, *Steinepigramme* II, n° 02/14/12 = E. GIBSON, *Studies Presented to Sterling Dow*, (1984), S.121-124.

7.1.2 Die Götter und die menschliche Hoffnung

Zur griechischen Jenseitswelt und zum Jenseitsglauben gehören zuallererst die Götter, die etwas mit dem Tod zu tun haben. Im Widerspruch dazu steht, dass die Götter im Fall des Todes und im Hinblick auf das Jenseits den Menschen nur eine minimale Hoffnung geben und im Kontext der ἐλπίς nicht als Helfer, sondern viel mehr als Gegner beschrieben werden, die den schmerzlichen Tod herbeiführen und damit den Irdischen Leid antun. Dem Frommen vermögen die griechischen Götter keine grosse Sicherheit in Bezug auf die ἐλπίς zu stiften. Das Gegenteil ist der Fall: Im Moment des Todes und am Grabmal stehen sie vielmehr als der Gegner vor den Leidtragenden. Zuerst sind dies vor allem Hades und Moira, die von den Klagenden wegen des Todes beschuldigt werden. Daneben halten die Grabtexte auch weitere Götter und Gottheiten für schuldig, so etwa Persephone[716] oder Nemesis, welche die menschlichen Hoffnungen schmerzlich täuschen und zunichte machen (σφάλλω). Das bestätigt eine Steleninschrift aus Gaza (3. Jh. v. Chr.):

ἐξ εὐδαιμοσύνης πῦρ ἄγριον ἤλυθεν ὑμέων,
Χαρμάδα, ἔσφηλεν δ᾽ ἐλπίδα τις Νέμεσις·[717]

Aus eurem Glück, Charmadas, ist ein wildes Feuer aufgeschossen
und eine Nemesis hat eure Hoffnungen zu Fall gebracht.
(Übersetzung nach W. Peek)

Häufig sind auch Grabsprüche, die Tyche, δαίμων oder Charon beschuldigen,[718] der Hoffnung der Menschen eine Falle gestellt, sie ins Elend gestürzt, oder ihnen im Notfall nicht geholfen und damit den Tod unumgänglich gemacht zu haben.

Von den durch δαίμων zerbrochenen Hoffnungen (κλάω ἐλπίδας)[719] können wir uns anhand einer Steleninschrift aus Kios (Bithynien, 2. Jh. n. Chr.) ein Bild machen:

ὁ φθονερὸς ζωῆς με τὸν ἄθλιον | ἔφθασε δαίμων
ἀρτιθαλεῖς κλάσ|σας ἐλπίδας ἡλικίης·

---

[716] W. R. Paton – E. L. Hicks, *Inscriptiones of Cos*, S. 298, n° 419 = Peek GV n° 1541; Kaibel n° 201; A. Wilhelm, *Griechische Epigramme*, S. 64-65, n° 84.
[717] Peek GG n° 162 = GV n° 1508; W. Peek, *Griechische Epigramme II*, in: AM 57 (1932), S. 62ff., n° 12; F. V. Menxel, *ἐλπίς*, S. 155.
[718] Vgl. z.B. L. Moretti, *Incriptiones Graecae Urbis Romae III*, n° 1231 = Peek GV n° 1976; CIG n° 9840; IG XIV n° 1648; IGR I n° 263; Kaibel n° 566; E. Cougny, *Anthologia Palatina III*, 2, n° 348.
[719] Vgl. auch Peek GV n° 759.

καὶ νῦν τύμ|βος ἔχει τὸ ἐμὸν δέμας, ἐν μακά|ρων δέ
νήσοις ναιετάει ψυχὴ ἀποφθιμένου.[720]

Der dem Leben missgünstige Dämon hat mich Unglücklichen zu schnell ereilt,
die gerade blühenden Hoffnungen der Jugend zerbrechend.
Und jetzt hat das Grabmal meinen Körper, aber die Seele des Gestorbenen
wohnt auf den Inseln der Glückseligen.
(Übersetzung nach R. MERKELBACH – J. STAUBER)

Interessant an dieser Grabinschrift ist der ganz pessimistisch gestimmte
Text und die bitteren Klagen. Dennoch ist der Dichter überzeugt, dass seine Seele nach dem Tod auf den Inseln der Glückseligen wohnen wird.
Diese sehr menschliche Trauer können wir auch dann feststellen, wenn
der Tote im Jenseits etwa zu den Heroen geht und dort in Gemeinschaft
mit den Frommen wohnt (ναίω δ' εὐσεβέων ἁγνὸν περικαλλέα χῶρον),
wo ihn, als σύνθρονος ἡρώων, ein angenehmes Schicksal erwartet.[721] Für
die hinterbliebenen Eltern ändert diese Hoffnung nichts am erlittenen
Schmerz.

Etwas Ähnliches wurde auf das Grabrelief eines jungen Nikanor aus
Makedonien (1. Jh. n. Chr.) geschrieben: Er befindet sich am Ort der jungen Frommen; sein Tod (= der unbarmherzige Hades) hat aber jede Hoffnung seiner Eltern ausgerissen (ἐκκόπτω):

4   ... ἀλλ' 'Αίδης οὐκ ἐλεεῖν ἔμ[α]θ[εν],
      [ἀ]λλά με δωδεκέτηρον ὑπὸ χθονὸς ἤγαγε, π[άσας]
      ἐλπίδας ἐκκόψας ἡμετέρων τοκέω[ν]·
      κεῖμαι δ' ἠιθέων τε καὶ εὐσεβέων ἐνὶ χώ[ρωι],
      πατρὶ μὲν οἰκτρὸς ἐμῶι, πᾶσι δὲ κεῖθι φίλος.[722]

... Hades aber hat kein Erbarmen gelernt,
sondern er führte mich, den Zwölfjährigen, unter die Erde, und hat so
alle Hoffnungen unserer Eltern ausgerissen.
Ich ruhe aber an dem Orte der (unverheirateten) Jünglinge und der Frommen:
für meinen Vater als beklagenswert, aber für alle dort ein Freund.
(Übersetzung: I. PERES)

---

[720] PEEK GV n° 955 = R. MERKELBACH – J. STAUBER, *Steinepigramme* II, n°
09/01/08; LE BAS – WADDINGTON n° 1154; KAIBEL n° 348; Th. CORSTEN, IK 29, S. 144,
n° 88. Vgl. auch R. LATTIMORE, *Themes in Greek and Latin Epitaphs*, S. 148.
[721] PEEK GV n° 1162 = GG n° 316; IG XII₈ n° 38; KAIBEL n° 151. Vgl. auch P.
HOFFMANN, *Die Toten in Christus*, S. 52.
[722] PEEK GV n° 665 = A. D. KERAMOPULLOS, Πρακτικὰ τῆς ἐν 'Αθήναις
'Αρχαιολογικῆς 'Εταιρείας (1938), S. 61ff., n° 1.

Ähnlich ist es auch im Fall einer Steleninschrift aus Athen (2. Jh. n. Chr.). Obwohl die Seele des Toten in den Himmel emporstieg, gingen die Reste in die Tiefe des Acheron ins Hadeshaus, und die Hoffnungen sind im Feuer zu Asche[723] geworden: ψυχ[ὴ δ' οὐρανὸν εἰσανέβη]. | ... τὸμ βαθὺν εἰς Ἀχ[έροντα μολοῦσ' Ἀίδαό τε δῶμα]· | εἰς πῦρ δὲ σπ[οδιάν τ' ἐλπίδες ἐξεχύθεν].[724]

An solchen Texten wird sichtbar, dass das Wort ἐλπίς nicht auf das jenseitige Leben bezogen wurde. Die Hoffnungen galten dem diesseitigen Leben, und mit dem Tod sind sie alle zerbrochen. Die Götter können gegen den Tod nicht helfen und keine tröstende Perspektive geben.

7.1.3 Streit wider den Anschein

Die Analyse von ἐλπίς[725] und ἐλπίζω[726] zeigt, dass die alten Griechen mit dem Begriff nur irdische, menschliche Hoffnungen und diesseitige Erwartungen ausgedrückt, jedoch keine positive eschatologisch-existentielle Dimension mit ihm verbunden haben. Deshalb kann man viel über ihre Enttäuschungen lesen, dass, wenn der Tod kommt, die Hoffnungen unerfüllt (ἀτέλεστοι) bleiben. Eine Grabinschrift aus Lemnos (2. Jh. n. Chr.) steht für viele andere:

> ⁹ τοῖός τοι θνητῶν μογερὸς βίος, ὧν ἀτέλεστοι
> ἐλπίδες, αἷς Μοιρῶν νήματ' ἐπικρέμαται.[727]

So ist der Menschen mühseliges Leben: unerfüllt bleiben ihre Hoffnungen,
über denen stets drohend das Schicksal schwebt, das die Moiren ihnen spinnen.

(Übersetzung: W. PEEK)

---

[723] Diese Vorstellung kommt in den Grabtexten öfters vor. So steht z.B. auf einen Relief aus Pantikapaion (2. Jh. n. Chr.): εἰς φλόγα καὶ σποδιὴν ἐλπίδας ἐξέχεεν = _alle Hoffnungen lässt er_ (sc. Hades) _in Feuer und Asche zerrinnen_ (PEEK GG n° 159 = GV n° 949).

[724] PEEK GV n° 1361 = IG II/III² n° 13124; M. MacLaren, in: Hesperia 7 (1938), 468.

[725] Die antiken Griechen haben ihre Erwartungen vom Leben weniger mit dem Verb ἐλπίζω, aber überaus häufig mit dem Substantiv ἐλπίς ausgedrückt. Ἐλπίς kommt in den Grabinschriften manchmal im Singular, häufiger aber im Plural (ἐλπίδες) vor.

[726] Vgl. z.B. PEEK GV n° 1300 = KAIBEL n° 167; IG II/III² n° 11477; A. WILHELM, in: NGG (1939), 146f. Ähnlich PEEK GV n° 899 = IG VII n° 2536; KAIBEL n° 489; E. HOFFMANN, _Sylloge epigrammatum Graecorum_, n° 181. PEEK GV n° 1519 = SEG 2, n° 461. PEEK GV n° 1976 = IG XIV n° 1648; KAIBEL n° 566; L. MORETTI, _Inscriptiones Graecae Urbis Romae_ III, n° 1231; CIG n° 9840; E. COUGNY, _Anthologia Palatina_ III, 2, n° 348; IG XIV n° 1648; IGR I n° 263.

[727] PEEK GG n° 316 = GV n° 1162; KAIBEL n° 151; IG XII⁸, n° 38.

Die Frage nach der Hoffnung in den Inschriften auf den Grabstelen in griechischen Nekropolen hat eine zutiefst menschliche Seite. So ist verständlich, dass die alten Griechen neben dem häufigen Schmerz und der Skepsis auch für die Hoffnung gekämpft haben. Belege dafür sind nicht so häufig, aber es gibt sie.

Die Eltern einer gewissen Parthenope aus dem makedonischen Berrhoia drücken auf einem Grabaltar (2. Jh. n. Chr.) aus, dass der Neidgott und Pluteus ihre edelsten (ἐσθλή) Hoffnungen abgeschnitten habe (κείρω); sie glauben aber nicht, dass ihre Tochter wirklich gestorben ist:

> τὴν περικαλλέα Παρθενόπην κλυτὸν εἶδος ἔχουσαν
> δέξατο Φερσεφόνη χῶρον ἐς εὐσεβέων.
> ὦ Φθόνε καὶ Πλουτεῦ, σύλησας χρύσεον ἄνθος
> καὶ κείρας γονέων ἐλπίδας ἐσθλοτάτας·
> εἴ τοι καὶ τέθνηκεν (ἀπιστείη γὰρ ἔχει με),
> πῶς θείας μορφῆς ἥψατο Μοῖρα πικρά;[728]

Die wunderschöne Parthenope, deren herrliche Gestalt in aller Munde war,
nahm Persephone auf an der Stätte der Frommen.
O du Neidgott und Pluteus, abgerissen hast du eine goldene Blume,
abgeschnitten der Eltern edelste Hoffnungen.
Wenn sie denn wirklich starb – denn ich mag es nicht glauben –,
wie konnte die bittere Moira so göttliche Schönheit anrühren?
(Übersetzung nach W. PEEK)

Dieser Text könnte eine Hoffnung wider allen Anschein bezeugen. Dennoch konnten sich die Menschen an Grabmälern ἐλπίς nicht jenseitig denken.

Die griechische ἐλπίς bleibt folglich im Schatten des Grabes nur eine Illusion, die mit der Vergänglichkeit des Menschen im Tod vergeht. Eine Grabquaderinschrift aus Theben (4./3. Jh. v. Chr.) drückt dies in mythischer Form aus:

> οὐκ ἔστ᾽ οὐδὲν τέρμα βίου θνητῶν ἐπινοίαις,
> ἀλλὰ Τύχη κρείσσων ἐλπίδος ἐξεφάνη.[729]

Keine Grenze des Lebens kennen die Gedanken der Sterblichen,
aber Tyche erweist sich stärker als alle Hoffnung.
(Übersetzung: W. PEEK)

---

[728] PEEK GG n° 350 = GV n° 1594.
[729] PEEK GG n° 95 = GV n° 1639; IG VII n° 2532; KAIBEL n° 492 und S. XVI; GEFFCKEN n° 153; F. V. MENXEL, ἐλπίς, S. 155-156.

7.2 Die eschatologische ἐλπίς im Neuen Testament

Das Wort ἐλπίς hat im Neuen Testament mehrere positive Bedeutungen. Ich bespreche aber nur seine rein eschatologische Zuspitzung.[730] In den griechischen Grabinschriften wurde das Wort ἐλπίς nur für die Hoffnung des guten Lebens im Diesseits benutzt. ἐλπίς bezeichnete keine Hoffnung jenseits des Grabes. Die Autoren der neutestamentlichen Schriften kennen diesen Inhalt der ἐλπίς aus der Alltagsprache der griechischen Volksfrömmigkeit und sie reagieren auch deutlich auf diese ἐλπίς-Vorstellung ihrer hellenistischen Umwelt: Einerseits zeigen sie die hoffnungslose Situation der Heiden auf und bedauern sie (1Thess 4,13), andererseits erklären sie die positive eschatologische Hoffnung der Christen. Unsere Frage lautet: Wie kommt es zu der durchweg positiven Konnotierung der ἐλπίς im Neuen Testament?

7.2.1 Hoffnung im Alten Testament (LXX)

Es scheint, dass die ersten Impulse zur Korrektur der hellenistisch verstandenen ἐλπίς schon im LXX-Sprachgebrauch zu finden sind, wo ἐλπίς für mehrere hebräische Ausdrücke steht, wie z.B. קוה, יחל, חכה oder שבר. Die Bedeutung dieser Begriffe geht von Situationen im profanen alltäglichen Leben aus: warten, harren, hoffen. Sie sind vor allem im Psalter häufig belegt. Dort hängt die Hoffnung mit der Gottesfurcht eng zusammen (vgl. Ps 33,18; 147,11).

Das wichtigste hebräische Äquivalent von ἐλπίς in der LXX ist das hebräische תִּקְוָה,[731] das auch die gute (positive) oder schlechte (negative) Zukunftserwartung ausdrücken kann. So zeigt es z.B. Spr 11,7a: „Wenn der gottlose Mensch stirbt, geht seine תִּקְוָה zugrunde." Diese „düstere" Realität deprimierte aber in früherer Zeit auch die Mitglieder des Gottesvolkes, das in seinen – hauptsächlich geschichtlichen und weisheitlichen – Texten oftmals ziemlich pessimistische Überzeugungen ausdrückt. Dies zeigt sich z.B. in den Chronikbüchern (1Chr 29,15), den Psalmen (6,6; 87,4-8; 90,3-10 usw.), bei Hiob (14,1ff.) oder im Prediger (3,19-21; 9,4-5; 12,7), dessen Eschatologie dualistisch oder schon hellenistisch beinflusst ist. Das gilt auch für das Buch der Sprüche (z.B. 10,28).

Grundsätzlich aber betont die LXX – im Sinne der Propheten –, die Hoffnung auf den Zukunft verheissenden Gott (κύριος) zu werfen und seine Hilfe auch im Tod zu erwarten. Auf diese Weise bildet sich allmählich

---

[730] Zu möglichen Synonymen der ἐλπίς vgl. G. NEBE, „Hoffnung" bei Paulus, S. 24ff.

[731] Walter ZIMMERLI, Der Mensch und seine Hoffnung im Alten Testament, Göttingen 1968, S. 12ff. Ein guter Überblick über die alttestamentliche Hoffnung mit vielen sprachlichen Varianten und Kombinationen ist J. v. d. PLOEG, L'espérance dans l'Ancien Testament, in: RB 61 (1954), 482ff.

auch die Hoffnung auf das nationale und persönliche Heil und seltener auch auf die Unsterblichkeit und auf die Auferstehung (*Hiob* 19,25-27; *Ez* 37,1-14; *Hos* 6,1-2; *Dan* 12,1-2) aus, die dann im Judentum verbreitet ist.[732] „In eschatologischen Texten wird der Hoffnungsinhalt nicht abstrakt, sondern in Form einer Vision ausgesprochen. Darum stehen die Vokabeln der Hofnung dort selten. Der Horizont der Hoffnung im AT geht weit hinaus über die in den meisten Zeugnissen persönlicher Hoffnung sichtbare Grenze des individuellen Lebens und kündet Jahwes Kommen in Herrlichkeit, sein Königtum auf einer neuen Erde, die Umkehr Israels und der Völker, den neuen, auf Vergebung der Sünden beruhenden Bund an."[733] Diese Art der Hoffnung[734] ist theozentrisch, Jahweh-zentrisch, eigentlich *kyriozentrisch* orientiert: Sie weiss schon um eine Erwartung angesichts des Todes und eröffnet einen eschatologischen Horizont. Darin unterscheidet sie sich schon von der hellenistischen Elpis. Wahrscheinlich steht die ἐλπίς der neutestamentlichen Autoren auf dem Fundament der LXX, spitzt aber ihre eschatologische Ausrichtung christologisch zu. Als erstes Hindernis musste sie die rein diesseitige hellenistische ἐλπίς-Vorstellung überwinden.

7.2.2 Polemik

Auch für das tägliche Leben (Arbeit, Reisen oder allgemeine Erwartung und Sorge[735]) benutzt das NT das Wort ἐλπίς in seiner alltäglichen Bedeutung, lehnt aber die nur auf das Diesseits bezogene ἐλπίς-Vorstellung ab, die für die Griechen so charakteristisch war: Nach dem Verfasser des Epheserbriefes lebten die früheren Heiden (τὰ ἔθνη ἐν σαρκί) ursprünglich (d.h. in der Zeit vor der christlichen Mission) ohne Hoffnung (vgl. *Eph* 2,12: ἐλπίδα μὴ ἔχοντες), d.h. ohne die ἐλπίς, die in Christus besteht.[736] Ähnlich hatten auch nach Paulus die λοιποί in Thessaloniki, die nicht zur christlichen Gemeinde gehört haben, für das eschatologische Jenseits keine Hoffnung (*1Thess* 4,13: οἱ μὴ ἔχοντες ἐλπίδα).[737] Nach Paulus beherrscht die nicht-christlichen Thessalonicher Hoffnungslosigkeit, weil sie hinsichtlich der Jenseitskenntnis unwissend sind. Gegen den antiken Griechen, einschliesslich der hellenisierten Juden[738], die nur Hoffnungen für

---

[732] P. VOLZ, *Die Eschatologie der jüdischen Gemeinde*, S. 229ff.
[733] E. HOFFMAN, *Hoffnung – ELPIS*, in: ThBL I (³1983), S. 723.
[734] Doch s. z.B. *Jes* 25,9; 42,4; 51,5; *Hab* 2,3 usw.
[735] Vgl. z.B. das Wetter, die Gesundheit, die Wohnung, das Vermögen usw. (*Lk* 6,34; *Apg* 16,19; 24,26; 27,20; *1Kor* 9,10 usw.).
[736] Rudolf SCHNACKENBURG, *Der Brief an die Epheser*, EKK X, 1982, S. 110.
[737] Traugott HOLTZ, *Der Erste Brief an die Thessalonicher*, EKK XIII, ²1990, S. 189.
[738] T. HOLTZ, a.a.O. (*Thessalonicher*), S. 189.

das irdische Leben kannten, argumentieren die neutestamentlichen Theologen polemisch.[739]

7.2.3 Έλπίς in den neutestamentlichen Schriften

Im Gegensatz zur hellenistischen Vorstellung der Hoffnung haben die Christen eine gute Hoffnung (ἐλπὶς ἀγαθή: *2Thess* 2,16) auf die eschatologische Zukunft, die die neutestamentlichen Autoren auf mehrere Arten ausdrücken. Sie gehen im Prinzip davon aus, dass die richtige eschatologische Hoffnung *nur einen Grund* haben kann, und zwar Christus: Gott, der in Christus seine Liebe gezeigt hat, hat ihn durch die Auferstehung aus dem Tode gerettet und er nähert sich in ihm auch uns als unser himmlischer Vater, um uns in diesem Leben zu helfen und für die Ewigkeit zu erretten. Zu ihm können alle Christen gute Hoffnung, das Vertrauen und die Zuversicht haben. Weil er uns zu einer lebendigen Hoffnung (ἐλπὶς ζῶσα) wiedergeboren hat (*1Pt* 1,3), haben wir schon in diesem Leben eschatologische Freude.[740] Deswegen benützen die neutestamentlichen Theologen die eschatologische ἐλπίς im ganzen NT nur *im Singular*, obwohl sie durchaus verschiedene Facetten hat. Die *Vielfarbigkeit* der eschatologischen Hoffnung[741] können wir inhaltlich folgendermassen gruppieren:

a) „ἐλπίς" heisst zunächst die Hoffnung, nach der der Leib auch im Tode in Sicherheit ruht: ἡ σάρξ μου κατασκηνώσει ἐπ' ἐλπίδι (*Apg* 2,26). *Apg* 2,26 ist ein wörtliches Zitat aus dem messianischen *Psalm* 15,9f (LXX)[742], das Petrus in seiner Pfingstpredigt auf Christus appliziert und das die lukanische Kirche dann auf den Tod und die Auferstehung verallgemeinerte.[743]

b) Die lukanische Christenheit hat mehrmals die Möglichkeit, das Zeugnis des Apostels Paulus über die Hoffnung der Auferstehung der Toten zu hören (ἐλπὶς ἀναστάσεως νεκρῶν: *Apg* 23,6),[744] die ganz eschatologische Kategorie ist und die der Apostel in seiner polemischen Argumentation öfters benutzt.[745] Diese Hoffnung der endzeitlichen

---

[739] Vgl. z.B. W. BAIRD, *Pauline Eschatology in Hermeneutical Perspektive*, in: NTS 17 (1971), S. 321.

[740] J. PIPER, *Hope as the Motivation of Love: 1Peter 3,9-12*, in: NTS 26 (1980), S. 215-217.

[741] Dazu s. W. GROSSOUW, *L'espérance dans le Nouveau Testament*, in: RB 61 (1954), 523ff.

[742] Das LXX-Zitat (vgl. 15,9) ist wörtlich genau geschrieben. Über seine alttestamentliche Deutung vgl. z.B. Chr. BARTH, *Die Errettung vom Tode in den individuellen Klage- und Dankliedern des Alten Testamentes*, Zollikon 1947, S. 155; Hans-Joachim KRAUS, *Psalmen* I. (1-59), BK AT XV/1, ⁵1978, S. 267ff.

[743] Vgl. Rudolf PESCH, *Die Apostelgeschichte* (1-12), EKK V/1, S. 123.

[744] Vgl. dazu auch *Apg* 24,15.21; 26,7.

[745] G. SCHILLE, *Die Apostelgeschichte des Lukas*, ThHK 5, Berlin 1983, S. 426.

Totenauferweckung heisst aber ursprünglich im Munde des Apostels Paulus „Erfüllung göttlicher Verheissungen (13,32f.; 26,6) in der Auferstehung Jesu".[746]

c) Die Leser des Ersten Johannesbriefes kennen die Hoffnung auf eine zukünftige Gottesschau ohne Hindernis (*1Joh* 3,2-3: ὀψόμεθα αὐτὸν καθώς ἐστιν) und auf das dem Vater ähnliche göttliche Sein (ὅμοιοι αὐτῷ ἐσόμεθα), also die Kindschaft Gottes.

d) Der Verfasser des Titusbriefes spricht so von der Hoffnung auf das ewige Leben (*Tit* 1,2: ἐλπὶς ζωῆς αἰωνίου; vgl. 3,7), die nach Victor HASLER als das verheissene Heil übergeschichtlich und ewig bleibt.[747] Ähnlich sind auch die Thessalonicher über die Hoffnung auf das Heil unterrichtet (*1Thess* 5,8: ἐλπὶς σωτηρίας; vgl. *Röm* 8,24).

e) Die Lesergemeinschaft des Kolosserbriefes hört von der Hoffnung im Himmel (*Kol* 1,5: ἐλπίς ἐν τοῖς οὐρανοῖς), die nach Petr POKORNÝ eine zeitlich-zukünftige und auch eine räumliche Dimension hat.[748] Nach *Kol* 1,27 geht es um die Hoffnung auf die eschatologische Herrlichkeit (ἐλπὶς τῆς δόξης), an der die Christen partizipieren werden (καυχώμεθα ἐπ' ἐλπίδι τῆς δόξης τοῦ θεοῦ: *Röm* 5,2). Nach Eduard LOHSE erinnert dieses Bild an die Vorstellung eines Siegers im Wettkampf, der sich auf den Siegeskranz im Himmel schon jetzt freut; die Hoffnung der christlichen Gemeinde ist auf ihren Herrn gerichtet, „der zur Rechten Gottes thront (3,1) und selbst die ἐλπὶς τῆς δόξης ist (1,27)".[749]

f) Zu den wichtigsten Stellen des Neuen Testament gehört der paulinische Text *Phil* 1,20: „So ist meine Erwartung und Hoffnung, dass ich in nichts zuschanden werde, sondern, wie immer, so erwartete ich auch jetzt in aller Zuversicht, dass Christus an meinem Leibe verherrlicht werden wird, sei es durch Leben, sei es durch Tod." „Hier ist der Aspekt des Alltäglichen mit dem Eschatologischen verschränkt,"[750] und er berührt hier auch die menschliche Seite des Lebens, aber die eschatologische Hoffnung ist eindeutig – auch dann, wenn die Zukunft noch nicht genau bekannt ist.[751]

Das bedeutet, dass der hellenistische Sprachgebrauch von ἐλπίς der Kirche bekannt war. Die urchristliche Theologie hat aber die ἐλπίς gründlich

---

[746] A. WEISER, *Die Apostelgeschichte*, Leipzig 1989, S. 341.

[747] Victor HASLER, *Die Briefe an Timotheus und Titus*, ZBK NT 12, 1978, S. 85f.; I. PERES, a.a.O. (*Titus*), S. 80.

[748] Petr POKORNÝ, *Der Brief des Paulus an die Kolosser*, ThHK 10/I, Berlin 1987, S. 34.

[749] Eduard LOHSE, *Die Briefe an die Kolosser und an Philemon*, KEK IX/2, Göttingen 1968, S. 48.

[750] H. WEDER, *Hoffnung II – Neues Testament*, in: TRE XV (1986), S. 485.

[751] D. R. DENTON, Ἀποκαραδοκία, in: ZNW 73 (1982), S. 139.

„durch-, bzw. ausgearbeitet": sie hat sich von der in ihrer Umwelt benützten hellenistischen Vorstellung von ἐλπίς getrennt und hat sie mit neuem (positivem und christologisch orientiertem eschatologischem) Inhalt gefüllt. Dieser hat, anknüpfend an Christus, für die Christen neue Horizonte jenseits des Grabes und eine hoffnungsvolle Zukunft im Himmel geöffnet.[752] So unterstützt die Analyse der neutestamentlichen Texte eindeutig eine Vermutung von Ulrich LUZ,[753] dass in der neutestamentlichen Eschatologie hinsichtlich des ἐλπίς-Gebrauchs deutlich eine „christologische Konzentration" zur Geltung kommt. Und diese christologisch begründete ἐλπίς dient auch als Grund der persönlich verstandenen eschatologischen Hoffnung.

7.3 Zusammenfassung

Zusammenfassend lässt sich feststellen, dass die griechischen Grabtexte mit der Wortgruppe ἐλπίς/ἐλπίζω keinen eschatologischen Horizont öffnen. ἐλπίς drückt in den Grabinschriften nur schmerzliche und pessimistische Trostlosigkeit aus, weil sie an der irdischen Glückssehnsucht und anthropozentrisch orientiert ist. Aus diesem Grund sprechen die Grabinschriften über viele menschliche ἐλπίδες (Plural!), die sich nur auf die menschliche Fähigkeit stützen und die im kommenden Tod zunichte werden. Im Unterschied dazu ist der neutestamentliche ἐλπίς-Gebrauch (Singular!) eine äusserst positive Kategorie, die eschatologisch und daneben stark theo- und christozentrisch gefüllt ist (*Kol* 1,27; *1Tim* 1,1; *Röm* 15,1), weil die Hoffnung ihren Grund in Gott und seiner in Christus personifizierten Liebe hat. Die Christen können mit Überzeugung glauben, dass ihr Gott der „Gott der Hoffnung" ist (ὁ θεὸς τῆς ἐλπίδος: *Röm* 15,13), und genauso Christus „unsere Hoffnung" (ἡ ἐλπὶς ἡμῶν: *1Tim* 1,1; vgl. *Kol* 1,27) ist. Als solche konnte die ἐλπίς für die apostolische Kirche als die „selige Hoffnung" (ἐλπὶς μακαρία: *Tit* 2,13) gelten, die – auch im kritischsten Moment des irdischen Lebens, im Tode oder im Schatten des Grabes – nicht zuschanden wird (*Röm* 5,5). Weil sie eschatologisch orientiert ist[754], gehört sie mit dem Glauben (πίστις) und der Liebe (ἀγάπη) zusammen als eschatologische Trias, die das christliche Sein für immer konstituiert (*1Kor* 13,13; vgl. *1Thess* 1,3).[755] So birgt das christliche Leben schon in der Gegenwart Freude und grenzenloses Vertrauen zu Gott auch hinsichtlich der letzten Dinge des Lebens und der Welt.

---

[752] Vgl. z.B. *Kol* 1,27; *1Thess* 1,3; 4,13ff. usw.
[753] U. LUZ, *Geschichtsverständnis des Paulus*, S. 323ff.
[754] Ernst KÄSEMANN, *An die Römer*, Berlin 1978, S. 126.
[755] Vgl. R. BULTMANN, ἐλπίς κτλ., in: ThWNT 2 (1950), S. 528ff.

Die Erforschung der griechischen Grabinschriften beleuchtet und also gut den Unterschied: Die griechische ἐλπίς dauert nur bis ans Grab und kennt nur eine irdische Glücks-Erwartung. Die christliche Hoffnung öffnet durch Christus den himmlisch-eschatologischen Horizont auch für das persönliche Heil.

V. Schlussbilanz

In meiner Studie habe ich versucht, der Problematik der sogenannten positiven hellenistischen Eschatologie im Rahmen ihrer antiken Umwelt nach ausgewählten Themen und Texten unter ein paar wichtigen Aspekten nachzugehen. Mein Hauptziel war, aufzuzeigen, dass die neutestamentliche Eschatologie in sich auch hellenistische Elemente birgt, die ihren Sitz im Leben eben auf dem tiefsten Punkt der menschlichen Existenz haben: im Erlebnis des nackten Todes, wie er auf den Grabinschriften dokumentiert ist. Die griechischen Jenseitsvorstellungen aus den Grabinschriften wurden im Licht der neutestamentlichen Texte überprüft und verglichen. Obwohl die Analyse und Auslegung einzelner Themen und Texte nur in grossen Linien dargestellt werden konnte, können wir jetzt am Ende kurz konstatieren, dass das Ergebnis positiv ist: Die neutestamentlichen Verfasser waren in ihrer Eschatologie von ihrer hellenistischen Umwelt in unterschiedlichem Masse berührt, aber auf die griechischen Einflüsse reagierten sie verschieden. Diese Berührungen fasse ich wie folgt zusammen.

1. Ablehnung, Rezeption oder Wechselwirkung?

1.1 Zusammenfassung der griechischen Vorstellungen

1.1.1 Negative Eschatologie[1]

Die griechischen Grabinschriften enthalten neben der pessimistischen Negation eines Weiterlebens nach dem Tod oder der Verzweiflung auch sehr konkrete Ideen über das Leben nach dem Tod. Die sogenannte *negative griechische Eschatologie* der Grabinschriften malt ganz plastische Bilder über den unterirdischen Hades und sein furchtbares Inneres, wohin Hades und Persephone die auserwählten menschlichen Opfer durch den Tod „rauben". Beim Todesraub helfen Gottheiten wie Moira, Tyche, Nemesis usw. Nach dem Unterweltgericht, in dem die Richter Aiakos, Minos und Rhadamanthys die nackte Seele prüfen, kommen die Seelen an ihre Orte, die Straforte im Tartaros, oder sie können den Weg nach rechts zu den Orten der Frommen gehen.

---

[1] Vgl. o. S. 2 und 26ff.

1.1.2 Positive Eschatologie[2]

Die positive griechische Eschatologie zeigt die Wege der Verstorbenen zum seligen postmortalen Leben. So konnten die Seelen der Verstorbenen nach einem guten Leben ins Elysium, zu den Inseln der Seligen oder in die himmlischen Sphären gehen; zu letzteren gehören der Äther, die Sterne, der Himmel und der (himmlische) Olymp. Daneben gibt es auch die Hoffnung, dass die Verstorbenen nach dem Tode einen süssen ewigen Schlaf schlafen. Deutlich ist eine Entwicklung der griechischen Jenseitsvorstellungen einfacher Menschen: Immer häufiger richten sich die persönlichen Hoffnungen auf ein Leben im Himmel oder auf dem Olymp[3], auf das selige Leben mit den Göttern und darauf, heroisiert, den Göttern ähnlich oder vergöttlicht[4] zu werden. Diese Vorstellungen sprechen von den Höfen des Zeus[5], der himmlischen Stadt[6], den himmlisch-olympischen Wohnungen[7] und von der Entrückung zu den Göttern[8]. Im Himmel oder auf dem Olymp in paradiesischer Umgebung können sie mit den Götern zusammen essen und mit ihnen auf ihren goldenen Thronen[9] sitzen, eine niedrigere Art der Gottähnlichkeit, Gottgleichheit oder Vergöttlichung erreichen. Diese Hinwendung zu einer positiven, himmlischen Eschatologie erreichte im 1. Jh. n. Chr. einen ersten Höhepunkt[10]. Die Menschen, die auf den griechischen Grabinschriften zu Wort kommen, sprechen aber kaum je von einer Auferstehung aus dem Tode[11]. Die Annahme, dass die Seele in der Ewigkeit ohne Leib lebt, überwiegt bei weitem[12].

1.1.3 System der griechischen Vorstellungen

Die griechischen Jenseitsvorstellungen auf den Grabinschriften vertreten durchweg eine räumliche Eschatologie und kennen keine zukünftige Weltenwende, die auch für die Toten etwas bedeuten könnte. Die Jenseitshoffnungen sind individuell formuliert und eine bewusste Zusammengehörigkeit (κοινωνία) im Tode fühlen nur die Verwandten; eine Gemeinschaft mit „fremden Toten" gibt es nicht. Im ganzen kann man sagen, dass die griechische Eschatologie der Grabinschriften kein geschlossenes systematisches Ganzes darstellt. Sie kennt viele Wege ins Jenseits und eine reiche

---

[2] Vgl. o. S. 2. 65ff. und 96ff.
[3] Vgl. o. S. 86ff. und 96ff.
[4] Vgl. o. S. 89ff. und 192ff.
[5] Vgl. o. S. 113f.
[6] Vgl. o. S. 121.
[7] Vgl. o. S. 141ff.
[8] Vgl. o. S. 180ff.
[9] Vgl. o. S. 223ff. und 233ff.
[10] Vgl. F. CUMONT, *Die orientalischen Religionen im römischen Heidentum*, S. 273.
[11] Vgl. o. S. 162ff.
[12] Vgl. o. S. 158 und 162ff.

Bilderwelt, die auch im 1.-2. Jh. n. Chr. wesentlich durch die homerisch-hesiodische Mythologie geprägt ist.

1.2 Vergleich mit den neutestamentlichen Hoffnungen

Die neutestamentlichen Hoffnungen gehen im Prinzip andere Wege, weil auch das Ziel des christlichen Kerygmas ein anderes ist. Doch gibt es Bereiche, in denen sich die neutestamentliche Eschatologie und die Jenseitsvorstellungen der griechischen Grabinschriften berühren.

1.2.1 Wörtliche Übereinstimmungen

Bei der Beschreibung der griechischen und neutestamentlichen Jenseitshoffnungen kommen Wörter und Ausdrücke vor, die beiden[13] gemeinsam sind. Übereinstimmung besteht in folgenden Termini:

der Tod als Schlaf (ὕπνος - κοιμάομαι: *1Thess* 4,13)[14]
Hoffnung (ἐλπίς: *1Thess* 4,13; *1Joh* 3,3)[15]
Zelthaus/Leib (σκῆνος: *2Kor* 5,1)[16]
Nacktheit der Seele (γυμνός: *2Kor* 5,3)[17]
die Entführung (ἀποφέρω: *Lk* 16,22)[18]
Auferstehung (ἀνάστασις, ἐγείρειν: *1Thess* 4,14ff.; *1Kor* 15)[19]
Entrückung (ἁρπάζω: *1Thess* 4,15-17)[20]
Ort der Seligkeit (τόπος: *Joh* 14,2)[21]
Wohnung (οἰκία, *Joh* 14,2)[22]
Himmlische Stadt (πόλις: *Phil* 3,20)[23]
Himmlisches Bürgerrecht (πολίτευμα: *Phil* 3,20)[24]
Göttliche Natur (φύσις: *2Pt* 1,4)[25]
Gottesschau (ὁράω/+ βλέπω/: *1Joh* 3,2)[26]
Gotteskindschaft (τέκνον: *1Joh* 3,2)[27]

---

[13] Vgl. z.B. o. S. 2 oder vgl. 151ff. und 163ff.; 211ff.
[14] Vgl. o. S. 69ff. und 183f.
[15] Vgl. z.B. o. S. 25, Anm. 90; S. 41ff.163ff. und 247ff.
[16] Vgl. o. S. 155f.
[17] Vgl. o. S. 156ff.
[18] Vgl. o. S. 127 und 188ff.
[19] Vgl. o. S. 162ff.
[20] Vgl. o. S. 180ff.
[21] Vgl. o. S. 148 und 154.
[22] Vgl. o. S. 147ff.
[23] Vgl. o. S. 120f. und 133ff.
[24] Vgl. o. S. 134ff.
[25] Vgl. o. S. 208ff.
[26] Vgl. o. S. 214ff.
[27] Vgl. o. S. 211ff.

Licht (φῶς [Gottes/des Olymp]: *Offb* 22,5)[28]
der (eschatologische) Tisch (τράπεζα [Jesu/der Götter]: *Lk* 22,30)[29]
Thron (θρόνος [Jesu/Gottes/der Götter]: *Lk* 22,30; *Offb* 22,1)[30]
die Präpositionen μετά und σύν (*Phil* 1,23; *1Thess* 4,17)[31] usw.

Die terminologischen Übereinstimmungen müssen aber nicht unbedingt
bedeuten, dass hinter den gemeinsamen Wörtern auch ein gemeinsamer Inhalt steht. Für die neutestamentliche Eschatologie ist es selbstverständlich,
dass solche Termini auch christologische Aussagen einschliessen. Eine
Rezeption neutestamentlicher Aussagen durch Griechen und eine Wechselwirkung ist bei den angezeigten Übereinstimmungen gut möglich.

1.2.2 Motivähnlichkeiten

Ein wichtiges Feld der gemeinsamen Berührungen sind *Motivähnlichkeiten*. In den Grabinschriften finden sich viele Motive, die auch im Neuen
Testament vorkommen. Sie gehören zum religiösen Denken des Hellenismus und der frühen Kaiserzeit in den Ländern des Römischen Reiches.
Durch den Hellenismus wurden sie verstärkt, verbreitet und weiter vermischt (Synkretismus). Motive, die sich berühren, sind die Entrückung[32]
zum Ort der Frommen/Gerechten, die Erhöhung zum seligen Leben[33], das
Leben in den himmlischen Wohnungen[34], die paradiesische Sorglosigkeit
und der Heilsgenuss[35], die Thron- und Mahlgemeinschaft mit den Göttern[36], Gotteskindschaft[37], Gottähnlichkeit bzw. „Vergöttlichung"[38]. Für
diese und ähnliche Bilder können wir Analogien auf beiden Seiten finden.
Auch bei den Motiven müssen wir mit Wechselwirkung rechnen; auch hier
erleichtern die Motivähnlichkeiten eine Rezeption der frühchristlichen
Eschatologie durch Griechen.

1.2.3 Konzeptionelle Ähnlichkeiten

Vielleicht kann man über die Berührungen in den Motiven hinaus auch von
einer *Ähnlichkeit der Konzepte* sprechen. Die lukanische Geschichte vom
Reichen und vom armen Lazarus (*Lk* 16,19-31) kennt einen paradiesischen

---

[28] Vgl. o. S. 214ff. und 241.
[29] Vgl. o. S. 233ff.
[30] Vgl. o. S. 233ff.
[31] Vgl. o. S. 245ff.184f. und 231.
[32] Vgl. o. S. 180ff.
[33] Vgl. o. S. 181f.
[34] Vgl. o. S. 147ff.
[35] Vgl. o. S. 217ff.
[36] Vgl. o. S. 233ff.
[37] Vgl. o. S. 200ff.
[38] Vgl. o. S. 197ff.

Ort oben und einen Ort der Höllenqualen unten, ähnlich dem Tartaros. Viele griechische Grabinschriften kennen ähnliche Vorstellungen[39]. Mehr als eine Berührung in Motiven enthält auch das Wort des lukanischen Jesus an den guten Schächer (*Lk* 22,43): „Heute wirst Du mit mir im Paradies sein". Hier ist der Gedanke einer Erhöhung bzw. Entrückung nach oben verbunden mit dem Gedanken, dass dies unmittelbar nach dem Tod geschehen wird – ein durch und durch hellenistisches Konzept[40]. Mehrere hellenistisch belegbare Motive sind auch in *Lk* 22,30 miteinander verbunden, sodass man auch hier von einem „Konzept" sprechen könnte[41].

1.2.4 Differenzen

Viele Elemente der neutestamentlichen Eschatologie sind aber mit den Jenseitsvorstellungen der antiken Griechen völlig unvereinbar. Die wichtigste für die Griechen unvorstellbare Aussage ist die von der *Auferstehung*, denn aus dem Hades oder dem Grab gibt es niemals einen Ausweg. Die spöttische Reaktion der Griechen auf dem Areopag (*Apg* 17,32), die „Auferstehungsleugnung" der Korinther (*1Kor* 15,12-19.29.32) und die Trauer der Thessalonicher (*1Thess* 4,13.18) bestätigen das deutlich. Dafür streiten Lukas und Paulus. Differenzierter ist das Verhältnis zwischen den griechischen Grabinschriften und den paulinischen Aussagen über das σῶμα πνευματικόν (*1Kor* 15,44) und das Überkleidetwerden (*2Kor* 5,2-4) zu beurteilen: zwar sprechen die Grabinschriften nie von einem himmlischen σῶμα und setzen die Trennung von Leib und Seele im Tod durchgehend voraus. Aber Bilder, wie das vom Sitzen auf himmlischen Thronen oder von der himmlischen Mahlzeit implizieren doch Vorstellungen einer himmlischen Leiblichkeit, wenn auch vielleicht nur auf bildhafte Weise.

Das endzeitliche Ziel der Weltgeschichte und die Erwartung des endzeitlichen Jüngsten Gerichts sind Vorstellungen, welche die antiken Griechen kaum nachvollziehen konnten. Der Moment der *gemeinsamen* Entrückung (*1Thess* 4,17) ist den Grabinschriften fremd, wie auch die Parusie des Sohnes bzw. eines Gottes, welche die ganze Welt und die entschlafenen Toten in eine ganz neue Lage bringen wird. Der wichtigste Unterschied besteht aber in der zentralen Bedeutung der Person Jesu, denn auf ihn ist alles eschatologische Geschehen, einschliesslich der Auferstehung, des Gerichtes und des seligen Zusammenlebens mit ihm bezogen. Die christologisch orientierte positive biblische Eschatologie war in diesem Punkt für die Griechen unverständlich (*Apg* 17,18.32). Hier war ihre Frömmigkeit und Jenseitshoffnung eine andere, und für die apostolische Mission war hier eine radikale Trennung vom altgriechischen Geist unvermeidlich.

---

[39] Vgl. z.B. o. S. 41ff. und 63ff. usw.
[40] Vgl. o. S. 180ff.; R. Foss, *Griechische Jenseitsvorstellungen*, S. 19ff. oder 81ff.
[41] Vgl. o. S. 217ff. und 232ff.

2. Konklusion

Die neutestamentlichen Autoren benützen bei der Konzeption der eschatologischen Hoffnungen in unterschiedlichem Masse hellenistische Schemata, Begriffe und Motive. Lukas scheint der griechischen Volksfrömmigkeit besonders nahe zu stehen; auch der Verfasser des zweiten Petrusbriefes steht in seinen naturhaften massiven Hoffnungsvorstellungen der griechischen Eschatologie ziemlich nahe. Ähnliches gilt für manche johanneischen Aussagen. Auch zwischen Paulus und den griechischen Grabinschriften gibt es manche Berührungen. Offen bleiben muss natürlich im einzelnen die Frage, auf welche Weise sie zustande kamen. Da die Grabinschriften aber Ausdruck verbreiteter Volksfrömmigkeit sind und die Nekropolen von jedem, der in eine Stadt ein- oder aus ihr wegzog, durchwandert werden mussten, fällt die Antwort im Ganzen nicht schwer. Denkbar ist ein Doppeltes:

1. In der Zeit der Entstehung der neutestamentlichen Gemeinden ist im Griechentum eine Verstärkung und Intensivierung der positiven Eschatologie auch in der breiten Masse des einfachen Volkes festzustellen. Durch die Begegnung mit der christlichen Verkündigung hat sich diese Tendenz wohl noch verstärkt.

2. Viele hellenistischen Elemente, die den christlichen Hoffnungen verwandt sind, sind auch im Neuen Testament vorhanden. Damit ermöglichten die neutestamentlichen Texte auch späteren Lesern, ihre Verkündung als *praedicatio Graeca* zu verstehen.

Literaturverzeichnis

I. Antike Quellen – Inschrifteneditionen und -sammlungen

ARBANITOPOULOS, Apostolos S., *Graptai Stelai* Demetriados-Pagason, BAAH 23, Athen 1928

BECKBY, Hermann (Hrsg.), *Anthologia Graeca* I-XVI, München 1957-1958

BERNARD, Étienne, *Inscriptions métriques de l'Égypte gréco-romaine*, ALLB 98, Paris 1969

BRADEEN, Donald W., *Inscriptions. The Funerary Monuments*, AthA 17, Princeton 1974

CAGNAT, René (Hrsg.), *Inscriptiones Graecae ad res Romanas pertinentes*, Paris 1906-1927 (= Chicago 1975)

CALDER, William M., u.a. (Hrsg.), *Monumenta Asiae Minoris Antiqua* III-VIII, Manchester 1928ff.

COUGNY, Eduard (Hrsg.), *Anthologia Palatina* III, Paris 1927

CREAGHAN, John S. – RAUBITSCHEK, Antony E., *Early-Christian Epitaphs from Athens*, TS, Woodstock 1947

CUMONT, Franz, *Recherches sur le symbolisme funéraire des Romains,* Paris 1942, [2]1965

CURTIUS, Ernst – KIRCHHOFF, Adolf, *Corpus Inscriptionum Graecarum*, Hildesheim/New York (1825ff.) 1977

DAIN, Alphonse, *Inscriptions grecques du Musée du Louvre*, Paris 1933

DITTENBERGER, Guilelmus (Hrsg.), *Orientis Graeci Inscriptiones Selectae*, 2 Bde., Leipzig 1903-1905

–, *Sylloge Inscriptionum Graecarum*, Bde. I-IV, Leipzig [3]1915-1925

DÖRNER, Friedrich Karl, *Bericht über eine Reise in Bithynien*, Wien 1952

–, *Inschriften und Denkmäler aus Bithynien*, IF 14, Berlin 1941

DREW-BEAR, Thomas, *Nouvelles Inscriptions de Phrygie*, SAEIAPP 16, Zutphen 1978

DUBOIS, Laurent, *Inscriptions grecques dialectales d'Olbia du Pont*, HÉMGR 22, Genève 1996

DÜBNER, Friedrich u.a. (Hrsg.), *Epigrammatum Anthologia Palatina* etc. I-II, Paris 1864-1890

FEISSEL, Denis, *Recueil des Inscriptions Chrétiennes de Macédoine*, Athènes/Paris 1983

FREY, Jean-Baptiste, *Corpus Inscriptionum Judaicarum*, Bde. I-II, Roma 1936-1952

FRIEDLÄNDER, Paul, *Epigrammata*. Greek Inscriptions in Verse, Berkeley/Los Angeles 1848

GEFFCKEN, Johannes, *Griechische Epigramme*, KGLT 3, Heidelberg 1916
GEIST, Hieronymus – PFOHL, Gerhard, *Römische Grabinschriften*, München 1969
GRÉGOIRE, Henri, *Recueil des Inscriptions Grecques-chrétiennes d'Asie Mineure*, Amsterdam 1968
GUARDUCCI, Margherita (Ed.), *Inscriptiones Creticae* I-IV, Roma 1950

HAMILTON, John William, *Researches in Asia Minor, Pontus and Armenia* II, (London 1842), Nachdruck: Hildesheim u.a. 1984
HANSEN, Petrus Aallanus (Hrsg.), *Carmina epigraphica Graeca* I-II, Berlin/New York 1989
HASLUCK, Frederick W., *Cyzicus*, Cambridge 1910
HEIKEL, Ivar A., *Griechische Inschriften sprachlich erklärt*, Helsingfors 1924
HERZOG, Rudolf, *Koinische Forschungen und Funde*, Leipzig 1899 (Nachdruck: Hildesheim u.a. 1983)
HILLER VON GAERTRINGEN, Friedrich, *Historische griechische Epigramme*, KTVU 156, Bonn 1926
HIRSCHER, Gustav – MARSHALL, Frederick H. (Hrsg.), *The Collection of the Ancient Greek Inscriptions of the British Museum* I-IV, Milano 1979
HOFFMANN, Ernst, *Sylloge epigrammatum Graecorum quae ante medium saeculum a. Chr. n. tertium incisa ad nos pervenerunt*, Halle 1893
HONDIUS, Jacobus J. E. u.a. (Ed.), *Supplementum epigraphicum Graecum* Iff., Leiden/Amsterdam u.a. 1923ff.
HORSLEY, Greg H. R. (Hrsg.), *New Documents Illustrating Early Christianity*, Bd. I-VIII, Sydney 1981-1998

KAIBEL, Georgius, *Epigrammata Graeca ex lapidibus conlecta*, (Berlin 1878) Hildesheim 1965
KALINKA, Ernest (Hrsg.), *Tituli Asiae Minoris*, Bde II/1-2, Baden 1920-30
KEIL, Joseph – BUCKLER, William H. – CALDER, William M. u.a. (Hrsg.), *Monumenta Asiae Minoris Antiqua* III-VIII, Manchester 1931-1962
–, *Bericht über eine dritte Reise in Lydien und den angrenzenden Gebieten Ioniens*, DKAW 57, Wien 1914
– PREMERSTEIN, Anton von, *Bericht über eine Reise in Lydien und der südlichen Aiolis*, DKAW 53, Wien 1908
KERN, Otto, *Orphicorum fragmenta*, Dublin/Zürich ³1972
KIESERITZKY, Gangolf von – WATZINGER, Carl, *Griechische Grabreliefs aus Südrussland*, Berlin 1909
KIRCHNER, Johannes (Hrsg.) *Inscriptiones Graece* (1873ff), (IG II/III>II²): *Inscriptiones Atticae euclidis anno posteriores – Tituli sepulcrales*, Chicago 1974

KLEINKNECHT, Hermann (Hrsg.), *ΠΑΝΘΕΙΟΝ. Religiöse Texte des Griechentums*, Stuttgart 1929

KOVÁCS, Péter, *Corpus Inscriptionum Graecarum Pannonicarum*, HPS 3, Debrecen 1998

KUBINSKA, Jadwiga, *Les Monuments funéraires dans les inscriptions grecques de l'Asie Mineure*, Warsawa 1968

LATTIMORE, Richmond, *Themes in Greek and Latin Epitaphs*, IB 5, Urbana 1942, [2]1962

LE BAS, Philippe – WADDINGTON, William Henry (Hrsg.), *Inscriptions Grecques et Latines recueillies en Asie Mineure*, Bde. I-II, Hildesheim/New York 1972

LOEWY, Emanuel M., *Inschriften griechischer Bildhauer*, Chicago 1976

LORENZ, Bernd, *Thessalische Grabgedichte vom 6. bis zum 4. Jahrhundert v. Chr.*, CA 22 – PhE 1, Innsbruck 1976

MARUCCHI, Orazio, *Roma sotterranea cristiana*, Roma 1909

–, *Epigrafia Christiana*, Milano 1910 (Chicago 1974)

McCABE, Donald F. – STAUBER, Josef, *Geek Documentary Text*, PHI CD-ROM # 7 (Compilation © 1991-1996): 1. Inscriptions (Cornell, Ohio State, et al.), darin: Aphrodisias, Ephesos, Miletos, Mysien, Smyrna u.a.

MERKELBACH, Reinhold u.a. (Hrsg.), *Inschriften Griechischer Städte aus Kleinasien*, Bde. 1-48ff., Bonn 1972-1994ff.

– STAUBER, Josef (Hrsg.), *Steinepigramme aus dem Griechischen Osten* I-IVf., München u.a. 1998-2002f.

MOMMSEN, Theodor (Hrsg.), *Corpus Inscriptionum Latinarum* III. Inscriptiones Asiae, provinciarum Europae Graecarum, Illyrici Latinae 1873-1902

MORETTI, Luigi, *Inscriptiones Graecae Urbis Romae* I-III, Roma 1968-1973

MÜLLER, Nikolaus, *Die Inschriften der jüdischen Katakombe am Monteverde zu Rom*, GFWJ, Leipzig 1919

NICOLAOU, Ino (Hrsg.), *Cypriot Inscribed Stones*, Cyprus 1971ff.

OEHLER, August, *Der Kranz des Meleagros von Gadara*, KA 2/5, Berlin 1920

PAGE, Denys L. (Hrsg.), *Epigrammata Graeca*, SCBO, London 1975

– (Hrsg.), *Further Greek Epigramms. Epigramms Before A.D. 50 from the Greek Anthology and Other Sources, Not Included in ‚Hellenistic Epigramms' or ‚The Graland of Philip'*, Cambridge et al. 1981

PATON, William Roger – HICKS, Edward Lee, *The Inscriptions of Cos*, Oxford 1891

PEEK, Werner, *Attische Versinschriften*, ASAWL 69/2, Berlin 1980

–, *Epigramme und andere Inschriften aus Lakonien und Arkadien*, SHAWE 1971/2, Heidelberg 1971

–, *Griechische Grabgedichte*, SQAW VII, Berlin 1960

–, *Griechische Versinschriften aus Kleinasien*, OAW 143, Wien 1980

–, *Griechische Vers-Inschriften* I: *Grab-Epigramme*, Berlin 1955
PFOHL, Gerhard, *Greek Poems on Stones* I – *Epitaphs*, TM 36, Leiden 1967
–, *Griechische Inschriften als Zeugnisse des privaten und öffentlichen Lebens*, München 1965
–, *Römische Grabinschriften*, TB, München ²1976
– (Hrsg.), *Inschriften der Griechen*. Grab-, Weih- und Ehreninschriften, Darmstadt 1972
PFUHL, Ernst – MÖBIUS, Hans, *Die ostgriechischen Grabreliefs*, Mainz 1979
PIRCHER, Josef, *Das Lob der Frau in vorchristlichen Grabepigrammen der Griechen*, CA 29 – PE 4, Innsbruck 1979
PLEKET, Henri Willy, *Epigraphica* I-III, Leiden 1964-1976
PREGER, Theodor, *Inscriptiones Graecae metricae ex scriptoribus praeter anthologiam collectae*, Leipzig 1891
PRENTICE, William Kelly, *Greek and Latin Inscriptions*, New York 1908

RAMSAY, William M., *The Cities and Bishoprics of Phrygia* I-II, RH, Oxford 1895-1897 (Neudruck: New York 1975)
REY-COQUAIS, Jean-Paul, *Inscriptions grecques et latines découvertes dans les fouilles de Tyr (1963-1974)*, Bd. I, *Inscriptions de la nécropole*, Paris 1977
ROBERT, Louis, *Hellenica*, Paris 1940ff.
–, *Opera Minora Selecta*, Bde. I-XIII, Paris u.a. 1964ff.
ROEHL, Hermann (Hrsg.), *Inscriptiones Graecae antiquissimae praeter Atticas in Attica repertas*, Berlin 1882
ROUECHÉ, Charlotte, *Aphrodisias in Late Antiquity*, London 1989

SCHULTZE, Victor, *Altchristliche Städte und Landschaften*, Gütersloh 1926
STRUVE, Vasilij V. u.a. (Hrsg.), *Corpus Inscriptionum Regni Bosporani* (Корпус боспорских надписей), Moskau 1965

VÉRILHAC, Anne-Marie, *Παῖδες ἄωροι* - Poésie funéraire I-II, Athen 1978/1982
VERMASEREN, Maarten J., *Corpus Cultus Cybelae Attidisque* III, EPRO, Leiden 1977ff.

WADDINGTON, William Henry, *Inscriptions Grecques et Latines de la Syrie*, Roma 1968
WESSEL, Carolus (Ed.), *Inscriptiones Graecae Christianae Veteres Occidentis*, ICI 1, (Cur. FERRUA, Antonius – CARLETTI, Carolus), Bari 1989
–, *Inscriptiones Graecae Christianae Veteres Occidentis*, Halle 1936
WILHELM, Adolf, *Griechische Epigramme*, Bonn 1980
–, *Abhandlungen und Beiträge zur griechischen Inschriftenkunde*, Wien 1984

II. Hilfsmittel, Grammatiken und Lexika

BAUER, Walter, *Griechisch-deutsches Wörterbuch zu den Schriften des Neuen Testaments und der frühchristlichen Literatur*, Berlin u.a. [6]1988

BENSELER, Gustav E., *Griechisch-deutsches Schulwörterbuch zu Homer, Herodot, Aischylos usw.*, Leipzip [11]1900

BLASS, Friedrich – DEBRUNNER, Albert – REHKOPF, Friedrich, *Grammatik des neutestamentlichen Griechisch*, Göttingen [17]1990

BORNEMANN, Eduard, *Griechische Grammatik*, Frankfurt [2]1978

CALDERINI, Aristide, *Epigrafia*, Torino 1974

CREMER, Hermann, *Biblisch-theologisches Wörterbuch der Neutestamentlichen Gräcität*, Gotha [6]1889

DORNSEIFF, Franz – HANSEN, Bernhard, *Reverse Lexikon of Greek Proper names*. Rückläufiges Wörterbuch der griechischen Epigraphik, Chicago 1978

GARDNER, Ernst A., *An Introduction to Greek Epigraphy II. The Inscriptions of Attica*, Cambridge 1905

GHINATTI, Franco, *Profilo di epigrafia greca*, Soveria Manelli 1998

GRANT, Michael – HANZEL, John, *Lexikon der antiken Mythen und Gestalten*, München [14]1999

GYÖRKÖSY, Alajos u.a., *Ógörög-magyar szótár* (Altgriechisch-ungarisches Wörterbuch), Budapest [2]1993

HOWATSON, Margaret C. (Hrsg.), *Reclams Lexikon der Antike*, Stuttgart 1996

HERFORT-KOCH, Marlene, *Tod, Totenfürsorge und Jenseitsvorstellungen in der griechischen Antike*. Eine Bibliographie, QFAW 9, München 1992

HONDIUS, Jacobus J. E., *Saxa Loquuntur*. A Bibliography of Epigraphic Publications on Greek Inscriptions, Leiden 1938, Chicago [2]1976

HUNGER, Herbert, *Lexikon der griechischen und römischen Mythologie*: mit Hinweisen auf das Fortwirken antiker Stoffe und Motive in der bildenden Kunst, Literatur und Musik des Abendlandes bis zur Gegenwart, (Reinbek 1974) Wien [8]1988

KLAFFENBACH, Günther, *Griechische Epigraphik*, Göttingen 1957

KURTS, Friedrich, *Handbuch der Mythologie*, Leipzig 1869 (Nachdruck: Essen 1997)

LAMER, Hans, *Wörterbuch der Antike*, Stuttgart [10]1995

LARFELD, Wilhelm, *Griechische Epigraphik*, München [3]1914

–, *Handbuch der attischen Inschriften*, HGE 2, Leipzig 1902

LESKY, Albin (Hrsg.), *Geschichte der griechischen Literatur*, Bern u.a. [3]1971

LIDDELL, Henry George – SCOTT, Robert, *A Greek-English Lexikon*, Oxford 1968 (and Suppl.) 1973

MOULTON, James Hope – MILLIGAN, George, *The Vocabulary of Greek Testament*, London 1949

NESSELRATH, Heinz-Günther (Hrsg.), *Einleitung in die griechische Philologie*, Stuttgart u.a. 1997

NICKEL, Rainer (Hrsg.), *Lexikon der antiken Literatur*, Düsseldorf u.a. 1999

PFOHL, Gerhard, *Bibliographie der griechischen Vers-Inschriften*, Hildesheim 1964

–, *Elemente der griechischen Epigraphik*, Darmstadt 1968

– (Hrsg.), *Das Studium der griechischen Epigraphik*, Darmstadt 1977

PÖKEL, Wilhelm, *Philosophisches Schriftsteller-Lexikon*, Leipzig 1882 (Nachdruck: Darmstadt 1966)

PRELLER, Ludwig, *Griechische Mythologie* I, Berlin ⁴1978

REINACH, Salomon, *Traité d'Epigraphie Grecque*, (Hrsg. v. NEWTON, C. T.), Paris 1885

ROBERTS, Ernst Stewart, *An Introduction to Greek Epigraphy* I. The archaic Inscriptions and the Greek Alphabet, Cambridge 1887

ROSCHER, Wilhelm Heinrich (Hrsg.), *Ausführliches Lexikon der griechischen und römischen Mythologie*, 6 Bde., Leipzig u.a. 1884-1937

SCHÜTZE, Oliver (Hrsg.), *Metzler Lexikon antiker Autoren*, Stuttgart 1997

VARGA, Zsigmond J., *Görög-magyar szótár az Újszövetség irataihoz* (Griechisch-ungarisches Wörterbuch zum Neuen Testament), Budapest 1992

III. Literatur zur antiken Welt

1. Antike Autoren

Aesop: SCHNUR, Harry C. (Hrsg.), *Fabeln der Antike*, München/Zürich ²1985

Apollodor: FRAZER, James George (Hrsg.), *Apollodori Bibliotheca*, London ³1954-56

Apuleius: HELM, Rudolf (Hrsg.), *Metamorphosen*, Neudruck: Stuttgart/Leipzig 1992

Aristophanes: WEINREICH, Otto (Hrsg.), *Aristophanes, Sämtliche Komödien*, München 1962f.

Aristoteles: FLASHAR, Hellmut (Hrsg.), *Aristoteles, Werke in deutscher Übersetzung*, Berlin 1956ff.

Athenaios: GULICK, Charles Burton (Hrsg.), *Athenaios*, 7 Bde., Cambridge 1937-41

Ausonius: HOSIUS, Carl u.a. (Hrsg.), *Die Moselgedichte*, Marburg 1926

Catull: SYNDIKUS, Hans Peter, *Catull. Eine Interpretation*, 3 Bde., Darmstadt 1984-90

Diogenes
Laertius: LONG, Herbert Strainge (Hrsg.), *Diogenes Laertii Vitae Philosophorum*, 2 Bde., Oxford 1964

Empedokles: INWOOD, Brad (Hrsg.), *The Poem of Empedokles*, Toronto u.a. 1992

Ennius: SKUTSCH, Otto (Hrsg.), *Annalen*, Oxford 1985

Epicharm: OLIVIERI, Alessandro (Hrsg.), *Frammenti della commedia greca I*. Neapel ²1946

Euripides:	SEECK, Gustav Adolf (Hrsg.), *Euripides*, 6 Bde., München 1972-81; JUAN, François – VAN LOOY, Herman, *Euripide – Fragments*, CUF Bd. VIII/2, Paris 2000; NAUCK, August (Hrsg.), *Tragicorum Graecorum Fragmenta*, Leipzig ²1889 (Neudruck: Hildesheim 1964)
Herodot:	ROSÉN, Haiim B. (Hrsg.), *Herodot*, 2 Bde., Stuttgart/Leipzig 1987/97
Hesiod:	SCHIRNDING, Albert v. (Hrsg.), *Hesiod. Theogonie. Werke und Tage*, griechisch und deutsch, München 1991
Homer:	RUPÉ, Hans (Hrsg.), *Homer. Ilias*, München 1989; WEIHER, A. (Hrsg.), *Homer. Odyssee*, griechisch und deutsch, München 1990
Homerische Hymnen:	WEIHER, Anton (Hrsg.), *Homerische Hymnen*, München 1989
Horaz:	KYTHLER, B. (Hrsg.), *Oden und Epoden*, Stuttgart ²1978
Jamblich:	KLEIN, Udalricus (Hrsg.), *Jamblich*, Buch 1, 3, 4 und 7, Stuttgart 1975
Josephus Flavius:	THACKERAY, H. St. John u.a. (Hrsg.), *Josephus*, 10 Bde., London 1926-1965
Lukian:	MRAS, Karl (Hrsg.), *Die Hauptwerke des Lukian*, München ²1980
Menander:	SANDBACH, Francis H. (Hrsg.), *Reliquiae selectae*, SCBO, Oxford (1972) ²1990; KÖRTE, Alfred – THIERFELDER, Andreas (Hrsg.), *Menandri quae supersunt*, Leipzig ²1959
Ovid:	ANDERSON, William (Hrsg.), *Metamorphosen*, Leipzig 1977
Pausanias:	ROCHA-PEREIRA, Maria Helena (Hrsg.), *Pausanias*, 3 Bde., Leipzig 1973-1981
Persius:	KISSEL, Walter (Hrsg.), *Persius. Text, Übersetzung, Kommentar und Bibliographie*, Heidelberg 1990
Philo:	ARNALDEZ, Roger u.a. (Hrsg.), *Philo*, 38 Bde., Paris 1961ff.
Pindar:	BREMER, Dieter (Hrsg.), *Pindar. Siegeslieder*, München 1992
Platon:	EIGLER, Gunter (Hrsg.), *Platon*, 8 Bde., Darmstadt 1970-83
Plautus:	BARSBY, John (Hrsg.), *Bacchides*, Warminster 1986
Plutarch:	FLACELIÈRE, Robert u.a. (Hrsg.), *Oeuvres Morales*, Paris 1972ff.
Ps.-Platon:	BLAKENEY, Edward H. (Hrsg.), *The Axiochus. On Death and Immortality. A Platonic Dialogue*, London 1937
Pythagoras:	THESSLEFF, Holger (Hrsg.), *The Pythagorean Texts of the Hellenistic Period*, Abo 1965
Ps.-Pythagoras:	THOM, Johan C., The Pythagorean „Golden Verses", Leiden 1995

Sappho: VOIGT, Eva-Maria u.a. (Hrsg.), *Sappho und Alcaeus. Fragmenta*, Amsterdam 1971

Sophokles: LLOYD-JONES, Hugh u.a. (Hrsg.), *Sophokles*, Oxford 1990

Theognis: YOUNG, Douglas (Hrsg.), *Theognis*, Leipzig [2]1971

Vergil: GÖTTE, Johannes u. Maria, *Vergil: Aeneis*, Düsseldorf u.a. [8]1994

Xenophon: DALMEYDA, Georges (Hrsg.), *Xenophon*, Paris 1926

2. Literatur zur Antiken Welt

ALBINUS, Lars, *The House of Hades*. Studies in Ancient Greek Eschatology, Aarhus 2000

BACHOFEN, Johann Jakob, *Versuch über die Gräbersymbolik der Alten*, JJBGW 4, Basel 1954

–, *Die Unsterblichkeitslehre der orphischen Theologie und römische Grablampen*, Basel/Stuttgart 1958

BALTES, Matthias, *Das Todesproblem in der griechischen Philosophie*, in: Gymnasium 95 (1988), S. 97-128

BAUMANN, Hellmut, *Die griechische Pflanzenwelt in Mythos, Kunst und Literatur*, RS, München 1982

BICHLER, Reinhold, *Von der Insel der Seligen zu Platons Staat*. Geschichte der antiken Utopie, AKA 3, Wien/Köln/Weimar 1995

BICKEL, Ernst, *Homerischer Seelenglaube*. Geschichtliche Grundzüge menschlicher Seelenvorstellungen, SKGG 7, Berlin 1925

BINDER, Gerhard – EFFE, Bernd (Hrsg.), *Tod und Jenseits im Altertum*, BAC 6, Trier 1991

BLECH, Michael, *Studien zum Kranz bei den Griechen*, RGVV 38, Berlin/New York 1982

BREUER, Christine, *Reliefs und Epigramme griechischer Privatgräber*, Wien 1995

BREMMER, Jan N., *Greek Religion*, G&R 24, Oxford 1994

BRINGMANN, Klaus, *Hellenistische Reform und Religionsverfolgung in Judäa*. Eine Untersuchung zur jüdisch-hellenistischen Geschichte (175-163 v. Chr.), AAWG III/132, Göttingen 1983

BRÖCKER, Walter, *Theologie der Ilias*, WG 55/56, Frankfurt am Main 1975

BURKERT, Walter, *Antike Mysterien*, München 1990

–, *Apokalyptik im frühen Griechentum. Impulse und Transformationen*, in: Hellholm, D. (Hrsg.), *Apocalypticism in the Mediterranean World and the Near East*, Tübingen 1983, S. 235-254

–, *Die orientalisierende Epoche in der griechischen Religion und Literatur*, Heidelberg 1984

–, *Griechische Religion*, in: TRE 14 (1985), S. 235-253

–, *Griechische Religion der archaischen und klassischen Epoche*, RdM 15, Stuttgart/Berlin/Köln/Mainz 1977.

–, *Homo Necans.* Interpretationen altgriechischer Opferriten und Mythen, RGVV 32, Berlin/New York 1972

CALDWELL, Richard S., *Hesiod's Theogony*, Cambridge 1987

COOK, Arthur Bernard, *Zeus. A Study in Ancient Religion*, Bde. I-III, Cambridge 1914-1925

CUMONT, Franz, *Die orientalischen Religionen im römischen Heidentum*, Leipzig/Berlin ²1914

–, *Lux Perpetua*, Paris 1949

DELITZSCH, Friedrich, *Das Land ohne Heimkehr.* Die Gedanken der Babylonier-Assyrer über Tod und Jenseits nebst Schlussfolgerungen, Stuttgart 1911

DEUBNER, Ludwig, *Attische Feste*, Berlin 1956

DIEHL, Erika, *Die Hydria in Grab und Kult der Griechen*, Heidelberg 1960

DIELS, Hermann, *Die Fragmente der Vorsokratiker* II. Griechisch und Deutsch, (Hrsg. Walther Kranz) Berlin ⁸1956

–, *Himmels- und Höllenfahrten von Homer bis Dante*, in: NJKA 49 (1922), S. 239-253

DIETERICH, Albrecht, *Abraxas*, Aalen ²1973

–, *Nekyia.* Beiträge zur Erklärung der neuentdeckten Petrusapokalypse, Darmstadt ³1969

DÖLLINGER, Johannes J. I., *Heidenthum und Judenthum.* Vorhalle zur Geschichte des Christenthums, Regensburg 1857

DONDERER, Michael, *Die Architekten der späten römischen Republik und der Kaiserzeit*, Erlangen 1996

DÖRRIE, Heinrich, *Gottesvorstellung*, in: RAC 22 (1983), Sp. 81-154

DREWS, Arthur, *Der Sternhimmel in der Dichtung und Religion der alten Völker und des Christentums.* Eine Einführung in die Astralmythologie, Jena 1923

EASTERLING Patricia E. – MUIR, John Victor (Hrsg.), *Greek Religion and Society*, Cambridge 1985

ECKER, Ute, *Grabmal und Epigramm.* Studien zur frühgriechischen Sepulkraldichtung, Palingenesia 29, Stuttgart 1990

EISLER, Robert, *Orphisch-dionysische Mysteriengedanken in der christlichen Antike*, Hildesheim 1966

EITREM, Samson, *Opferritus und Voropfer der Griechen und Römer*, Hildesheim/New York 1977

ERXLEBEN, Eberhard, *Die Entwicklung der Steininschrift in Attika zwischen Nikiasfrieden und Chaironeia*, in: HP IV, Berlin 1974, S. 1896-1909

FARNELL, Lewis R., *Critical Commentary to the Works of Pindar*, Amsterdam 1965

–, *Greek Hero Cults and Ideas of Immortality*, Oxford 1970

FESTUGIÈRE, André-Jean, *L'idéal religieux des Grecs et l'Evangile*, Paris 1932

FINLEY, Moses I., *Das politische Leben in der antiken Welt*, München 1986

–, *Die Griechen*. Eine Einführung in ihre Geschichte und Zivilisation, BEb, München 1976

FOERST-CRATO, Ilse, *Ausblicke ins Paradies*, München/Planegg 1958

FOSS, Reiner, *Griechische Jenseitsvorstellungen von Homer bis Plato*, RWS, Aachen 1997

FRÄNKEL, Hermann, *Pindars Religion*, in: Antike 3 (1927), S. 39-63

GABATHULER, Mathäus, *Hellenistische Epigramme auf Dichter*, Borna/Leipzig 1937

GARLAND, Robert, *The Greek Way of Death*, London (1985) [2]2001

–, *The Greek Way of Life from Conception to Old Age*, London 1990

GASPARRO, Giulia Sfameni, *Soteriology and Mystic Aspect in the Cult of Cybele and Attis*, Leiden 1985

GATZ, Bodo, *Weltalter, goldene Zeit und sinnverwandte Vorstellungen*, Hildesheim 1967

GEFFCKEN, Johannes, *Studien zum griechischen Epigramm*, in: Neue Jahrbücher 20 (1917), S. 88-117

–, *Stimmen der Griechen am Grabe*, Hamburg-Leipzig 1893

GEHRKE, Hans-Joachim, *Geschichte des Hellenismus*, OGG 1A, München 1990

–, *Jenseits von Athen und Sparta*. Das dritte Griechenland und seine Staatenwelt, München 1986

GIEBEL, Marion, *Das Geheimnis der Mysterien*. Antike Kulte in Griechenland, Rom und Ägypten, Zürich/München 1990

GILDERSLEVE, Basil L., *Pindar*. The Olympian and Pythian Odes, Amsterdam 1965

GOLDBECK, Ernst, *Der Untergang des kosmischen Weltbildes der Antike*, in: Antike 1 (1925), S. 61-79

GOMPERZ, Theodor, *Zu griechischen Inschriften, insbesondere poetischen Inhalts*, in: Hellenika II, Leipzig 1912, S. 177-215

GOODENOUGH, Erwin, R., *Jewish Symbols in the Greco-Roman Period* IX-XI, New York 1964

GÖRG, Manfred, *Ein Haus im Totenreich*. Jenseitsvorstellungen in Israel und Ägypten, Düsseldorf 1998

GRAF, Fritz, *Eleusis und die orphische Dichtung Athens in vorhellenistischer Zeit*, RGVV 33, Berlin/New York 1974

–, *Griechische Mythologie*. Eine Einführung, Düsseldorf/Zürich [4]1997

–, *Nordionische Kulte*. Religionsgeschichtliche und epigraphische Untersuchungen zu den Kulten von Chios, Erythrai, Klazomenai und Phokaia, BHR 21, Rom 1985

GREENE, William Chase, *Moira*. Fate, Good, and Evil in Greek Thought, Cambridge 1944

GRESSMANN, Hugo, *Die hellenistische Gestirnreligion*, BAO 5, Leipzig 1925

–, *Die orientalischen Religionen im hellenistisch-römischen Zeitalter*, Berlin/Leipzig 1930

–, *Die Umwandlung der orientalischen Religion unter dem Einfluss hellenischen Geistes*, in: VBW 3 (1923) (Reprint: Nendeln 1967), S. 170-195

–, *Tod und Auferstehung des Osiris nach Festbräuchen und Anzügen*, AO 23/3, Leipzig 1923

GRIESHAMMER, Reinhard, *Das Jenseitsgericht in den Sargtexten*, Wiesbaden 1970

GRIESSMAIR, Ewald, *Das Motiv der mors immatura in den griechischen metrischen Grabinschriften*, CA 17, Innsbruck 1966

GRIFFIN, Jasper, *Homer on Life and Death*, Oxford 1980

GRÖNBECH, Wilhelm, *Der Hellenismus. Lebensstimmung, Weltmacht*, Göttingen 1953

GUARDUCCI, Margherita, *Epigrafia Greca*, Bd. III, Roma 1974

HADAS, Moses – SMITH, Morton, *Heroes and Gods*. Spiritual Biographies in Antiquity, RP 13, New York 1970

HÄUSLE, Helmut, *Einfache und frühe Formen des griechischen Epigramms*, CA XXV, Innsbruck 1979

HARRAUER, Christine, *Meliouchos*. Studien zur Entwicklung religiöser Vorstellungen in griechischen synkretistischen Zaubertexten, WS Bh 11, Wien 1987

HARRISON, Jane, *Prolegomena to the Study of Greek Religion*, London 1961

HARTIGAN, Karelisa V., *The Poets and the Cities*. Selections from the Anthology About Greek Cities, BKPh 87, Meisenheim 1979

HEITSCH, Ernst, *Die Welt als Schauspiel*. Bemerkungen zu einer Theologie der Ilias, AWL 1993/10, Stuttgart 1993

HELBING, Robert, *Auswahl aus griechischen Inschriften*, SG, Berlin/Leipzig 1915

HENGEL, Martin, *Judentum und Hellenismus*, WUNT II/10, Tübingen ³1988

HERMANN, Alfred, *Durst*, in: RAC 4 (1957), Sp. 389-415

HERRLINGER, Gerhard, *Totenklage um Tiere in der antiken Dichtung*, TBAW 8, Stuttgart 1930

HEUBECK, Alfred – HOEKSTRA, Arie, *A Commentary on Homer's Odyssey*, Bde. I-III, Oxford 1989-1992

HODEL-HOENES, Sigrid, *Leben und Tod im Alten Aegypten*, Darmstadt 1992

HOFFMANN, Wilhelm, *Die Polis bei Homer*, München 1956

HÖLSCHER, Uvo, *Die Odyssee*. Epos zwischen Märchen und Roman, München 1988

HOWE, Georg – HARRER, Gustav A., *A Handbook of Classical Mythology*, Detroit 1947 (Reprint 1970)

HUTTER, Manfred, *Altorientalische Vorstellungen von der Unterwelt*. Literar- und religionsgeschichtliche Überlegungen zu „Nergal und Ereškigal", OBO 63, Göttingen 1985

IRVING, Paul M. C. Forbes, *Metamorphosis in Greek Myths*, OCM, Oxford 1990

JAEGER, Werner, *Das frühe Christentum und die griechische Bildung*, Berlin 1963

JAHN, Thomas, *Zum Wortfeld ,Seele-Geist' in der Sprache Homers*, Zetemata 83, München 1987

JEFFERY, Lilian H., *The Local Scripts of Archaic Greece*, Oxford 1990

JEREMIAS, Alfred, *Hölle und Paradies bei den Babyloniern*, Leipzig 1903

–, *Allgemeine Religionsgeschichte*, München 1918

JUNG, Carl Gustav – KERÉNYI, Karl *Einführung in das Wesen der Mythologie – Das göttliche Kind/Das göttliche Mädchen*, Zürich ⁴1951

–, *Das göttliche Mädchen*: die Hauptgestalt der Mysterien von Eleusis in mythologischer Beleuchtung, Albae Vigiliae 8/9, Leipzig 1941

JÜNGER, Friedrich Georg, *Griechische Mythen*, Frankfurt am Main ³1957

KAIBEL, Georg, *Griechische Friedhofspoesie*, in: DR 19 (1894), S. 367-380

KALOGERAKOS, Ioannis, G., *Seele und Unsterblichkeit. Untersuchungen zur Vorsokratik bis Empedokles*, Leipzig 1996

KAUFMANN, Carl Maria, *Die Jenseitshoffnungen der Griechen und Römer nach den Sepulcralinschriften. Ein Beitrag zur monumentalen Eschatologie*, Freiburg/B. 1897

KERÉNYI, Karl, *Die antike Religion – Ein Entwurf von Grundlinien*, Düsseldorf/Köln 1952

–, *Die Heroen der Griechen*, Zürich 1958

–, *Die Mythologie der Griechen. Die Götter- und Menschheitsgeschichte*, Zürich 1951

–, *Pythagoras und Orpheus*, AV (NF) 9, Zürich 1950

–, *Unsterblichkeit und Apollonreligion. Zum Verständnis von Platons Phaidon*, in: Antike 10 (1934), S. 46-58

–, *Zeus und Hera. Urbild des Vaters, des Gatten und der Frau*, SHR 20, Leiden 1972

–, *Zum Verständnis von Vergilius Aeneis B. VI.*, in: Hermes 61 (1931), S. 413-441

–, *Halhatatlanság és Apollón-vallás* (Unsterblichkeit und Apollonreligion), Budapest 1984

KERN, Otto, *Die griechischen Mysterien der klassischen Zeit*, in: Antike 6 (1930), S. 302–323

–, *Die Religion der Griechen*, Bd. I, Berlin 1926, (Bd. II) 1935, (Bd. III) 1938

KEYDELL, Rudolf, *Epigramm*, in: RAC 4 (1961), Sp. 88-117

KIPPENBERG, Hans G., *Religion und Klassenbildung im antiken Judäa. Eine religionssoziologische Studie zum Verhältnis von Tradition und gesellschaftlicher Entwicklung*, Göttingen ²1982

KLAFFENBACH, Günther, *Griechische Epigraphik*, Göttingen 1957

KLOFT, Hans, *Mysterienkulte der Antike. Götter – Menschen – Rituale*, München 1999

KNIGHT, Jackson W. F., *Elysion. On Ancient Greek and Roman Beliefs concerning a Life after Death*, London 1970

KÖHNKEN, Adolf, *Die Funktion des Mythos bei Pindar*, Berlin/New York 1971

KOLB, Frank, *Die Stadt im Altertum*, München 1984

KÖNIG, Franz, *Zarathustras Jenseitsvorstellungen und das Alte Testament*, Basel 1964

KÖRTE, Alfred, *Die hellenistische Dichtung* (neubearb. v. HÄNDEL, Paul), KT 47, Stuttgart ²1960

KRAUSE, Wilhelm, *Die Griechen. Von Mykene bis Byzanz*. Eine Einführung in die griechische Altertumskunde in thematischer Darstellung mit Quellennachweis, Wien 1969

KROLL, Wilhelm, *Lethe*, in: RE 12/2 (1925), Sp. 2141-2144

KULLMANN, Wolfgang, *Das Wirken der Götter ‚Götterapparat‘*, DAWB 1, Berlin 1956

KURZ, Donna C. – BOARDMAN, John, *Thanatos. Tod und Jenseits bei den Griechen*, KAW 23, Mainz 1985

LACEY, Walter K., *Die Familie im antiken Griechenland*, KAW 14, Mainz am Rhein 1968

LAUENSTEIN, Diether, *Die Mysterien von Eleusis*, Stuttgart 1987

LAUMANN, Wolfgang, *Die Gerechtigkeit der Götter in der Odyssee, bei Hesiod und bei den Lyrikern*, Aw 7, Rheinfelden 1988

LEEUW, Gerardus van der, *Phänomenologie der Religion*, NThG, Tübingen 1933

LEIPOLDT, Johannes – GRUNDMANN, Walter, *Umwelt des Urchristentums*, Bde. I-III, Berlin ⁷1986

LEIPOLDT, Johannes, *Der Tod bei den Griechen und Juden*, Leipzig 1942

LEMKE, Dietrich, *Die Theologie Epikurs. Versuch einer Rekonstruktion*, Zetemata 57, München 1973

LENZINGER, Franz, *Zur griechischen Anthologie*, Zürich 1965

LINDNER, Ruth, *Der Raub der Persephone in der antiken Kunst*, BZ 16, Würzburg 1984

LOHMANN, Hans, *Grabmäler auf unteritalischen Vasen*, AF 7, Berlin 1979

LLOYD-JONES, Hugh, *The Justice of Zeus*, SCL 41, Berkeley/Los Angeles/London 1971 (²1982)

–, *Pindar and the Afterlife*, in: ders., *Greek Epic, Lyric and Tragedy*, Oxford 1990, S. 81-109,

LUCK-HUYSE, Karin, *Der Traum vom Fliegen in der Antike*, Palingenesia 62, Stuttgart 1997

LÜCKE, Hans-K. und Susanne, *Antike Mythologie. Ein Handbuch. Der Mythos und seine Überlieferung in Literatur und bildender Kunst*, Reinbek 1999

LUDWICH, Arthurus, *Homeri Ilias*, Bd. I-II, Leipzig 1902

MAASS, Ernst, *Orpheus.* Untersuchungen zur griechischen, römischen, altchristlichen Jenseitsdichtung und Religion, München 1895, Neudruck: Aalen 1974

MAREK, Christian, *Stadt, Aera und Territorium* in Pontus-Bithynia und Nord-Galatia, IF 39, Tübingen 1993

MARKWALD, Georg, *Die Homerischen Epigramme. Sprachliche und inhaltliche Untersuchungen*, BKP 165, Meisenheim/Glan 1986

282 Literaturverzeichnis

MATZ, Friedrich, *Hellenistische und römische Grabbauten*, in: Antike 4 (1928), S. 266-292

MEISTERHANS, Konrad, *Grammatik der attischen Inschriften*, Berlin ³1900

MENXEL, François, *Elpis, Espoir, Espérance*. Etudes sémantiques et théologiques du vocabulaire de l'espérance dans l'Hellénisme et le Judaïsme avant le Nouveau Testament, EHS.T 213, Frankfurt am Main u.a. 1983

MERKELBACH, Reinhold, *Die goldenen Totenpässe: ägyptisch, orphisch, bakchisch*, in: ZPE 128 (1999), S. 1-13

–, *Der griechische Wortschatz und die Christen*, in: ZPE 18 (1975), S. 101-148

–, *Isis regina - Zeus Sarapis*, Stuttgart 1995 (München ²2001)

MEULI, Karl, *Der Griechische Agon*. Kampf und Kampfspiel im Totenbrauch, Totentanz, Totenklage und Totenlob, HSDS, Köln 1968

MORENZ, Siegfried, *Gott und Mensch im alten Aegypten*, München ²1984 (¹1964)

MÜHLL, Peter v. d., *Homeri Odyssea*, Basel 1962

MUTH, Robert, *Einführung in die griechische und römische Religion*, Darmstadt 1988

MYLONAS, George E., *Eleusis and the Eleusinian Mysteries*, Princeton/London 1961 (³1974)

NÄGELSBACH, Carl Friedrich von, *Homerische Theologie*, Nürnberg 1884

NILSSON, Martin P., *Die Griechen*, in: SAUSSAYE, Chantepie de la, *Lehrbuch der Religionsgeschichte*, 2. Bd., Tübingen 1925, S. 280-417

–, *Die hellenistische Schule*, München 1955

–, *Die Religion der Griechen*, RgL, Tübingen 1927

–, *Geschichte der griechischen Religion*, München ⁴1976 = 1. Bd., ³1974 = 2. Bd

–, *Griechischer Glaube*, Sammlung Dalp 64, Bern 1950

–, *Griechische Feste von religiöser Bedeutung*, Darmstadt 1957

–, *The Dionysiac Mysteries of the Hellenistic and Roman Age*, SUSIA 8/V, Lund 1957

OGLE, Marbury B., *The Sleep of Death*, in: MAAR 11 (1933), S. 81-117.

ORELLI, Conrad v., *Allgemeine Religionsgeschichte*, Bd. II, Bonn 1913

OTTO, Walter F., *Die Götter Griechenlands*. Das Bild des Göttlichen im Spiegel des griechischen Geistes, Frankfurt a.M. ³1947

–, *Die Manen oder von den Urformen des Totenglaubens*, Darmstadt 1958

–, *Die Musen und der göttliche Ursprung des Singens und Sagens*, Düsseldorf 1956

PARTHEY, Gustav, *Plutarch über Isis und Osiris*, Berlin 1850

PEEK, Werner, *Griechische Steinepigramme*, in: Gymnasium 93 (1986), S. 1-11

PETERICH, Eckart, *Die Theologie der Hellenen*, Leipzig 1935

PFANNMÜLLER, Gustav, *Tod, Jenseits und Unsterblichkeit in der Religion, Literatur und Philosophie der Griechen und Römer*, Basel 1953

PFEIFFER, Erwin, *Studien zum antiken Sternglauben*, ΣΤΟΙΧΕΙΑ 2, Leipzig 1916 (Nachdruck: Amsterdam 1967)

PFISTER, Friedrich, *Der Reliquienkult im Altertum*, RVV 5, Giessen 1909 (Bd. I), 1912 (Bd. II) (= Berlin 1974)

PFOHL, Gerhard, *Bibliographie der griechischen Vers-Inschriften*, Hildesheim 1964

–, *Das Epigramm*. Zur Geschichte einer inschriftlichen und literarischen Gattung, Darmstadt 1969

– (Hrsg.), *Das Studium der griechischen Epigraphik*. Eine Einführung, Damstadt 1976

–, *Elemente der griechischen Epigraphik*, Darmstadt 1968

–, *Griechische Grabinschrift* I, in: RAC 12 (1983), Sp. 467-514

– (Hrsg.), *Inschriften der Griechen*. Epigraphische Quellen zur Geschichte der antiken Medizin, Darmstadt 1977

PHILIPPSON, Paula, *Thessalische Mythologie*, Zürich 1944

PIPER, Ferdinand, *Mythologie und Symbolik der christlichen Kunst von der ältesten Zeit bis ins sechzehnte Jahrhundert* I-II, Weimar 1847-1851 (Nachdruck: Osnabrück 1972)

PIRCHNER, Josef, *Das Lob der Frau im vorchristlichen Grabepigramm der Griechen*, CA 26, Innsbruck 1979

POHLENZ, Max, *Die Stoa*. Geschichte einer geistigen Bewegung I, Göttingen (1948) [7]1992

POZZI, Dora C. – WICKERSHAM, John M. (Hrsg.), *Myth and the Polis*, MP 1, Ithaca/London 1991

PÖTSCHER, Walter *Moira*, in: DKP 3, Sp. 1391-1396

PRELLER, Ludwig, *Griechische Mythologie*, (Nachdruck) Hildesheim 1995

PRÜMM, Karl, *Religionsgeschichtliches Handbuch für den Raum der altchristlichen Umwelt*, Freiburg/B. 1943

PUELMA, Mario, Ἐπίγραμμα – *epigramma*: Aspekte einer Wortgeschichte, in: MH 53 (1996), S. 123-139

RADERMACHER, Ludwig, *Das Jenseits im Mythos der Hellenen*. Untersuchungen über antiken Jenseitsglauben, Bonn 1903

RAHNER, Hugo, *Griechische Mythen in christlicher Deutung*, Zürich 1957

REITZENSTEIN, Richard, *Die hellenistischen Mysterienreligionen nach ihren Grundgedanken und Wirkungen*, Leipzig [3]1927 (Nachdruck: Darmstadt 1956)

–, *Epigramm und Skolion*. Ein Beitrag zur Geschichte der alexandrinischen Dichtung, Hildesheim/New York 1970

RIEDWEG, Christoph, *Initiation – Tod – Unterwelt*: Beobachtungen zur Kommunikationssituation und narrativen Technik der orphisch-bakchischen Goldblättchen, Stuttgart 1998 (aus: *Ansichten griechischer Rituale*, Symposium für W. Burkert, Basel 1996, S. 359-398)

–, *Mysterienterminologie bei Platon, Philon und Klemens von Alexandrien*, UALG 26, Berlin/New York 1987

ROBERT, Louis, *Die Epigraphik der klassischen Welt*, Bonn 1970

ROHDE, Erwin, *Psyche. Seelencult und Unsterblichkeitsglaube der Griechen*, Bde. I-II, Freiburg/i. B./Leipzig/Tübingen ²1989

–, *Der griechische Roman und seine Vorläufer*, Leipzig ³1914 (Nachdruck: Darmstadt 1974)

ROLOFF, Dietrich, *Gottähnlichkeit, Vergöttlichung und Erhöhung zu seligem Leben.* Untersuchungen zur Herkunft der platonischen Angleichung an Gott, UALG 4 Berlin 1970

ROSE, Herbert Jennings, *Griechische Mythologie*, München 1955

RÜEGG, August, *Die Jenseitsvorstellungen vor Dante und die übrigen literarischen Voraussetzungen der „Divina Comedia".* Ein quellenkritischer Kommentar I-II, Einsiedeln/Köln 1945

SAMTER, Ernst, *Die Religion der Griechen*, NG 457, Leipzig/Berlin 1914

SCHADEL, Helene, *Thanatos.* Studien zu den Todesvorstellungen der antiken Philosophie und Medizin, WMHF 2, Pattensen 1974

SCHEER, Tanja S., *Mythische Vorväter.* Zur Bedeutung der griechischen Heroenmythen im Selbstverständnis kleinasiatischer Städte, MAAG 7, München 1993

SCHIRNDING, Albert v. – SCHMIDT, Ernst Günther (Hrsg.), *Hesiod – Theogonie.* Werke und Tage, München/Zürich 1991

SCHMIDT, Ernst Günther, *Himmel – Meer – Erde im frühgriechischen Epos und im alten Orient*, in: Philologus 125 (1981), S. 1-24

SCHMIDT, Martin, *Die Erklärungen zum Weltbild Homers und zur Kultur der Heroenzeit in den bT-Scholien zur Ilias*, Zetemata 62, München 1976

SCHMIDT, Stefan, *Hellenistische Grabreliefs.* Typologische und chronologische Beobachtungen, Köln u.a. 1991

SCHNAUFER, Albrecht, *Frühgriechischer Totenglaube.* Untersuchungen zum Totenglauben der mykenischen und homerischen Zeit, Spudasmata 20, Hildesheim/New York 1970

SCHNEIDER, Carl, *Die Welt des Hellenismus.* Lebensformen in der spätgriechischen Antike, München 1975

SCHÖSKE, Sylvia – WILDUNG, Dietrich, *Gott und Götter im alten Ägypten*, Mainz 1992

SCHRADE, Hubert, *Götter und Menschen Homers*, Stuttgart 1952

SCHWEITZER, Bernhard, *Krieger in der Grabkunst des fünften Jahrhunderts*, in: Antike 17 (1941), S. 35-48

SIMON, Erika, *Die Götter der Griechen*, München 1969

SKIADAS, Aristoxenos D., *Beitrag zur Interpretation der griechischen metrischen Grabinschriften*, GHG ZKS 14, Athen 1967

–, *Homer im griechischen Epigramm*, GHG 4, Athen 1965

SÖDERBLOM, Natan, *Einführung in die Religionsgeschichte*, WB 131, Lepzig 1920

SOURVINOU-INWOOD, Christiane, *‚Reading' Greek Death.* To the End of the Classical Period, Oxford 1995

SPRONK, Klaas, *Beatific Afterlife in Ancient Israel and in the Ancient Near East*, AOAT, Neukirchen 1986

STEMPLINGER, Eduard, *Antiker Volksglaube*, SVG, Stuttgart 1948

STOLL, Heinrich Willhelm, *Die Götter und Heroen des classischen Altertums*. Populäre Mythologie der Griechen und Römer, Bde. I-II, Leipzig 1861

STROHM, Hans, *Tyche*. Zur Schicksalsauffassung bei Pindar und den frühgriechischen Dichtern, Stuttgart 1944

SVENBRO, Jesper, *Ameisenwege*. Figuren der Schrift und des Lesens in der griechischen Antike, Graz u.a. 2000

–, *Phrasikleia*. Anthropologie de la lecture en Grèce ancienne, Paris 1988

TIÈCHE, Eduard, *Die Griechen*, in: *Mensch und Gottheit in den Religionen* (Hrsg.: Universität Bern), Bern/Leipzig 1942, S. 121-152

TOYNBEE, Jocelyn M. C., *Death and Burial in the Roman World*, Baltimore 1996

VERMEULE, Emily, *Aspect of Death in Early Greek Art and Poetry*, Berkeley/Los Angeles/London 1979

WASSON, R. Gordon – HOFMANN, Albert – RUCK, Carl A. P., *Der Weg nach Eleusis*. Das Geheimnis der Mysterien, Frankfurt a.M. 1984

WEBER, Leo, *Steinepigramm und Buchepigramm*, in: Hermes 52 (1917), S. 536-557

WEILER, Ingomar, *Griechische Geschichte*. Einführung, Quellenkunde, Bibiographie, Darmstadt ²1988

WENDLAND Paul, *Die hellenistisch-römische Kultur in ihren Beziehungen zum Judentum und Christentum*, HNT 2, Tübingen ⁴1972

WIFSTRAND, Albert, *Studien zur griechischen Anthologie*. Die Grabgedichte der griechischen Anthologie, Lund 1926 (Nachdruck: New York 1987)

–, *Von Kallimachos zu Nonnos*, Lund 1931

WIESNER, Joseph, *Grab und Jenseits*. Untersuchungen im ägäischen Raum zur Bronzezeit und frühen Eisenzeit, RGVV 26, Berlin 1038

WILAMOWITZ-MOELLENDORFF, Ulrich v., *Griechische Verskunst*, Berlin 1921 (= Darmstadt ⁴1984)

–, *Der Glaube der Hellenen* I-II, Basel 1956

–, *Hellenistische Dichtung in der Zeit des Kallimachos*, Bde. I-II, Berlin 1924

–, *Zeus*, in: VBW 3 (1923), S. 1-16, (Neudruck) Nendeln 1967,

WÖHRLE, Georg, *Hypnos, der Allbezwinger*. Eine Studie zum literarischen Bild des Schlafes in der griechischen Antike, Palingenesia 53, Stuttgart 1995

WÖSSNER, Ulrich, *Zur Deutung des Göttertanzes in Indien und Griechenland*. Eine religionsphänomenologische Betrachtung, AR 7, Köln 1981

ZAIDMAN, Louise B. – PANTEL, Pauline S., *Die Religion der Griechen. Kult und Mythos*, (nach dem französischen Original, 1991) München 1994

ZINGERLE, Josef, *Zu griechischen Grabgedichten*, in: ÖJh 23 (1926), Beibl., S. 362-414

ZUNTZ, Günther, *Persephone*. Three Essays on Religion and Thought in Magna Graecia, Oxford 1971

IV. Literatur zum Neuen Testament

ALAND, Kurt, *Das Ende der Zeiten*. Über die Naherwartung im NT und der Alten Kirche, in: ders., *Neutestamentliche Entwürfe*, TB 63, München 1979, S. 124-182

ALTHAUS, Heinz (Hrsg.), *Apokalyptik und Eschatologie*, Freiburg 1987

ALZBERGER, Leonhard, *Geschichte der Eschatologie innerhalb der vornizänischen Zeit*, Graz 1970 (= Freiburg 1896)

AONO, Tashio, *Die Entwicklung des paulinischen Gerichtsgedankens bei den Apostolischen Vätern*, EHS.T 137, Bern/Frankfurt a.M./Las Vegas 1979

AUNE, David E., *Revelation 17-22*, Bd. III, WBC 52c, Nashville 1998

BARRETT, Charles Kingsley, *The Eschatology of the Epistle to the Hebrews*. The Background of the New Testament (FS C. H. Dodd), Cambridge 1956, S. 363-393

– THORNTON, Claus-Jürgen, *Texte zur Umwelt des Neuen Testaments*, Tübingen [2]1991

BAUMBACH, Günther, *Die Zukunftserwartung nach dem Philipperbrief*, in: *Die Kirche des Anfangs*, FS H. Schürmann, Freiburg/Basel/Wien 1978, S. 434-457

BAYER, Hans F., *Jesus' Predictions of Vindication and Resurrection*. The Provenance, Meaning and Correlation of the Synoptic Predictions, WUNT 2/20, Tübingen 1986

BEBLAVÝ, Jean, *Les idées eschatologiques de Saint Paul et des Pères Apostoloques*, Alencon 1924

BECKER, Jürgen, *Auferstehung der Toten im Urchristentum*, SBS 82, Stuttgart 1976

BIELER, Ludwig, *ΘΕΙΟΣ ΑΝΗΡ. Das Bild des „Göttlichen Menschen" in Spätantike und Urchristentum* I-II, Darmstadt 1967

BIENECK, Joachim, *Sohn Gottes als Christusbezeichnung der Synoptiker*, Zürich 1951

BIETENHARD, Hans, *Die himmlische Welt im Urchristentum und Spätjudentum*, WUNT 2, Tübingen 1951

BLACK, Matthew, *The Gentiles and the Gentile Mission in Luke-Acts*, SNTS MS 23, Cambridge 1973

BLACKBURN, Barry, *Theios Aner and the Markan Miracle Traditions*, WUNT 2/40, Tübingen 1991

BOLYKI, János, *Jesu Tischgemeinschaften*, WUNT 2/96, Tübingen 1998

BOVON-THURNEYSEN, Annegreth, *Ethik und Eschatologie im Philipperbrief des Polycarp von Smyrna*, in: ThZ 29 (1973), S. 241-256

BÖTTGER, Paul Christoph, *Die eschatologische Existenz des Christen. Erwägungen zu Philipper 3,20*, in: ZNW 60 (1969), S. 244-263

BOUSSET, Wilhelm D., *Die Religion des Judentums im späthellenistischen Zeitalter*, HNT 21, Tübingen 1926 (Neudruck [4]1966)

BROX, Norbert, *Von der apokalyptischen Naherwartung zur christlichen Tugendlehre*, in: ders., *Spätantike und Christentum*, Berlin 1992, S. 229-248

BULTMANN, Rudolf, *Geschichte und Eschatologie*, Tübingen [2]1964

CARMIGNAC, Jean, *Le Mirage de l'eschatologie: royauté, règne et royaume de Dieu sans eschatologie*, Paris 1979

CULLMANN, Oscar, *Heil als Geschichte. Heilsgeschichtliche Existenz im Neuen Testament*, Tübingen 1965

–, *Unsterblichkeit der Seele oder Auferstehung der Toten?*, Stuttgart 1998

DALEY, Brian, *Patristische Eschatologie*, in: HDG IV/7a (1986), S. 84-248

DEISSMANN, Adolf, *Licht von Osten*, Tübingen [1]1908, [4]1923

DORMEYER, Detlev – HAUSER, Linus, *Weltuntergang und Gottesherrschaft*, Topos-TB 196, Mainz 1990

ECKERT, Jost, *Christus als „Bild Gottes" und die Gottebenbildlichkeit des Menschen*, in: FS J. Gnilka, Freiburg/Basel/Wien 1989, S. 337-357

ERLEMANN, Kurt, *Naherwartung und Parusieverzögerung im Neuen Testament. Ein Beitrag zur Frage religiöser Zeiterfahrung*, TANZ 17, Tübingen 1995

ERNST, Josef, *Herr der Geschichte: Perspektiven der lukanischen Eschatologie*, SBS 88, Stuttgart 1978

FERGUSON, Everett (Ed.), *Encyclopedia of Early Christianity*, New York/London 1990

FISCHER, Günter, *Die himmlischen Wohnungen. Untersuchungen zu Joh 14,21f.*, EHS, Reihe XXIII/ 38, Frankfurt 1975

FISCHER, Joseph A., *Die Apostolischen Väter*, SU 1, Darmstadt [8]1981

FISCHBACH, Stephanie M., *Totenerweckung*, Würzburg 1992

FREY, Jörg, *Die johanneische Eschatologie III (Die eschatologische Verkündigung in den johanneischen Texten)*, WUNT 117, Tübingen 2000

FRIEDL, Alfred, *Das eschatologische Gericht in Bildern aus dem Alltag*, ÖBS 14, Frankfurt u.a. 1996

GEIST, Heinz, *Menschensohn und Gemeinde. Eine redaktionskritische Untersuchung zur Menschensohnprädikation im Matthäusevangelium*, FzB 57, Würzburg 1986

GLOER, Hulitt W. (Hrsg.), *Eschatology and the New Testament*, FS G. R. Beasley-Murray, Massachussetts 1988

GNILKA, Joachim, *Der Philipperbrief*, HThKNT X, 3, Freiburg/Basel/Wien 1980

GRABNER-HAIDER, Anton, *Paraklese und Eschatologie bei Paulus. Mensch und Welt im Anspruch der Zukunft Gottes*, NTA NF 4, Münster 1968

GRÄSSER, Erich, *Die Naherwartung Jesu*, SBS 61, Stuttgart 1973

GRESSMANN, Hugo *Der Ursprung der Israelitisch-jüdischen Eschatologie*, FRLANT 6, Göttingen 1905

GRUNDMANN, Walter, *Die Gotteskindschaft in der Geschichte Jesu* und ihre religionsgeschichtlichen Voraussetzungen, Weimar 1938

GUNKEL, Hermann, *Aus Wellhausen's neuesten apokalyptischen Forschungen*. Einige principielle Erörterungen, in: ZWTh 42 (1899), S. 581-611

HALVER, Rudolf, *Der Mythos im letzten Buch der Bibel*. Eine Untersuchung der Bildersprache der Johannes-Apokalypse, ThF 32, Hamburg 1964

HANNAH, Darrell D., *Michael and Christ*: Michael Traditions and Angel Christology in early Christianity, WUNT 2/109, Tübingen 1999

HAUFE, Günter, *Individuelle Eschatologie des Neuen Testaments*, in: ZThK 83 (1986), S. 436-463

HEININGER Bernhard, *Metaphorik, Erzählstruktur und szenisch-dramatische Gestaltung in den Sondergleichnissen bei Lukas*, NTA NF 24, Münster 1991

HELLHOLM, David, *Apocalypticism in the Mediterranean World and the Near East*, Tübingen 1983

HENTEN, Jan W. v. – HORST, Pieter W. v. d. (eds), *Studies in Early Jewish Epigraphy*, AGAJU 21, Leiden/New York/Köln 1994

HIMMELFARB, Martha, *Ascent to Heaven in Jewish and Christian Apocalypses*, Oxford u.a., 1993

HOFFMANN, Paul, *Die Toten in Christus*. Eine religionsgeschichtliche und exegetische Untersuchung zur paulinischen Eschatologie, NA (NF) 2, Münster [3]1978

HORSLEY, Greg H. R., *New Documents Illustrating Early Christianity*, Bde. I-VIIIff. (1981-1998ff.)

HORST, Pieter W. v. d., *Ancient Jewish Epitaphs*. An Introductory Survey of a Millennium of Jewish Funerary Epigraphy (300 BCE - 700 CE), Kampen 1991

–, *Das Neue Testament und die jüdischen Grabinschriften aus hellenistisch-römischer Zeit*, in: BZ 35 (1992), S. 161-178.

–, *Jewish Tomb Inscriptions in Verse*, in: *Hellenism-Judaism-Christianity*, CBETh 8, Kampen 1994, S. 25-47

JEREMIAS, Joachim, *Die Gleichnisse Jesu*, Göttingen 1984

JÜLICHER, Adolf, *Die Gleichnisreden Jesu* II, Tübingen 1910

KÄSEMANN, Ernst, *Die Anfänge christlicher Theologie*, in: EVB, Bd. II, Göttingen [2]1965, S. 82-104

–, *Zum Thema der urchristlichen Apokalyptik*, in: EVB, Bd. II, Göttingen [2]1965, S. 105-131

KLAUCK, Hans-Josef, *Die religiöse Umwelt des Urchristentums*, Bd. I-II, Stuttgart/Berlin/Köln 1995-1996

– (Hrsg.), *Weltgericht und Weltvollendung*, QD 150, Freiburg 1994

KLEIN, Günther, *Eschatologie*, in: TRE 10 (1982), S. 270-299

KOCH, Klaus, *Ratlos vor der Apokalyptik*, Gütersloh 1970

KRETZER, Armin, *Die Herrschaft der Himmel und die Söhne des Reiches*, SBM 10, Würzburg 1971

KÜMMEL, Werner Georg, *Futurische und präsentische Eschatologie im ältesten Urchristentum*, in: ders., *Heilsgeschichte und Geschichte*, MThS 3 Marburg 1965, S. 351-363

LAMPE, Peter, *Acta 19 im Spiegel der ephesischen Inschriften*, in: BZ 35 (1992), S. 59-76

–, *Die stadtrömischen Christen in den ersten beiden Jahrhunderten*. Untersuchungen zur Sozialgeschichte, WUNT 2/18, Tübingen ²1989

LANG, Bernhard – MCDANNEL, Colleen, *Der Himmel*. Eine Kulturgeschichte des ewigen Lebens, Frankfurt/M. 1996

LINCOLN, Andrew T., *Paradise Now and Not Yet*. Studies in the role of the Heavenly Dimension in Paul's Thought with Special Reference to His Eschatology, Michigan 1981

LOHMANN, Hans, *Drohung und Verheissung*. Exegetische Untersuchungen zur Eschatologie bei den Apostolischen Vätern, BZNW 55, Berlin/New York 1989

LUZ, Ulrich u.a. (Hrsg.), *Eschatologie und Friedenshandeln*. Exegetische Beiträge zur Frage christlicher Friedenserwartung, SBS 101, Stuttgart 1981, ²1982

–, *Das Geschichtsverständnis des Paulus*, BEvTh 49, München 1968

–, *Das Evangelium nach Matthäus* (Mt 18-25), EKK I/3, Neukirchen/Düsseldorf 1997

MAAG, Victor, *Tod und Jenseits nach dem Alten Testament*, in: SThU 34 (1964), S. 17-37

MATAND BULEMBAT, Jean-Bosco, *Noyau et enjeux de l'eschatologie paulinienne: De l'apocalyptique juive et de l'eschatologie hellénistique dans quelques argumentations de l'apôtre Paul*. Etude rhétorico-exégétique de 1Co 15,35-58; 2Co 5,1-10 et Rm 8,18-30, BZNW 84, Berlin u.a. 1997

MEIMARIS, Yiannis E., *Sacred Names, Saints, Martyrs and Church Officials in the Greek Inscriptions and Papyri Pertaining to the Christian Church of Palestine*, Athens 1986

MERKLEIN, Helmut, *Eschatologie im Neuen Testament*, in: ders., *Studien zu Jesus und Paulus*, Bd. II., WUNT 105, Tübingen 1998, S. 82-113

MEY, Gerhard, *Eschatologie – Alte Kirche*, in: TRE 10 (1982), S. 299-305

MORGENTHALER, Robert, *Kommendes Reich*, Zürich 1952

NEBE, Gottfried, *„Hoffnung" bei Paulus*. Elpis und ihre Synonyme im Zusammenhang der Eschatologie, SUNT 16, Göttingen 1983

NIEDERWIMMER, Kurt, *Die Didache*, KAV 1, Göttingen 1989

OEGEMA, Gerbern S., *Zwischen Hoffnung und Gericht*. Untersuchungen zur Rezeption der Apokalyptik im frühen Christentum und Judentum, WMANT 82, Neukirchen-Vluyn 1999

PARK, Joseph S., *Conceptions of Afterlife in Jewish Inscriptions:* With Special Reference to Pauline Literature, WUNT 2/121, Tübingen 2000

PERES, Imre, *Apocalypsis Homeri*, in: Vallástörténeti Tanulmányok 1 (= Religionsgeschichtliche Studien), Budapest 1999, S. 63-149

–, *Eschatologie řeckých náhrobních nápisů* (Eschatologie der griechischen Grabinschriften und paulinische Eschatologie) <unveröffentlicht>, Praha 1976

–, *Aspekty výchovy a vzdelávania v antike a v spisoch Nového zákona* (= Die   Aspekte der Erziehung und Ausbildung in der Antike und im Schrifttum des Neuen Testaments), BAB 1, Bratislava 2001

PESCH, Rudolf, *Die Apostelgeschichte*, 2Bde., EKK V/1-2, Neukirchen/Zürich 1986

PETERSON, Erik, *ΕΙΣ ΘΕΟΣ*. Epigraphische, formgeschichtliche und religionsgeschichtliche Untersuchungen, FRLANT NF 24, Göttingen 1926

PETZKE, Gerd, *Das Sondergut des Evangeliums nach Lukas*, Zürich 1990

PILHOFER, Peter, *Philippi I*. Die erste christliche Gemeinde Europas, WUNT 87, Tübingen 1995

POKORNÝ, Petr; *Řecké dědictví v Orientu* (Das griechische Erbe im Orient), Praha 1993

–, *Theologie der lukanischen Schriften*, FRLANT 174, Göttingen 1998

–, *Počátky gnose* (= Entstehung der Gnosis), Vznik gnostického mýtu o božstvu Člověk, S ČSAV 6/1969, Praha 1969

PRÜMM, Karl, *Der christliche Glaube und die altheidnische Welt*, Leipzig 1935

RAD, Gerhard von, *Theologie des Alten Testaments* I-II, München 1987

RADL, Walter, *Ankunft des Herrn*. Zur Bedeutung und Funktion der Parusieaussagen bei Paulus, BET 15, Frankfurt a.M./Bern/Cirencester 1981

RAHNER, Hugo, *Symbole der Kirche*. Die Ekklesiologie der Väter, Salzburg 1964

RUSAM, Dietrich, *Die Gemeinschaft der Kinder Gottes*. Das Motiv der Gotteskindschaft und die Gemeinden der johanneischen Briefe, BWANT 7/13, Stuttgart/Berlin/Köln 1993

SCHADE, Hans-Heinrich, *Apokalyptische Christologie bei Paulus*. Studien zum Zusammenhang von Christologie und Eschatologie in den Paulusbriefen, Göttingen 1981

SCHLISSKE, Werner, *Gottessöhne und Gottessohn im Alten Testament*. Phasen der Entmythisierung im Alten Testament, BZAW 97, Stuttgart 1973

SCHMITT, Armin, *Entrückung – Aufnahme – Himmelfahrt*. Untersuchungen zu einem Vorstellungsbereich im Alten Testament, FzB, Stuttgart 1973

SCHNEEMELCHER, Willhelm, *Neutestamentliche Apokryphen* II, Tübingen [5]1989

SCHNELLE, Udo, *Das Evangelium nach Johannes*, ThHNT, Leipzig (1998) [2]2000

SCHMITHALS, Walter, *Das Evangelium nach Lukas*, ZBK NT III.1, Zürich 1980

–, *Die Gnosis in Korinth*. Eine Untersuchung zu den Korintherbriefen, FRLANT 66, Göttingen ([1]1956) [3]1969

SCOTT, James M., *Adoption as Sons of God*. An Exegetical Investigation into the Background of ΥΙΟΘΕΣΙΑ in the Pauline Corpus, Tübingen 1992

SIBER, Peter, *Mit Christus leben*. Eine Studie zur paulinischen Auferstehungshoffnung, AThANT 61, Zürich 1971

SIM, Unyong, *Das himmlische Jerusalem in Apk 21,1-22,5 im Kontext biblisch-jüdischer Tradition und antiken Städtebaus*, BAC 25, Trier 1996

SÖDING, Thomas, *Eucharistie und Mysterien*. Urchristliche Herrenmahlstheologie und antike Mysterienreligiosität im Spiegel von 1Kor 10, in: BiKi 1988, S. 140-145

SÖLLNER, Peter, *Jerusalem, die hochgebaute Stadt*. Eschatologisches und Himmlisches Jerusalem im Frühjudentum und im frühen Christentum, TANZ 25, Tübingen/Basel 1998

STAERK, Willy, *Der eschatologische Mythos in der altchristlichen Theologie*, in: ZNW 35 (1936), S. 83-95

STADELMANN, Helge (Hrsg.), *Glaube und Geschichte*. Heilsgeschichte als Thema der Theologie, Gießen/Basel/Wuppertal 1986

STÄHLIN, Gustav, *Trost und Trostlosigkeit in der Umwelt des Neuen Testament*, in: FS für D. Hans Meiser, München 1951, S. 308-323

STRACK, Hermann L. – BILLERBECK, Paul, *Kommentar zum Neuen Testament aus Talmud und Midrasch I-VI*, München [5]1969

STRAUB, Werner, *Die Bildersprache des Apostels Paulus*, Tübingen 1937

STRATHMANN, Hermann, πόλις κτλ., in: ThWNT 6 (1959) S. 516-535

STRECKER, Georg, *Theologie des Neuen Testaments*, (Hrsg. F. W. Horn), Berlin/New York 1996

TRAUB, Helmut, οὐρανός κτλ., in: ThWNT 5 (1954), S. 496-501.509-543

TWISSELMANN, Willi, *Die Gotteskindschaft der Christen nach dem Neuen Testament*, BFCTh 41, Gütersloh 1939

VANDERKAM, James C. – ADLER, William, *The Jewish Apocalyptic Heritage in Early Christianity*, Minneapolis 1996

VARGA, Zsigmond, *A hellenisztikus papyrusok, feliratok, ostrakák világa és az Újtestamentum* (= die Welt der hellenistischen Papyri, Inschriften, Ostraka und das Neue Testament), Debrecen 1942.

VOLZ, Paul, *Die Eschatologie der jüdischen Gemeinde im neutestamentlichen Zeitalter*, Tübingen 1934

WÄCHTER, Ludwig, *Der Tod im Alten Testament*, Stuttgart 1967

WALTER, Nikolaus, *„Hellenistische Eschatologie" im Neuen Testament*, in: GRÄSSER, E. – MERK, O. (Hrsg.), *Glaube und Eschatologie*, FS W. G. Kümmel, Tübingen 1985, S. 335-356

WANKE, Gunther – GIESEN Heinz, *Eschatologie*, in: NBL I, Zürich 1991, S. 588-595

WEHR, Lothar, *Arznei der Unsterblichkeit*. Die Eucharistie bei Ignatius von Antiochien und im Johannesevangelium, NTA NF 18, Münster 1987

WERNLE, Paul, *Die Anfänge unserer Religion*, Tübingen/Leipzig 1904

WINDISCH, Hans, *Paulus und Christus*. Ein biblisch-religionsgeschichtlicher Vergleich, UNT 24 Leipzig 1934

WOLFF, Christian, *Der erste Brief des Paulus an die Korinther*, ThHNT VII/2, Berlin 1982

–, *Der zweite Brief des Paulus an die Korinther*, ThHNT 8, Berlin 1989

WOSCHITZ, Karl Matthäus, *Elpis-Hoffnung*, Wien 1979

ZAGER, Werner, *Begriff und Wertung der Apokalyptik in der neutestamentlichen Forschung*, EHS.T 358, Bern 1989

ZAHN, Theodor, *Einleitung in das Neue Testament*, Bde. I-II., Leipzig ³1906/1907 (Nachdruck: Wuppertal 1994)

V. Altchristliche Epigraphik

DÖLGER, Franz Josef, *Ichthys* – Das Fischsymbol in frühchristlicher Zeit I-V, Münster ²1928-43

EISEN, Ute E., *Amtsträgerinnen im frühen Christentum*. Epigraphische und literarische Studien, FKDG 61, Göttingen 1996

FINK, Joseph – ASAMER, Beatrix, *Die römischen Katakomben*, ZBA, Mainz 1997

JOHNSON, Gary J. (Ed.), *Early-christian Epitaphs from Anatolia*, SBL TT 35, Atlanta 1995

KAUFMANN, Carl Maria, *Die sepulcralen Jenseitsdenkmäler der Antike und des Urchristentums*. Beiträge zur Vita-Beata-Vorstellung der römischen Kaiserzeit mit besonderer Berücksichtigung der christlichen Jenseitshoffnungen, Mainz 1900

–, *Handbuch der altchristlichen Epigraphik*, Freiburg i.B. 1917

KIRSCH, Johann Peter, *Die Acclamationen und Gebete der altchristlichen Grabschriften*, Köln 1897

KLAUSER, Theodor u.a. (Hrsg.), *Jenseitsvorstellungen in Antike und Christentum*, GS A. Stuiber, JAC 9, Münster 1982

– (Hrsg.), *Die Cathedra im Totenkult der heidnischen und christlichen Antike*, LWQF 21, Münster ²1971

KRAUS, Franz Xaver (Hrsg.), *Real-Enzyclopädie der christlichen Alterthümer* II, Freiburg 1886

MARUCCHI, Orazio, *Roma sotterranea cristiana*, Roma 1909

–, *Epigrafia Cristiana*, (Milano 1910) Chicago 1974

RITTER, Julius, *De compositione titulorum Christianorum sepulcralium in CIG editorum*, Berlin 1877

STEVENSON, James, *Im Schattenreich der Katakomben*. Entstehung, Bedeutung und Wiederentdeckung der frühchristlichen Grabstätten, Köln 1990

STUIBER, Anton (Hrsg.), *Refrigerium interim*. Die Vorstellungen vom Zwischenzustand und die frühchristliche Grabeskunst, Bonn 1957

SYBEL, Ludwig von, *Christliche Antike II. Einführung in die altchristliche Kunst, Plastik, Architektur und Malerei*, Marburg 1909

VOLP, Ulrich, *Tod und Ritual in den christlichen Gemeinden der Antike*, VCS 65, Leiden/Boston 2002

WISCHMEYER, Wolfgang (Hrsg.), *Griechische und lateinische Inschriften zur Sozialgeschichte der Alten Kirche*, TKThG 28, Gütersloh 1982

Stellenregister

I. Altes Testament

II. Literatur des antiken Judentums

1. Apokryphen

2. Pseudepigraphen

III. Neues Testament

IV. Nachapostolische Schriften

V. Griechische und römische Autoren

VI. Inschriften

Ortsregister

Autorenregister

Sachregister

Querverweise werden mit einem Pfeil in Klammer (→) angezeigt

Verzeichnis der griechischen Wörter

Wissenschaftliche Untersuchungen zum Neuen Testament

Alphabetical Index of the First and Second Series

Bosman, Philip: Conscience in Philo and Paul. 2003. *Volume II/166.*

Brocke, Christoph vom: Thessaloniki – Stadt des Kassander und Gemeinde des Paulus. 2001. *Volume II/125.*

Brunson, Andrew: Psalm 118 in the Gospel of John. 2003. *Volume II/158.*

Büchli, Jörg: Der Poimandres – ein paganisiertes Evangelium. 1987. *Volume II/27.*

Bühner, Jan A.: Der Gesandte und sein Weg im 4. Evangelium. 1977. *Volume II/2.*

Burchard, Christoph: Untersuchungen zu Joseph und Aseneth. 1965. *Volume 8.*

– Studien zur Theologie, Sprache und Umwelt des Neuen Testaments. Ed. von D. Sänger. 1998. *Volume 107.*

Burnett, Richard: Karl Barth's Theological Exegesis. 2001. *Volume II/145.*

Byron, John: Slavery Metaphors in Early Judaism and Pauline Christianity. 2003. *Volume II/162.*

Byrskog, Samuel: Story as History – History as Story. 2000. *Volume 123.*

Cancik, Hubert (Ed.): Markus-Philologie. 1984. *Volume 33.*

Capes, David B.: Old Testament Yaweh Texts in Paul's Christology. 1992. *Volume II/47.*

Caragounis, Chrys C.: The Son of Man. 1986. *Volume 38.*

– see *Fridrichsen, Anton.*

Carleton Paget, James: The Epistle of Barnabas. 1994. *Volume II/64.*

Carson, D.A., O'Brien, Peter T. and Mark Seifrid (Ed.): Justification and Variegated Nomism: A Fresh Appraisal of Paul and Second Temple Judaism. Volume 1: The Complexities of Second Temple Judaism. *Volume II/140.*

Ciampa, Roy E.: The Presence and Function of Scripture in Galatians 1 and 2. 1998. *Volume II/102.*

Classen, Carl Joachim: Rhetorical Criticsm of the New Testament. 2000. *Volume 128.*

Colpe, Carsten: Iranier – Aramäer – Hebräer – Hellenen. 2003. *Volume 154.*

Crump, David: Jesus the Intercessor. 1992. *Volume II/49.*

Dahl, Nils Alstrup: Studies in Ephesians. 2000. *Volume 131.*

Deines, Roland: Jüdische Steingefäße und pharisäische Frömmigkeit. 1993. *Volume II/52.*

– Die Pharisäer. 1997. *Volume 101.*

Dettwiler, Andreas and *Jean Zumstein (Ed.):* Kreuzestheologie im Neuen Testament. 2002. *Volume 151.*

Dickson, John P.: Mission-Commitment in Ancient Judaism and in the Pauline Communities. 2003. *Volume II/159.*

Dietzfelbinger, Christian: Der Abschied des Kommenden. 1997. *Volume 95.*

Dobbeler, Axel von: Glaube als Teilhabe. 1987. *Volume II/22.*

Du Toit, David S.: Theios Anthropos. 1997. *Volume II/91*

Dunn, James D.G. (Ed.): Jews and Christians. 1992. *Volume 66.*

– Paul and the Mosaic Law. 1996. *Volume 89.*

Dunn, James D.G., Hans Klein, Ulrich Luz and *Vasile Mihoc* (Ed.): Auslegung der Bibel in orthodoxer und westlicher Perspektive. 2000. *Volume 130.*

Ebertz, Michael N.: Das Charisma des Gekreuzigten. 1987. *Volume 45.*

Eckstein, Hans-Joachim: Der Begriff Syneidesis bei Paulus. 1983. *Volume II/10.*

– Verheißung und Gesetz. 1996. *Volume 86.*

Ego, Beate: Im Himmel wie auf Erden. 1989. *Volume II/34*

Ego, Beate and *Lange, Armin* with *Pilhofer, Peter (Ed.):* Gemeinde ohne Tempel – Community without Temple. 1999. *Volume 118.*

Eisen, Ute E.: see *Paulsen, Henning.*

Ellis, E. Earle: Prophecy and Hermeneutic in Early Christianity. 1978. *Volume 18.*

– The Old Testament in Early Christianity. 1991. *Volume 54.*

Endo, Masanobu: Creation and Christology. 2002. *Volume 149.*

Ennulat, Andreas: Die 'Minor Agreements'. 1994. *Volume II/62.*

Ensor, Peter W.: Jesus and His 'Works'. 1996. *Volume II/85.*

Eskola, Timo: Messiah and the Throne. 2001. *Volume II/142.*

– Theodicy and Predestination in Pauline Soteriology. 1998. *Volume II/100.*

Fatehi, Mehrdad: The Spirit's Relation to the Risen Lord in Paul. 2000. *Volume II/128.*

Feldmeier, Reinhard: Die Krisis des Gottessohnes. 1987. *Volume II/21.*

– Die Christen als Fremde. 1992. *Volume 64.*

Feldmeier, Reinhard and *Ulrich Heckel* (Ed.): Die Heiden. 1994. *Volume 70.*

Fletcher-Louis, Crispin H.T.: Luke-Acts: Angels, Christology and Soteriology. 1997. *Volume II/94.*

Förster, Niclas: Marcus Magus. 1999. *Volume 114.*

Forbes, Christopher Brian: Prophecy and Inspired Speech in Early Christianity and its Hellenistic Environment. 1995. *Volume II/75.*

Fornberg, Tord: see *Fridrichsen, Anton.*

Fossum, Jarl E.: The Name of God and the Angel of the Lord. 1985. *Volume 36.*

Fotopoulos, John: Food Offered to Idols in Roman Corinth. 2003. *Volume II/151.*

Frenschkowski, Marco: Offenbarung und Epiphanie. Volume 1 1995. *Volume II/79 –* Volume 2 1997. *Volume II/80.*

Frey, Jörg: Eugen Drewermann und die biblische Exegese. 1995. *Volume II/71.*

– Die johanneische Eschatologie. Volume I. 1997. *Volume 96.* – Volume II. 1998. *Volume 110.*

– Volume III. 2000. *Volume 117.*

Freyne, Sean: Galilee and Gospel. 2000. *Volume 125.*

Fridrichsen, Anton: Exegetical Writings. Edited by C.C. Caragounis and T. Fornberg. 1994. *Volume 76.*

Garlington, Don B.: 'The Obedience of Faith'. 1991. *Volume II/38.*

– Faith, Obedience, and Perseverance. 1994. *Volume 79.*

Garnet, Paul: Salvation and Atonement in the Qumran Scrolls. 1977. *Volume II/3.*

Gese, Michael: Das Vermächtnis des Apostels. 1997. *Volume II/99.*

Gheorghita, Radu: The Role of the Septuagint in Hebrews. 2003. *Volume II/160.*

Gräbe, Petrus J.: The Power of God in Paul's Letters. 2000. *Volume II/123.*

Gräßer, Erich: Der Alte Bund im Neuen. 1985. *Volume 35.*

– Forschungen zur Apostelgeschichte. 2001. *Volume 137.*

Green, Joel B.: The Death of Jesus. 1988. *Volume II/33.*

Gregory, Anthony: The Reception of Luke and Acts in the Period before Irenaeus. 2003. *Volume II/169.*

Gundry Volf, Judith M.: Paul and Perseverance. 1990. *Volume II/37.*

Hafemann, Scott J.: Suffering and the Spirit. 1986. *Volume II/19.*

– Paul, Moses, and the History of Israel. 1995. *Volume 81.*

Hahn, Johannes (Ed.): Zerstörungen des Jerusalemer Tempels. 2002. *Volume 147.*

Hannah, Darrel D.: Michael and Christ. 1999. *Volume II/109.*

Hamid-Khani, Saeed: Relevation and Concealment of Christ. 2000. *Volume II/120.*

Hartman, Lars: Text-Centered New Testament Studies. Ed. von D. Hellholm. 1997. *Volume 102.*

Hartog, Paul: Polycarp and the New Testament. 2001. *Volume II/134.*

Heckel, Theo K.: Der Innere Mensch. 1993. *Volume II/53.*

– Vom Evangelium des Markus zum viergestaltigen Evangelium. 1999. *Volume 120.*

Heckel, Ulrich: Kraft in Schwachheit. 1993. *Volume II/56.*

– Der Segen im Neuen Testament. 2002. *Volume 150.*

– see *Feldmeier, Reinhard.*

– see *Hengel, Martin.*

Heiligenthal, Roman: Werke als Zeichen. 1983. *Volume II/9.*

Hellholm, D.: see *Hartman, Lars.*

Hemer, Colin J.: The Book of Acts in the Setting of Hellenistic History. 1989. *Volume 49.*

Hengel, Martin: Judentum und Hellenismus. 1969, ³1988. *Volume 10.*

– Die johanneische Frage. 1993. *Volume 67.*

– Judaica et Hellenistica. Kleine Schriften I. 1996. *Volume 90.*

– Judaica, Hellenistica et Christiana. Kleine Schriften II. 1999. *Volume 109.*

– Paulus und Jakobus. Kleine Schriften III. 2002. *Volume 141.*

Hengel, Martin and *Ulrich Heckel* (Ed.): Paulus und das antike Judentum. 1991. *Volume 58.*

Hengel, Martin and *Hermut Löhr* (Ed.): Schriftauslegung im antiken Judentum und im Urchristentum. 1994. *Volume 73.*

Hengel, Martin and *Anna Maria Schwemer:* Paulus zwischen Damaskus und Antiochien. 1998. *Volume 108.*

– Der messianische Anspruch Jesu und die Anfänge der Christologie. 2001. *Volume 138.*

Hengel, Martin and *Anna Maria Schwemer* (Ed.): Königsherrschaft Gottes und himmlischer Kult. 1991. *Volume 55.*

– Die Septuaginta. 1994. *Volume 72.*

Hengel, Martin; Siegfried Mittmann and *Anna Maria Schwemer* (Ed.): La Cité de Dieu / Die Stadt Gottes. 2000. *Volume 129.*

Herrenbrück, Fritz: Jesus und die Zöllner. 1990. *Volume II/41.*

Herzer, Jens: Paulus oder Petrus? 1998. *Volume 103.*

Hoegen-Rohls, Christina: Der nachösterliche Johannes. 1996. *Volume II/84.*

Hofius, Otfried: Katapausis. 1970. *Volume 11.*

– Der Vorhang vor dem Thron Gottes. 1972. *Volume 14.*

– Der Christushymnus Philipper 2,6-11. 1976, ²1991. *Volume 17.*

– Paulusstudien. 1989, ²1994. *Volume 51.*

– Neutestamentliche Studien. 2000. *Volume 132.*

– Paulusstudien II. 2002. *Volume 143.*

Hofius, Otfried and *Hans-Christian Kammler:* Johannesstudien. 1996. *Volume 88.*

Holtz, Traugott: Geschichte und Theologie des Urchristentums. 1991. *Volume 57.*

Hommel, Hildebrecht: Sebasmata. Volume 1 1983. *Volume 31* – Volume 2 1984. *Volume 32.*

Hvalvik, Reidar: The Struggle for Scripture and Covenant. 1996. *Volume II/82.*

Joubert, Stephan: Paul as Benefactor. 2000. *Volume II/124.*

Jungbauer, Harry: „Ehre Vater und Mutter". 2002. *Volume II/146.*

Kähler, Christoph: Jesu Gleichnisse als Poesie und Therapie. 1995. *Volume 78.*

Kamlah, Ehrhard: Die Form der katalogischen Paränese im Neuen Testament. 1964. *Volume 7.*

Kammler, Hans-Christian: Christologie und Eschatologie. 2000. *Volume 126.*

– Kreuz und Weisheit. 2003. *Volume 159.*

– see *Hofius, Otfried.*

Kelhoffer, James A.: Miracle and Mission. 1999. *Volume II/112.*

Kieffer, René and *Jan Bergman (Ed.):* La Main de Dieu / Die Hand Gottes. 1997. *Volume 94.*

Kim, Seyoon: The Origin of Paul's Gospel. 1981, ²1984. *Volume II/4.*

– "The 'Son of Man'" as the Son of God. 1983. *Volume 30.*

Klauck, Hans-Josef: Religion und Gesellschaft im frühen Christentum. 2003. *Volume 152.*

Klein, Hans: see *Dunn, James D.G..*

Kleinknecht, Karl Th.: Der leidende Gerechtfertigte. 1984, ²1988. *Volume II/13.*

Klinghardt, Matthias: Gesetz und Volk Gottes. 1988. *Volume II/32.*

Köhler, Wolf-Dietrich: Rezeption des Matthäusevangeliums in der Zeit vor Irenäus. 1987. *Volume II/24.*

Kooten, George H. van: Cosmic Christology in Paul and the Pauline School. 2003. *Volume II/171.*

Korn, Manfred: Die Geschichte Jesu in veränderter Zeit. 1993. *Volume II/51.*

Koskenniemi, Erkki: Apollonios von Tyana in der neutestamentlichen Exegese. 1994. *Volume II/61.*

Kraus, Thomas J.: Sprache, Stil und historischer Ort des zweiten Petrusbriefes. 2001. *Volume II/136.*

Kraus, Wolfgang: Das Volk Gottes. 1996. *Volume 85.*

– see *Walter, Nikolaus.*

Kreplin, Matthias: Das Selbstverständnis Jesu. 2001. *Volume II/141.*

Kuhn, Karl G.: Achtzehngebet und Vaterunser und der Reim. 1950. *Volume 1.*

Kvalbein, Hans: see *Ådna, Jostein.*

Laansma, Jon: I Will Give You Rest. 1997. *Volume II/98.*

Labahn, Michael: Offenbarung in Zeichen und Wort. 2000. *Volume II/117.*

Lambers-Petry, Doris: see *Tomson, Peter J.*

Lange, Armin: see *Ego, Beate.*

Lampe, Peter: Die stadtrömischen Christen in den ersten beiden Jahrhunderten. 1987, ²1989. *Volume II/18.*

Landmesser, Christof: Wahrheit als Grundbegriff neutestamentlicher Wissenschaft. 1999. *Volume 113.*

– Jüngerberufung und Zuwendung zu Gott. 2000. *Volume 133.*

Lau, Andrew: Manifest in Flesh. 1996. *Volume II/86.*

Lawrence, Louise: An Ethnography of the Gospel of Matthew. 2003. *Volume II/165.*

Lee, Pilchan: The New Jerusalem in the Book of Relevation. 2000. *Volume II/129.*

Lichtenberger, Hermann: see *Avemarie, Friedrich.*

Lieu, Samuel N.C.: Manichaeism in the Later Roman Empire and Medieval China. ²1992. *Volume 63.*

Loader, William R.G.: Jesus' Attitude Towards the Law. 1997. *Volume II/97.*

Löhr, Gebhard: Verherrlichung Gottes durch Philosophie. 1997. *Volume 97.*

Löhr, Hermut: Studien zum frühchristlichen und frühjüdischen Gebet. 2003. *Volume 160.*

– : see *Hengel, Martin.*

Löhr, Winrich Alfried: Basilides und seine Schule. 1995. *Volume 83.*

Luomanen, Petri: Entering the Kingdom of Heaven. 1998. *Volume II/101.*

Luz, Ulrich: see *Dunn, James D.G.*

Maier, Gerhard: Mensch und freier Wille. 1971. *Volume 12.*

– Die Johannesoffenbarung und die Kirche. 1981. *Volume 25.*

Markschies, Christoph: Valentinus Gnosticus? 1992. *Volume 65.*

Marshall, Peter: Enmity in Corinth: Social Conventions in Paul's Relations with the Corinthians. 1987. *Volume II/23.*

Mayer, Annemarie: Sprache der Einheit im Epheserbrief und in der Ökumene. 2002. *Volume II/150.*

McDonough, Sean M.: YHWH at Patmos: Rev. 1:4 in its Hellenistic and Early Jewish Setting. 1999. *Volume II/107.*

McGlynn, Moyna: Divine Judgement and Divine Benevolence in the Book of Wisdom. 2001. *Volume II/139.*

Meade, David G.: Pseudonymity and Canon. 1986. *Volume 39.*

Meadors, Edward P.: Jesus the Messianic Herald of Salvation. 1995. *Volume II/72.*

Meißner, Stefan: Die Heimholung des Ketzers. 1996. *Volume II/87.*

Mell, Ulrich: Die „anderen" Winzer. 1994. *Volume 77.*

Mengel, Berthold: Studien zum Philipperbrief. 1982. *Volume II/8.*

Merkel, Helmut: Die Widersprüche zwischen den Evangelien. 1971. *Volume 13.*

Merklein, Helmut: Studien zu Jesus und Paulus. Volume 1 1987. *Volume 43.* – Volume 2 1998. *Volume 105.*

Metzdorf, Christina: Die Tempelaktion Jesu. 2003. *Volume II/168.*

Metzler, Karin: Der griechische Begriff des Verzeihens. 1991. *Volume II/44.*

Metzner, Rainer: Die Rezeption des Matthäusevangeliums im 1. Petrusbrief. 1995. *Volume II/74.*

– Das Verständnis der Sünde im Johannesevangelium. 2000. *Volume 122.*

Mihoc, Vasile: see *Dunn, James D.G..*

Mineshige, Kiyoshi: Besitzverzicht und Almosen bei Lukas. 2003. *Volume II/163.*

Mittmann, Siegfried: see *Hengel, Martin.*

Mittmann-Richert, Ulrike: Magnifikat und Benediktus. *1996. Volume II/90.*

Mußner, Franz: Jesus von Nazareth im Umfeld Israels und der Urkirche. Ed. von M. Theobald. 1998. *Volume 111.*

Niebuhr, Karl-Wilhelm: Gesetz und Paränese. 1987. *Volume II/28.*

– Heidenapostel aus Israel. 1992. *Volume 62.*

Nielsen, Anders E.: "Until it is Fullfilled". 2000. *Volume II/126.*

Nissen, Andreas: Gott und der Nächste im antiken Judentum. 1974. *Volume 15.*

Noack, Christian: Gottesbewußtsein. 2000. *Volume II/116.*

Noormann, Rolf: Irenäus als Paulusinterpret. 1994. *Volume II/66.*

Novakovic, Lidija: Messiah, the Healer of the Sick. 2003. *Volume II/170.*

Obermann, Andreas: Die christologische Erfüllung der Schrift im Johannesevangelium. 1996. *Volume II/83.*

Öhler, Markus: Barnabas. 2003. *Volume 156.*

Okure, Teresa: The Johannine Approach to Mission. 1988. *Volume II/31.*

Oropeza, B. J.: Paul and Apostasy. 2000. *Volume II/115.*

Ostmeyer, Karl-Heinrich: Taufe und Typos. 2000. *Volume II/118.*

Paulsen, Henning: Studien zur Literatur und Geschichte des frühen Christentums. Ed. von Ute E. Eisen. 1997. *Volume 99.*

Pao, David W.: Acts and the Isaianic New Exodus. 2000. *Volume II/130.*

Park, Eung Chun: The Mission Discourse in Matthew's Interpretation. 1995. *Volume II/81.*

Park, Joseph S.: Conceptions of Afterlife in Jewish Insriptions. 2000. *Volume II/121.*

Pate, C. Marvin: The Reverse of the Curse. 2000. *Volume II/114.*

Peres, Imre: Griechische Grabinschriften und neutestamentliche Eschatologie. 2003. *Volume 157.*

Philonenko, Marc (Ed.): Le Trône de Dieu. 1993. *Volume 69.*

Pilhofer, Peter: Presbyteron Kreitton. 1990. *Volume II/39.*

– Philippi. Volume 1 1995. *Volume 87.* – Volume 2 2000. *Volume 119.*

– Die frühen Christen und ihre Welt. 2002. *Volume 145.*

– see *Ego, Beate.*

Pöhlmann, Wolfgang: Der Verlorene Sohn und das Haus. 1993. *Volume 68.*

Pokorný, Petr and Josef B. Souček: Bibelauslegung als Theologie. 1997. *Volume 100.*

Pokorný, Petr and Jan Roskovec (Ed.): Philosophical Hermeneutics and Biblical Exegesis. 2002. *Volume 153.*

Porter, Stanley E.: The Paul of Acts. 1999. *Volume 115.*

Prieur, Alexander: Die Verkündigung der Gottesherrschaft. 1996. *Volume II/89.*

Probst, Hermann: Paulus und der Brief. 1991. *Volume II/45.*

Räisänen, Heikki: Paul and the Law. 1983, [2]1987. *Volume 29.*

Rehkopf, Friedrich: Die lukanische Sonderquelle. 1959. *Volume 5.*

Rein, Matthias: Die Heilung des Blindgeborenen (Joh 9). 1995. *Volume II/73.*

Reinmuth, Eckart: Pseudo-Philo und Lukas. 1994. *Volume 74.*

Reiser, Marius: Syntax und Stil des Markusevangeliums. 1984. *Volume II/11.*

Richards, E. Randolph: The Secretary in the Letters of Paul. 1991. *Volume II/42.*

Riesner, Rainer: Jesus als Lehrer. 1981, [3]1988. *Volume II/7.*

– Die Frühzeit des Apostels Paulus. 1994.
   Volume 71.
Rissi, Mathias: Die Theologie des Hebräerbriefs.
   1987. *Volume 41.*
Roskovec, Jan: see *Pokorný, Petr.*
Röhser, Günter: Metaphorik und Personifikation
   der Sünde. 1987. *Volume II/25.*
Rose, Christian: Die Wolke der Zeugen. 1994.
   Volume II/60.
Rüegger, Hans-Ulrich: Verstehen, was Markus
   erzählt. 2002. *Volume II/155.*
Rüger, Hans Peter: Die Weisheitsschrift aus der
   Kairoer Geniza. 1991. *Volume 53.*
Sänger, Dieter: Antikes Judentum und die
   Mysterien. 1980. *Volume II/5.*
– Die Verkündigung des Gekreuzigten und
   Israel. 1994. *Volume 75.*
– see *Burchard, Christoph*
Salzmann, Jorg Christian: Lehren und
   Ermahnen. 1994. *Volume II/59.*
Sandnes, Karl Olav: Paul – One of the
   Prophets? 1991. *Volume II/43.*
Sato, Migaku: Q und Prophetie. 1988.
   Volume II/29.
Schaper, Joachim: Eschatology in the Greek
   Psalter. 1995. *Volume II/76.*
Schimanowski, Gottfried: Die himmlische
   Liturgie in der Apokalypse des Johannes.
   2002. *Volume II/154.*
– Weisheit und Messias. 1985. *Volume II/17.*
Schlichting, Günter: Ein jüdisches Leben Jesu.
   1982. *Volume 24.*
Schnabel, Eckhard J.: Law and Wisdom from
   Ben Sira to Paul. 1985. *Volume II/16.*
Schutter, William L.: Hermeneutic and
   Composition in I Peter. 1989. *Volume II/30.*
Schwartz, Daniel R.: Studies in the Jewish
   Background of Christianity. 1992.
   Volume 60.
Schwemer, Anna Maria: see *Hengel, Martin*
Scott, James M.: Adoption as Sons of God.
   1992. *Volume II/48.*
– Paul and the Nations. 1995. *Volume 84.*
Shum, Shiu-Lun: Paul's Use of Isaiah in
   Romans. 2002. *Volume II/156.*
Siegert, Folker: Drei hellenistisch-jüdische
   Predigten. Teil I 1980. *Volume 20* – Teil II
   1992. *Volume 61.*
– Nag-Hammadi-Register. 1982. *Volume 26.*
– Argumentation bei Paulus. 1985. *Volume 34.*
– Philon von Alexandrien. 1988. *Volume 46.*
Simon, Marcel: Le christianisme antique et son
   contexte religieux I/II. 1981. *Volume 23.*
Snodgrass, Klyne: The Parable of the Wicked
   Tenants. 1983. *Volume 27.*

Söding, Thomas: Das Wort vom Kreuz. 1997.
   Volume 93.
– see *Thüsing, Wilhelm.*
Sommer, Urs: Die Passionsgeschichte des
   Markusevangeliums. 1993. *Volume II/58.*
Souček, Josef B.: see *Pokorný, Petr.*
Spangenberg, Volker: Herrlichkeit des Neuen
   Bundes. 1993. *Volume II/55.*
Spanje, T.E. van: Inconsistency in Paul? 1999.
   Volume II/110.
Speyer, Wolfgang: Frühes Christentum im
   antiken Strahlungsfeld. Volume I: 1989.
   Volume 50.
– Volume II: 1999. *Volume 116.*
Stadelmann, Helge: Ben Sira als Schriftgelehr-
   ter. 1980. *Volume II/6.*
Stenschke, Christoph W.: Luke's Portrait of
   Gentiles Prior to Their Coming to Faith.
   Volume II/108.
Stettler, Christian: Der Kolosserhymnus. 2000.
   Volume II/131.
Stettler, Hanna: Die Christologie der Pastoral-
   briefe. 1998. *Volume II/105.*
Strobel, August: Die Stunde der Wahrheit. 1980.
   Volume 21.
Stroumsa, Guy G.: Barbarian Philosophy. 1999.
   Volume 112.
Stuckenbruck, Loren T.: Angel Veneration and
   Christology. 1995. *Volume II/70.*
Stuhlmacher, Peter (Ed.): Das Evangelium und
   die Evangelien. 1983. *Volume 28.*
– Biblische Theologie und Evangelium. 2002.
   Volume 146.
Sung, Chong-Hyon: Vergebung der Sünden.
   1993. *Volume II/57.*
Tajra, Harry W.: The Trial of St. Paul. 1989.
   Volume II/35.
– The Martyrdom of St.Paul. 1994.
   Volume II/67.
Theißen, Gerd: Studien zur Soziologie des
   Urchristentums. 1979, ³1989. *Volume 19.*
Theobald, Michael: Studien zum Römerbrief.
   2001. *Volume 136.*
Theobald, Michael: see *Mußner, Franz.*
Thornton, Claus-Jürgen: Der Zeuge des
   Zeugen. 1991. *Volume 56.*
Thüsing, Wilhelm: Studien zur neutestamentli-
   chen Theologie. Ed. von Thomas Söding.
   1995. *Volume 82.*
Thurén, Lauri: Derhethorizing Paul. 2000.
   Volume 124.
Tomson, Peter J. and *Doris Lambers-Petry*
   (Ed.): The Image of the Judaeo-Christians in
   Ancient Jewish and Christian Literature.
   2003. *Volume 158.*

Treloar, Geoffrey R.: Lightfoot the Historian. 1998. *Volume II/103.*

Tsuji, Manabu: Glaube zwischen Vollkommenheit und Verweltlichung. 1997. *Volume II/93*

Twelftree, Graham H.: Jesus the Exorcist. 1993. *Volume II/54.*

Urban, Christina: Das Menschenbild nach dem Johannesevangelium. 2001. *Volume II/137.*

Visotzky, Burton L.: Fathers of the World. 1995. *Volume 80.*

Vollenweider, Samuel: Horizonte neutestamentlicher Christologie. 2002. *Volume 144.*

Vos, Johan S.: Die Kunst der Argumentation bei Paulus. 2002. *Volume 149.*

Wagener, Ulrike: Die Ordnung des „Hauses Gottes". 1994. *Volume II/65.*

Walker, Donald D.: Paul's Offer of Leniency (2 Cor 10:1). 2002. *Volume II/152.*

Walter, Nikolaus: Praeparatio Evangelica. Ed. von Wolfgang Kraus und Florian Wilk. 1997. *Volume 98.*

Wander, Bernd: Gottesfürchtige und Sympathisanten. 1998. *Volume 104.*

Watts, Rikki: Isaiah's New Exodus and Mark. 1997. *Volume II/88.*

Wedderburn, A.J.M.: Baptism and Resurrection. 1987. *Volume 44.*

Wegner, Uwe: Der Hauptmann von Kafarnaum. 1985. *Volume II/14.*

Weissenrieder, Annette: Images of Illness in the Gospel of Luke. 2003. Volume II/164.

Welck, Christian: Erzählte ‚Zeichen'. 1994. *Volume II/69.*

Wiarda, Timothy: Peter in the Gospels . 2000. *Volume II/127.*

Wilk, Florian: see *Walter, Nikolaus.*

Williams, Catrin H.: I am He. 2000. *Volume II/113.*

Wilson, Walter T.: Love without Pretense. 1991. *Volume II/46.*

Wisdom, Jeffrey: Blessing for the Nations and the Curse of the Law. 2001. *Volume II/133.*

Wucherpfennig, Ansgar: Heracleon Philologus. 2002. *Volume 142.*

Yeung, Maureen: Faith in Jesus and Paul. 2002. *Volume II/147.*

Zimmermann, Alfred E.: Die urchristlichen Lehrer. 1984, [2]1988. *Volume II/12.*

Zimmermann, Johannes: Messianische Texte aus Qumran. 1998. *Volume II/104.*

Zimmermann, Ruben: Geschlechtermetaphorik und Gottesverhältnis. 2001. *Volume II/122.*

Zumstein, Jean: see *Dettwiler, Andreas*

For a complete catalogue please write to the publisher
Mohr Siebeck • P.O. Box 2030 • D–72010 Tübingen/Germany
Up-to-date information on the internet at www.mohr.de